中国特色法学教材·法学方法与能力素养系列

法律职业伦理
（第二版）

主　编　许身健

撰稿人　（以撰写章节先后为序）

许身健　陈　虎

刘育昌

中国教育出版传媒集团

高等教育出版社·北京

内容简介

本书以习近平法治思想为指导，在第一版的基础上，有机融入党的二十大、党的二十届三中全会精神，结合最新法律法规及理论研究成果，对法律职业伦理的基本原理、规范建设、律师职业伦理、法官职业伦理、检察官职业伦理、公证员职业伦理、仲裁员职业伦理、行政执法人员职业伦理等进行了阐述。除正文外，每章还设置了"本章导读""本章知识结构图""思考题"等栏目，并关联了相关拓展资源，使本书更具可读性和实用性，以满足不同学生的学习需求。

本书适合法学专业本科生、研究生学习使用，也可供从事法学研究及法律实务工作的人员参考使用。

图书在版编目（CIP）数据

法律职业伦理 / 许身健主编. -- 2版. -- 北京：高等教育出版社，2025. 7. --ISBN 978-7-04-064739-6

Ⅰ. D90-053

中国国家版本馆 CIP 数据核字第 2025S95T92 号

Falü Zhiye Lunli

| 策划编辑 程传省 | 责任编辑 程传省 | 封面设计 王 鹏 | 版式设计 杜微言 |
| 责任校对 高 歌 | 责任印制 刁 毅 | | |

出版发行	高等教育出版社	网 址	http://www.hep.edu.cn
社 址	北京市西城区德外大街 4 号		http://www.hep.com.cn
邮政编码	100120	网上订购	http://www.hepmall.com.cn
印 刷	北京市鑫霸印务有限公司		http://www.hepmall.com
开 本	787mm×1092mm 1/16		http://www.hepmall.cn
印 张	20.5	版 次	2020 年 7 月第 1 版
字 数	510 千字		2025 年 7 月第 2 版
购书热线	010-58581118	印 次	2025 年 7 月第 1 次印刷
咨询电话	400-810-0598	定 价	53.00 元

总　序

　　基于民主的法治，是人类经过艰苦探索找到的治国理政的最佳方式。全面依法治国是一个系统工程，而法治人才培养是其重要组成部分。中国共产党十八届四中全会作出全面推进依法治国的重大部署，要求创新法治人才培养机制，加强法学基础理论研究，形成完善的中国特色社会主义法学理论体系、学科体系、课程体系。

　　法学理论体系、学科体系、课程体系三者相辅相成。有课程必有教材，法学教材体系是法学课程体系的主干和基础。习近平总书记在 2016 年 5 月 17 日哲学社会科学工作座谈会上指出："学科体系同教材体系密不可分。学科体系建设上不去，教材体系就上不去；反过来，教材体系上不去，学科体系就没有后劲。"教材既是课程教学内容的主要载体，又是课程教学的基本范式。因此，创新法学理论体系、完善法学学科体系，就必然需要构建具有中国特色和国际视野的法学教材体系。

　　法学教育是建立在通识教育和专业教育融合发展基础上的专门职业教育（professional education），是法治人才培养的第一阵地。这一法学教育的定性和定位，已逐渐成为法学界的共识。但是，法学教育长期存在重知识教学轻实践教学、重知识传授轻方法训练、重知识灌输轻能力培养、重知识建构轻品德养成的倾向，从而导致法律从业者必备职业素养的缺失。因此，在新一轮法学专业课程体系改革中，强化法律职业伦理、法学方法与能力素养培养方面的课程，就很有必要。正如习近平总书记 2017 年 5 月 3 日考察中国政法大学时强调的："希望法学专业广大学生德法兼修、明法笃行，打牢法学知识功底，加强道德养成，培养法治精神，而且一辈子都坚守，努力用一生来追求自己的理想。""青年时期是培养和训练科学思维方法和思维能力的关键时期，无论在学校还是在社会，都要把学习同思考、观察同思考、实践同思考紧密结合起来，保持对新事物的敏锐，学会用正确的立场观点方法分析问题，善于把握历史和时代的发展方向，善于把握社会生活的主流和支流、现象和本质。"

　　时代是最犀利的出题者，我们唯有认真审题、用心答卷。根据国家法治人才培养的实际需要，中国政法大学和高等教育出版社志同道合，追求卓越，携手建设并精心出版了这套"中国特色法学教材·法学方法与能力素养系列"，呈献给广大法学院校师生和其他使用者，请大家批评指正。

　　该系列教材以培养德才兼备的高素质法治人才为目标，从以下几个方面进行了精心的设计和安排：

　　首先，在课程选择上，旨在培养尊法、知法、守法、用法的高素质法治人才，使学生"像法律人一样思考，像法律人一样解决问题"。研习《法律职业伦理》，强调德法兼修，明确法律职业活动中应当遵循的伦理道德规范；研习《法学方法论》《法律语言学》《法律文书学》《法学论文写作》，掌握必备的法律方法与技能，从而更好地理解、掌握和运用法律；研习《法哲学》《法经济学》《法社会学》《法律逻辑》《法务会计》《法学统计应用教程》，掌握一定的社会常识与方法，从而更合时宜地运用法律。

其次，在作者安排上，注重挑选中国政法大学具有丰富教学经验、学术功底扎实的中青年教学骨干参加编写，既有利于探索建构符合内在逻辑的教学内容，在概念、特征、研究对象、理论体系、基本内容等方面凝聚共识，推进形成通说，也有利于面向学生，明确教学重点，把握教学主题和教学思路，完成由教材体系向教学体系的过渡和转化。

再次，在内容设计上，充分考虑法学专业学生的学习需求，突出体现中国特色、中国风格、中国气派。一是坚持以习近平新时代中国特色社会主义思想和中国特色社会主义法治理论为指导，坚持立德树人、德法兼修、明法笃行；二是以中国现行宪法法律制度为依据，努力反映中国特色社会主义法治实践和法治理论研究最新成果，注重对中国法治道路、中国法治理论、中国法治制度、中国法治文化的总结和提炼；三是力求结构合理、系统完整，试图确立和反映各课程的基本体系和框架结构；四是精选内容、突出重点，详述主干、概述一般，以讲解基本概念、基本原理和基本方法为原则和限度；五是论述简明扼要，不求面面俱到、一网打尽，避免教材过厚、内容过繁、理论过重，给教师教学留出自由发挥的空间。

最后，在体例编排上，充分体现时代要求，与时俱进，适应学生自主学习、多元学习、移动学习的需求。这主要表现在：（1）通过使用二维码移动阅读技术，在正文中设置"延伸阅读""即测即评"等栏目，实现与教材相关资源（例如裁判文书、案例详解、相关视频、图片、试题等）的关联；（2）通过"本章导读"，以文字或者案例的形式，概述本章要探讨的问题，引发学生的思考；（3）通过"本章知识结构图"，以思维导图的形式阐述知识结构，让学生了解本章的知识脉络，更好地理解和掌握重要知识点；（4）通过在章末设置"思考题"，测试学生对本章知识点的掌握情况。

"国以人兴，政以才治。"法律的伟力在于实施，法律的实施在于人才。法治中国建设，离不开一支高素质的法治工作队伍。高素质法治人才培养上不去，法治领域不能人才辈出，全面依法治国就不可能实现。经过长期努力，中国特色社会主义已进入新时代，这是我国发展新的历史方位。新时代对高素质法治人才培养提出了新要求。新时代不仅要有新气象，而且要有新作为。我们组编这套教材，坚持以学生为本，遵循教育规律，从课程、教材、教学抓起，着力对法学专业学生进行法律职业伦理、法学方法与能力素养的训练，就是我们的努力探索和责任担当。但这只是起步，可以这样说，对德才兼备的高素质法治人才的培养永远在路上，任重而道远，我们唯有不忘初心、久久为功，继往开来、勇往直前。

是为序。

中国政法大学校长

2018 年 3 月 5 日

第二版修订说明

2020 年 11 月，中央全面依法治国工作会议在北京召开，正式提出"习近平法治思想"，明确了习近平法治思想在全面依法治国工作中的指导地位。2022 年 10 月，中国共产党第二十次全国代表大会召开，习近平总书记向大会作了题为《高举中国特色社会主义伟大旗帜　为全面建设社会主义现代化国家而团结奋斗》的报告，强调"培养造就大批德才兼备的高素质人才，是国家和民族长远发展大计"；要求"坚持全面依法治国，推进法治中国建设"，"坚持走中国特色社会主义法治道路，建设中国特色社会主义法治体系、建设社会主义法治国家，围绕保障和促进社会公平正义，坚持依法治国、依法执政、依法行政共同推进，坚持法治国家、法治政府、法治社会一体建设，全面推进科学立法、严格执法、公正司法、全民守法，全面推进国家各方面工作法治化"。2024 年 7 月，中国共产党第二十届中央委员会第三次全体会议召开，强调"法治是中国式现代化的重要保障"，"要深化立法领域改革，深入推进依法行政，健全公正执法司法体制机制，完善推进法治社会建设机制"。这对我国法治人才培养提出了新的更高的要求。此外，本书第一版出版以来，《民事诉讼法》《公证员惩戒规则（试行）》《仲裁员行为考察规定》《人民检察院检务督察工作条例》等多部法律法规被制定或者修改，法律职业伦理研究领域也产出了大量的学术成果。

基于上述变化，本书编写组以习近平法治思想为指导，依据党的二十大、党的二十届三中全会精神，结合最新法律法规及理论研究成果，对第一版进行了全面修订，以满足高校教学需求，培育与法治中国建设目标相适应的法律职业群体，从法学教育、法律职业准入、职业培训、价值追求和职业伦理等方面提升法律职业人员的职业素养。

本次修订，由主编许身健负责全书修订工作，编写组成员根据第一版的分工对各自负责的部分进行修订。编写组虽然怀着尽善尽美之心，但书中难免存在不妥之处，敬请广大读者批评指正。

许身健

2024 年 6 月 18 日

前言：塑造法科生的美丽心灵

本书初稿在 2019 年下半年完成，按照计划，我应当在 2020 年寒假期间将本书清样校对完毕后交出版社。1 月中旬放寒假，办结了手头繁忙的工作之后，我的生活开始进入寒假模式，按照计划，校对书稿成为寒假里的调剂。放假后难得的惬意没有持续几天，始料未及的新冠疫情将春节应有的欢乐祥和气氛毁于一旦。几万名军地医护人员奔赴抗疫一线，抗疫保卫战打响了。突来的疫情，已造成国内数万人感染。新冠疫情是一起严重的公共卫生危机，也是对中国治理体系和治理能力现代化的一次大考。面对病毒肆虐，我们的医护人员经受了考验，彰显了医务人员的职业精神，扶危渡厄，医者担当！

我们知道，在医学界，从医者信奉希波克拉底之誓："视彼儿女，犹我弟兄，为病家谋幸福，并检点吾身，不做各种害人及恶劣行为。"1921 年，著名妇产科专家林巧稚参加协和入学考试的轶事，是践行希波克拉底之誓的绝佳注脚。林巧稚参加最后一场考试时，有考生晕倒，其为救助病者而放弃了考试。事后，校方被其救死扶伤的品行所感动，基于其体现的职业操守而破例录取她。然而，耐人寻味的是法律界却有相反的例子。在 2006 年美国加州律师资格考试中，一位年过五旬的考试者心脏病突然发作，在场的 600 多名考生中只有两人停止做题，对昏迷的病人进行急救，其他考生则置若罔闻，照常做题。待急救车赶到现场，这两位考生回到考场时，40 分钟已经过去。他们要求监考者多加 40 分钟考试时间，但被拒绝。负责加州律师资格考试的主管官员表示支持监考者的决定："如果这两人真想做律师的话，他们就应该知道什么更重要。这对他们来说是一个很好的教训。"两个故事似乎印证了人们的印象：医生令人尊重，而法律界的职业伦理则乏善可陈。

在赞叹塑造好医生之道时，我们应当进而反思如何培养德才兼备的法律人。成绩好并不是成就良医的唯一条件，扶危济困的品行也是成为良医的重要前提，好医生要做到仁心仁术。同样，法律人也绝非熟读法律文本便可万事大吉，一个好律师要做到以委托人为中心，除了有着不凡的专业能力之外，还要牢记追求社会正义的职业责任。史考特（Scott）在《哈佛新生》中提到，哈佛大学法学院初期的法学教育过于注重技巧，忽视了法律职业伦理的教育，以至于有人讥讽"哈佛大学法学院的存在，是一件使马萨诸塞州丢脸的事"。哈佛法律人在反省中意识到，除了必要的专业技能外，还应该有对法律人社会责任的引导。哈佛大学法学院以此为追求目标，最终成为世界法学教育重镇。在法律职业主义不断受到商业主义侵蚀的时代，法律界应当谨记法律职业的核心特点是公共服务，公正和公共福祉是公共服务的目标，是职业的理想，在追求公共服务这一点上，法律人若良医。

大学是培养人、造就人的机构，它要使青年人充分发展自己的能力，体现个性，使受教育者成为有尊严、有勇气、有所担当的具有创造力的现代公民。现代大学强调学生要"树立标准、展示理想、坚持价值"，培养学生独特的、不同于蝇营狗苟的高贵精神，鄙视短见的实用主义，追求具有永恒意义的价值，比如忠诚及信仰、责任及勇气。总之，大学除了要教会青年人谋生的本领，还要使青年人拥有美丽心灵。

那么，如何理解法科生的美丽心灵呢？对此，耶鲁大学法学院前院长克罗曼（Kronman）在《迷失的律师》一书中做了很好的解读。他指出，法科生基于各种考虑准备投身律师行业，追求金钱、权力、地位及声望者是多数，以上述目标体现职业的满足感，这是人之常情，可以理解而不必苛求。但是，这些目标并非法科生的最高职业理想，如果所有法科生以上述目标为圭臬，那么法律职业就没有了灵魂，成为利欲熏心的生计而不是以追求社会公益为本的职业。克罗曼提出，美国法律职业理想衰落的直接原因在于职业价值的危机，律师并非单纯的技术人员，他们应当追求超越技术层面的精神追求。克罗曼提出，美国法律职业的危机是精神危机，源于美国律师政治家职业理想的式微。依照律师政治家视角来看，法律人的道德追求优于技术取向，应当倡导以社会公益为本的奉献精神。这就是对法科生美丽心灵的权威解读，是法律职业人员最需要的品格和素养，也是法治秩序的精髓所在。

法科生的美丽心灵是法律职业获得人民信赖的关键，这是我国法学教育改革中不应忽视的一个重要议题。除了强化职业技能训练，为实现以委托人为中心的代理打下能力基础外，还要强化职业伦理教育，使我们的法科生拥有美丽的心灵。作为中国政法大学法律诊所的教师，遇到法律诊所学生因棘手案件备受打击、极度郁闷的时候，我就鼓励他们说："为弱势群体免费代理功德无量，你选择了正确的道路，我会为你的信心和勇气骄傲，祝你德才兼备，拥有法科生的美丽心灵。"

2017年5月，习近平总书记在中国政法大学考察时发表重要讲话，强调法学教育要坚持立德树人、德法兼修，抓好法治人才培养。为落实习近平总书记重要讲话精神，教育部就法治人才的德育工作出台了系列举措。

首先，将"法律职业伦理"课程列为法学专业核心课程。2018年初，教育部发布实施《法学专业类教学质量国家标准》，明确法学专业核心课程体系，将"法律职业伦理"课程列入十门法学专业核心课程之一，要求所有开设法学专业的高校必须面向法学专业学生开设。

其次，启动实施卓越法治人才教育培养计划2.0版。为贯彻落实习近平总书记重要指示要求，2018年10月，教育部会同中央政法委联合印发《关于坚持德法兼修 实施卓越法治人才教育培养计划2.0的意见》，提出8项改革任务，首要任务即"厚德育，铸就法治人才之魂"。强调要注重培养学生的思想道德素养，大力推进中国特色社会主义法治理论进教材进课堂进头脑，将社会主义核心价值观教育贯穿法治人才培养全过程各环节；要结合社会实践，积极开展理想信念教育、社会公益教育、中华优秀传统法律文化教育；要加大学生法律职业伦理培养力度，面向全体法学专业学生开设"法律职业伦理"必修课，实现法律职业伦理教育贯穿法治人才培养全过程。

最后，全面推进高校法学专业课程思政建设。全面推行课程思政是新时代高校思想政治工作的重要举措。课程思政将立德树人这一根本任务贯穿教育教学全过程，从全员育人的高度构建思政课程和专业课程相结合的教学体系。2019年3月18日，习近平总书记主持召开学校思想政治理论课教师座谈会，强调"要坚持显性教育和隐性教育相统一，挖掘其他课程和教学方式中蕴含的思想政治教育资源，实现全员全程全方位育人"。只有不断地挖掘专业课程体系所蕴含的思政教育元素，实现思想政治教育与知识体系教育的有机统一，才能不断地提升高校思想政治工作质量。在专业课程的教学和实践中，要将知识和技能传授与理想信念教育有机结合起来。只有不断将思政元素有机融入专业教学中，才能让学生在专业学习中提升政治认知和道德素养，真正实现以文化人、以德育人。

对于法律职业伦理，以往存在两种错误认识：一种将其视为抽象、空洞的所谓"正义"等观念；另一种认为它只是调整职业关系的行为规范的总称，职业伦理就是"职业行为规则""职业行为法"。实际上，上述两种认识都是片面的。法律职业人员是一个拥有共同专业的法律知识结构、独特法律思维方式，具有强烈社会正义感和公正信仰的整体。职业行为规范要行之有效，需要法律人树立牢固的职业伦理意识，即法律职业人员运用职业伦理规则处理各种复杂的法律问题的能力，以及对法律职业所应有的根植于灵魂深处的神圣感、敬畏感和责任感。

职业伦理具有某些哲学意味，尽管其也具有规则的含义。职业行为规则是职业伦理的载体，而将职业伦理与行为规则加以区分的意义在于：职业伦理要行之有效，不能仅仅将其视为一套规制法律人的法律条文，还要将其视为尊重并切实履行的职业理想与追求。职业理想的重要性，正如习近平总书记所言："做到严格执法、公正司法，就要恪守职业良知。政法机关的职业良知，最重要的就是执法为民。职业良知来源于职业道德，要把强化公正廉洁的职业道德作为必修课，教育引导广大干警自觉用职业道德约束自己。"[①] 缺乏职业理想的指引，职业行为规则就会成为一纸空文。职业理想与职业行为规则的关系就像北斗星与道路方向的关系，换言之，就像北斗导航系统与电子地图的关系。导航信号过弱，司机便无法使用电子地图。那么，如何上好这门课呢？

首先，职业伦理课堂讲授有助于学生职业伦理意识的养成。诚然，单凭这门课不足以将学生培养成职业伦理意识强、有法律信仰的法律人，但此类课程有助于解决实务上遇到的伦理问题，可以让他们区分可以接受的职业行为和不能接受的职业行为，思考法律职业伦理重大问题。然而，在课堂讲授过程中，有些教师将法律职业伦理视为"正义"等抽象观念，而意识不到它也涉及具体行为规则，应教会学生在面临职业伦理困境时如何选择；以课堂灌输为主，教学手段单一，提不起学生兴趣。所以，应在教学方法上予以改进，强化案例教学，采用研讨式学习，摆脱单声道灌输教学。

其次，还应将法律诊所及模拟课程等体验式教学方法纳入教学，让学生不再仅仅被动接受，而是主动学习。体验式教学方法就是法学实践教学，它是法律人才培养的重要途径。实践教学不仅有利于加深学生对职业伦理知识的理解，还有利于其在实践中思考职业伦理与社会责任，将其转化为内在价值准则。

总之，应从多方面多渠道，使理论教学、法律实践课程多管齐下，上好法律人的这门"思想品德课"。

一门课程成熟的标志是拥有成熟的教材，感谢高等教育出版社策划出版这本书，该书能在高等教育出版社这个专业而又信誉卓著的出版社出版，作为主编，我与有荣焉。本书的出版，应当感谢本书责任编辑程传省先生辛勤而又专业的编辑工作。记得几年前，传省约我编写法律职业伦理教材，他向我表示法律院校急需一本高质量的法律职业伦理教材，尽管当时我满口答应，但由于工作繁忙，冗务缠身，这本书拖了很久。传省多次向我表示社里非常期

---

① 习近平：《严格执法，公正司法（2014年1月7日）》，载中共中央文献研究室编：《十八大以来重要文献选编》（上），中央文献出版社2014年版。

待这本教材，希望我集中精力早日完成，他的耐心和鼓励令我很感动，虽然增加了压力，但也产生了尽早完成的强劲动力。本书编写过程中，我的研究生房韬及陈涛收集资料，校订文字，做了许多工作，在此表示感谢。

本书由许身健担任主编，负责拟定大纲及最终统稿。全书共分为 3 编 14 章：第一编"法律职业伦理总论"；第二编"律师职业伦理"；第三编"其他法律人员的职业伦理"。具体撰写分工如下：

许身健：第一编、第二编第四章及第三编；

陈虎：第二编第五章第一节、第二节、第四节、第六节、第七节及第六至八章；

刘育昌：第二编第五章第三节、第五节及第九章。

许身健

2020 年 3 月 9 日

目　　录

第一编　法律职业伦理总论

第二编　律师职业伦理

第三编　其他法律职业人员的职业伦理

第一编
法律职业伦理总论

第一章 法律职业伦理概述

【本章导读】

　　随着法律职业伦理正式成为法学专业核心课程，其在法学领域必将发挥更为重要的作用。法律职业与伦理的关系是一个不言自明的问题，也是极易被忽视的问题。在法学领域，法学家关注的是法律制度问题，而很少涉及法律职业的伦理问题，认为这个问题在法律领域无法解决或者不需要解决，法学家只要能够设计出优良的法律制度就大功告成了；在伦理学领域，伦理学家关注的是整个社会的伦理问题，而对于法律职业这个特殊职业的伦理问题，也很少涉猎。因此法律职业伦理问题，包括法律与伦理的问题，几成"被遗忘的角落"。实际上，近年来司法领域暴露出来的很多问题，比如司法官员的腐败、律师诚信缺乏等，都与法律职业伦理有着密切的关系。制度的改革固然重要，但是再好的制度也需要人来执行，若法律职业人员的伦理道德水平不提高，仅仅依靠制度上的修修补补并不能从根本上解决问题。当然，任何学科在解决社会问题方面都有自身的局限，法律职业伦理试图在探索推动中国法治进步的进程中扮演一个不可缺少的角色。本章主要介绍法律职业伦理这门课程的基础理论。希望学生通过本章内容的学习，对该门学科能有一个整体的把握。

【本章知识结构图】

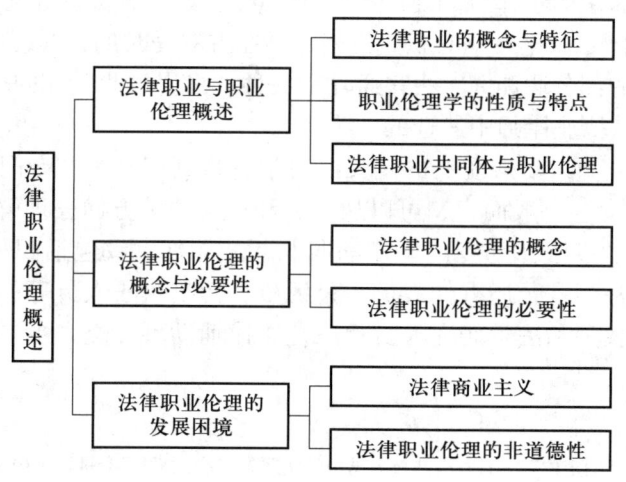

第一节　法律职业与职业伦理概述

一、法律职业的概念与特征

（一）法律职业的概念

法律职业（legal profession）是法律专业人士（legal professionals）从事的以研究、发展和应用法律为主要内容的职业（profession）的总称。一般认为，职业法律家群体必须具备以下三项条件：（1）坚决维护人权和公民的合法权益，奉行为公众服务的宗旨，其活动有别于追逐私利的营业（business）；（2）在深厚学识的基础上娴熟于专业技术，以区别于仅满足于实用技巧的工匠型人才（specialist）；（3）形成某种具有资格认定、纪律惩戒、身份保障等一整套规章制度的自治性团体，以区别于一般职业（occupation）。[1] 英国学者罗杰·科特威尔（Roger Cotterrell）也将前述条件称为"关于法律人的预设"，并表述为：（1）法律职业形成一个共同体，一个由相同的价值观和利益维系的可识别的从业人员的统一体；（2）服务导向而非利益导向往往可以将职业与业务（business）区别开来；（3）特殊技能和专业知识为法律职业主义提供了基础。[2]

从理论上很难对法律职业的构成进行统一而明确的概括，原因在于世界范围内存在不同的法律体系，即使处于同一法律体系，不同的司法管辖区所用的术语也千差万别。在普通法系（common law）国家，法律职业由法律工作者（lawyers）构成。在狭义上，法律工作者指的是律师（attorney）；在广义上，法律工作者包括律师、法官、检察官和法学教授。在大陆法系（civil law）国家，法官和检察官是法律职业的主要角色，一般统称为司法官，私人执业的律师以及企业、政府部门雇用的法律顾问传统上属于相对不那么重要的角色。[3] 从历史的角度看，"法官"（judge）是法律专业化最早的职业代表，早在古罗马时期，"裁判官"就已经开始行使现代意义上"法官"的部分职能。[4] 法官通常是一种"终生事业"（lifelong career）。在普通法系国家，法官往往是从执业律师中遴选的。

在我国，法律职业尚未形成统一的定义。有学者将其定义为"专门从事法律适用、法律服务工作的特定职业"。[5] 一般而言，可以从广义和狭义两个方面去理解法律职业。从广义上讲，法律职业泛指一切以法律为专门工作的职业，其外延大致包括四种：一是法律执行类，主要指律师、法官和检察官，还有仲裁员、公证员、行政执法人员等；二是法律技术类，主要指立法人员、法学教师和法学研究人员；三是法律辅助事务类，主要指辅助律师、法官和

---

① 季卫东：《法律职业的定位——日本改造权力结构的实践》，载《中国社会科学》1994 年第 2 期。

② ［英］罗杰·科特威尔：《法律社会学导论》（第 2 版），彭小龙译，中国政法大学出版社 2015 年版，第 180-183 页。

③ 杜宴林主编：《法理学》，清华大学出版社 2014 年版，第 254-255 页。

④ 夏锦文：《法律职业的形成及其条件——一种制度史考察》，载《江海学刊》2008 年第 1 期。

⑤ 王利明：《法律职业专业化与司法改革》，载《法官职业化建设指导与研究》2003 年第 1 辑，人民法院出版社 2003 年版，第 25 页。

检察官工作的人员；四是基层法律实务类，主要指基层法律服务工作者。[①] 从狭义上讲，法律职业主要指专门从事法律适用、法律服务的特定职业，其外延主要包括律师、法官和检察官。[②]

2001 年 10 月 31 日，最高人民法院、最高人民检察院、司法部共同颁布了《国家司法考试实施办法（试行）》，其中第 2 条规定："国家司法考试是国家统一组织的从事特定法律职业的资格考试。初任法官、初任检察官和取得律师资格必须通过国家司法考试。"国家司法考试统一了法官、检察官、律师的准入资格，是我国法律职业化的一个具有里程碑意义的制度创新。[③] 实证研究结果也表明，司法考试的统一要求，在一定程度上使得上述从业者具备了共同的知识和技能，形成了某些共同的法律观念甚至法律信仰，这对推进法律职业共同体的建构、实现法律的统一适用都起到了一定的作用。[④]

党的十八届四中全会审议通过的《中共中央关于全面推进依法治国若干重大问题的决定》提出"完善法律职业准入制度，健全国家统一法律职业资格考试制度，建立法律职业人员统一职前培训制度"，为改革完善司法考试制度指明了方向。2015 年 6 月 5 日，习近平主持召开中央深化改革领导小组第十三次会议，审议通过了《关于完善国家统一法律职业资格制度的意见》，明确要将现行司法考试制度调整为国家统一法律职业资格考试制度。2018 年 4 月 28 日，司法部颁布了《国家统一法律职业资格考试实施办法》，其中第 2 条规定："国家统一法律职业资格考试是国家统一组织的选拔合格法律职业人才的国家考试。初任法官、初任检察官，申请律师执业、公证员执业和初次担任法律类仲裁员，以及行政机关中初次从事行政处罚决定审核、行政复议、行政裁决、法律顾问的公务员，应当通过国家统一法律职业资格考试，取得法律职业资格。法律、行政法规另有规定的除外。"2022 年 2 月 28 日，中央组织部、最高人民法院、最高人民检察院、司法部印发《关于建立法律职业人员统一职前培训制度的指导意见》，规定初任法官、检察官、仲裁员（法律类），申请律师、公证员执业，应当参加职前培训，培训合格方可准予从事相关法律职业。国家统一法律职业资格考试和法律职业人员统一职前培训制度的实施回应了中国法治实践的现实需求，也全面反映了中国法治理论的最新成果。

比较《国家统一法律职业资格考试实施办法》和《国家司法考试实施办法（试行）》的内容，可以发现法律职业人员的范围有了明显变化，具体表现为由"法官、检察官、律师"扩展为"法官、检察官、律师、公证员、仲裁员以及行政执法人员"。此外，对于报名条件明确要求"具备全日制普通高等学校法学类本科学历并获得学士及以上学位；全日制普通高等学校非法学类本科及以上学历，并获得法律硕士、法学硕士及以上学位；全日制普通高等学校非法学类本科及以上学历并获得相应学位且从事法律工作满三年"。因此，本书认为，法律职业人员是指获得法学学位或受过其他形式的法律教育、具备专门法律知识与技能、具有职业伦理素养、取得国家法律职业资格的法律工作者，主要包括律师、法官、检察官、公证员、

---

①　霍宪丹：《法律职业与法律人才培养》，载《法学研究》2003 年第 4 期。

②　张文显、卢学英：《法律职业共同体引论》，载《法制与社会发展》2002 年第 6 期。

③　孙笑侠：《法学教育的制度困境与突破——关于法学教育与司法考试等法律职业制度相衔接的研究报告》，载《法学》2012 年第 9 期。

④　李红海：《统一司法考试与合格法律人才的培养及选拔》，载《中国法学》2012 年第 4 期。

仲裁员以及行政执法人员六类。

（二）法律职业的特征

国内外学者从不同的角度对法律职业的特征进行了阐述，了解这些不同的观点，有助于我们加深对法律职业的理解。

美国学者格林伍德（Greenwood）把法律职业的特征概括为：（1）职业人员的技能以系统的理论知识为基础，而不仅仅根据特殊技术的训练。（2）职业人员对他们的工作有相当大的自主性。（3）职业人员形成联合体，它调整职业内部事务，对外则代表职业人员的利益。（4）加入一个职业，接受认真审查。要成为一个职业成员往往要参加职业考试，获得许可证，得到头衔，这个过程受到有关组织的调整。（5）有职业道德法典，要求所有成员遵守它，违反者将可能被开除。[①]

我国学者黄文艺与卢学英以社会学关于职业内涵的界定为参照，归纳总结出法律职业的六个特征：（1）学识性，即任何想从事某种法律职业的人，除了掌握一般化、抽象化的法律原理和知识外，还必须掌握与职业实践相关的知识、规范、经验和技巧。（2）独立性，即同其他社会职业、群体相分离、相区别，具有相对独立的社会身份和地位。（3）同质性，即从事同一职业的人们在教育背景、职业意识、思维方式、话语系统、职业伦理等方面具有共同性。（4）组织性，法律职业协会对法律职业乃至法律事业的存在和发展发挥着多方面的作用和功能。（5）规范化，就法律职业而言，主要体现在职业考试制度、职业准入制度、职业保障制度、职业惩戒制度。（6）垄断性，即法律职业准入制度和法律从业权的特许制度。[②]

我国学者高其才认为，作为一种特殊的职业，法律职业有着不同于其他职业的特征：（1）法律职业是公共职业，更多地肩负着社会使命。（2）法律职业是正式职业。此处的"正式"是指法律职业是通过严格的程序才能进入的职业类型。（3）法律职业是专门化职业。此处的"专门化"是指只有经过专门知识训练和拥有某种专门知识的人才能胜任。（4）法律职业是精英化职业。所谓"精英化职业"，是指只有社会中的优秀成员才能胜任的职业类型。（5）法律职业是不以营利为目的的职业。法律职业的从业者不以营利为目的，而以追求社会正义为目的。[③]

本书认为法律职业的核心特征主要体现在以下几个方面。

1. 专业性

法律职业的主体本身就是指具备法律知识与技能的专业人员，其专业性主要体现在拥有法律知识和处理法律纠纷方面的特殊信息和技术。从事法律实践，不仅需要获得法学学位或受过其他形式的法律教育，还要通过国家法律职业资格考试。可见，法律作为一种职业，不是一个可以自由进入的领域。要成为法律职业人员，必须经过特殊训练，掌握法律职业所需的特定知识技能和执业经验，形成法律职业共同体同质的思维方式和推理方式。[④]法律职业人员具备的法律知识主要由两部分构成：一部分是制定法中关于规则的知识；另一部分是法律

[①]　朱景文：《现代西方法社会学》，法律出版社 1994 年版，第 103 页。

[②]　黄文艺、卢学英：《法律职业的特征解析》，载《法制与社会发展》2003 年第 3 期。

[③]　高其才主编：《法理学》，中国民主法制出版社 2005 年版，第 250 页。

[④]　夏锦文：《法律职业化：一种怎样的法律职业样式——以司法现代化为视角的考察》，载《法学家》2006 年第 6 期。

学问中关于原理的知识。① 从法律职业的历史发展来看，古罗马时期法律职业的萌芽是与当时发达的法律学校分不开的；中世纪时期法律职业的形成则归功于以波伦亚为代表的一批中古大学，它们不仅推动了罗马法的复兴，更重要的是为各国培养了大批司法人才。近代以来，法律职业的职业化发展程度越来越高，接受法学教育、具备专业知识与技能成为绝大多数国家从事法律职业的人员的必备条件。例如，我国《律师法》第 5 条规定，通过国家统一法律职业资格考试取得法律职业资格是申请律师执业应当具备的条件之一。

　　2. 公益性

　　事实上，法律职业具有公益性特征并非一个新鲜论点。美国著名学者罗斯科·庞德（Roscoe Pound）认为，历史地看，法律职业包含了三种理想，即组织、学习（即追求一种习得的艺术）和公共服务的精神，而赚钱维持生计则是较为疏远的观念，并纯属附带性的。庞德把公共精神的理念看作法律职业的精髓，他认为，法律职业中的公共服务精神是并且应当是一个成熟的司法体制的先决条件。② 此外，不少国家在法律职业发展过程中，都一直强调法律职业的公益性。美国律师协会《职业行为示范规则》多次提到法律职业的公益性。日本司法制度改革审议会意见书也认为，法律职业是国家司法体系的组成部分，也是一个国家主权的重要组成部分，是维护基本人权、实现社会正义的具有社会公益性的崇高职业。这是其他职业所不具备的。③ 我国《法官法》第 3 条规定，法官必须忠实执行宪法和法律，维护社会公平正义，全心全意为人民服务。

　　3. 独立性

　　一种职业之所以被称为职业，首要的表征就是这种职业具有独立性，即这种职业不能依附于其他任何一种社会职业。④ 法律职业是一种具有独立性或自主性的职业。法律职业的独立性不仅表现为它拥有一套相对独特的传统、制度、服饰、思维方式、行为方式，更重要的表现是法律职业从业人员能够独立地处理或管理职业领域的事务。因此，法律职业独立性的最本质表现是法律职业人员自主地从事法律活动，不受外部力量的干涉。国际律师协会的很多决议和文件都已经认可了法律职业独立性的重要性。《1990 年法律职业独立性标准》的前言说："法律职业的独立性构成了一个对人权的促进与保护的基础性的保障，对于获得有效和充分的法律服务而言是必需的。"⑤ 我国《法官法》第 7 条规定，法官依法履行职责，受法律保护，不受行政机关、社会团体和个人的干涉。这既是法律职业独立性的要求，也是法律职业独立性的体现。

　　4. 伦理性

　　法律在与人类的伦理目标交互作用的过程中获得了公众对它正义性的确信，并为自己获得了道德基础和正当性依据。一方面，人们对于正义的理解和判断决定了法律的内容；另一

---

① 王建东、陈林林主编：《法理学》，浙江大学出版社 2008 年版，第 287 页。

② 徐卉：《重新认识法律职业：律师与社会公益》，载《中国司法》2008 年第 3 期。

③ 裴索：《WTO 体制下日本律师业的变化》，载《政治与法律》2000 年第 3 期。

④ 夏锦文：《法律职业化：一种怎样的法律职业样式——以司法现代化为视角的考察》，载《法学家》2006 年第 6 期。

⑤ ［加］麦克尔·崔贝尔考克、［美］罗纳德·丹尼尔斯：《法治与发展》，冯川、郭安康、沈志平译，南京大学出版社 2014 年版，第 307 页。

方面，已存在的法律反过来影响着人们对于是非对错的理解。法律职业的伦理性是法律伦理性的自然延伸，法律职业基于公平、公正的立场将法律运用到具体的事和人，从追求人类正义的角度出发，必然需要它的成员坚决维护人权和公民的合法权益，并注意将自身的活动与追逐私利的商业区别开来。① 我国《律师法》第 2 条规定，律师应当维护当事人合法权益，维护法律正确实施，维护社会公平和正义。这既是法律职业伦理性的要求，也是法律职业伦理性的体现。

二、职业伦理学的性质与特点

（一）伦理的语义分析

法律职业伦理中的"伦理"到底是什么？它与"道德"有什么关系？它与"法律"有什么关系？这些问题或许是每一个研习法律职业伦理的人都想要弄明白的。按照美国职业伦理学者德博拉·罗德（Deborah Rhode）等人的见解，在狭义上，"法律职业伦理"（legal ethics）是指规范法律职业人员行为的职业法规系统。在广义上，法律职业伦理泛指伦理的一种。因此，从这个角度看，法律职业伦理比法律规范还要深入，它所关注的是我们身为法律人在生活中最基本的道德层面。如苏格拉底（Socrates）所言，伦理是关于一个人应该怎样生活的问题。德博拉·罗德教授进一步指出，法律职业伦理的这两个层面是不能分开的。一方面，只针对规范原则进行研究，而不研究更广泛的伦理原则，是毫无意义的，职业行为守则若忽略那些被其规范之律师的道德承诺，就注定失去意义；另一方面，纯哲学的法律职业伦理研究，因为与法律实务的体制脱节，也是同样无效的。② 本书赞成德博拉·罗德教授的观点，认为对法律职业伦理的研究与学习，既要注重对伦理学基本原理的把握，也要广泛结合成文的职业行为规范，从而更好地促进法律职业伦理的良性发展。因此，本部分将结合已有的研究成果，对伦理学中的一些基本概念范畴进行简要阐述。

在西方语言文化中，英语中的"伦理"（ethics）在拉丁文中称为 *ethica*，在希腊文中称为 *ethos*，意指"风俗""习惯"。③ 据考证，早在古希腊名著——荷马史诗中的《伊利亚特》一书中就已经出现了"伦理"这个词，本意是指一群人共居的地方，后来引申为共居的人们所形成的性格、气质以及风俗习惯。通过这些风俗习惯，人们逐渐形成了某些品质或德性。④ 亚里士多德（Aristotle）在《尼各马可伦理学》中说："德性分为两类：一类是理智的，一类是伦理的。理智德性主要由教导而生成、由培养而增长，所以需要经验和时间。伦理德性则是由风俗习惯沿袭而来，因此把'习惯'（ethos）一词的拼写方法略加改动，就有了'伦理'（ethikee，ethics）这个名称。"⑤ 由于"伦理"一词具有上述文化背景，在现代英语中，"伦理"概念仍然具有更多的规范、规则等古希腊语中的理性特征。⑥

---

① 孙笑侠主编：《法理学》，浙江大学出版社 2011 年版，第 373 页。

② ［美］德博拉·罗德、戴维·鲁本：《法律伦理》（上），林利芝译，新学林出版股份有限公司 2018 年版，第 3 页。

③ 林火旺：《伦理学》，五南图书出版股份有限公司 2004 年版，第 11 页。

④ 张传有：《伦理学引论》，人民出版社 2006 年版，第 2 页。

⑤ ［古希腊］亚里士多德：《尼各马可伦理学》，中国社会科学出版社 2007 年版，第 25 页。

⑥ 尧新瑜：《"伦理"与"道德"概念的三重比较义》，载《伦理学研究》2006 年第 4 期。

在中国古代文化视域中,"伦理"的原始语义是"伦"与"理"之义的结合。"伦理"一词最早见于《礼记·乐记》:"凡音者,生于人心者也,乐者,通伦理者也。"古文对"伦""理"的解释主要有以下几种:(1)东汉郑玄《三礼注》对其注解为:"伦,犹类也;理,犹分也。"(2)许慎《说文解字》将其解释为:"伦,从人辈也,明道也;理,从玉治玉也。"综上,"伦"字有辈分、种类、次序之意,引申为人际关系的次序条理,也称为"人伦"。例如《孟子·滕文公上》载:"教以人伦,父子有亲,君臣有义,夫妇有别,长幼有序,朋友有信。"其中这里的"人伦"即指人际关系的行为准则,以君臣、父子、夫妻、兄弟、朋友为五伦。[①]"理"字用于动词则有"修整""整治"之意,用于名词则引申为条理、道理、世间万物的本原和运动的规律等。因此,《现代汉语词典》整合汉语中"伦"与"理"的含义,将"伦理"定义为"人与人相处的各种道德准则"。[②]我国学者王海明将伦理定义为"具有社会效用的行为之事实如何的规律及其应该如何的规范"。[③]

从中西方文化关于"伦理"的解释来看,古代中国"伦理"与西方传统"伦理"之间存在差异:古代中国"伦理"更加强调一种"宗法秩序",而西方传统"伦理"更加强调一种"治理规则",具有很强的理性色彩。[④]但是随着西方"伦理"概念的引入,我国"伦理"的含义也发生了很大变化,基本已经接近于西方"伦理"的意涵,即指人们必须遵循的规则与习惯。正如我国台湾地区学者萧武桐对"伦理"所作的界定:伦理是阐明人与人之间的关系,并确立人与人相互间行为标准,以追求善良及明智的行为规范。

(二)职业伦理学的特性

应用伦理学是规范伦理学的有机组成部分,是运用规范伦理学基本原理解决人们生产、生活中各种实际的道德、伦理问题而形成的具有管理特点的一门系统的伦理知识。一般认为,职业伦理学是应用伦理学的一个分支学科,它与其他的应用伦理学既有联系也有区别。其主要特点包括:(1)职业伦理学具有业务性质,即专业性。不论是医生伦理学还是司法伦理学,都与它们的具体业务相联系。因此,其道德准则、道德要求、道德教育、道德修养都离不开其职业活动的特殊性和职业活动的具体情境。(2)职业伦理学具有功利性质。职业伦理学渗透在职业活动中,构成职业活动的一个内在精神因素,其最终都是为更好地完成职业任务服务。例如,要求司法工作者在办案、审理、判决过程中秉公执法、忠于法律、尊重事实,目的是维护法律的尊严,伸张社会正义,保护公民的正当权益。(3)职业伦理学具有管理的特点。规范伦理学是社会管理手段之一,而作为规范伦理学的实际应用的职业伦理学自然有管理的特点。职业伦理学的管理不同于一般的经济的、法律的、行政的管理。由于职业伦理的普遍性都是以个体的形态存在的,因此,发挥职业伦理的管理作用就有它独特的方式和要求,即把非正式的道德管理与正式的组织管理结合起来。职业伦理管理面对人的内心世界,必须经过职业行为主体的自由选择。因此,教育引导、启发自觉,使受教育者自愿掌握职业伦理行为准则、范畴直至变成职业生活的信念,便成了职业伦理管理的有效机制。[⑤]

---

① 王冬桦:《为伦理与道德的概念及其关系正本清源》,载《首都师范大学学报(社会科学版)》2011年第2期。
② 中国社会科学院语言研究所词典编辑室编:《现代汉语词典》(第六版),商务印书馆2012年版,第852页。
③ 王海明:《新伦理学(修订版)》(上册),商务印书馆2008年版,第4页。
④ 尧新瑜:《"伦理"与"道德"概念的三重比较义》,载《伦理学研究》2006年第4期。
⑤ 魏英敏主编:《中国伦理学百科全书:职业伦理学卷》,吉林人民出版社1993年版,第5-6页。

（三）职业伦理与相关概念的关系

1. 职业伦理与职业道德的关系

上文曾提到，职业伦理学是以职业道德为研究对象的，这揭示了职业伦理学作为一门学科与职业道德之间的关系。那么，职业伦理与职业道德之间有什么关系呢？不同的学者从不同的角度给出了不同的答案。

（1）职业伦理与职业道德没有本质区别。龚群教授认为，职业伦理或称为职业道德。从社会层面讲，可以称为"职业伦理"，从个人层面讲，可以称为"职业道德"。职业伦理在个人那里，就是个人的德性在职业行为中的体现。职业道德作为人类道德现象的一个基本方面，有着与其他道德现象相区别的基本特征。首先，在内容上，职业道德总是鲜明地表达了职业行为及其角色行为的道德规范与准则。其次，在形式方面，职业道德、角色道德的行为准则的表达形式往往比较具体、灵活、多样，它既可以通过严格的规章制度、严明的作风纪律表现出来，也可以通过简单的标语口号、鲜明的誓词条例和具体的注意事项表达出来。再次，在调节范围上，职业道德主要用来指导从事某种具体职业、在某种具体角色岗位上的人们的言行。最后，在功效上，职业道德是一定的社会道德的职业化，它既是一种职业活动的道德保障，又是使个人道德通过职业活动得到提升的途径。[①]

（2）职业伦理与职业道德存在明显区别。李宁教授认为，职业道德是指人们在从事各种职业活动的过程之中，思想和行动所应遵循的行为规范和道德准则；职业伦理是指从事特殊或专门职业的工作者或"职业人"所应具备的行业道德和所应遵循的基本职业伦理规范。因此，职业道德不同于职业伦理，职业伦理所具有的这种总体性特点与职业道德的个体性和主观性形成了对照。[②]一般认为，职业伦理与职业道德的差异主要体现在以下几个方面：[③]

首先，从作用的对象来说，道德更加强调主观、内在、个体性，因此，职业道德更多地是指职业人士个体按照岗位规范对自身的内在要求和对外在行为的一种约束；而伦理更强调客观性、外在性、社会性，是客观法，是他律性的，因此，职业伦理更多地是指职业对其成员的整体性要求，其与职业实践活动密切相关。

其次，从价值本身来说，道德价值的核心是善、好，最本质的东西是个体心灵秩序的完善、对自身美好的追求，因而呈现出自我价值追求的个体性差异。因此，职业道德的培养与个体内心信念的形成是分不开的，唯有职业个体在工作实践中，从内心深处确立对真善美的追求，才会在日常的行为中有所体现。而伦理的核心是正当，最本质的东西是社会成员在共处中利益关系的公平与正义。伦理是社会所必须认同和要求的基本的、共同的价值，着眼于社会整体秩序的协调、稳定和持续发展。因此，职业伦理基于社会成员的整体关系协调而发生作用，诉诸人们对公平与正义的共同价值追求，并在多层面的社会关系中付诸实践，产生普遍约束作用。

最后，从存在领域来说，道德主要存在于私人精神领域，主要体现在追求利益的个体与

① 龚群：《社会伦理十讲》，西南交通大学出版社 2014 年版，第 133-134 页。

② 李宁：《论职业道德对提升职业伦理境界的功能》，载刘邦凡、万长松主编：《中国社会科学研究论丛》（2013 卷第 2 辑），世界图书出版广东有限公司 2014 年版，第 29-30 页。

③ 杨柳、沈楚：《现代职业文化简论》，浙江大学出版社 2014 年版，第 47-48 页。

自我良知的对话。因此，职业道德可以被视为职业个体在职业实践活动中的一种个人的精神修养与信仰追求。伦理主要存在于公共领域，在现代社会主要诉诸个体之间的民主性对话与讨论。因此，职业伦理更加强调在不同群体中，围绕职业之间的矛盾和冲突，通过教育、对话、讨论达成共识，产生共同的职业信念。

本书倾向于采纳后一种观点，即职业伦理与职业道德之间存在差异，在具体使用上不宜混同，这也是本书采用"法律职业伦理"而非"法律职业道德"的原因。但是，承认区别并不意味着否认联系，作为整体的"职业伦理"，要想发挥实效，还依赖于职业人士个体去践行、去遵守，这时候则体现为"职业道德"。

2. 职业伦理与公民道德的关系

"职业伦理"（legal ethics）与"公民道德"或"一般伦理"（general ethics）的关系是各国职业伦理学者关注的重点问题，国内外学者也都从不同角度进行了解析。

法国学者涂尔干（Emile Durkheim）在其经典著作《职业伦理与公民道德》一书中，对"职业伦理"与"公民道德"之间的关系进行了论述。涂尔干认为，任何职业活动都必须有自己的伦理，这些伦理与共同意识并无深层的联系，因为它们不是所有社会成员共有的伦理。换言之，职业伦理与共同意识无关。虽然共同道德把社会大众当成它唯一的基质和器官，但职业伦理的器官是多重的。有多少职业，就有多少这样的器官；每个器官都像与社会整体的联系那样彼此关联，都具有相对的自主性，分别处理各自规范的关系。于是，这类道德要比以往的道德显露出更加奇特的性质——道德生活的去中心化趋势。公意是共同道德的基础，它弥散在社会各处，用不着我们去甄别它究竟处于何方；而职业伦理则不同，每一种职业伦理都落于一个被限定的区域。[①]

从涂尔干的论述来看，他基本上认为，职业伦理是不同于公民道德的，职业伦理具有一定的特殊性。我国学者孙笑侠也持类似的观点，他以法律职业伦理与普通道德的关系为例，进行了阐述。法律职业共同体内部都遵守一套在技术操作、感情取舍等方面有别于生活伦理，但在与大众道德重合的部分又遵循"英雄标准"的职业伦理规范。这种伦理规范之所以一方面要区别于大众道德，另一方面又要高于普通道德，一是为了维持职业正常运作。正如上文所述，法律的职业思维往往与大众思维相冲突，作为扮演多重社会角色的法律人，内心会充斥多重思维的冲突，此时，就迫切需要一套明确的、具有可操作性的伦理规范予以指引。二是法律职业有别于其他一般的社会职业，它基于公平、公正的立场将法律运用于具体的人和事，要求从业人员具备良好的道德品质。[②]

英国学者乔纳森·赫林（Jonathan Herring）以律师职业伦理与一般伦理的区别为例，对当前国外法律职业伦理学界关于这一问题的见解进行了总结。[③]他认为，目前关于"律师职业伦理是否不同于一般伦理"大致有四种观点：

（1）律师职业伦理与一般伦理基础没有什么不同。例如，"律师应该对委托人的信息保密"这一原则与在保密环境中获得私人信息的任何人应该遵守的原则没有什么不同。或许

---

① ［法］涂尔干：《职业伦理与公民道德》，渠敬东译，商务印书馆 2015 年版，第 8 页。

② 孙笑侠、李学尧：《论法律职业共同体自治的条件》，载《法学》2004 年第 4 期。

③ Jonathan Herring, *Legal ethics*, *Second edition*, Oxford：Oxford University Press，2017，pp. 28–29.

唯一的不同在于，律师可能比其他人更容易得到秘密信息，但约束律师的基本道德原则是相同的。

（2）律师适用的基本原则与其他人相同，但作为专业人员意味着他们是以一种特定的方式适用的。因此，虽然保密的基本理念适用于所有人，但律师负有更多的责任。同样，每个人都必须诚实，但律师适用最高的诚实标准。

（3）律师适用的基本原则与其他人相同，但因其专业地位而享有特殊豁免。因此，虽然一般来说，人们必须说出真相，但律师必须尽其所能促进委托人的福祉。这一特殊要求意味着，如果有必要，律师可以突破这一原则。

（4）律师职业伦理独立于适用于大多数人的原则，律师所承担的特殊责任反映了他们在社会中的独特地位。因此，律师职业伦理不应被简单地视为对一般伦理的强化，而应被视为有其自身的特殊基础。

本书认为，职业伦理与大众伦理之间既有区别，又有联系。职业伦理与大众伦理都是"伦理"范畴下的一种"伦理现象"，因此，职业伦理中的很多基本原则都能在基本伦理原则或伦理价值中找到根源。例如，伦理中的人道主义原则，要求把人和人的价值置于首位，主张以"人"为中心，强调人的尊严，而各类职业伦理的基本原则无不强调"以人为本"，如医师的"救死扶伤"、法律职业人的"维护委托人合法权益"。但是，伴随着社会分工、职业选择的推进，职业伦理随着各类职业的形成而出现并稳定下来，它必须反映和体现职业所具有的特殊性。因此，职业伦理与大众伦理出现了分野。

三、法律职业共同体与职业伦理

（一）法律职业共同体的内涵与作用

对于法律职业共同体的界定，学界并无统一共识。目前我国学者普遍将其理解为法律职业群体，亦即当一个群体以法律为联结纽带或生活表现时，可称其为法律共同体。多年前，张文显教授与卢学英博士在《法律职业共同体引论》一文中，对"法律职业共同体"作出了如下解释：随着社会对于解决纠纷的人员的数量及专业化程度需求的提高，法律职业的专业化凸显并形成行业化趋势。从业人数的增多、组织规模的扩展、专业化程度的提高，加

法律职业的使命

之法治理念被现代社会所广泛认同，使得法律职业人员的个性逐渐被法律职业的理性所取代，他们在从业过程中表现出的特有的法律思维模式、推理方式及辨析技术以及共同的法律话语所呈现的是一种群体的共性而非个人的性格及价值观。团体的共性由之形成并与法律职业者个人有所区别。当专门的法律机构、法律人员向社会表示的是同一种东西——正义时，法律职业群体便转化为与法律职业人员个人相区别的法律职业共同体。[①]

刘作翔教授与刘振宇博士也持同样的观点。他们认为，"法律职业共同体"并不只具有一种物理学组合上的意义，提出这个命题的最重要的意义在于寻求一种共同的法治精神和法治理念。建立法律职业共同体的最大意义，在于形成一种建立在共同知识训练基础上的共同的知识体系、思维方式，并由此上升为更高级的共同的理念、共同的价值追求甚至共同的信仰

---

① 张文显、卢学英：《法律职业共同体引论》，载《法制与社会发展》2002年第6期。

（即对于法治的信仰）。[1]

关于法律职业共同体的作用，季卫东教授认为，在现代国家，职业法律家之所以享有举足轻重的地位，不仅是因为他们掌握了法律专业的知识技术，尤其重要的是，他们通过法学教育和实践体验所形成的独特的思考方式适应了时代的需要。这种思考方式的重要之处主要体现在以下几个方面：首先，这种思考方式表现为一切依法办事的卫道精神。法律职业人员对于非公开的政治交易和无原则的妥协保持高度警惕，努力推动法治与行政裁量滥用相抗衡。其次，法律家的思考方式有"兼听则明"的长处。法律家习惯于听取不同意见，从中找出最佳解决方案，并通过解释和论证使之成为具有规范效力的共识。最后，法律家的思考方式以三段论推理为基础，力图通过缜密的思维把规范与事实、特殊与普遍、过去与未来织补得天衣无缝。[2]

党的二十大报告围绕法治建设进行专章论述、专门部署，充分体现了我们党对法治中国建设的高度重视和坚定决心。法治人才是中国特色社会主义法治实践的推动者、中国特色社会主义法律体系健全完善的重要参与者，进一步加强法律职业共同体建设对深化依法治国实践、推进法治中国建设有着重要作用。

（二）法律职业共同体的建构

关于法律职业共同体的建构，目前学界观点各异，有的学者持比较乐观的态度，有的学者则显得相对悲观。葛洪义教授认为，国家司法考试的统一，是法律职业共同体建构的重要促进力量，至少在三个方面奠定了我国法律职业共同体的架构：首先，建构了司法工作的专业知识壁垒，即法律职业人员必须具有一定的法律知识。其次，淡化了法官、检察官与律师之间的政治身份差别。在之前，中国的法官、检察官是中国干部队伍的组成部分，是掌握刀把子的"官"，而律师则属于"民"的范畴，"官"与"民"分别属于两个不同的系统。最后，强化了法官、检察官与律师之间专业身份的同一性。[3]对此，喻中教授认为，2002年实行的国家统一司法考试，有助于把法官、检察官、律师打造成一个法律实践者的职业共同体。从应然的角度看，经过持续多年的努力，法官、检察官、律师等法律职业人员在专业知识与职业伦理方面，应当形成一个法律职业共同体。但是，在实践过程中，法律职业共同体的建构又面临一些令人困惑的问题。喻中教授认为，导致这种困境的原因主要有以下几个方面：（1）法官与律师所追求的价值目标有差异。法官的核心目标是公正，而诉讼过程中律师必须服务于他的当事人。（2）理论逻辑与实践逻辑的差异也造成了法律职业共同体内部的裂痕。法律职业人员在法学院接受教育时所习得的理论逻辑，难免带有一些"理想主义色彩"，一旦进入实践，很容易受到当事人逻辑的修正与限制。（3）社会利益的多元化以及自媒体时代的传播格局，加剧了法律职业共同体内部的分裂，而任何的分裂与分歧都直观地体现为不同的立场、观点、态度。[4]

本书认为，尽管法律职业共同体的内部成员之间可能在客观上存在一些差异——尤其是

---

[1]　刘作翔、刘振宇：《对法律职业共同体的认识和理解——兼论中国式法律职业共同体的角色隐喻及其现状》，载《法学杂志》2013年第4期。

[2]　季卫东：《法律职业的定位——日本改造权力结构的实践》，载《中国社会科学》1994年第2期。

[3]　葛洪义：《一步之遥：面朝共同体的我国法律职业》，载《法学》2016年第5期。

[4]　喻中：《法学是什么》，中国法制出版社2016年版，第161–162页。

在面对具体个案时，但是提出法律职业共同体概念的主要目的在于寻求一种共同的法治理念和法治精神，倡导一种共同的法治信仰，真正实现以法律为志业。因此，在各方面条件具备的情况下，法律职业共同体的建构是有助于整个法律职业发展的，也是有利于国家、有利于社会的。

关于法律职业共同体形成的条件，孙笑侠教授认为，法律职业共同体的形成应具备以下四个条件：（1）法律职业或法律家的技能以系统的法律学问和专门的思维方式为基础，并不间断地培训、学习和进取。（2）共同体内部传承着法律职业伦理，从而维系着这个共同体的成员以及共同体的社会地位和声誉。（3）法律职业或法律家专职从事法律活动，具有相当大的自主性或自治性。（4）加入这个共同体必须受到认真考察、获得许可证，并得到头衔，如律师资格的取得。① 此外，对于前述条件，孙笑侠教授认为，这也是法律职业共同体需要自治以及能够自治的重要原因。②

从孙笑侠教授提出的法律职业共同体的形成条件来看，法律职业伦理为四个条件之一。无独有偶，职业伦理也是"职业"的形成条件之一。因此，本书认为，在法律职业共同体的建构过程中，相同的专业知识、思维方式等固然重要，但是统一的法律职业伦理意识、法律职业伦理规范，对于促进法律职业共同体形成共同的理念、共同的价值追求甚至共同的信仰，也至关重要。关于法律职业共同体伦理的基本构造，常艳和温辉两位学者认为，随着法律职业的形成与法律职业共同体在法治国家的对话、分工与合作的加强，直接关乎正义与公平，并蕴含着法律专业核心价值的伦理的基本构造主要呈现为：（1）现代法律职业伦理多以成文的、规范的形式加以表现，并诉诸制度化建构以保障实现。（2）法律职业伦理注重以法律职业共同体中"人"的品格要求为基础，以行为导向加以调整，并以行为为道德评价的对象。（3）法律职业伦理是建立在信念、角色和责任基础上的规则体系。（4）法律职业伦理规范在逻辑结构上可以分为由低到高三个层次：一是以"人"的品格要求为基础的道德规范，二是规则诱导，三是纪律约束。（5）法律职业共同体伦理基于共同体内部分工、角色的不同，对法官、检察官、律师的伦理规范分别进行规定，提出要求，并监督实现。③

本书认为，法律职业伦理对于法律职业共同体之建构至关重要，随着法律职业资格考试的改革以及法律职业内部流动机制的打通，建构法律职业伦理显得尤其重要。一方面，我们需要制定科学合理、符合中国法律职业发展的职业伦理规范；另一方面，我们要加强法律职业伦理教育，让"未来法官""未来律师"等"未来法律职业人"形成法律职业伦理意识，明晰法律职业伦理底线，成为合格的、优秀的法律职业人。习近平总书记在十九届中央政治局第三十五次集体学习时强调，"努力培养造就更多具有坚定理想信念、强烈家国情怀、扎实法学根底的法治人才"。这一重要指示要求，为新时代培养什么样的法治人才、怎样培养法治人才指明了方向和道路。对于法律人来说，关于法律的最重要的事实是，它是一个职业，它必须被认为摒弃了商业的成功标准，对服务国家正义承担了特殊义务；必须被认为是一门从业者需要经过特殊训练的应用科学。如果法律成为一种职业，那么它必须拥有自身的传统和准

---

① 孙笑侠：《法律家的技能与伦理》，载《法学研究》2001年第4期。

② 孙笑侠、李学尧：《论法律职业共同体自治的条件》，载《法学》2004年第4期。

③ 常艳、温辉：《法律职业共同体伦理问题研究》，载《河南社会科学》2012年第2期。

则，这些传统和准则应得到熟练掌握和严格执行。[①]

第二节　法律职业伦理的概念与必要性

一、法律职业伦理的概念

法律职业伦理是法律职业化的伴生物[②]，而法律职业化是社会分工不断发展及法律专门化、专业化的必然结果。因此，从根本上说，法律职业伦理是一种社会伦理现象，它体现并服从伦理的一般性规定。此外，法律职业伦理从属于职业伦理，是职业伦理的一个有机组成部分。就性质而言，一方面，它服从有关职业伦理的一般规定；另一方面，它又有自身的特殊性。[③]

在现有的法学研究中，法律职业伦理和法律职业道德是两个比较高频的概念。在大多数情况下，人们都将法律职业伦理与法律职业道德混同使用。在理论研究中，很多学者出版的相关论著均以"法律职业道德"命名，如李政主编的《法律职业道德》（法律出版社 2017 年版）、王新清主编的《法律职业道德》（法律出版社 2016 年版）、李本森主编的《法律职业道德概论》（高等教育出版社 2015 年版）、高其才主编的《司法制度与法律职业道德》（清华大学出版社 2014 年版）、孙玲主编的《法律职业道德》（上海交通大学出版社 2008 年版）等。在法治实践中，很多部门发布或制定的规范也以"职业道德"命名，如最高人民法院发布的《法官职业道德基本准则》、最高人民检察院发布的《检察官职业道德基本准则》、中华全国律师协会发布的《律师职业道德基本准则》、中国公证协会发布的《公证员职业道德基本准则》等。

事实上，关于法律职业伦理与法律职业道德之间的关系，目前学界存在不同的观点。一种观点认为，法律职业伦理与法律职业道德并不存在本质上的区别。李本森教授认为，法律职业伦理更注重理论性，法律职业道德偏重实操性。在学术研究领域，法律职业伦理的名称更合适，因为其中包含法律职业伦理形成的规律以及程序上的保障，这些内容并不是道德可以完全涵盖的。而在司法实践中，从日常习惯的角度，法律职业道德则更合适。例如，一般都说法律人的行为不合乎法律职业道德，而不说不合乎法律职业伦理。因此，法律职业道德与法律职业伦理的区别主要是语境和范围上的区别，不存在高低的区别。[④]另一种观点认为，法律职业伦理与法律职业道德之间存在本质区别。孙晓楼教授认为，法律职业伦理与法律职业道德存在实质与主观的区分。处于实质层面的属于伦理问题，即究竟应做什么和不得做什么；处于主观层面的属于道德问题，即对某种行为内容的态度、心理准备、心情、动机等。所以，关于法律职业人员当为或不当为之基准是职业伦理的问题；关于法律职业人员就法律

[①]　［英］罗杰·科特威尔：《法律社会学导论》（第 2 版），彭小龙译，中国政法大学出版社 2015 年版，第 185 页。

[②]　我们所说的"法律职业伦理"，在法律英语中或称为 legal ethics，或称为 professional responsibility。研究领域多称为 legal ethics，而作为实际存在的社会规范多称为 professional responsibility。

[③]　唐永春：《法律职业伦理的几个基本问题》，载《求是学刊》2003 年第 5 期。

[④]　李本森：《关于法律职业伦理若干基本范畴的探讨》，载许身健主编：《法律职业伦理论丛》（第 1 卷），知识产权出版社 2013 年版，第 38 页。

职业伦理内容所产生的态度、心情、动机等即为法律职业道德的问题。[1]

本书赞同孙晓楼教授的观点，也认为法律职业伦理与法律职业道德之间存在明显的区别，而这种区别主要体现在"伦理"与"道德"的区别。伦理源自道德的价值，侧重于个人外在行为的秩序规范；道德则经由观念内化，强调个人人格的完善。[2] 另外，伦理一般作为群体规范，道德主要指个人修为。申言之，伦理用来指称特定团体或特定群体针对其所属成员所要求的行为规范，而道德则是指个人内心对自己品德修为的自我要求。[3] 有鉴于此，法律职业道德主要处理法律职业人员在从事法律工作过程中形成的职业个体之间以及职业个体与职业群体、公共社会之间的关系，它交织着理性与感性，充满主观性与个体差异性。而法律职业伦理则是从宏观角度对法律职业道德的各方面进行分析与归纳，充满了客观性与规范性。因此，法律职业伦理不同于法律职业道德，本书也采用了"法律职业伦理"作为书名。

关于法律职业伦理的确切内涵，目前尚没有一个统一的概念。一般认为，法律职业伦理是指法律人在其职业实践中必须遵守的一种道德律。而法律人，则指受过专门的法律训练，具有娴熟的法律技能与遵守法律职业伦理的人。还有学者认为，法律职业伦理是以法律职业道德为研究对象，有关法律职业人员的法律活动准则、职业道德规范和法律职业信仰的科学。[4] 在我国台湾地区学术界一般用"法律伦理学"取代"法律职业伦理"。而法律伦理学又有广义和狭义之分。广义的法律伦理学是法律学加上伦理学，如同教育伦理学、政治伦理学、医学伦理学等，须以伦理学为基础，加上法律学科的内容形成，属于应用伦理学的一支。狭义的法律伦理学则专指研究法律职业人员伦理议题的学科，其研究范围包含法律职业人员的资格、法律职业人员与司法间的关系以及法律职业人员彼此之间的对待方式等。[5] 本书认为，法律职业伦理是指律师、法官、检察官、公证员等法律职业人员按照其职务角色所应该具备的义务及责任，形成的具有强制力的行为规范。

二、法律职业伦理的必要性

职业伦理与职业化密切相关，法律职业伦理的形成与法律职业的职业化发展之间也存在一种动态互惠关系。除此以外，还有哪些因素促使法律职业伦理变得不可或缺，一直推动着法律职业伦理向前发展呢？

一般个人在进行伦理选择或伦理判断时，往往会遭遇伦理冲突，具体表现为权威的冲突、角色的冲突以及利益的冲突。与一般人相比，法律职业人员遭遇的伦理冲突更为特殊，原因在于法律职业本身就是要解决价值冲突和利益矛盾。因此，有观点认为，法律职业伦理之所以不可或缺，主要基于以下三个原因：（1）法律规范本身就是各种价值冲突和道德斗争的主战场。（2）在对抗式的程序中往往只有一个赢家，或者说，在逻辑上只有一方的价值观会受到支持，而另一方的价值观会受到贬抑或忽视。（3）法律职业人员和当事人都很容易陷入"对价性"思维，用金钱购买正义。因此，法律职业人员可能偏离职务角色所要求的义务或责

① 孙晓楼等原著，王健编：《法律教育》，中国政法大学出版社1997年版，第15页。
② 郑津津：《法律伦理学》（第3版），五南图书出版股份有限公司2017年版，第1页。
③ 王惠光：《法律伦理学讲义》，元照出版有限公司2012年版，第1页。
④ 余其营：《法律职业伦理塑造的体系构建》，载《山东社会科学》2009年第S1期。
⑤ 郑津津：《法律伦理学》（第3版），五南图书出版股份有限公司2017年版，第14页。

任，如律师通过不正当手段为当事人获得胜诉、法官收受贿赂作出不公正判决等。[①]

关于法律职业伦理的必要性，我国台湾地区学者王惠光认为，从事法律工作之所以特别需要法律职业伦理，原因有以下几点：（1）道德上的要求。法律工作所面对的纠纷，至少有一方当事人在社会道德上有欠缺（违法），法律职业人员每天的工作就是要解决这些纷争，当然要有比一般水准高的道德要求。（2）私密性的要求。法律职业人员与医生、牧师一样，都会接触到其他人不易得知的秘密，因此，要受更严格的伦理规范约束。（3）专业性的自我要求。法律职业人员提供的服务具有很高的专业性，对于其服务的品质是否优良，只有同行的专业人员才有办法评判，所以，需要职业伦理规范来确保专业品质。（4）所处理的事务权益重大。法律职业人员接触的事务往往涉及社会公众的生命财产安全，所以需要更高的职业伦理规范进行约束。（5）法律职业人员掌握了社会的秩序根源。如果法律职业人员没有秉持其职业伦理以及社会责任反而玩弄法律的话，那么法律原本要用来维持社会、支撑社会的功能就会遭到破坏。（6）法律职业人员不可破坏社会的信赖。法律制度关系社会整体的利益，法律职业人员由于从事法律工作，很容易获得一般民众的信赖，如果其破坏了这种信赖，将会使民众对执法者产生怀疑，进而对社会秩序产生怀疑。[②]

第三节 法律职业伦理的发展困境

法律职业伦理对于法律职业是十分重要的。如果没有法律职业伦理，法律职业人员纯粹技术性的功能将会受到威胁，甚至产生更为可怕的后果。因为法律职业人员的职业技术是一种有意识地排斥道德与政治等诸种法外因素的人为理性或技术理性，其中的道德含量很低。[③]法律职业伦理在发展过程中，也面临诸多困境。

一、法律商业主义

有学者认为，现代法律职业伦理由于"技术化"与"合规则性"而陷入道德困境。在中国，法律职业伦理的生成与发展可谓根基浅薄，在很大程度上源自政治和知识精英对西方既有文明成果的大量借鉴。法律职业伦理的普遍困境在中国表现为：首先，从律师方面看，由于市场经济的制度建设并没有和与之相应的观念建设同步进行，在商业主义浪潮席卷下，一些律师唯利是图，将法律知识和技能视作"生财之道"，至于委托人的合法权益，乃至国家法律，在利益诱惑面前都位列次席。其次，从公众方面来看，传统文化的影响仍然是根深蒂固的：（1）对实质结果正义性的关注远远超过了对程序的重视；（2）对律师的认知尚存在与古代中国的讼师甚至"讼棍"混淆的现象，尤其是某些律师又"贯彻"了商业主义的经济自由与无道德责任感，使公众的误解和反感更加强烈。最后，就法官这一法律职业而言，由于不被允许脱离法律框架进行道德斟酌，乃至被要求不能对当事人行为的道德性作出有偏向性的个人判断，这种鲜明的程序性和中立性也使得其与对一般道德和实质性结果热衷有加的公众

---

① 孙笑侠：《法律家的技能与伦理》，载《法学研究》2001 年第 4 期。
② 王惠光：《法律伦理学讲义》，元照出版有限公司 2012 年版，第 3—6 页。
③ 孙笑侠：《法律家的技能与伦理》，载《法学研究》2001 年第 4 期。

产生相互间的排异。①

二、法律职业伦理的非道德性

有学者指出，法律职业伦理的困境集中体现为非道德性。所谓职业伦理的非道德性，是指职业伦理逐渐脱离大众道德评价和个体道德体验的轨道，变得与道德的差距越来越大，甚至成为与大众道德评价、个体道德体验毫无关联的执业行为规范。落实到法律人的职业实践中，即在具体的伦理行为规范中，法官只需对法律条文负责，律师只需对委托人忠诚，而对正义以及公众利益不需要承担任何道德义务；通过遵从法律职业伦理的具体规定，法官对于当事人、律师对于委托人通过法律手段实现道德上邪恶目的的做法漠然置之，无须对此承担任何道德上的责任。法律职业伦理作为现代伦理"非道德化"的急先锋，与道德愈行愈远。这使得职业伦理与现代法律理论、法律制度一起，最终陷入了某种"价值空洞"的危机之中。②

面对法律职业伦理的上述困境，有学者提出，法律职业人员除了要加强其职业技能专长即业务能力之外，还需要相应的职业伦理来匹配，需要通过职业伦理来保障其职业技术理性中的道义成分发挥到最高程度；并需要通过职业伦理来抑制其职业技术理性中的非道德成分，克服其"职业病"，将之控制在最低程度。③

【思考题】

1. 为什么法律职业人员与普通大众的伦理要求不同？主要区别是什么？
2. 试析法律职业共同体与法律职业伦理的关系。
3. 法律商业主义将会对法律职业人员的职业伦理带来哪些挑战？

---

① 董静姝：《论法律职业伦理的现代困境》，载《新疆大学学报（哲学·人文社会科学版）》2016 年第 4 期。

② 李学尧：《非道德性：现代法律职业伦理的困境》，载《中国法学》2010 年第 1 期。

③ 孙笑侠：《法律家的技能与伦理》，载《法学研究》2001 年第 4 期。

第二章 法律职业伦理规范建设

【本章导读】

法律职业伦理是法律职业活动中应当遵循的伦理道德规范。具体来说，法律职业伦理是指法官、检察官、律师等法律职业人员在其职务活动与社会生活中所应遵循的行为规范的总和。一般而言，其规制途径大致可以分为内在控制和外在控制。内在控制以职业价值、精神及伦理意识来维持职业人员的责任行为；外在控制通过设立种种限制、要求、界限、标准及许可来取代说服、教育及主观感受。因此，为充分发挥法律职业伦理的规制引导意义，我们有必要加强法律职业伦理规范的建设。这既是伦理规范性的体现与要求，也是对法律职业人员行为进行外在控制的重要载体。本章在适当介绍国外职业伦理建设的同时，主要就我国目前各类法律职业人员的伦理规范建设予以简要回顾与梳理，希望学生掌握我国相关法律职业规范的基本内容以及待完善之处。

【本章知识结构图】

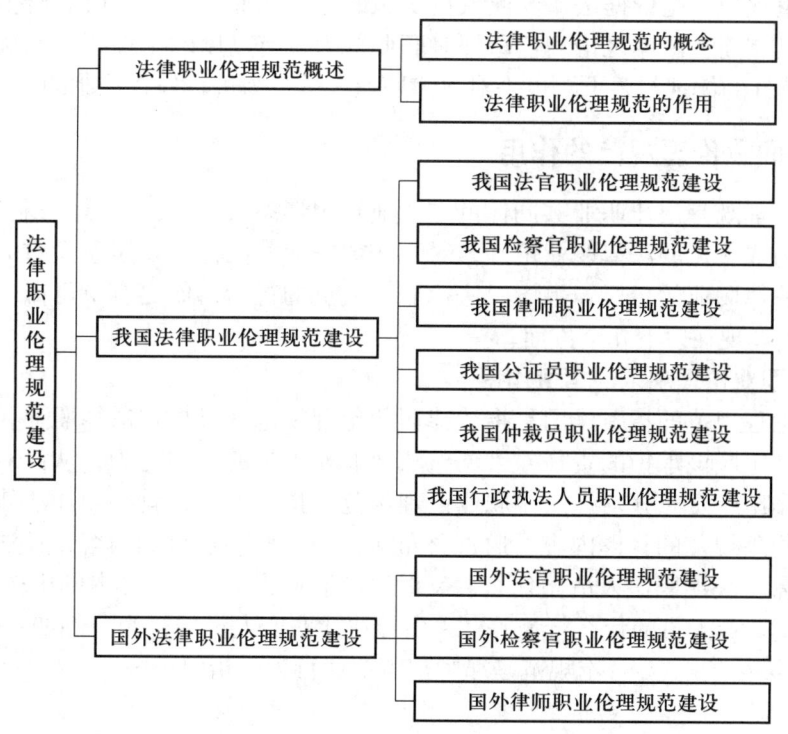

第一节 法律职业伦理规范概述

一、法律职业伦理规范的概念

伦理道德中最常使用的词语是对的或错的、好的或坏的、善的或恶的、应该或不应该、有德的或邪恶的、义务或责任、公正或不公正等，这些词语涉及对行为的评价和要求，从而影响行为人的行为，命令或要求人们从事某些行为或禁止其从事某些行为。[①] 伦理学和其他领域最大的不同是其研究对象具有规范性（normative），因为伦理涉及价值（value）问题，而价值观念具有社会性及客观性，即依已经形成的社会价值观对社会行为进行价值判断。因此，伦理是具有规范性的。

法律职业伦理具有一般伦理的特征，因而也具有规范性。当法律职业人员面对伦理冲突困境时，法律职业伦理将提供指引，助其解决伦理困境。一般而言，其途径大致可以分为内在控制和外在控制。内在控制以职业价值、精神及伦理意识来维持职业人员的责任行为。人们做决定时，免不了会涉及价值观，而对价值的考量是一种内在心理过程。即使法令缺乏对某些行为的指引，法律职业人员也会寻求内心的引导。外在控制通过设立种种限制、要求、界限、标准及许可来取代说服、教育及主观感受。当法律职业人员面临伦理冲突时，职业伦理规范提供了广泛的拘束力以解决这些问题。

法律职业伦理规范是依据法律职业人员实施的法律职业行为之本质而产生的不同的伦理准据，其内涵具有高度浓厚之伦理色彩，对职业行为具有高度的伦理要求。法律职业伦理规范既是伦理规范性的体现与要求，也是对法律职业人员行为进行外在控制的重要载体。

二、法律职业伦理规范的作用

法律职业伦理既是法律职业共同体的"职业意识形态"，也带有"经济利导性"。法律职业伦理规范作为成文化的法律职业伦理，对于法律职业共同体的发展意义重大。法律职业伦理规范不仅是法律职业的指标，也指引法律职业人员的行为，使之有章可循。法律职业伦理规范的作用主要体现在以下几个方面。

（一）法律职业伦理规范的指引作用

法律职业伦理规范的指引作用是指法律职业伦理规范通过规定法律职业人员的权利和义务，以及违反规定应该承担的责任，来调整法律职业人员的个体行为，从而对法律职业人员发挥"向导"作用。要充分发挥法律职业伦理规范的指引作用，就必须让法律职业人员充分知晓法律职业伦理规范的具体内容。通过公布法律职业伦理规范的内容，让法律职业人员明白国家和社会需要法律职业人员做什么、反对法律职业人员做什么、限制法律职业人员做什么以及惩罚法律职业人员的什么行为等，来引导法律职业人员的行为。例如，《律师执业行为规范（试行）》第 2 条规定："本规范是律师规范执业行为的指引……。"

---

① 林火旺：《伦理学》，五南图书出版股份有限公司 1999 年版，第 12–13 页。

（二）法律职业伦理规范的评价作用

法律职业伦理规范的评价作用是指法律职业伦理规范作为人们对法律职业人员行为的评价标准所起的作用，其对象是法律职业人员的行为。法律职业人员接触的事务往往涉及社会公众的生命财产安全，具有很强的公益性。因此，其行为更容易受到社会的广泛关注，并接受社会的评价。一名律师在一个案件中是否勤勉尽责、是否尽到了诚信义务、是否与当事人建立了良好的关系、是否与律师同行建立了良好关系，对这些问题的评价都需要一定的标准。一名律师被当事人投诉，律师协会在对律师的行为进行评价时，所采取的标准就是法律职业伦理规范。因此，法律职业伦理规范为社会公众、行业协会、司法行政机构等各方主体评价法律职业人员的行为提供了具体、客观的标准。

（三）法律职业伦理规范的凝聚作用

法律职业伦理规范凝聚了法律职业共同体的基本伦理道德要求。法律职业人员应具备的道德品质至少包含四个方面的要求：（1）基于从事法律专业要求的美德；（2）基于追求社会正义要求的美德；（3）基于法律专业本身建立在纪律和信任之上而要求法律职业人员应当具备的良好品格与声誉的美德；（4）服膺于"法治"成为维护法治传统、捍卫自由民主价值次序的中道力量应具有的美德。[①] 例如，《律师执业行为规范（试行）》第7条规定："律师应当诚实守信、勤勉尽责，依据事实和法律，维护当事人合法权益，维护法律正确实施，维护社会公平和正义。"这正是律师职业伦理规范对于律师职业人员共同职业道德的凝聚，无论是诉讼律师还是非诉律师，都需要具备这些基本伦理道德要求。

（四）法律职业伦理规范的教育作用

法律职业伦理规范的教育作用是指法律职业伦理规范对法律职业人员的价值取向产生的积极影响。在法律职业人员的整个职业生涯中，法律职业伦理规范都起着非常重要的作用。在法律职业人员接受大学法学教育阶段，研习法律职业伦理规范，能够让法律职业人员明确自己的职业底线，树立正确的职业理想；在法官培训、律师培训等法律职业人员继续教育阶段，法律职业伦理规范既能对法律职业人员实际遇到的现实伦理问题作出回应，也能对他们的行为以及观念起到适时纠偏的作用。这些都是法律职业伦理规范教育作用的重要体现。

（五）法律职业伦理规范的强制作用

法律职业伦理规范的强制作用是指法律职业伦理规范对于不当职业行为的威慑、惩罚或制裁作用。法律职业人员除了应该遵守宪法及其他基本法律外，还要遵守相应的法律职业伦理规范。换言之，法律职业人员除了可能承担一般意义上的民事责任、刑事责任、行政责任外，还要承担职业责任。在中国，法律职业人员的行为除了面临审判机关的评判，还要面临行业协会的监管。例如，律师一旦违反律师职业伦理规范，既可能面临司法行政机关的行政处罚，还可能面临律师协会的行业惩戒，这都体现了法律职业伦理规范的强制作用。

---

① 东吴大学法学院主编：《法律伦理学》，新学林出版股份有限公司2009年版，第13-15页。

第二节　我国法律职业伦理规范建设

一、我国法官职业伦理规范建设

法官的职业性质及其在法治社会中的地位和作用，使人们有理由对其提出更高的职业伦理要求。[1] 法官职业伦理规范体系建设是法官职业伦理建设的重要环节。我国对于法官职业伦理已经有不少规定，主要包括全国人民代表大会常务委员会制定的《法官法》以及最高人民法院制定的《法官行为规范》《法官职业道德基本准则》。

（一）《法官法》

1995 年 2 月 28 日，第八届全国人民代表大会常务委员会第十二次会议审议通过了《法官法》，其后分别于 2001 年、2017 年和 2019 年进行了修改。《法官法》以立法文本开启了我国法官的职业化进程。[2]《法官法》是我国法官制度的基本法，也是我国法官职业伦理规范的重要组成部分，其框架结构如表 2-1 所示：

表 2-1　《法官法》框架内容

章　节	内　容	条　文
第一章	总则	第 1-7 条
第二章	法官的职责、义务和权利	第 8-11 条
第三章	法官的条件和遴选	第 12-17 条
第四章	法官的任免	第 18-24 条
第五章	法官的管理	第 25-37 条
第六章	法官的考核、奖励和惩戒	第 38-51 条
第七章	法官的职业保障	第 52-65 条
第八章	附则	第 66-69 条

《法官法》第 1 条规定了立法目的，即"为了全面推进高素质法官队伍建设，加强对法官的管理和监督，维护法官合法权益，保障人民法院依法独立行使审判权，保障法官依法履行职责，保障司法公正，根据宪法，制定本法"。由此可见，《法官法》的立法目的至少包括五个方面：（1）提高法官的素质；（2）加强对法官的管理；（3）保障人民法院依法独立行使审判权；（4）保障法官依法履行职责；（5）保障司法公正。《法官法》第 2 条对法官进行了界定，即"法官是依法行使国家审判权的审判人员，包括最

2019 年《法官法》
修改重点说明

---

[1]　王晨光：《法官职业化和法官职业道德建设》，载《江苏社会科学》2007 年第 1 期。

[2]　张志铭：《〈法官法〉与法官的职业化进程》，载《法律适用》2005 年第 7 期。

高人民法院、地方各级人民法院和军事法院等专门人民法院的院长、副院长、审判委员会委员、庭长、副庭长和审判员"。根据这一规定，法官仅限于人民法院内，经依法任命的具体承担审判工作的人员。人民法院内从事司法行政工作的人员（如行政、后勤人员），以及从事其他辅助性司法工作的人员（如书记员等）不属于法官。为了进一步明确法官的范围，《法官法》还采用列举的方式，规定法官包括最高人民法院、地方各级人民法院和军事法院等专门人民法院的院长、副院长、审判委员会委员、庭长、副庭长、审判员和助理审判员。除了《法官法》明确列举的人员以外，其他人员均不属于法官。①

《法官法》与法官职业伦理密切相关的条文包括第一章"总则"、第二章"职责、义务和权利"、第六章"惩戒"等。其中第一章"总则"第 3 条规定："法官必须忠实执行宪法和法律，维护社会公平正义，全心全意为人民服务。"作为司法人员，法官能否忠实执行宪法和法律，对于确立法律的权威具有极为重要的意义。这是因为，一方面，法官的职责就是通过审判活动将国家法律适用到现实生活中，法官依法行使审判权本身就使得国家法律得以贯彻执行；另一方面，法官在审判活动中严格遵守法律，对当事人和其他社会成员具有重要的示范作用和教育意义。②

（二）《法官行为规范》

2005 年 11 月 4 日，最高人民法院发布了《法官行为规范（试行）》，要求全体法官和其他工作人员认真学习，切实执行。2010 年 12 月 6 日，最高人民法院对《法官行为规范（试行）》进行了修订，制定了《法官行为规范》，其框架结构如表 2-2 所示：

表 2-2 《法官行为规范》框架内容

章　节	内　容	条　文
一	一般规定	第 1-8 条
二	立案	第 9-25 条
三	庭审	第 26-38 条
四	诉讼调解	第 39-45 条
五	文书制作	第 46-54 条
六	执行	第 55-68 条
七	涉诉信访处理	第 69-79 条
八	业外活动	第 80-89 条
九	监督和惩戒	第 90-93 条
十	附则	第 94-96 条

---

① 胡康生主编：《中华人民共和国法官法释义》，法律出版社 2001 年版，第 1-4 页。

② 胡康生主编：《中华人民共和国法官法释义》，法律出版社 2001 年版，第 5 页。

相较于《法官法》，《法官行为规范》的规定更加具体，主要体现在对法官的行为约束上，从立案到涉诉信访，涵盖了法官职务行为的方方面面。此外，还涉及法官的非职务行为，即"八、业外活动"。在"一、一般规定"中，《法官行为规范》给出了一些抽象的关键词，如忠诚坚定、公正司法、高效办案、清正廉洁、一心为民等，这些可以视为法官职业伦理的基本要求。总体而言，《法官行为规范》系统全面、客观公正，便于操作，在详细规范司法活动各阶段法官行为的同时，更加突出法官的自律意识和职业道德观念，为各级人民法院进一步强化队伍建设、改进司法作风、树立良好形象提供了基本依据和遵循。[①]

（三）《法官职业道德基本准则》

2001 年 10 月 18 日，最高人民法院发布了《法官职业道德基本准则》。2010 年 12 月 6 日，最高人民法院对《法官职业道德基本准则》进行了修订，并重新发布，其框架结构如表 2-3 所示：

表 2-3　《法官职业道德基本准则》框架内容

章　节	内　容	条　文
第一章	总则	第 1-3 条
第二章	忠诚司法事业	第 4-7 条
第三章	保证司法公正	第 8-14 条
第四章	确保司法廉洁	第 15-18 条
第五章	坚持司法为民	第 19-22 条
第六章	维护司法形象	第 23-26 条
第七章	附则	第 27-30 条

从《法官职业道德基本准则》的框架内容来看，其基本上是对《法官行为规范》"一、一般规定"的具体化。换言之，《法官行为规范》主要体现了法官职业伦理的规范性，而《法官职业道德基本准则》则主要体现了法官职业伦理的伦理性或道德性。

关于我国法官职业伦理的发展，有学者认为，法官职业伦理的"环境"包括两方面：一是法官的职业化，这是法官职业伦理的前提；二是法治的要求，这是法官职业伦理的价值取向。[②] 还有学者就具体职业道德规范体系的设计提出了以下几个方面的建议：（1）法官道德规范要跳出旧有的法律与道德截然分开的窠臼，既要制定基本的行为规范，又要制定追求完美的道德规范。（2）在职业规范体系包括两类规范的同时，又可以在技术上分别制定成不同的规范文件，其中主要起道德指引作用的规范可以制定得较为宽泛，以"道德准则"等名称命名。（3）在具体操作规范上，以基本行为规范为主，以道德规范为指引。（4）对于法官的违

---

① 郭念华：《中美法官行为规范比较》，载《人民法院报》2011 年 4 月 29 日，第 5 版。

② 夏正林、冯健鹏：《从职业道德到职业伦理——对我国法官职业伦理的重述》，载《华南理工大学学报（社会科学版）》2012 年第 6 期。

法、违纪或不当行为可以由司法机关按照法定程序处理，或者由纪检监察机关处理。[①]

二、我国检察官职业伦理规范建设

检察官职业伦理规范是规范性的职业伦理，其主要采取了一种规定义务或者行为禁止的方式，对检察官予以纪律约束及管理。对于检察官职业伦理规范而言，规范的限定性决定了检察官伦理行为的规则化，这在一定程度上也决定了检察官职业伦理规范的核心要义，就是规则应当被遵守。[②] 我国对于检察官职业伦理已经有不少规定，主要包括全国人民代表大会常务委员会制定的《检察官法》以及最高人民检察院制定的《检察官职业行为基本规范（试行）》《检察官职业道德基本准则》。

（一）《检察官法》

1995 年 2 月 28 日，全国人民代表大会常务委员会制定了《检察官法》，并于 2001 年、2017 年和 2019 年进行了修改。《检察官法》在促进我国法治建设、保障我国检察工作的健康运行以及推动我国检察制度的创新发展等方面都发挥着重要的作用。[③]《检察官法》是我国检察官制度的基本法律，也是我国检察官职业伦理规范的重要组成部分，其框架结构如表 2-4 所示：

表 2-4　《检察官法》框架内容

章　　节	内　　容	条　　文
第一章	总则	第 1-6 条
第二章	检察官的职责、义务和权利	第 7-11 条
第三章	检察官的条件和遴选	第 12-17 条
第四章	检察官的任免	第 18-25 条
第五章	检察官的管理	第 26-38 条
第六章	检察官的考核、奖励和惩戒	第 39-52 条
第七章	检察官的职业保障	第 53-66 条
第八章	附则	第 67-70 条

《检察官法》第 1 条规定了立法目的，即"为了全面推进高素质检察官队伍建设，加强对检察官的管理和监督，维护检察官合法权益，保障人民检察院依法独立行使检察权，保障检察官依法履行职责，保障司法公正，根据宪法，制定本法"。从该条的规定来看，《检察官法》的立法目的可以从五个方面来理解：（1）提高检察官的素质；（2）加强对检察官的管理；（3）保障人民检察院实施法律监督，依法独立行使检察权；（4）保障检察官依法履行职责；（5）保

---

①　王晨光：《法官职业化和法官职业道德建设》，载《江苏社会科学》2007 年第 1 期。

②　宋远升：《论检察官职业伦理的构成及建构》，载《法学评论》2014 年第 3 期。

③　张云霄、王高迪：《〈检察官法〉修改若干问题之我见》，载《法学杂志》2017 年第 5 期。

障司法公正。在我国，按照一般的理解，司法权可分为审判权和检察权。根据宪法和法律，我国人民检察院是国家法律监督机关，其职责是依法实施法律监督，对公诉案件审查起诉，对依法由检察机关直接受理的刑事案件实施侦查。人民检察院的检察活动是由检察官具体承担的，因此，检察官的素质高低直接影响到人民检察院检察活动的质量，关系到法律能否得以正确贯彻实施，从而直接影响到社会公正能否顺利实现。[①]

《检察官法》第2条对"检察官"进行了界定，即"检察官是依法行使国家检察权的检察人员，包括最高人民检察院、地方各级人民检察院和军事检察院等专门人民检察院的检察长、副检察长、检察委员会委员和检察员"。根据这一规定，检察官仅限于人民检察院内经依法任命的具体承担检察工作的人员。人民检察院内从事司法行政工作的人员（如行政、后勤人员）以及从事其他辅助性司法工作的人员（如法警、书记员等）不属于检察官。为了进一步明确检察官的范围，《检察官法》还采用列举的方式，规定检察官包括最高人民检察院、地方各级人民检察院和军事检察院等专门人民检察院的检察长、副检察长、检察委员会委员、检察员和助理检察员。除了《检察官法》明确列举的人员以外，其他人员均不属于检察官。

在《检察官法》中，与检察官职业伦理密切相关的条文包括第一章"总则"、第二章"职责、义务和权利"、第六章"惩戒"等。其中第一章"总则"第3条规定："检察官必须忠实执行宪法和法律，维护社会公平正义，全心全意为人民服务。"检察官是具体行使国家检察权的司法人员，检察官的职责就是通过开展检察活动，执行国家法律。检察官能否忠实执行国家宪法和法律，直接关系到法律能否得到贯彻与执行。

（二）《检察官职业行为基本规范（试行）》

2010年10月9日，最高人民检察院发布了《检察官职业行为基本规范（试行）》，目的是"规范检察官职业行为，保障和促进检察官严格、公正、文明、廉洁执法"。由此可见，《检察官职业行为基本规范（试行）》的核心是"规范检察官职业行为"，基本定位是"规范检察官职业行为的基础性、原则性、框架性文件，是检察官应当遵守的基本行为准则"。[②]《检察官职业行为基本规范（试行）》的框架内容如表2-5所示：

表2-5 《检察官职业行为基本规范（试行）》框架内容

章 节	内 容	条 文
一	职业信仰	第1-8条
二	履职行为	第9-25条
三	职业纪律	第26-34条
四	职业作风	第35-40条
五	职业礼仪	第41-44条
六	职务外行为	第45-49条
七	附则	第50-53条

① 胡康生主编：《中华人民共和国检察官法释义》，法律出版社2001年版，第1-4页。
② 张巍、杜爱平：《〈检察官职业行为基本规范（试行）〉解读》，载《人民检察》2010年第22期。

由此可见，《检察官职业行为基本规范（试行）》在结构上分为职业信仰、履职行为、职业纪律、职业作风、职业礼仪、职务外行为、附则七部分，共 53 条，重点从六个方面对检察官职业行为基本规范提出了要求。《检察官职业行为基本规范（试行）》的内容比较抽象，不涉及具体执法行为的规范要求。同时，该规范也是制定检察官执法行为、语言着装、廉洁从检等具体行为规范的依据。按照最高人民检察院的观点，贯彻落实《检察官职业行为基本规范（试行）》，需要解决四个方面的问题：（1）要把学习贯彻《检察官职业行为基本规范（试行）》与进一步完善检察官职业行为规范体系结合起来；（2）要把解决当前突出问题与长期养成良好职业习惯结合起来；（3）要把学习贯彻《检察官职业行为基本规范（试行）》与推动各项检察工作结合起来；（4）要把树立宣传典型与加大查处惩戒力度结合起来。[①]

（三）《检察官职业道德基本准则》

早在 2002 年 2 月，最高人民检察院就曾出台《检察官职业道德规范》（已废止），不过全文仅 167 个字，更多是一些宣言性、倡导性、号召性的内容。[②] 2009 年 9 月 29 日，最高人民检察院发布《检察官职业道德基本准则（试行）》，后于 2016 年 11 月 4 日进行了修订，通过了《检察官职业道德基本准则》。其框架内容如表 2-6 所示：

表 2-6　《检察官职业道德基本准则》框架内容

条　　文	主　要　内　容
第一条	坚持忠诚品格，永葆政治色彩
第二条	坚持为民宗旨，保障人民权益
第三条	坚持担当精神，强化法律监督
第四条	坚持公正理念，维护法制统一
第五条	坚持廉洁操守，自觉接受监督

从《检察官职业道德基本准则》的内容来看，"忠诚""为民""担当""公正""廉洁"等词具有很强的概括性与抽象性，也体现了很强的伦理性或道德性，是检察官职业伦理的基本内核。换言之，这是检察官职业伦理的底线，也是一种"角色伦理"，作为一名检察官，忠诚、为民、担当、公正、廉洁应该贯穿其整个职业生涯。

检察官职业伦理具有道德要求和行为规范相结合的性质，既有原则性、倡导性要求，也有操作性、规范性要求，甚至许多要求还具有强制性。它既指引检察官的职业行为，也制约检察官与职责担当相关的职务外行为；既关注检察官内心对检察职责的认识和思维活动，也为检察官行使职权提供具体的行为标准。缺乏对检察官职业伦理的认知和恪守，算不上称职

---

　　① 张巍、杜爱平：《〈检察官职业行为基本规范（试行）〉解读》，载《人民检察》2010 年第 22 期。

　　② 《检察官职业道德规范》："忠诚。忠于党、忠于国家、忠于人民，忠于事实和法律，忠于人民检察事业，恪尽职守，乐于奉献。公正。崇尚法治，客观求实，依法独立行使检察权，坚持法律面前人人平等，自觉维护程序公正和实体公正。清廉。模范遵守法纪，保持清正廉洁，淡泊名利，不徇私情，自尊自重，接受监督。严明。严格执法，文明办案，刚正不阿，敢于监督，勇于纠错，捍卫宪法和法律尊严。"

的检察官；没有检察官职业伦理的支撑，也无法塑造健全的检察官职业形象。[①]

关于我国检察官伦理规范体系的建构，有学者认为，我国检察官职业伦理规范体系存在着层次混乱、内容模糊等方面的问题，为增强检察官职业伦理的规范性和指导作用，有必要对其进行整理和重构。应纵向区分底线伦理和德行伦理，充分发挥检察官职业伦理的惩戒和激励功能；以检察官的特有职业伦理为中心，以职业内容为源点，构建从核心到外围逐步展开的伦理规范体系。[②] 还有学者认为，应该在完善检察官职业伦理方面，着重解决以下四个问题：（1）检察官职业伦理的制度化建构；（2）在检察官职业伦理的内容上，应当就检察官职责型伦理以及德行型伦理分别规定；（3）基于我国检察官之司法官定位，以及强化此角色的要求，没有必要苛求检察官遵循行政伦理；（4）检察官职业伦理也需要与政治伦理适当脱离。[③]

三、我国律师职业伦理规范建设

自改革开放以来，我国律师职业伦理规范建设大致经历了从纪律走向规则确立、从规则确立走向规则实施的转型发展。[④] 在我国，《律师法》是律师职业伦理的基础性规范，是司法行政机关制定律师职业管理规范以及律师协会制定律师职业行业规范的依据。有学者认为，律师职业伦理规范的完善是推动中国法律职业伦理和法律职业共同体建设的重要力量。在我国"两结合"的律师管理体制下，律师职业伦理规范渊源庞杂、效力不强，内容亦不够明晰。破解律师职业伦理规范的困境，亟须积极推进行业自律，厘清律师职业伦理规范的内容和结构，并建立相应的激励机制。[⑤] 在此，本部分主要概述《律师法》《律师执业管理办法》《律师执业行为规范（试行）》《律师职业道德基本准则》的框架内容。

（一）《律师法》

1980 年 8 月 26 日，全国人民代表大会常务委员会制定了《律师暂行条例》，这是改革开放以后，我国第一次从国家层面制定有关律师的法律规范。1996 年 5 月 15 日，全国人民代表大会常务委员会制定了《律师法》，并先后于 2001 年、2007 年、2012 年、2017 年进行了修改。中国律师法的架构变迁与国家司法行政和律师协会关系的演变息息相关，中国律师法的理想图景就是形成律师职业组织法和律师职业行为法二者并驾齐驱的框架。其中，律师行业组织法奠定中国律师行业的基本管理格局；律师职业行为法确立律师职业行为的界限，体现律师行业的独立与自治。[⑥]《律师法》是我国律师制度的基本法，也是我国律师职业伦理规范的重要组成部分，其框架结构如表 2-7 所示：

---

① 张志铭、徐媛媛：《对我国检察官职业伦理的初步认识》，载《国家检察官学院学报》2013 年第 5 期。

② 张柳、李美福：《我国检察官职业伦理规范的反思与重构——以伦理规范的多层次划分为视角》，载《湖北警官学院学报》2014 年第 12 期。

③ 宋远升：《论检察官职业伦理的构成及建构》，载《法学评论》2014 年第 3 期。

④ 吴洪淇：《律师职业伦理规范建设的回顾与前瞻》，载《交大法学》2018 年第 2 期。

⑤ 李超峰、徐媛媛：《我国律师职业伦理规范的完善》，载《中共中央党校学报》2014 年第 2 期。

⑥ 王进喜：《中国律师法的演进及其未来》，载《西部法学评论》2008 年第 4 期。

表 2-7 《律师法》框架内容

章　节	内　容	条　文
第一章	总则	第 1-4 条
第二章	律师执业许可	第 5-13 条
第三章	律师事务所	第 14-27 条
第四章	律师的业务和权利、义务	第 28-42 条
第五章	律师协会	第 43-46 条
第六章	法律责任	第 47-56 条
第七章	附则	第 57-60 条

　　《律师法》第 1 条规定了立法目的，即"完善律师制度，规范律师执业行为，保障律师依法执业，发挥律师在社会主义法制建设中的作用"。《律师法》第 2 条第 1 款规定了"律师"的内涵，即"本法所称律师，是指依法取得律师执业证书，接受委托或者指定，为当事人提供法律服务的执业人员"。第 2 条第 2 款规定了律师执业的宗旨，即"律师应当维护当事人合法权益，维护法律正确实施，维护社会公平和正义"。此外，《律师法》第四章"律师的业务和权利、义务"与律师的执业行为密切相关，是对律师执业行为的具体指引，体现了极强的律师职业伦理规范特质。

　　（二）《律师执业管理办法》

　　2008 年 7 月 18 日，司法部发布《律师执业管理办法》，并于 2016 年进行了修订。《律师执业管理办法》第 1 条规定了制定目的，即"规范律师执业许可，保障律师依法执业，加强对律师执业行为的监督和管理"。《律师执业管理办法》为我国司法行政机关管理律师执业行为提供了具体指导与依据，也是我国律师职业伦理规范的组成部分，其内容框架如表 2-8 所示：

表 2-8 《律师执业管理办法》框架内容

章　节	内　容	条　文
第一章	总则	第 1-5 条
第二章	律师执业条件	第 6-9 条
第三章	律师执业许可程序	第 10-23 条
第四章	律师执业行为规范	第 24-49 条
第五章	司法行政机关的监督管理	第 50-60 条
第六章	附则	第 61-62 条

　　《律师执业管理办法》是对《律师法》的具体化，其中第四章"律师执业行为规范"对律

师的执业行为提出了明确的要求，第五章"司法行政机关的监督管理"则主要规定了司法行政机关对律师的行政处罚权限及程序。

（三）《律师执业行为规范（试行）》

2004 年 3 月 20 日，中华全国律师协会制定了《律师执业行为规范（试行）》，并分别于 2009 年、2011 年、2017 年进行了修订。《律师执业行为规范（试行）》第 1 条规定了"制定目的"，即"规范律师执业行为，保障律师执业权益"。由此可见，《律师执业行为规范（试行）》与《律师执业管理办法》的制定目的之间存在相似之处，但也有不同，《律师执业管理办法》更加突出"监督与管理"这一目的。《律师执业行为规范（试行）》目前是我国最为重要的律师职业伦理规范，其内容框架如表 2-9 所示：

表 2-9 《律师执业行为规范（试行）》框架内容

章　节	内　容	条　文
第一章	总则	第 1-5 条
第二章	律师执业基本行为规范	第 6-15 条
第三章	律师业务推广行为规范	第 16-34 条
第四章	律师与委托人或当事人的关系规范	第 35-62 条
第五章	律师参与诉讼或仲裁规范	第 63-72 条
第六章	律师与其他律师的关系规范	第 73-85 条
第七章	律师与所任职的律师事务所关系规范	第 86-97 条
第八章	律师与律师协会关系规范	第 98-105 条
第九章	附则	第 106-107 条

《律师执业行为规范（试行）》是律师协会为律师的执业行为提供的具体指引，在第二章"律师执业基本行为规范"中对律师执业行为的基本价值取向、理想追求等带有强烈伦理性的内容进行了规定。此外，律师协会还制定了一些其他规范，如《律师协会会员违规行为处分规则（试行）》《律师职业道德和执业纪律规范》等，这些是对《律师执业行为规范（试行）》的重要补充，是律师职业伦理规范的组成部分。

（四）《律师职业道德基本准则》

2014 年 6 月，中华全国律师协会依据司法部发布的《关于进一步加强律师职业道德建设的意见》，制定了《律师职业道德基本准则》。《律师职业道德基本准则》带有很强的概括性与抽象性，主要表现为一种强烈的"道德性"[①]，其具体内容如下：

律师应当坚定中国特色社会主义理想信念，坚持中国特色社会主义律师制度的本质属性，拥护党的领导，拥护社会主义制度，自觉维护宪法和法律尊严。

[①]　李学尧：《非道德性：现代法律职业伦理的困境》，载《中国法学》2010 年第 1 期。

律师应当始终把执业为民作为根本宗旨，全心全意为人民群众服务，通过执业活动努力维护人民群众的根本利益，维护公民、法人和其他组织的合法权益。认真履行法律援助义务，积极参加社会公益活动，自觉承担社会责任。

律师应当坚定法治信仰，牢固树立法治意识，模范遵守宪法和法律，切实维护宪法和法律尊严。在执业中坚持以事实为根据，以法律为准绳，严格依法履责，尊重司法权威，遵守诉讼规则和法庭纪律，与司法人员建立良性互动关系，维护法律正确实施，促进司法公正。

律师应当把维护公平正义作为核心价值追求，为当事人提供勤勉尽责、优质高效的法律服务，努力维护当事人合法权益。引导当事人依法理性维权，维护社会大局稳定。依法充分履行辩护或代理职责，促进案件依法、公正解决。

律师应当牢固树立诚信意识，自觉遵守执业行为规范，在执业中恪尽职守、诚实守信、勤勉尽责、严格自律。积极履行合同约定义务和法定义务，维护委托人合法权益，保守在执业活动中知悉的国家机密、商业秘密和个人隐私。

关于我国律师职业伦理规范体系的完善，有学者认为，律师职业伦理规范体系的制定以及律师职业伦理规范实施体系的设计都必须对外部评价格局进行必要的回应。首先，在律师职业伦理规范制定修改的过程当中必须对外部群体的立场给予更多的考虑。目前我国律师职业伦理规范的修改更多地被视为律师行业甚至律师协会自己的事情，对于其他法律职业和社会公众的需求没有给予足够的考虑。其次，在律师职业伦理规范制定和实施过程中，必须对某些群体的诉求给予更多的回应。调查研究显示，在不同法律职业当中，法官对于律师职业伦理水准的总体评价是最为负面的。最后，在具体律师职业伦理失范行为上应该给予更大的回应。唯有在律师惩戒中引入更多的社会力量，建构一个更为公开的惩戒机制，才能使律师职业伦理规范更具有权威性。[①]

四、我国公证员职业伦理规范建设

公证，是由法律授权的专业人员或机构对法律行为、有法律意义的文书和事实进行的证明活动。在大陆法系各国，设置和完善公证制度的根本目的，均是在保障民法私权自治原则的基础上，实现国家对重大经济活动与公民的重要法律行为的适度干预，以预防经济纠纷的产生和避免可能发生的社会矛盾，维护经济活动的正常秩序和社会的和谐、稳定。[②] 公证员是公证制度健康运转的关键，公证员是否遵守职业伦理规范，关系到公证制度的目的能否有效实现。我国对于公证员职业伦理也作了很多规定，主要包括全国人民代表大会常务委员会制定的《公证法》、司法部制定的《公证员执业管理办法》以及中国公证协会制定的《公证员职业道德基本准则》和《公证执业违规行为惩戒规则（试行）》。

（一）《公证法》

2005 年 8 月 28 日，全国人民代表大会常务委员会通过了《公证法》，并于 2015 年、2017 年进行了修正。《公证法》确立了公证法律体系，规定了公证机构、公证员职责，完善了公证

---

① 吴洪淇：《律师职业伦理的评价样态与规制路径——基于全国范围问卷调查数据的分析》，载《政法论坛》2018 年第 2 期。

② 宫晓冰：《中国公证制度的完善》，载《法学研究》2003 年第 5 期。

基本程序，有力地维护了市场秩序和保障自然人、法人和其他组织的合法权益。[①]《公证法》作为我国公证制度的基本法，也是公证员职业伦理的重要组成部分，其框架内容如表 2-10 所示：

表 2-10 《公证法》框架内容

章　节	内　容	条　文
第一章	总则	第 1-5 条
第二章	公证机构	第 6-15 条
第三章	公证员	第 16-24 条
第四章	公证程序	第 25-35 条
第五章	公证效力	第 36-40 条
第六章	法律责任	第 41-44 条
第七章	附则	第 45-47 条

从《公证法》的框架内容来看，与公证员职业伦理密切相关的条文主要包括第一章 "总则"、第三章 "公证员" 以及第六章 "法律责任"。第一章 "总则" 第 3 条规定："公证机构办理公证，应当遵守法律，坚持客观、公正的原则。" 该条不仅是公证机构办理公证事务时应遵循的基本原则，也是公证员职业伦理的基本内容。其中，遵守法律即指公证证明的法律行为或者有法律意义的事实和文书的内容、形式及取得方式应符合国家法律、法规、规章的规定，不违反有关政策和社会公共利益。客观即公证的对象必须是客观存在的，通过直观或人证、物证为公证员所确认，而且事实的内容与公证证明的内容相符。公正即公证员扮演的是第三人的角色，他要考虑的是当事人双方的利益，是社会的公共利益。[②]

（二）《公证员执业管理办法》

2006 年 3 月 14 日，司法部发布了《公证员执业管理办法》，其目的是 "加强对公证员的任职管理和执业监督，规范公证员的执业行为"。公证员作为法律职业人员，其职业伦理素养和专业素养的好坏，关系到公证质量的好坏，因此，对公证员的执业行为进行监督与管理，成为司法行政部门的重要工作。《公证员执业管理办法》既是司法行政部门的管理依据，也是公证员规范自身执业行为的依据，其框架内容如表 2-11 所示：

表 2-11 《公证员执业管理办法》框架内容

章　节	内　容	条　文
第一章	总则	第 1-6 条
第二章	公证员任职条件	第 7-9 条

---

① 袁钢、李建亮：《〈公证法〉设立公证协会专章可行性初探》，载《中国公证》2017 年第 1 期。
② 吴凤友主编：《中华人民共和国公证法释义》，中国法制出版社 2005 年版，第 13-14 页。

章　　节	内　　容	条　　文
第三章	公证员任职程序	第 10~17 条
第四章	公证员执业证书管理	第 18~20 条
第五章	公证员执业监督检查	第 21~28 条
第六章	法律责任	第 29~35 条
第七章	附则	第 36~41 条

从《公证员执业管理办法》的框架内容来看，与公证员职业伦理密切相关的条文包括第一章"总则"、第五章"公证员执业监督管理"、第六章"法律责任"。第一章"总则"第 4 条第 1 款规定："公证员应当遵纪守法，恪守职业道德和执业纪律，依法履行公证职责，保守执业秘密。"除了《公证法》提出的"守法、客观、公正"三原则外，这里尤其提出了"保守执业秘密"的要求。

（三）《公证员职业道德基本准则》

2002 年 3 月 3 日，原中国公证员协会发布了《公证员职业道德基本准则》。《公证员职业道德基本准则》先于《公证法》制定。《公证法》作为我国公证员职业伦理规范的重要组成部分，对公证员职业伦理提出了新的要求。因此，中国公证协会于 2010 年对《公证员职业道德基本准则》进行了修订，回应了这一段时间以来公证员职业伦理出现的现实问题，也进一步完善了公证员职业伦理的内容，其框架内容如表 2-12 所示：

表 2-12　《公证员职业道德基本准则》框架内容

章　　节	内　　容	条　　文
一	忠于法律　尽职履责	第 1~6 条
二	爱岗敬业　规范服务	第 7~13 条
三	加强修养　提高素质	第 14~19 条
四	廉洁自律　尊重同行	第 20~25 条
五	附则	第 26~29 条

从内容框架来看，《公证员职业道德基本准则》除序言和附则外，共分为"忠于法律　尽职履责""爱岗敬业　规范服务""加强修养　提高素质""廉洁自律　尊重同行"四个部分，共 29 条，对我国公证员职业伦理作了具体明确的规定。

五、我国仲裁员职业伦理规范建设

仲裁作为一种社会纠纷解决机制，也是一种国家法律所认可的争议解决方式。仲裁以效益为价值目标，程序灵活、一裁终局，极大地缩减了争议解决周期，降低了当事人的成本。[①]
仲裁员职业伦理是仲裁员在长期的仲裁实践中养成的职业意识、行为规范，以及由这些职业
意识、行为规范逐渐演化的仲裁职业的基本道德规范和伦理要求。[②]在我国，仲裁员的职业伦
理规范主要包括三类，分别是全国人民代表大会常务委员会制定的《仲裁法》、中国国际经济
贸易仲裁委员会与中国海事仲裁委员会发布的《中国国际经济贸易仲裁委员会、中国海事仲
裁委员会仲裁员守则》以及各地方制定的仲裁员守则，如《北京仲裁委员会仲裁员守则》《上
海仲裁委员会仲裁员守则》等。

（一）《仲裁法》

一般认为，仲裁法是指调整仲裁关系的法律规范的总称，其有狭义和广义之分。所谓狭
义的仲裁法，主要是指专门调整仲裁关系的单行仲裁法或仲裁法典。在我国，主要是指 1994
年 8 月 31 日第八届全国人民代表大会常务委员会第九次会议通过并分别于 2009 年、2017 年
修正的《仲裁法》。《仲裁法》不仅是当事人参与仲裁活动的法律依据，也对仲裁员的职业伦
理作出了规定。换言之，作为仲裁员，必须遵守《仲裁法》的规定。《仲裁法》的框架内容如
表 2-13 所示：

表 2-13 《仲裁法》框架内容

章　　节	内　　容	条　　文
第一章	总则	第 1-9 条
第二章	仲裁委员会和仲裁协会	第 10-15 条
第三章	仲裁协议	第 16-20 条
第四章	仲裁程序	第 21-57 条
第五章	申请撤销裁决	第 58-61 条
第六章	执行	第 62-64 条
第七章	涉外仲裁的特别规定	第 65-73 条
第八章	附则	第 74-80 条

从《仲裁法》的框架内容来看，与仲裁员职业伦理密切相关的条文主要是第一章"总
则"。例如，《仲裁法》第 7 条规定："仲裁应当根据事实，符合法律规定，公平合理地解决纠
纷。"第 8 条规定："仲裁依法独立进行，不受行政机关、社会团体和个人的干涉。"第 13 条
第 1 款规定："仲裁委员会应当从公道正派的人员中聘任仲裁员。"这些条文背后所隐含的诸
如"公平""公正""独立"等价值都成为仲裁员职业伦理的价值基础，是仲裁员在执业行为
中必须遵循的。

---

① 裴普：《仲裁制度的法理辨析》，载《河北法学》2008 年第 11 期。
② 张利兆：《仲裁员职业道德探讨》，载《北京仲裁》（第 82 辑），中国法制出版社 2013 年版。

（二）《中国国际经济贸易仲裁委员会、中国海事仲裁委员会仲裁员守则》

中国国际经济贸易仲裁委员会，又名中国国际商会仲裁院，原名是中国国际贸易促进委员会对外贸易仲裁委员会，它是原中央人民政府政务院于 1954 年 5 月 6 日建立的仲裁机构，专门解决对外贸易契约及交易中发生的争议。中国海事仲裁委员会，原名中国国际贸易促进委员会海事仲裁委员会，由中国国际贸易促进委员会于 1959 年 1 月设立；为了使海事仲裁更能适应中国及国际海事交往的发展需要，国务院于 1988 年将中国国际贸易促进委员会海事仲裁委员会改名为中国海事仲裁委员会。

1993 年 4 月 6 日，中国国际经济贸易仲裁委员会与中国海事仲裁委员会联合制定了《中国国际经济贸易仲裁委员会、中国海事仲裁委员会仲裁员守则》，并于 1994 年 5 月 6 日进行了修订。《中国国际经济贸易仲裁委员会、中国海事仲裁委员会仲裁员守则》对仲裁员在参与仲裁活动中应该遵守的职业伦理进行了规定，共计 15 条。其中第 1 条就明确规定："仲裁员应当根据事实，依照法律，参考国际惯例，并遵循公平合理原则独立公正地审理案件。"

（三）《仲裁员行为考察规定》

2003 年 12 月，中国国际经济贸易仲裁委员会通过了《仲裁员行为考察规定》，并分别于 2009 年 1 月、2021 年 4 月、2023 年 8 月进行了修改。《仲裁员行为考察规定》共计 18 条，制定目的主要是全面加强仲裁员监督管理，提高办案质量，提升仲裁公信力，推动仲裁事业高质量发展。相较于《中国国际经济贸易仲裁委员会、中国海事仲裁委员会仲裁员守则》，《仲裁员行为考察规定》的规定更加具体，直接对仲裁员可能面临的职业伦理问题进行规定，并提供了指引。例如，《仲裁员行为考察规定》第 11 条规定："仲裁员在聘期内有下列情形之一的，本会有权结合实际情况取消其仲裁员资格：1. 对本会《章程》《仲裁规则》认同度不高，公开反对或消极抵制本会《章程》《仲裁规则》实施，或者故意做出有损本会声誉行为的；2. 因违法行为受到刑事处罚或严重行政处罚的，或者近 5 年受到严重警告级别以上（含）党纪政务处分的；3. 私自会见当事人（含其利益相关方）或其代理人，接受当事人（含其利益相关方）或其代理人请客、馈赠或提供的其他不当利益的；4. 因聘期内存在不当行为受到警示级别以上（含）监督管理措施超过三次（含）且情节严重的；5. 故意隐瞒应当回避的事实，导致严重后果的；6. 存在故意或者重大过失行为，导致仲裁裁决被撤销或者不予执行的；7. 根据考核评价情况集中反映，明显无法胜任仲裁员工作的；8. 私下联络同案仲裁员，不顾事实和法律，人为制造多数意见，为当事人谋求不当利益的；9. 被其他仲裁机构解聘，经核实确实存在不宜担任仲裁员情形的；10. 严重违反社会公德、家庭美德、职业道德、个人私德，经查实或被新闻媒体曝光造成重大社会影响，对本会声誉造成严重损害的；11. 代人打听案件情况、请客送礼、提供好处和不当利益的；12. 在仲裁员聘期内，从未与本会有过工作联系的，包括但不限于：从未参加任何仲裁员业务培训，也未在《仲裁与法律》等指定刊物上发表文章，且从未按要求宣传推广本会，从不关心、不参与本会任何活动的；13. 严重违反本会《仲裁规则》及仲裁员管理规范，造成严重后果的；14. 其他不宜继续担任仲裁员的情形。"

（四）《北京仲裁委员会仲裁员守则》

《北京仲裁委员会仲裁员守则》是由北京仲裁委员会制定的。该守则历经多次修订，最近一次修订是 2006 年，将文本由 26 条变为 14 条，在内容上也进行了大幅修改，主要修改内容体现在以下两个方面。

首先是明确了守则的定位。以往《北京仲裁委员会仲裁员守则》从未涉及过"规则定位"问题，而这恰恰是仲裁员守则内容庞杂、缺少逻辑性的重要原因。此次修改在参照上述仲裁员行为规范后，明确了守则定位于为仲裁员提供道德行为规范指引。例如，《北京仲裁委员会仲裁员守则》第1条第2款规定："本守则属于仲裁员道德准则，不是《北京仲裁委员会仲裁规则》（以下简称《仲裁规则》）的组成部分。"

其次是从三个阶段强调了仲裁员的职业伦理。将仲裁员在整个仲裁过程中应具备的职业操守分为三个阶段表述：一是接受选任时应披露"可能引起当事人对其公正性或独立性产生合理怀疑的任何事由"，以及保证付出当事人期望的时间与精力完成案件的审理（第3条、第5条）；二是审理案件过程中，应平等对待双方当事人，独立、公正、毫不迟延地推进仲裁程序的进行（第6-10条）；三是公正独立地制作裁决书，并对整个案件审理情况承担保密义务（第11、12条）。

关于我国仲裁员职业伦理规范建设，有观点认为，仲裁员都是在专家中产生的，具有较高的素质，能够公正地作出裁决，认真履行职责。但是，由于人的私欲会导致自我约束的放松，实践中仍然存在一些仲裁员违反职业道德、枉法裁判的现象，这就需要道德规范的约束。但是目前缺乏统一的全国性的仲裁员职业道德规范，各地方的仲裁员守则或管理规定零碎、分散，往往只能成为摆设而执行力不够。[1] 本书认为，相较于律师、检察官、法官等职业群体，我国仲裁员职业伦理规范建设略显滞后，目前缺乏统一的仲裁员职业伦理规范。要加强仲裁员的职业伦理建设，我们必须从制定仲裁员的职业伦理规范入手，包括仲裁员的行为规范和考察仲裁员的行为标准。目前，国外一些仲裁机构和协会均通过制定类似的规则来引导和规范仲裁员的行为。例如，美国仲裁协会（American Arbitration Association）和美国律师协会（American Bar Association）制定了《商事争议中仲裁员的职业伦理守则》（The Code of Ethics for Arbitrators in Commercial Disputes），国际律师协会（The International Bar Association）制定了《国际仲裁员职业伦理》（Ethics of International Arbitrators），英国皇家御准仲裁员学会（Chartered Institute of Arbitrators）制定了《仲裁员职业伦理守则》（Code of Professional and Ethical Conduct for Members）。本书认为，我国应该适时制定全国统一的仲裁员职业伦理规范，强化仲裁员的职业伦理建设，确保仲裁员独立、公正、勤勉、审慎地履行职责。

六、我国行政执法人员职业伦理规范建设

长期以来，行政执法人员职业伦理并未引起法律职业伦理学者的重视，传统意义上将其归入行政伦理的范畴。2018年4月，司法部印发了《国家统一法律职业资格考试实施办法》，明确规定：行政机关中初次从事行政处罚决定审核、行政复议、行政裁决、法律顾问的公务员，应当通过国家统一法律职业资格考试，取得法律职业资格。换言之，从事行政复议、行政裁决等的行政执法人员被纳入我国法律职业人员，因此，他们也必须遵守法律职业伦理的基本价值以及共同规范。就行政执法人员的职业伦理规范而言，必须考虑行政执法人员的特殊性。一方面，他们是行政机关的工作人员，必须遵守国家公务员的相关行为规范；另一方

---

① 宋文娟：《仲裁员职业道德规范体系的建构》，载《法制与社会》2015年第12期。

面，他们是法律职业人员的组成部分，必须遵守法律职业伦理规范。从目前的规定来看，行政执法人员的职业伦理规范主要包括：全国人民代表大会常务委员会制定的《公务员法》以及《行政处罚法》《行政复议法》等法律中的相关规定；国务院制定的《行政机关公务员处分条例》；人力资源和社会保障部（原人事部）制定的《国家公务员行为规范》；各地方政府或行政机关制定的行政执法人员行为规范（职业道德规范或职业伦理规范），如上海市人民政府于2010年制定的《上海市行政执法人员执法行为规范》。

（一）《公务员法》

公务员法是关于国家公职人员人事管理的综合性法律。2005年4月27日，第十届全国人民代表大会常务委员会第十五次会议通过了《公务员法》，并分别于2017年、2018年进行了修改。这是新中国成立以来由国家立法机关制定的第一部公职人员基本法，立法目的是规范公务员的管理，保障公务员的合法权益，加强对公务员的监督，促进公务员正确履职尽责，建设信念坚定、为民服务、勤政务实、敢于担当、清正廉洁的高素质专业化公务员队伍。关于《公务员法》的适用对象，《公务员法》第2条第1款进行了明确规定，即"本法所称公务员，是指依法履行公职、纳入国家行政编制、由国家财政负担工资福利的工作人员"。由此可知，行政机关中从事行政处罚决定审核、行政复议、行政裁决、法律顾问的公务员也属于《公务员法》的调整对象，也应当遵守《公务员法》的相关规定。《公务员法》的框架内容如表2-14所示：

表2-14　《公务员法》框架内容

章　节	内　容	条　文
第一章	总则	第1-12条
第二章	公务员的条件、义务与权利	第13-15条
第三章	职务、职级与级别	第16-22条
第四章	录用	第23-34条
第五章	考核	第35-39条
第六章	职务、职级任免	第40-44条
第七章	职务、职级升降	第45-50条
第八章	奖励	第51-56条
第九章	监督与惩戒	第57-65条
第十章	培训	第66-68条
第十一章	交流与回避	第69-78条
第十二章	工资、福利与保险	第79-84条
第十三章	辞职与辞退	第85-91条

续表

章　节	内　容	条　文
第十四章	退休	第 92—94 条
第十五章	申诉与控告	第 95—99 条
第十六章	职位聘任	第 100—105 条
第十七章	法律责任	第 106—110 条
第十八章	附则	第 111—113 条

从《公务员法》的框架内容来看，与行政执法人员的职业伦理相关的条文主要包括"公务员的条件、义务与权利""监督与惩戒""申诉与控告""法律责任"等内容。《公务员法》第 14 条规定："公务员应当履行下列义务：（一）忠于宪法，模范遵守、自觉维护宪法和法律，自觉接受中国共产党领导；（二）忠于国家，维护国家的安全、荣誉和利益；（三）忠于人民，全心全意为人民服务，接受人民监督；（四）忠于职守，勤勉尽责，服从和执行上级依法作出的决定和命令，按照规定的权限和程序履行职责，努力提高工作质量和效率；（五）保守国家秘密和工作秘密；（六）带头践行社会主义核心价值观，坚守法治，遵守纪律，恪守职业道德，模范遵守社会公德、家庭美德；（七）清正廉洁，公道正派；（八）法律规定的其他义务。"这是所有公务员必须遵守的义务，行政执法人员也不例外。

（二）《行政机关公务员处分条例》

《行政机关公务员处分条例》是于 2007 年由国务院颁布的，目的是严肃行政机关纪律，规范行政机关公务员的行为，保证行政机关及其公务员依法履行职责。《行政机关公务员处分条例》的框架内容如表 2-15 所示：

表 2-15 《行政机关公务员处分条例》框架内容

章　节	内　容	条　文
第一章	总则	第 1—5 条
第二章	处分的种类和适用	第 6—17 条
第三章	违法违纪行为及其适用的处分	第 18—33 条
第四章	处分的权限	第 34—38 条
第五章	处分的程序	第 39—47 条
第六章	不服处分的申诉	第 48—51 条
第七章	附则	第 52—55 条

《行政机关公务员处分条例》主要对行政机关公务员的处分进行了规定，包括处分权限、

处分程序、处分事由等，这些规定同样适用于行政机关中从事行政处罚决定审核、行政复议、行政裁决、法律顾问的公务员。

（三）《国家公务员行为规范》

《国家公务员行为规范》是由原人事部于 2002 年发布的，目的是建设一支具有公仆意识、廉洁、勤政、高素质、专业化的公务员队伍。《国家公务员行为规范》一共 8 条，包括政治坚定、忠于国家、勤政为民、依法行政、务实创新、清正廉洁、团结协作、品行端正。《国家公务员行为规范》对国家公务员的行为提出的基本要求同样也适用于行政机关中从事行政处罚决定审核、行政复议、行政裁决、法律顾问的公务员。

（四）《上海市行政执法人员执法行为规范》

2010 年 6 月，上海市人民政府办公厅发布了《上海市行政执法人员执法行为规范》，目的是规范上海市行政执法人员的行政执法行为，提高行政执法人员依法行政的能力和水平，保护公民、法人和其他组织的合法权益。《上海市行政执法人员执法行为规范》一共 22 条，对行政执法人员从事行政检查、行政强制以及行政处罚等行政执法行为提出了基本要求。例如第 5 条规定："行政执法人员从事行政执法活动，应当仪表整洁、语言文明、举止得体、方式得当。行政执法人员在行政执法中，不得使用粗俗、歧视、侮辱以及威胁性语言，不得刁难当事人或者做出有损行政执法人员形象的行为。"第 7 条规定："行政执法人员从事行政执法活动，应当遵守法定程序，严格按照法定的方式、步骤、顺序、期限等实施。行政执法人员从事行政执法活动时，应当向当事人出示行政执法证件；除适用简易程序外，必须两人以上共同进行。行政执法人员与案件有利害关系、可能影响公正处理的，应当回避。"

在社会生活中，行政执法人员代表国家担负着维护社会稳定，保障公民人身、财产安全等职责，与社会公众生活关系密切。行政执法人员职业伦理水平的高低直接关系到社会公众对政府的评价，因此，必须加强行政执法人员的职业伦理建设。目前，我国尚未在国家层面专门制定行政执法人员职业伦理规范，行政执法人员的职业伦理规范散见于各类法律法规中。为了提高行政执法人员职业伦理规范的实效性，强化行政执法人员的职业伦理意识，有必要制定全国统一的行政执法人员职业伦理规范。

第三节　国外法律职业伦理规范建设

一、国外法官职业伦理规范建设

（一）美国法官职业伦理规范建设

在美国，法官在担任法官之前必须有多年的法律实践经验，可以是私人律师、检察官或者公设辩护人，也可以是从事法学教学科研工作的学者或者担任政府部门法律顾问的官员。[①] 有关法官职业伦理的具体规范主要包括以下两类：一是由美国国会通过的《1980 年司法行为与资格丧失法案》（Judicial Conduct and Disability Act of 1980）和《司法行为与司法资格丧失程序规则》（Rules for Judicial-Conduct and Judicial-Disability Proceedings）。根据这两个规范，任

---

① 齐树洁主编：《美国司法制度》，厦门大学出版社 2006 年版，第 70 页。

何人都可以对联邦法官的不当行为提起控诉。二是由美国司法会议（The Judicial Conference of the United States）通过的《美国法官行为准则》（Code of Conduct for United States Judges）。该规范不仅包括联邦法官的职业伦理规则，还对联邦法官履行职责以及参与各种外部活动提供指导。《美国法官行为准则》框架内容如表 2-16 所示：

表 2-16　《美国法官行为准则》框架内容

章　　节	标　　题	主　要　内　容
1	前言	规则的制定及修改情况、规则的适用对象（包括美国巡回法官、地区法官、破产法官等）
2	法官应坚持司法廉洁与独立	一个独立和光荣的司法机构对社会正义是不可或缺的。法官应保持并执行高标准的行为，并应亲自遵守这些标准，以保持司法机构的完整性和独立性
3	法官应避免在所有活动中出现不当行为	尊重法律、外部影响以及不歧视其他成员
4	法官应当公平、公正、勤勉地履行职责	裁决责任、行政责任、资格取消
5	法官可以从事与司法机关义务相一致的社会活动	与法律相关活动（写作、演讲、教学、咨询等）、慈善活动、筹款活动、金融活动、信托活动等
6	法官应避免政治活动	一般禁令、候选人辞职及其他政治活动
7	遵守行为准则	兼职法官、临时法官、退休法官
8	适用期限	在准则通过之前存在违反准则之相关情况的，应该在一定期限内妥善解决相关问题

（二）德国法官职业伦理建设

在德国，法官属于国家公职人员，和其他公务员一样受到法院行政部门在业务上的监督。德国法官的职业伦理规范主要包括《法官法》和《联邦公务员法》。在德国，法官职务属于政府公务员序列，法官具有公务员身份，故适用于联邦公务员的惩戒法也适用于联邦法官。同时考虑到法官职业较之其他公务员有特殊性，德国《法官法》对惩戒法的规定进行了相应调整。因此，法官违反《法官法》第 38-43 条规定的职务义务及《联邦公务员法》第 52-76 条之一般公务员应尽之义务规定的，均构成失职行为，受到惩戒。[①]

（三）国际层面的法官职业伦理建设

国际法官协会（International Association of Judges，简称"IAJ"）于 1953 年在奥地利萨尔茨堡成立。它是一个专业的、非政治性的国际组织，由各个国家法官协会组成，而非由法官

---

① 王葆莳：《德国法官惩戒制度研究》，载《时代法学》2017 年第 3 期。

个人组成。1999 年 11 月 17 日，国际法官协会中央理事会（IAJ Central Council）通过了《国际法官协会法官通用宪章》（International Association of Judges the Universal Charter of the Judge），并于 2017 年 11 月 14 日进行了修订。《国际法官协会法官通用宪章》框架内容如表 2-17 所示：

表 2-17 《国际法官协会法官通用宪章》框架内容

章 节	标 题	主 要 内 容
1	前言	规则的制定及修改情况、规则的适用对象
2	一般原则	法治信仰、法官独立性、法官公平公正
3	对外独立	独立性的层级、办公室安全、司法委员会（该委员会完全独立于国家权力，主要为了维持法官独立性）、保护法官和尊重判决等
4	内部独立	法官服从法律、个人自治、法院管理、如何分配案例、言论自由与结社自由等
5	招聘和培训	法官的招聘与培训
6	任命、晋升和考核	法官的任命、晋升与考核等
7	职业伦理	基本要求、公正、正直、克制、效率等
8	惩戒	惩戒程序、民事和刑事责任
9	薪酬、社会保障和退休	法官的薪酬、社会保障与退休
10	宪章之适用	宪章的适用对象及范围

二、国外检察官职业伦理规范建设

（一）美国检察官职业伦理规范建设

在美国，检察官的主要职责是将刑事程序中的事实真相予以呈现。不像律师仅是单纯的辩护者，检察官代表的是整个社会。全美地区检察官协会（National District Attorneys Association）制定了《美国检察官守则》（National Prosecution Standards），目的在于为检察官行使检察权提供指导。不过该守则仅具有补充性质，并不能取代美国各司法管辖区已有的伦理准则。《美国检察官守则》的框架内容如表 2-18 所示：

表 2-18 《美国检察官守则》框架内容

章 节	标 题	主 要 内 容
1	一般守则	检察官之责任、专业化、利益冲突、遴选、报酬、培训、豁免权等

续表

章　节	标　题	主　要　内　容
2	关系	与地方团体的关系、与州刑事司法机关的关系、与联邦刑事司法机关的关系、与其他追诉机关的关系、与其他执法机关的关系、与法院的关系、与犯罪嫌疑人及被告的关系、与辩护人的关系、与犯罪被害人的关系、与证人的关系等
3	侦查	侦查通则、令状审查、大陪审团调查、豁免权之准许等
4	进入审判前之注意事项	筛选、提起公诉、分流处分、审前释放、首次听证程序、预审程序、没收、大陪审团之控诉功能、开示、少年司法等
5	认罪协商及认罪协议的适当性	总则、认罪协商之有效性、决定认罪协商之可行性及可接受性、认罪协议的履行等
6	审判	诚实公正面对法庭、遴选陪审员、与陪审团之关系、开场声明、证据呈现、证人询问、异议及请求等
7	量刑	量刑、缓刑、社区计划方案等
8	宣判后	捍卫有罪判决之责任、上诉等

（二）英国检察官职业伦理规范建设

在英国，皇家检控署（Crown Prosecution Service，简称"CPS"）根据《1985年犯罪起诉法案》（Prosecution of Offences Act 1985）制定了《皇家检察官守则》（The Code for Crown Prosecutors），该守则目前已历经8次修订。《皇家检察官守则》主要对检察官执行职务时的职业伦理行为进行了规定，要求英国的检察官必须遵守。《皇家检察官守则》规定，检察官应公正、独立、客观地执行职务，以实现公平正义，不得因个人对犯罪嫌疑人、被害人或证人之种族或血统、身体残疾、性别、宗教信仰、政治或性别取向之观感，而影响对其起诉与否之决定，也不应受到任何不当或不合理的压力之影响。检察官不得以追求有罪判决为目的，应确保起诉的公正性及正确性。《皇家检察官守则》框架内容如表2-19所示：

表 2-19　《皇家检察官守则》框架内容

章　节	标　题	主　要　内　容
1	前言	规则的制定及修改情况、规则的适用对象
2	一般原则	检察官的独立性是民主社会刑事司法系统的核心，检察官的职责不是决定一个人是否犯罪而是评估是否适合提出刑事指控，决定不起诉并不意味着不存在受害者等

续表

章　节	标　题	主要内容
3	决定是否起诉	检察官有权在案件中决定是否提起控诉以及提起何种控诉，警察及其他调查人员负责对案件进行调查，检察官不得向警察及其他调查人员进行指导，检察官需要对警察提交的每一件案件进行审查等
4	完全守则审查	检察官在决定起诉或不起诉之前，必须进行两个方面的审查：证据审查和公共利益审查（公共利益阶段）
5	阈值审查	阈值审查主要包括 5 个条件：有合理的理由怀疑被指控的人犯了罪；进一步的证据可以为定罪提供现实前景；案件的严重性或情况证明立即进行指控是合理的；有充分的理由拒绝任何情况下的保释；控诉是符合公共利益的
6	控告选择	检察官在选择罪名时需要考虑以下因素：反映犯罪的严重性；给予法院足够的权力来判决和执行适当的定罪命令；在适当情形下可以没收被告人的犯罪所得；以清晰简单的方式呈现案件
7	庭外处置	如果法庭外处置是对罪犯或犯罪严重性及后果的适当反映，则可以代替起诉
8	法庭选择	检察官在进行法庭选择时必须要考虑的因素
9	接受有罪申辩	检察官在对待犯罪嫌疑人的有罪申辩时应该着重考虑的因素
10	重新审视起诉决定	检察官在面对一些需要重新审查起诉的案件时需要考虑的因素

（三）国际层面的检察官职业伦理规范建设

在国际层面，1990 年 8 月 27 日至 9 月 7 日第八届联合国预防犯罪和罪犯待遇大会通过了《关于检察官角色指引》（Guidelines on the Role of Prosecutors），目的在于协助会员国确保和促进检察官在刑事诉讼程序中发挥有效、不偏不倚和公正无私的作用。《关于检察官角色指引》的框架内容如表 2-20 所示：

表 2-20 《关于检察官角色指引》框架内容

章　节	标　题	主要内容
1	资格、甄选及培训	检察官的资格、甄选及培训条件
2	职务身份及工作条件	检察官的职业身份、工作条件、保障等

续表

章　节	标　题	主要内容
3	言论及结社自由	检察官在行使言论自由、结社自由等权利时应该遵守的职业伦理规范
4	在刑事诉讼中的角色	检察官在刑事诉讼中应该遵循的职业伦理，包括避免歧视、客观行事、以保障公共利益为念、保守秘密等
5	裁量权之行使	检察官行使裁量权时应该遵循公平性及一致性
6	起诉至替代方案	检察官基于尊重被告及被害人权益，应该慎重考量放弃追诉、无条件暂缓追诉等
7	与其他政府机关或机构的关系	检察官应确保起诉的公正性、有效性，妥善处理与警察、法院、辩护人等的关系
8	惩戒程序	检察官违反职业行为准则时，应该依据适当的程序，公平、及时、公正地处理

三、国外律师职业伦理规范建设

（一）美国律师职业伦理规范建设

在美国，律师职业伦理是一套完整的法律体系，由美国律师协会（American Bar Association，简称"ABA"）和各州律师协会制定的有关规范、各个法院制定的相关法庭规则、法学权威人士的著述和权威法律文献以及法院的相关判例组成。但是，美国没有哪一部法律或判例可以单独被称为"律师职业伦理"。20 世纪 60 年代，美国律师协会认定，反复修订《法律职业伦理准则》于律师行业不利，于是在 1969 年颁布了《法律职业责任法典》（以下简称《法典》）。各地的律师协会，还有许多法院，都很快将《法典》作为其处理涉及律师角色问题的指导原则，并把它当作规制律师伦理行为的利器。之后，《法典》几经修订。1983 年，美国律师协会制定了一部新的职业伦理规范，即《职业行为示范规则》（Model Rules of Professional Conduct）。制定《职业行为示范规则》的主要原因是，美国律师协会职业伦理委员会认为，《法典》冗赘不堪，且漏洞百出。《法典》分为准则、伦理考量、惩戒规则等部分，而《职业行为示范规则》未作此划分，采取了较为简易的编写结构，只包括规则和注释两个部分。《职业行为示范规则》涉及 8 个方面，如表 2-21 所示[①]：

---

① 许身健：《欧美律师职业伦理比较研究》，载《国家检察官学院学报》2014 年第 1 期。

表 2-21　美国律师协会《职业行为示范规则》框架内容

章　节	标　题	主　要　内　容
1	委托人—律师关系	律师对委托人的基本职责，包括资质与能力、代理范围、勤勉尽责、与委托人的交流、收费、保密、利益冲突、机构代理、拒绝代理或中止代理、法律执业的出让以及对未来新客户的职责
2	代理律师	律师的法律顾问角色，包括在非讼代理中给委托人提供咨询意见、充任委托人的"法律审计师"和中立的第三方
3	庭辩律师	在法律允许的范围内积极辩护，包括无意义的诉求主张、加速诉讼进程、委托人欺诈或伪证行为、遵守法庭规则、审判的公开度、律师充任证人
4	与委托人以外的人员交往	律师公平对待非委托人的义务，包括谈判技巧、与有律师代理的人员和无律师代理的人员交往
5	律师事务所与律师结社	法律执业的组织，包括主管律师与下属律师相互之间的责任、对无律师资格的辅助人员的控制、非法执业、停业后不再竞争的承诺、提供与法律相关的服务
6	公益法律服务	从事公益活动，包括自愿或者被安排提供的法律服务、在法律援助机构及法律改革组织中提供法律服务
7	涉及法律服务的信息	在商业领域，美国联邦宪法第一修正案诸多价值与保护公众之间的相互作用，包括广告、当面说服委托人接受代理、律师的专业化
8	维护法律职业的体统	规制法律职业及其组织机构的附属规则，包括律师资格的获取、对律师及法官不当行为的举报、惩戒、规则的管辖及适用选择

　　由于美国律师协会是一个非官方的民间职业联盟，并不享有立法权，因此，该规则只是一个建议性规范，并非当然具有强制性。通常情况下，各州通过自主的正式采纳与批准，使该规则对州内的执业律师生效。例如，美国加利福尼亚州律师协会（The State Bar of California）就制定了《加利福尼亚州律师职业行为准则》（The California Rules of Professional Conduct），该准则由加利福尼亚州律师协会理事会（Board of Trustees）通过，并获得了加利福尼亚州最高法院的批准。该准则连同理事会据此通过的所有标准对加利福尼亚州律师协会的所有会员都具有约束力。2018 年 5 月，加利福尼亚州最高法院批准了新的律师职业行为准则，该准则于2018 年 11 月正式生效。《加利福尼亚州律师职业行为准则》框架内容如表 2-22 所示：

表 2-22 《加利福尼亚州律师职业行为准则》框架内容

章 节	标 题	主 要 内 容
1	律师—委托人关系	律师的代理范围和基本职责、勤勉义务、与委托人沟通、法律服务的费用、保密义务、利益冲突等
2	法律顾问	律师作为顾问（advisor）、律师作为中立第三方（third-party neutral）、律师作为临时法官（temporary judge）、律师作为调解员（referee）、律师作为法庭指派的仲裁员（court-appointed arbitrator）等
3	辩护	延迟诉讼、与法官联系、审判公开、律师作为证人、检察官的特殊职责等
4	与非委托人之关系	对他人陈述的真实性、与被代理人沟通、与非被代理人沟通、无意中传递文字的责任等
5	律师事务所与律师协会	管理和监督律师的职责、律师助理的职责、非律师助理的职责等
6	公共服务	法律服务组织成员、有限法律服务项目等
7	法律服务的信息	律师广告、非邀约客户、律师事务所名称等
8	维护法律职业的体统	关于申请律师执业资格的虚假陈述、司法官员、不当行为、禁止歧视、禁止性骚扰、禁止报复、惩戒权等

（二）日本律师职业伦理规范建设

在日本，有关律师职业伦理的具体规范主要包括由国会通过的《律师法》和由日本律师联合会通过的《日本律师职务基本准则》。日本《律师法》第一章"律师的使命与职务"、第四章"律师的权利与义务"、第八章"惩戒"都与律师职业伦理密切相关。[1]《日本律师职务基本准则》则主要对律师执业行为进行具体规定，目的是明确有关律师职务的伦理与行为规范。《日本律师职务基本准则》框架内容如表 2-23 所示[2]：

表 2-23 《日本律师职务基本准则》框架内容

章 节	标 题	主 要 内 容
1	基本伦理	律师的使命、律师自治、司法独立的拥护、信义诚实、名誉与信用、钻研、公益活动的实践等

---

[1] 张凌、于秀峰编译：《日本司法制度法律规范总览》，人民法院出版社 2017 年版，第 508 页。

[2] 北京市律师协会组编：《境外律师行业规范汇编》，中国政法大学出版社 2012 年版，第 784 页。

续表

章　　节	标　　题	主　要　内　容
2	一般规则	广告及宣传、委托、与非律师的协作、报酬分配的限制、委托人介绍的等价报酬、违法行为的助长等
3	与委托人关系的规则	与委托人关系的自由与独立、正当利益的实现、对委托人意思的尊重、保密、律师的报酬、与委托人的金钱借贷等
4	刑事辩护的规则	刑事辩护的心理准备、会见的确保、防御权的说明、指定辩护案件的报酬等
5	组织内律师的规则	自由与独立、对于违法行为的措施等
6	与案件对方关系的规则	与对方本人的直接交涉、来自对方的利益提供、向对方提供利益等
7	共同事务所的规则	保密、不得履行职务的案件、案件信息的记录等
8	关于律师法人的规则	保密、不得从事职务工作的案件、不能办理业务的案件等
9	与其他律师关系的规则	对名誉的尊重、对律师的不利行为、律师间的纠纷等
10	与审判关系的规则	判决公正与合法程序、教唆伪证、审判程序的拖延、与法官私人关系的不当利用等
11	与律师协会关系的规则	《律师法》等的遵守、委托事项的不当拒绝等
12	与政府机关关系的规则	委托事务的不当拒绝、受托的限制等
13	解释适用指南	解释与适用

（三）欧洲律师职业伦理规范建设

在欧洲大陆，除各个国家制定了相应的律师职业伦理规范外，欧盟还从整个欧洲律师职业发展的角度制定了统一的律师职业伦理规范，具体包括《欧洲律师行为准则》（Code of Conduct for Lawyers in the European Union）和《欧洲律师职业核心原则宪章》（Charter of Core Principles of the European Legal Profession）。1988 年 10 月，欧洲律师协会理事会（The Council of Bars and Law Societies of Europe，简称 "CCBE"）制定了《欧洲律师行为准则》（Code of Conduct for Lawyers in the European Union）[①]，随后分别于 1998 年、2002 年、2006 年进行了修

---

① 欧洲律师协会理事会（CCBE）的主要目标是从欧洲和国际层面代表律师协会的所有成员——包括正式会员（即欧盟、欧洲经济区和瑞士联邦）、合作会员和观察会员——关注律师执业、法治与司法的法律实践发展以及法律自身的实质性发展等具有共同利益的所有事务。

改。欧盟制定职业行为准则的目的是，在其适用对象自愿接受的前提下，确保律师正确履行其职能。这对于所有文明社会而言都是必不可少的。如未能遵守此类准则，则该律师将会遭受违纪处罚。2006 年 11 月，欧洲律师协会理事会通过了《欧洲律师职业核心原则宪章》，宪章的目标之一是协助正在努力取得独立的律师协会，加强律师间对律师在社会中重要性的理解。宪章针对的对象包括律师群体本身以及更广泛的决策者和公众。《欧洲律师行为准则》框架内容如表 2-24 所示[①]：

表 2-24 《欧洲律师行为准则》框架内容

章 节	标 题	主 要 内 容
1	序言	界定律师在社会中的功能、职业行为的目的、规则的宗旨及适用
2	总则	提出职业行为的一般性原则，如诚信与个人品行、保密、利益冲突、委托人利益、遵从规则
3	与委托人关系	利益冲突、关于接受和终止委托的训示、收费准则、保险
4	与法庭的关系	庭上行为规则、庭上举止、善用程序、虚假或误导性信息
5	律师间关系	律师间信函往来、业务介绍费、撤换律师、青年律师培训、争议管理

（四）国际层面的律师职业伦理规范建设

1947 年 2 月，34 个国家律师协会在纽约举行会议，创办了国际律师协会（International Bar Association，简称"IBA"）。国际律师协会的目的是促进全世界律师协会之间的信息交流，使律师的执业不受阻碍，通过其所属的人权研究所（IBAHRI）在全球范围内保护律师的人权。2011 年 5 月，国际律师协会通过了《法律职业行为国际准则》（International Principles on Conduct for the Legal Profession）。该准则旨在建立一个普遍接受的框架，世界各地相关律师组织可据此设定行为准则，推动和促进律师执业的最佳状态。该准则并非为取代或限制律师在相应法律或职业行为准则下的义务，也不应被用作强加责任、制裁或任何纪律措施的标准。《法律职业行为国际准则》框架内容如表 2-25 所示：

表 2-25 《法律职业行为国际准则》框架内容

章 节	标 题	主 要 内 容
1	独立	律师应当保持独立，并应获得该独立能带来的保护，给予客户无偏见的建议和代理；律师在建议客户时应作出独立、无偏见的职业判断，包括客户案件胜诉可能性

---

① 许身健：《欧美律师职业伦理比较研究》，载《国家检察官学院学报》2014 年第 1 期。

续表

章 节	标 题	主 要 内 容
2	诚信、公正、公平	律师应在任何时间都对客户、法院、同事及在工作中接触的所有人保持最高水准的诚信、公正和公平
3	利益冲突	律师不应承接使客户利益与律师本人、同一律师事务所另一律师或另一客户的利益形成冲突的工作，法律、相关职业行为准则允许或客户授权许可的情况除外
4	保密性	律师应始终保持并能够获得必要保护从而对现有或之前客户事务保密，法律和／或相关职业行为准则允许或要求的情况除外
5	客户利益	律师应将客户利益放在首位，但该要求不能与律师对法院和司法、遵守法律、保持道德标准的义务相冲突
6	律师承诺	律师应在执业期间及时完成承诺，直到承诺履行、终止或解除
7	客户自由	律师应尊重客户选择代理律师的自由；律师应自由接受或拒绝案件，除非职业行为准则或法律禁止
8	客户和第三方财产	律师应尽职尽力、谨慎负责托付给他的客户或第三方财产，并与自己的财产分开
9	能力	律师工作应以胜任、及时的方式完成；对不能合理地相信可以按此方式完成的工作，律师不应接受
10	费用	律师有权对其工作收取合理的费用，不应收取超出常理的费用；律师不应制造出不必要的工作

【思考题】

1. 为什么要加强法律职业伦理规范的建设？
2. 我国律师的法律职业伦理规范主要包括哪些？
3. 中美在法律职业伦理规范建设方面有何主要不同？

第三章　法律职业伦理教育与法律职业伦理学

【本章导读】

法律职业伦理在法律职业人员的职业生活中占有十分重要的位置，但是如何对法律职业伦理进行研究以及怎样对法律职业人员进行系统的教育和训练，是一项非常复杂的工程。本章主要对法律职业伦理的研究对象、研究意义以及法律职业伦理教育等进行分析与阐释，以促进法律职业伦理的研究与教育。

【本章知识结构图】

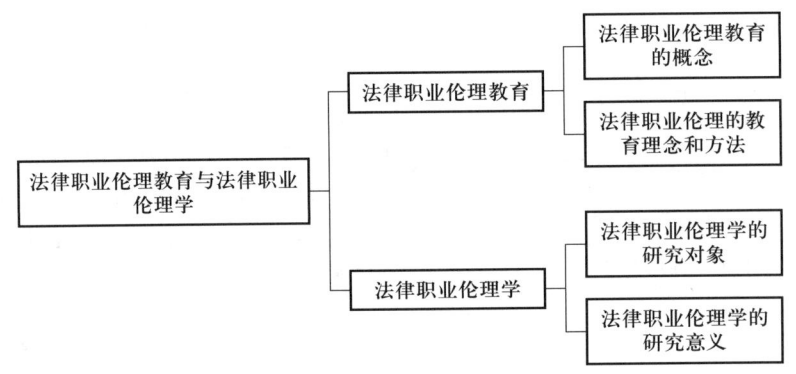

第一节　法律职业伦理教育

一、法律职业伦理教育的概念

顾明远教授主编的《教育大辞典》认为教育（education）是传递社会生活经验并培养人的社会活动。[1] 教育的含义有广义和狭义之分。广义的教育，泛指影响人们知识、技能、身心健康、思想品德形成和发展的各种活动，产生于人类社会初始阶段，存在于人类社会生活的各种活动过程中。狭义的教育，主要指学校教育，即根据一定的社会要求和受教育者的发展需要，有目的、有计划、有组织地对受教育者施加影响，以培养一定社会或阶级所需要的人的活动。

法律职业伦理教育作为法律教育的重要内容，是内化法律职业伦理理念，提高法律职业人员职业素养的社会活动。法律职业伦理教育存在于法律职业人员的执业活动中，同时延伸

---

[1]　转引自李本森主编：《法律职业伦理》（第 3 版），北京大学出版社 2016 年版，第 18 页。

至法律职业准入前的阶段及执业活动结束以后的阶段。

二、法律职业伦理的教育理念和方法

（一）认真对待法律职业伦理教育

法律职业伦理教育在法治人才培养中占据重要位置。然而，长期以来，法律院校并不重视法律职业伦理教育。师资条件相对较好的法律院校，法律职业伦理教育也严重不足，大部分院校没有专职从事该领域教学科研的教师。职业伦理教育不足，表明法学教育存在严重缺失。

卓越法律人才培养
计划之主要任务

职业伦理课程有助于法科生职业伦理意识的养成。诚然，单凭法律职业伦理这门课程并不足以将法科生培养成职业伦理意识很强、有法律信仰的法律职业人员。但是，这一课程让学生能够区分可以接受或不可接受的职业行为，或者至少思考一些法律职业伦理的重大问题。美国学者的统计研究表明，法律职业伦理课程与法律职业伦理行为之间有很大关联。在很大程度上，职业伦理信仰是可以教导的。

法学院开设法律职业伦理课程的教学目标是：首先，使法科生通过相关课程的学习，了解法律职业伦理的相关内容；其次，使法科生能够评估并防止伦理风险，面对特定情况，能够分析其是否具有导致自身违背职业伦理的风险，并对风险进行防控；最后，使法科生能够投身于公益事业，用自身的法律知识与实务经验保护公众特别是特定群体的利益，产生法律职业的公共主义使命感，避免成为只关注收益的"精致的利己主义者"。

应当指出，在法律院校讲授法律职业伦理是个难点。首先，当下讲授该课程的教师往往将法律职业伦理视为一堆抽象的所谓"正义"等空洞观念，意识不到它涉及的其实是具体的行为规则，旨在教会法律人在面临职业伦理困境的时候学会如何作出选择；其次，开设该课程的教师往往以课堂灌输为主，教学手段单一，提不起学生的兴趣。

法律院校对法科生的培养目标是使其成为德才兼备的法治人才，这里的"才"是指职业技能，"德"是指良好的职业伦理。法律职业伦理课程对法科生职业伦理的养成显然是至关重要的，因此，强化法律职业伦理课程建设势在必行。强化课程建设的思路有：将其设为必修课；增加案例教学及探讨课的比重，以克服灌输式教学的弊端；在教学方法上予以改进。另外，将法律诊所及模拟课程等体验式教学方式纳入教学中，鼓励学生在教师指导下从事公益法律服务，践行法律职业公共主义的使命。总之，坚持多方面多渠道、理论教学加上法律实践，多管齐下，提升学生的法律职业伦理水准。

鉴于法律职业资格考试对法学教育的引导作用，除重视法律职业伦理教学外，还应当增加法律职业伦理在法律职业资格考试中的占比。我国以往的司法考试，法律职业伦理在考试中所占比例较小，无足轻重。从历年命题看，将相关法规法条直接变换为考试内容的题目较多，难度不大，综合性较差。建议在今后法律职业资格考试命题中增加相关内容，提高命题难度，强化综合性及实践性，把当下司法实践中出现的诸多法律职业不当行为、违法行为以及犯罪行为作为案例进行考核。

（二）以法律诊所教学促进法律职业伦理教育

诊所式法律教育，就是在法学院中设立法律诊所，学生在有法律实务经验教师的指导下办理真实的案件。在办理案件过程中，学生不仅可以学习到职业技能，而且可以学习到职业价值。法律诊所是法学院管理的律师事务所，旨在给学生提供教师督导下的安全职业环境，从而使学生有机会从事法律实践，从经验中学习。

把学生置于职业角色当中是职业教育的核心。在法科生已有相关法律知识的基础上，法律诊所教给学生那些法学院通常不教或者教得不够的东西。法律诊所的最大优势在于它向学生倡导这样一种价值，即一个人要对自己的言行负责，也就是法律人要对自己向委托人给出的法律意见负责。学生不再进行所谓某甲在某种情境下如何的法律案例研究，而是面对一个具有特定经济地位、特定社会地位的活生生的人，此人的命运可能受到学生法律意见的影响。此时此刻，学生面对的绝非分数的高低，而是自己的良心以及对他人命运的责任感。法律诊所的目标之一就是教会学生正确看待知识以及良知。以往学生在实习时才开始实践活动，而现在在法学院学习期间，学生就可以学习法律职业伦理及职业技能。法科生对法律职业的看法或多或少来自电影、书本、电视，这种认识是脱离现实的印象。只有在实习的时候，他们才能意识到现实和想象截然不同。他们在和真实委托人接触的时候，受到贫穷、无助、受冤屈的委托人的影响，委托人的悲惨命运使他们看到了社会中存在的不公，意识到做一个法官、检察官或者律师究竟意味着什么。通过和真实委托人接触，学生可以了解到自己的才智水准，认识到自己未来职业的前景。法律诊所的经历常常帮助学生意识到他们将来愿意从事什么职业，从而减少未来因现实落差而产生的消极情绪。将诊所式法律教育引入法学教育制度的目的，也在于让未来的法律职业人员体会向需要得到帮助者提供无私帮助所能获得的满足感。法律诊所并不仅仅是职业学习或者法律应用而已，它也是生活的学校。向委托人提供帮助或者仅仅表达关切所能获得的满足感，常常要比经济回报更有价值。委托人来函所饱含的对学生的感激之情以及对其办理案件付出努力的肯定，对年轻人开启法律职业生涯具有宝贵价值。这种价值会让学生受益终身。

诊所式法律教育的独特之处在于它以学生为主体，调动学生学习的积极性和主动性。具体而言：（1）它把学生分成小组，以小组学习的方法培养团队合作精神；（2）法律诊所指导教师针对学生学习中存在的问题，通过向该学生提供指导向其传授职业经验；（3）它通过让学生进行情景模拟和角色扮演使学生能够理解委托人的处境；（4）它通过头脑风暴的学习方法让学生能够集思广益，开阔视野；（5）它强调对学习效果的评价和反馈，让学生从评价自身代理案件的经历中学习；（6）它关注法律的实际运作效果，强调法科生要在不断变化的环境和条件下思考法律的实际作用。

目前，国内法学教育面临改革，以实现培养德才兼备法律人的目标。诊所式法律教育将成为法学院从"法学教育"转向"法律教育"的中介。"法学教育"多关注文本和理论，"法律教育"则必须关注案件事实和社会现状。诊所式法律教育有助于推进这一转型的实现。

第二节   法律职业伦理学

一、法律职业伦理学的研究对象

法律职业伦理是法律职业活动中应当遵循的伦理道德规范。具体来说，法律职业伦理是指法官、检察官、律师等法律职业人员在其职务活动与社会生活中所应遵循的行为规范的总和。职业伦理的产生与职业所承担的社会责任和公益性有很大的关系。法律职业人员的职业本身带有公益性质，为了保证其公共功能的发挥，防止他们为了一己私利损害社会利益，需要在这个职业中强调职业伦理，以对其行为进行规范。首先，遵守法律职业伦理是工作内容的要求。法律职业人员的工作内容具有秘密性，他们在从事专业活动中会接触到其他人所接触不到的秘密，如委托人会对律师说出不想对法院、亲戚朋友说出的事实。其次，遵守法律职业伦理是法律职业的自我要求。法国伦理学家爱弥尔·涂尔干曾说过："职业道德越发达，它们的作用越先进，职业群体自身的组织就越稳定、越合理。"法律职业伦理越严格，遵守程度越高，越有益于公众对这个职业的信任，越有益于职业群体的发展。最后，遵守法律职业伦理是法律和社会秩序的要求。法律职业人员掌握法律知识，执行法律，守护法律的运行。倘若其没有进行自我约束，反而玩弄法律，不仅没有履行自己的社会责任，还会严重破坏法律维持社会秩序的功能。

法律职业伦理学是将伦理学原理应用于法律职业领域的学科。其研究对象具体包括：（1）法律职业伦理的一般原理。法律职业伦理学从规范伦理学和元伦理学的角度出发，研究法律职业中最核心、最基本的规范和原则，如正义原则、保密原则、勤勉原则等。（2）法律职业主体的伦理规则。法律职业主体主要包括法官、检察官、律师、公证人员和仲裁人员等。法律职业主体的伦理规则即上述法律职业人员在从事法律职业过程中应当遵守的规则，如法官在审判中、审判外应当遵守的公正原则，包括实体公正和程序公正。为保障程序公正，法官应当遵守回避、平等、独立、公开等具体规则。（3）法律职业责任。法律职业责任是法律职业人员违反法律和道德规范所应承担的责任。法律职业伦理主要研究法律职业责任的内涵和特征、法律职业责任的意义、法律职业责任的分类、职业责任的构成和具体承担等问题。（4）法律职业伦理的养成（也称内化）和教育。法律职业伦理的养成和教育就是指对法律职业人员进行教育，使法律职业伦理成为法律职业人员伦理意识的一部分，并养成自律习惯的过程。法律职业伦理学研究的是法律职业伦理养成的规律和途径，以及法律伦理教育的任务、方法、途径和规律。

二、法律职业伦理学的研究意义

目前在法学和伦理学中，法律伦理学或法律职业伦理学均属于边缘性学科，很少受到重视。但是随着改革的深入及法律重要性的显现，法律职业伦理必将受到重视。因为在法律的实施过程中，法律职业人员担负着重要的社会责任，起着保障法律实施的作用。

（一）法律职业伦理研究有利于拓宽法学和伦理学的研究视野，深化对道德与法律问题认识

社会生活各个方面并不是孤立的，学科与学科之间的研究也是如此，单纯针对一个学科的研究是片面的、狭隘的。当代学科的发展趋势是与其他学科的交叉，法律职业伦理学就是法学和伦理学交叉的产物。一方面，法学对于伦理学的借鉴使得法律能够正确反映社会发展的规律，更好地发挥其效果。"礼法合一""情法合一"的思路实质上体现了民主精神和良法的本质。另一方面，伦理学对于法学的借鉴也深化了伦理学对具体问题的研究。比如在对道德的认识上，法学的视角使得伦理学对于道德的认识摆脱了抽象空洞的分析，从法律实践中、法律和道德的关系中，对道德的内涵有更深入的认识。总之，法律职业伦理学促进了法学和伦理学的繁荣。

（二）法律职业伦理研究有利于法律职业人员素质的提高及法律理想的重建

法律职业伦理学的一项重要内容即法律职业伦理的内化和教育。现实生活中出现的很多现象和问题都和法律职业伦理的缺失有关。法律职业人员职业伦理的缺失损害的不仅仅是其个人利益和形象，更是对这一法律职业群体形象的抹黑，甚至是对司法公信力的抹杀。法律职业人员应该是德才兼备的高素质人才。法律职业伦理课程的开设，将使法学学子和法律职业人员接受良好的职业伦理教育和训练，有利于提高法律职业人员的素质。法律职业伦理教育使法律职业人员认识到自己的社会责任和肩负的法律使命，培养其职业荣誉感和使命感，有利于法律理想的重建和法律共同体的形成。

（三）法律职业伦理研究有利于推进全面依法治国

法律职业伦理解决了全面依法治国进程中法治与德治的关系问题。2020 年 11 月，中央全面依法治国工作会议提出"习近平法治思想"，明确要正确处理好依法治国和以德治国的关系，将社会主义核心价值观融入法治建设，形成依法治国与以德治国相辅相成、相得益彰的良好局面。党的二十大报告也指出，"社会主义核心价值观是凝聚人心、汇聚民力的强大力量"，要"坚持依法治国和以德治国相结合，把社会主义核心价值观融入法治建设、融入社会发展、融入日常生活"。法律职业伦理的研究和运用对于法治社会所需要的法律职业人员的培养有着重要的作用。法律职业人员的法律职业伦理意识和法律理想促进他们依法办事，公正处理各类案件，解决纠纷，保障法律的贯彻实施。

【思考题】

1. 法律职业伦理的研究对象是什么？
2. 怎么看待诊所式法学教育？其与传统案例教学的区别是什么？
3. 法律职业伦理在全面依法治国大背景下具有怎样的意义？

第二编
律师职业伦理

第四章 律师职业伦理概述

【本章导读】

　　律师执业活动与检察官、法官的司法活动在一个国家的司法制度中具有同等重要的地位且不能互相替代。在我国，律师是中国特色社会主义法治工作队伍的重要组成部分，是落实全面依法治国基本方略、建设社会主义法治国家的重要力量。律师事业是中国特色社会主义事业的重要组成部分。本章将重点讨论律师职业伦理的法理基础以及规范架构、律师的职业化发展。

【本章知识结构图】

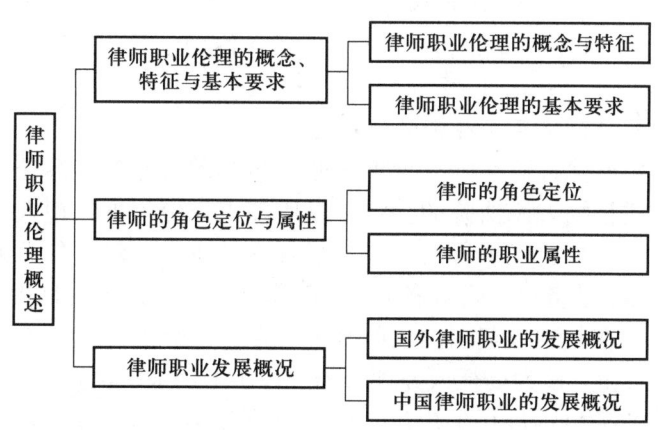

第一节 律师职业伦理的概念、特征与基本要求

一、律师职业伦理的概念与特征

（一）律师职业伦理的概念

　　律师职业伦理有许多名称，如职业责任（professional responsibility）、法律伦理（legal ethics）、专业伦理（professional ethics）及专业伦理准则（canons of professional ethics）等。上述名称通常在国外律师职业研究文献中混用，然而也有微小区别。一般而言，职业伦理具有某些哲学意味，而职业责任则具有规则的含义。尽管律师职业行为规则是律师职业伦理的载体，但将职业伦理与职业行为规则加以区分的意义在于：职业伦理要行之有效，律师群体就不能仅仅将其视为一套规制律师的法律条文，而要将其视为职业理想与追求。例如，美国律

师职业伦理发展就走过了从早期职业伦理戒律到条文式职业行为规则，再到 20 世纪 80 年代之后出现"哲学与道德"回调的趋向的历程。因此，将规制律师职业行为的相关法律法规以及行为准则称为律师职业伦理是完全适当的。正确认识律师职业伦理，就是正视律师职业本身。律师职业伦理在调整律师执业活动、保证法律服务质量方面具有重要作用。①

（二）律师职业伦理的基本特征

随着我国律师制度的发展，律师职业伦理规范的建设也在不断完善。司法部的《律师和律师事务所违法行为处罚办法》以及中华全国律师协会的《律师执业行为规范（试行）》《律师职业道德基本准则》等规范都体现了律师职业伦理对于律师执业行为的约束。除了法律职业共同具备的职业伦理特征外，律师职业伦理独有的特征具体表现在以下几个方面。

1. 律师职业伦理约束的主体是律师和律师事务所

这里的律师不仅指律师事务所的律师，还包括在国家机关中任职的公职律师以及在公司企业中任职的公司律师，以及实习律师和律师助理等。我国当前法律不允许律师直接以个人名义执业，而必须在律师事务所执业。律师承办业务由律师事务所统一收案、统一收费，因此律师职业伦理规范也同样适用于律师事务所，以约束其执业行为。我国《律师法》《律师和律师事务所违法行为处罚办法》《律师执业行为规范（试行）》以及《律师协会会员违规行为处分规则（试行）》都分别对律师和律师事务所的职业伦理以及违反职业伦理应承担的责任作出了规定。

2. 律师职业伦理规范的主要是律师的执业行为

律师的执业行为主要体现为律师办理诉讼业务与非诉讼业务。诉讼业务是指律师依法接受公民、法人的委托或根据人民法院的指定，以代理人身份为被代理人办理诉讼事务的业务活动。它包括刑事诉讼业务、民事诉讼业务、行政诉讼业务。以上各类诉讼业务又可以分为一审诉讼业务、二审诉讼业务、申诉业务等。② 而非诉讼业务则主要是指律师接受公民、法人或者其他组织的委托，在其职权范围内依照有关法律、法规的规定，不与法院和仲裁委员会发生司法意义上的联系，直接为委托人办理某种法律事务的业务活动。③《律师法》第 28 条专门对律师可以从事的业务范围进行了规定，包括以下几类：（1）接受自然人、法人或者其他组织的委托，担任法律顾问；（2）接受民事案件、行政案件当事人的委托，担任代理人，参加诉讼；（3）接受刑事案件犯罪嫌疑人、被告人的委托或者依法接受法律援助机构的指派，担任辩护人，接受自诉案件自诉人、公诉案件被害人或者其近亲属的委托，担任代理人，参加诉讼；（4）接受委托，代理各类诉讼案件的申诉；（5）接受委托，参加调解、仲裁活动；（6）接受委托，提供非诉讼法律服务；（7）解答有关法律的询问、代写诉讼文书和有关法律事务的其他文书。律师在开展上述业务时必须遵守律师职业伦理规范的有关规定。此外，由于律师的一些非执业活动在一定程度上也影响着律师的职业形象，因此一些与律师的职业形象直接相关的执业活动以外的活动，也应受到律师职业伦理的约束，如律师的庭外言论、律师广告、律师宣传等。《律师执业行为规范（试行）》第三章专门对律师业务推广行为进行了

---

① 许身健：《欧美律师职业伦理比较研究》，载《国家检察官学院学报》2014 年第 1 期。

② 于绍元主编：《律师学》，群众出版社 2001 年版，第 289–290 页。

③ 江国华主编：《司法实务》，武汉大学出版社 2015 年版，第 294 页。

规定。

3. 良好的律师职业伦理对社会具有正面的影响

律师作为建设法治中国、推进司法体制改革的重要力量，势必要在推进我国司法体制改革的进程中，发挥不可或缺的作用。但是律师这些重大作用的发挥依赖于律师对于职业伦理的自觉遵守。良好的律师职业伦理可以促进律师全行业的整体进步，有利于律师素质的提高以及法律理想的重建，也有利于提升律师全行业的道德水平，减少律师违法违规执业行为的发生，从而有利于重塑和提升律师在社会公众心中的正面形象，有利于树立律师正确的职业观和正义观，帮助律师在纷繁复杂的利益格局中明确自身定位，依法履行自身的职责和使命，合法、合理、合情地维护当事人的权益，从而促进社会整体的稳定与和谐。律师为社会提供法律服务，其在执业活动中与国家机关及其工作人员、企事业单位、社会团体以及当事人和其他诉讼参与人有着广泛的接触，律师的一言一行都代表着律师职业的形象，反映着律师队伍的素质。因此，良好的律师职业伦理对于提高公民的法律意识，推动国家的法治建设都有着十分重要的作用。

二、律师职业伦理的基本要求

（一）国外律师职业伦理的基本要求

各国律师职业伦理的基本要求与该国律师职业的历史发展密切相关，不同的国家，在赋予律师职业伦理的核心价值方面存在一定的差异。

在英国，《英格兰及威尔士 2007 年事务律师行为守则》第一章"核心职责"对事务律师职业伦理的基本要求进行了规定，主要包括以下内容：（1）公正和法治，即事务律师必须维护法治和公正司法；（2）适当性，即事务律师的行为必须具备适当性；（3）独立性，即事务律师应该努力维护自身的独立性；（4）委托人的最大利益，即事务律师必须为每个委托人的最大利益行事；（5）服务标准，即事务律师必须为委托人提供符合良好标准的服务；（6）公众信任，即事务律师不得作出可能有损公众对律师职业之信任的行为。[①] 此外，英国《法律服务法》也对"职业原则"（professional principles）进行了明确规定：（1）获授权人士应以独立及正直的态度从事法律服务；（2）获授权人士须维持适当的工作标准；（3）获授权人士须为其客户的最佳利益行事；（4）任何人如获授权在任何法庭上行使听讼权，或就任何法庭的诉讼程序进行诉讼，均须遵守其对法院的责任，即独立行事，以维护正义；（5）对于客户的信息应该保密。

在美国，美国律师协会《职业行为示范规则》在"序言"中对律师职业伦理的基本要求进行了规定，主要包括以下几个方面：（1）在所有的执业行为中，律师都应当称职、迅捷和勤奋；（2）律师应当就代理事项与委托人保持交流；（3）律师应当对与委托人有关的信息保守秘密；（4）律师的行为应当遵循法律的要求，无论是为委托人提供职业服务，还是在律师业务或者律师个人事务中均应如此；（5）律师只能基于合法目的，而不能为了骚扰或者胁迫他人而诉诸法律程序；（6）律师应当对律师制度及维护法律制度之人（法官、检察官、公务

---

① 北京市律师协会组编：《境外律师行业规范汇编》，中国政法大学出版社 2012 年版，第 60 页。

员、其他律师等）表示尊重，维护法律秩序是律师的责任。[1]

在澳大利亚，《律师协会示范规则》在"前言"中对律师职业伦理的基本要求进行了规定，主要包括以下几个方面：（1）出庭律师作为执业律师，必须保持高标准的职业操守。（2）作为专业辩护人的出庭律师在维护司法行政中，必须坚持诚实、公平、熟练、尽职、无畏的原则。（3）出庭律师对所出席的法院、其他机构和个人，所代表的委托人，以及其他出庭律师和初级律师负有责任。（4）即使委托人有任何相反意愿，出庭律师也应该独立行使司法判断，提供法律意见，恰当地维护司法行政。

在德国，《德国联邦律师法》第三编"律师的权利与义务以及律师间职业合作"对律师的"基本义务"进行了规定，主要包括以下几个方面：（1）律师应当认真从事其职业，应当在从业过程中证明自己无愧于律师职业所要求的尊重和信任。（2）律师不接受危及其职业独立性的约束。（3）律师负有沉默义务，该义务涉及律师在执业中获悉的一切事物，已经公开的事实或按其意义不再需要保密的事实不在此限。（4）律师在从事其职业时不得以不客观的方式行事。此处的"不客观"特别指某项行为涉及故意传播不真实情况或者那些其他当事人在程序过程中未提起的贬低性话语。（5）律师不得代理相互冲突的利益。（6）律师在处理委托给他的财产时负有必要的谨慎义务，他人的钱款应当立即交付给有受领权的人，或者存入信托存款账户中。（7）律师负有继续学习的义务。

在日本，根据《日本律师职务基本准则》的规定，律师应该遵守的"基本伦理"包括以下几个方面：（1）使命的认识，即律师应该认识其使命是维护基本人权和实现社会正义，应努力实现该使命。（2）自由与独立，即律师应该注重职务的自由与独立；（3）律师自治，即律师应该认识律师自治的意义，努力维持其发展。（4）司法独立的拥护，即律师要拥护司法独立，努力为司法制度的健全发展做贡献。（5）信义诚实，即律师应尊重事实、遵从信义、诚实并且公正地履行职务。（6）名誉与信用，即律师在注重名誉、维护信用的同时，应保持廉洁，时刻努力提高品格。（7）钻研，即律师应加强素养，为了精通法律及法律事务而努力钻研。（8）公益活动的实践，即律师应努力参加、实践与使命相符的公益活动。

综上所述，不同国家律师职业伦理的基本要求有差异，但是也有一些共性之处。例如，都要求律师维持自身的独立性，都要求律师尊重司法人员、维护法治，都要求律师保守当事人秘密，也都要求律师勤勉尽责。

（二）中国律师职业伦理的基本要求

中国律师职业伦理的基本要求与中国律师职业的发展历史、角色定位以及职业属性密切相关。中国律师制度是中国特色社会主义司法制度的重要组成部分。律师必须切实践行社会主义核心价值观，做到讲道德、重品行、守规则。只有进一步加强职业伦理建设，才能促使律师以良好的职业素养服务国家、社会和人民，充分发挥律师的职能作用，维护当事人合法权益，维护法律正确实施，维护社会公平正义。2014年5月23日，司法部印发了《关于进一步加强律师职业道德建设的意见》，其中明确指出："当前和今后一个时期加强律师队伍建设的主要任务是，大力加强以'忠诚、为民、法治、正义、诚信、敬业'为主要内容的律师职业道德建设，教育引导广大律师切实做到坚定信念、服务为民、忠于法律、维护正义、恪守

---

[1]　北京市律师协会组编：《境外律师行业规范汇编》，中国政法大学出版社2012年版，第165页。

诚信、爱岗敬业。"为贯彻落实上述意见提出的要求，切实加强律师职业伦理建设，促进律师依法、规范、诚信执业，中华全国律师协会制定了《律师职业道德基本准则》，对律师职业伦理的基本要求进行了规定。

1. 坚定信念

《律师职业道德基本准则》第 1 条规定，律师应当坚定中国特色社会主义理想信念，坚持中国特色社会主义律师制度的本质属性，拥护党的领导，拥护社会主义制度，自觉维护宪法和法律尊严。

2. 执业为民

《律师职业道德基本准则》第 2 条规定，律师应当始终把执业为民作为根本宗旨，全心全意为人民群众服务，通过执业活动努力维护人民群众的根本利益，维护公民、法人和其他组织的合法权益。认真履行法律援助义务，积极参加社会公益活动，自觉承担社会责任。

3. 维护法治

《律师职业道德基本准则》第 3 条规定，律师应当坚定法治信仰，牢固树立法治意识，模范遵守宪法和法律，切实维护宪法和法律尊严。在执业中坚持以事实为根据，以法律为准绳，严格依法履责，尊重司法权威，遵守诉讼规则和法庭纪律，与司法人员建立良性互动关系，维护法律正确实施，促进司法公正。

4. 追求正义

《律师职业道德基本准则》第 4 条规定，律师应当把维护公平正义作为核心价值追求，为当事人提供勤勉尽责、优质高效的法律服务，努力维护当事人合法权益。引导当事人依法理性维权，维护社会大局稳定。依法充分履行辩护或代理职责，促进案件依法、公正解决。

5. 诚实守信

《律师职业道德基本准则》第 5 条规定，律师应当牢固树立诚信意识，自觉遵守执业行为规范，在执业中恪尽职守、诚实守信、勤勉尽责、严格自律。积极履行合同约定义务和法定义务，维护委托人合法权益，保守在执业活动中知悉的国家机密、商业秘密和个人隐私。

6. 勤勉尽责

《律师职业道德基本准则》第 6 条规定，律师应当热爱律师职业，珍惜律师荣誉，树立正确的执业理念，不断提高专业素质和执业水平，注重陶冶个人品行和道德情操，忠于职守，爱岗敬业，尊重同行，维护律师的个人声誉和律师行业形象。

第二节　律师的角色定位与属性

一、律师的角色定位

（一）国外律师的角色定位

律师的角色定位（the role of lawyers）与每一个国家的历史文化传统有关，并不存在统一的标准。即便在同一个国家，不同时期律师的角色定位也存在不同。

美国律师协会《职业行为示范规则》在序言中对美国律师的性质进行了规定，即"律师，作为法律职业的一员，是委托人的代理人，是法律制度的职员，是对正义负有特殊职责的公民"。① 作为委托人的代理人，律师履行多种职能：作为建议者，律师使委托人明确理解其在法律上的权利和义务，向其解释这些权利和义务的实践含义；作为诉辩者，律师按照对抗制的规则，热忱地维护委托人的立场；作为谈判者，律师追求有利于委托人的结果，但是也遵循诚实对待他人的要求；作为评估人，律师考察委托人的法律事务，并就此向委托人或他人报告；作为公民，律师应当追求法律制度的适用和法律职业服务质量的完善；作为一门博学职业的一员，律师不仅应当为服务委托人而研习法律知识，还应当把那些知识运用于法律改革和加强法学教育的工作中去。此外，律师应该促进公众对法治和法律制度的理解和信任，因为法律机构权威性的维护，取决于大众的支持与参与。

《德国联邦律师法》对德国律师在司法体系中的地位进行了规定，即律师是独立的"司法机构"（Organ der Rechtspflege），律师从事的是自由职业，而不是经营活动。律师加入律师协会必须进行宣誓，誓言内容为："我谨在万能和全知的上帝面前宣誓，将谨遵宪法，认真履行律师的义务，上帝助我。"宣誓词也可以没有宗教内容，宣誓过程将做记录，誓词或承诺内容也包括在内。该记录须由律师本人和律师协会理事签署，列入律师的个人档案。

《法国律师法》规定，律师是司法人员，律师可以自由行动迁移，以执行其业务。申请成为律师的人必须进行宣誓，宣誓内容如下："我誓以律师的身份，庄严自重、依凭良心、坚持独立、恪遵正直、符合人道，执行我的律师业务。"律师执行其业务时，应穿律师职业法袍。

在每一个国家，律师都扮演着非常重要的角色。律师是一个国家司法制度的重要组成部分，他们熟悉人权知识、宪法责任、法律权利以及各类法律原则；他们指导社会成员通往更加守法的生活。在实现宪法目标的过程中，律师发挥着重要作用。作为社会的"良心守护者"（conscience-keeper），律师有责任去引导和修正社会变革。为了实现社会正义，律师应该采用一种客观的、"非党派性"（non-partisan）的观点来看待公共政策问题，积极工作，为政府决策提供合理建议。

（二）中国律师的角色定位

1954年9月，新中国颁布了第一部宪法，规定被告人可以委托律师为自己辩护。自此，社会主义中国的律师制度开始稚嫩生长。但是好景不长，在随后的历史时期，律师制度受各类政治活动的影响，并没有得到很好的发展。直到20世纪80年代，中国的律师制度才又重新稳定下来。伴随着中国民主法治建设的不断进步，律师职业的定位呈现不断社会化、职业化的趋势。中国律师职业定位的演变进程主要包括以下几个阶段：

1980年《律师暂行条例》规定，律师是"国家的法律工作者"，具有公职身份，靠工资吃饭。该条例第1条规定："律师是国家的法律工作者，其任务是对国家机关、企业事业单位、社会团体、人民公社和公民提供法律帮助，以维护法律的正确实施，维护国家、集体的利益和公民的合法权益。"这是符合当时历史条件的。肯定律师是国家的法律工作者，使之与公检法工作人员具有同等的社会地位，对提高律师的社会地位、发挥律师的作用、保障律师依法执业起到了积极的作用。②

1996年《律师法》将律师定义为"为社会提供法律服务的执业人员"。该法第2条规定：

① 北京市律师协会组编：《境外律师行业规范汇编》，中国政法大学出版社2012年版，第165页。
② 谭锋、杨秋林：《浅谈我国律师制度中的几个问题》，载《江西社会科学》1993年第3期。

"本法所称的律师，是指依法取得律师执业证书，为社会提供法律服务的执业人员。"随着我国改革开放的深入发展，律师为社会主义市场经济建设服务的职能日益突出。同时，律师本身的职能与公检法人员所承担的职能有明显的区别，律师不是国家的司法官员，不能代表国家执行法律任务，而是以个人名义为社会提供法律服务。因此，笼统地把律师概称为"国家的法律工作者"已名不副实。

2007年修订后的《律师法》把律师定位为"为当事人提供法律服务的执业人员"。该法第2条规定："本法所称律师，是指依法取得律师执业证书，接受委托或者指定，为当事人提供法律服务的执业人员。律师应当维护当事人合法权益，维护法律正确实施，维护社会公平和正义。"三个"维护"重新定位了律师的角色，确定了律师肩负的社会责任，有助于提高人们对律师社会角色的认识和尊重。

2014年《中共中央关于全面推进依法治国若干重大问题的决定》把律师定位为"社会主义法治工作队伍"。该决定指出："加强法律服务队伍建设。……增强广大律师走中国特色社会主义法治道路的自觉性和坚定性。构建社会律师、公职律师、公司律师等优势互补、结构合理的律师队伍。"2016年4月，中共中央办公厅、国务院办公厅印发了《关于深化律师制度改革的意见》，对深化律师制度改革作出全面部署。该意见指出，律师队伍是落实依法治国基本方略、建设社会主义法治国家的重要力量，是社会主义法治工作队伍的重要组成部分。深化律师制度改革，必须坚持党的领导，坚持正确的政治方向，坚持执业为民，坚持依法执业，坚持从中国实际出发。

二、律师的职业属性

律师的职业属性，是指律师职业的性质和特点，回答的是律师职业在国家、社会生活中究竟占据何种位置，发挥何种作用和功能的问题，是律师职业区别于其他职业并在社会中得以产生、存在以及发展的基础。关于律师职业属性的定位，理论界和实务界一直仁者见仁、智者见智，没有形成定论。陈卫东教授认为，律师的职业属性是指律师区别于其他执业者而具有的本质特性，律师兼具社会性和自由性的双重属性。[①] 顾永忠教授认为，律师的职业属性体现、渗透在相互联系、不可分割的四个方面，即律师的法治性、社会性、独立性和专业性。[②] 律师的职业属性与其职业定位有着密切的联系，作为"社会主义法治工作队伍的重要组成部分"，律师应具有政治性、社会性和专业性等职业属性。

（一）律师的政治属性

古希腊哲学家亚里士多德（Aristotle）曾言："人类在本性上，也正是一个政治动物。"[③] 从中外律师制度的发展历程来看，律师在本性上，也正是倚政治而存在，伴政治而共舞，随政治而发展。律师制度被认为是近代民主制度的重要组成部分，是政治文明的重要标尺之一。在西方国家，律师是国家政治制度中的一种制约力量，是国家政治生活的参与者，直接参与

---

① 陈卫东：《律师执业概论》，法律出版社2005年版，第19页。
② 顾永忠等：《论律师的职业属性》，载《中国司法》2007年第4期。
③ ［古希腊］亚里士多德：《政治学》，吴寿彭译，商务印书馆1965年版，第7页。

并实际影响着国家民主政治制度的运作过程。[①] 法国历史学家托克维尔（Tocqueville）把律师政治参与理解为平衡民主的强大力量。他认为律师基于其与行政权力的"自然亲和力"，以自身的权威遏制贫民的民主激情，从而维护西方民主政治制度的存续。[②] 许多国家的国家元首、政府首脑、部长、国会议员等成员都是律师出身，这种律师参政、议政、从政现象在美国政治制度中表现得尤为明显。按照美国历史学家 H. S. 康马杰（H. S. Commager）的观点，美国的政治实质上是律师接管的政治。[③] 法国学者卢西恩·卡尔皮克（Lucien Karpik）在对 13 世纪至 20 世纪法国律师业的历史变迁进行研究后，总结出律师与国家、律师与公众、律师与市场之间的关系。他认为，律师职业是一项真正的政治运动，律师群体具有与众不同的律师集体人格的特点：他们是公众的发言人，他们公正无私，他们树立起了与"法学精神"相符的法律能力的集体形象。[④]

律师执业活动与检察官、法官司法活动在一个国家的司法制度中具有同等重要的地位，且不能互相替代。律师与检察官、法官共同组成法律职业共同体。[⑤] 在我国，律师是中国特色社会主义法治工作队伍的重要组成部分，是落实全面依法治国基本方略、建设社会主义法治国家的重要力量。律师事业是中国特色社会主义事业的重要组成部分。从这个政治定位出发，律师的政治属性主要体现为律师广泛参与政治生活。随着改革开放以来律师制度的恢复重建和律师业务的发展，当代中国律师不仅从事大量的诉讼和非诉业务活动，而且积极参与国家政治生活。根据司法部发布的统计数据，截至 2022 年底，律师担任"两代表一委员"共 12 017 人，其中担任各级人大代表 4219 人，担任各级政协委员 7067 人，担任各级党代会代表 731 人。

（二）律师的社会属性

律师是一种"社会性职业"，律师行业具有"社会性"的职业属性。现行《律师法》第 2 条指出："本法所称律师，是指依法取得律师执业证书，接受委托或者指定，为当事人提供法律服务的执业人员。律师应当维护当事人合法权益，维护法律正确实施，维护社会公平和正义。"这是立法对律师职业社会属性的确认。这种社会属性具体体现在以下几个方面。

1. 身份的社会性

从 1980 年《律师暂行条例》中的"国家的法律工作者"到 1996 年《律师法》中的"为社会提供法律服务的执业人员"，再到现行《律师法》中的"为当事人提供法律服务的执业人员"，律师的职业属性随着职业身份的变化而逐渐向社会性转化。这种社会性具体表现在律师执业活动的非公务性上。与法官、检察官不同，律师不属于国家公职人员，不是国家的法律工作者，律师为当事人提供法律服务，是以"社会人"而非"国家工作人员"的身份进行的，其接受当事人的委托提供法律服务的执业活动就是为了维护"私权"，这与法官、检察官行使"公权"的职业属性截然不同。

---

① 郭春涛：《律师性质初论》，载《中国司法》2008 年第 11 期。
② ［法］托克维尔：《论美国的民主》（上卷），董果良译，商务印书馆 1988 年版，第 302 页。
③ 王中华：《当代中国律师政治参与研究》，南京大学出版社 2012 年版，第 4 页。
④ ［法］利奥拉·伊斯雷尔：《法律武器的运用》，钟震宇译，社会科学文献出版社 2015 年版，第 35 页。
⑤ 郭春涛：《律师性质初论》，载《中国司法》2008 年第 11 期。

2. 服务对象和领域的社会性

随着经济的发展和国家的进步，社会对于律师的需求也越来越广泛。在我国律师职业恢复之初，其主要业务是刑事辩护和诉讼代理。随着市场经济的深入发展，律师已经介入金融、房地产、保险、证券、商标、专利、海事海商、知识产权保护、反倾销等非诉讼业务领域，社会各阶层和各领域都需要律师提供优质的法律服务，以更有效地维护他们的合法权益。这种服务对象和服务领域的全方位正是律师职业具有"社会性"的反映。另一方面，律师服务对象和服务领域的社会性也决定了律师职业应该有一种服务社会的精神，应该对社会有所贡献。这种贡献体现在律师在满足自己经济利益和需求的同时，也要努力成为稳定社会秩序、维护社会公正的重要力量。

3. 服务方式的社会性

与公检法代表国家行使公权力不同，律师代表的是私权，其权利来自委托人的授权。这种权利来源决定了律师的法律服务方式具有社会性特征。首先，法官、检察官作为国家权力机关的成员，其能否办案以及办理多少案件，与社会信任度之间没有直接的关联。但律师不同，为了赢得更多的案源，律师必须用自己的知识和技能赢得社会的信任，赢得社会认可度。其次，正因为律师服务具有社会性，其所提供的法律服务没有国家强制力作为后盾。最后，律师的法律服务必须是有偿的，律师依靠自身的专业法律服务获取相应的物质报酬，这是律师生存的物质基础。

（三）律师的专业属性

律师职业为国家法律制度所确认，并由法律规定其从事职业的条件和执业范围。律师具有其他职业所不具有的特殊知识和技能，并以这种专业知识和技能为当事人提供法律服务，这就是律师的专业属性的内涵。这种专业属性具体表现在以下几个方面。

1. 律师资格条件的专业性

无论是在古代还是现代，各个国家都规定只有达到某种条件或者取得某些资格的人，才能从事律师职业。我国《律师法》第5条第1款规定："申请律师执业，应当具备下列条件：（一）拥护中华人民共和国宪法；（二）通过国家统一法律职业资格考试取得法律职业资格；（三）在律师事务所实习满一年；（四）品行良好。"在某一引起社会广泛关注的案件中，代理律师李某某的代理行为遭到舆论普遍质疑。其在网络上发表公开声明，称自己"就是一个江湖郎中，但是能治疗疑难杂症"。这种对于律师职业的自我定位是极度错误的。律师是取得国家专业资格，具有专门知识的专业人士，绝不是没有执照、违法执业的"江湖郎中"。

2. 律师业务范围的专业性

律师从事的法律业务关乎当事人的利益，关乎公共利益，甚至关乎一国的法律秩序。法律事务的复杂性，要求处理法律事务的必须是具备专门知识的法律职业人员。可以说，原则上只有具有律师执业资格的人才能从事相关的法律事务。虽然没有哪个国家在所有法律领域都赋予律师垄断权，但是赋予律师部分法律事务的垄断权是十分必要的。因为律师从事的法律事务涉及当事人权益，如果不设立一定程度的律师垄断权，就可能造成寻求法律协助之人遭到没有适当资格之人不当服务的侵害。

3. 律师执业技能的专业性

专业知识和专业技能不同，对于律师来说，专业技能可能比专业知识更加重要，这也是律师与法科生和学者的最大区别。律师职业技能的专业性不仅仅表现在律师资格的取得需要具备专业知识，更表现在律师在执业过程中，应不断持续参加业务培训，以获取和保持执业所需之专业技能，提升自己的业务水平。

第三节　律师职业发展概况

一、国外律师职业的发展概况

"律师"这个词一般指那些精通法律规定的个人，也是法律职业的组成部分。根据《布莱克法律词典》的解释，"lawyer"（律师）是指"精通法律的人；作为代理人（attorney）、顾问（counsel）或法律事务员（solicitor）；实践法律的人（a person who is practicing law）"。律师的主要任务是通过适用法律原则、法律理论和法律规定去解决委托人的法律问题或给他们提供法律建议。律师是一类受过专业训练的人，他们通过参与法律实践（legal practice）来谋生。律师也被认为是"特殊的朋友"（special friend），他们为人们的复杂问题提供帮助和建议。律师也以代表的身份履行职责，代表他们的委托人行事或辩护。随着法治社会的不断发展，在现代社会中，法律职业已经成为人类生活和人际交往中不可或缺的一部分。

有关律师职业的产生，学界普遍认为，律师职业可以追溯到古罗马时期。在大多数国家，现代意义上的律师职业是伴随着现代审判制度的确立而产生的。[①] 研习律师职业伦理，势必需要对律师职业的发展有所了解。在对律师职业进行学习时，以比较法的视野观察其他国家律师职业的发展轨迹，有利于我们了解律师职业的发展全貌。有鉴于此，本书在介绍中国律师职业发展概况之前，首先对美国、英国、德国、日本等国家的律师职业发展情况进行简要介绍。

（一）美国律师职业的发展概况

当盎格鲁—撒克逊人踏上美洲大陆时，他们并没有把英国人的法律思维和律师制度带到那里。17 世纪的大部分时间，英属美洲大陆是由一些试图抛开律师来构造法律制度的孤立的殖民地组成的，早期主要由牧师提供法律理论和司法帮助。[②] 随着英国在美洲殖民地的扩张，英国的法律制度也对美洲殖民地产生了深远影响。一些殖民地开始建立起与宗主国相对应的制度，律师制度也包含其中。早些时候，殖民地的很多律师都经过了英国律师培训机制的训练，随着殖民地土生土长律师的增多，律师们开始组建殖民地律师的行业组织，自我控制律师的准入。在美国独立革命中，律师成了领导美国独立运动的主要阶层之一，其中著名的领袖有约翰·亚当斯（John Adams）、托马斯·杰斐逊（Thomas Jefferson）等人，律师随之成为社会中受人尊敬和有特殊社会地位的阶层。1787 年费城制宪会议（Philadelphia Convention）中，各州的 55 名代表齐聚费城，其中 1/3 的代表是律师。随后制定的《权利法案》（The Bill of Rights）明确规定了"律师帮助权"（right to counsel）。《美国宪法》第六修正案规定："在一切刑事诉讼中，被告有权由犯罪行为发生地的州和地区的公正陪审团予以迅速和公开的审判，

---

① 程汉大、李培锋：《英国司法制度史》，清华大学出版社 2007 年版，第 180 页。
② 石毅主编：《中外律师制度综观》，群众出版社 2000 年版，第 318 页。

该地区应事先由法律确定；得知控告的性质和理由；同原告证人对质；以强制程序取得对其有利的证人；取得律师帮助为其辩护。"[1] 由此可见，美国律师在美国民主与法治进程中扮演着不可或缺的角色。

由于美国的法律制度实行双轨制，即联邦法和州法并存，再加上美国是一个判例法国家，所以美国并没有一部统一的律师法，有关律师制度的法规散见于宪法、判例法及律师协会制定的律师守则中。[2] 就律师协会制定的律师守则而言，在全国层面主要就是由美国律师协会制定的《职业行为示范规则》。该规范颁布于 1983 年，用以取代 1969 年颁布的《执业行为示范守则》（Model Code of Professional Responsibility）。由于美国律师协会是一个非官方的民间职业联盟，并不享有立法权，因此，该规则只是一个建议性规范，并非当然具有强制性。通常情况下，各州通过自主的正式采纳与批准，使该规则对州内的执业律师生效。此外，美国法律协会（American Law Institute，简称"ALI"）制定的《律师法重述》（The Restatement of Law Governing Lawyers）也是美国律师职业行为规范的重要组成部分。美国法律协会成立于 1923 年，其宗旨是促进美国普通法适应不断变化的社会需求，其成员包括法学教授、律师、法官和其他法律职业人员。美国法律协会撰写的文件被称为"专著"（treatises），是对普通法（法院判决产生的法律原则）的总结，许多法院和立法机构都将这些专著作为研究法律问题的权威参考资料。

正如前文所言，美国不是一个单一制国家，存在联邦和州并存的两套系统，这对美国的律师准入制度也产生了很大影响。在美国，律师要想申请执业，需由不同州、不同法院向律师颁发准入资格，在未得到授权的情况下，不能进行跨州执业。就律师资格考试而言，目前美国分为全国和各州两套考试体系。国家层面的律师资格考试主要包括两种：

第一种是美国统一律师考试（The Uniform Bar Examination，简称"UBE"）。该考试是由全美律师考试者大会（National Conference of Bar Examiners，简称"NCBE"）负责的，具体包括多州的律师考试（Multistate Bar Examination，简称"MBE"）、多州执业表现考试（Multistate Performance Test，简称"MPT"）和多州写作考试（Multistate Essay Examination，简称"MEE"），考试的内容包括普通法中的各种理论、逻辑推理、法律分析和沟通技巧等。截止到 2024 年 10 月，美国一共有 36 个州采用了美国统一律师考试。换言之，考生一旦获得比较优异的美国统一律师考试成绩，即可在满足不同州（采用美国统一律师考试的州）的特别要求的前提下，在不同的州申请执业，而不必为了获得不同州的律师职业资格参加多个州的考试。

第二种是全美律师职业伦理考试（Multistate Professional Responsibility Examination，简称"MPRE"）。该考试也是由全美律师考试者大会负责的，是美国所有州都承认和采用的。换言之，通过全美律师职业伦理考试是申请各州职业资格的要件之一。该考试的主要内容是美国律师协会颁布的《职业行为示范规则》。考试由 60 道选择题组成，主要通过具体案例来考查考生对律师职业伦理的掌握情况，考试时间为 120 分钟。考生在获得全美律师职业伦理考试的成绩后，需要将成绩单寄送给自己拟参加考试的州。是否合格，取决于是否达到各州根据

---

① ［美］詹姆斯·J. 汤姆科维兹：《美国宪法上的律师帮助权》，李伟译，中国政法大学出版社 2016 年版，第 41 页。

② 石毅主编：《中外律师制度综观》，群众出版社 2000 年版，第 318 页。

自己的情况划定的及格线。

（二）英国律师职业的发展概况

英国的全称是"大不列颠及北爱尔兰联合王国"（The United Kingdom of Great Britain and Northern Ireland），由英格兰、威尔士、苏格兰和北爱尔兰四个部分组成，其中苏格兰和北爱尔兰有自己独特的司法制度。本书介绍的主要是英格兰和威尔士的律师职业。英国学者保罗·布兰德（Paul Brand）曾对英国律师职业兴起的背景、过程、规模、运作、官方的控制等进行了研究。按照他的总结，英国职业律师出现的原因主要有以下几个方面：

首先，从1154年至1307年，英国的法院制度进行了重大改革，新型王室法庭的设立为职业律师创造了一个非常有利的法律环境。主持这些新型王室法庭的法官们在此进行连续的业务活动，为他们提供了一种全新的司法专长，并且这种司法专长随着法官司法生涯的延长而得到发展和加强。在由这些专业人士所主持的法庭上雇用法律专家和职业律师代表当事人诉讼，要比在由非专业人士主持的法庭上这样做具有更重要的意义。同样重要的还有，这些新的王室法庭是全国性的法院，适用单一的"英格兰的法律和习惯"，但这一法律又会随着新案件的判决而处于不断的变化中。这就意味着当事人需要专业协助，以了解他们不了解也不可能了解的规则和程序。而为他们提供帮助的法律专家则熟悉这些东西。[1]

其次，从1154年至1307年，诉讼程序和委托和使用代理人规则方面的变化，也强化了社会对职业律师的需求。就诉讼程序而言，在新型王室法庭进行的诉讼通常都由可回呈于该法庭的王室令状启动，令状格式与诉讼类型相对应。随着令状格式的多样化发展，普通当事人已经很难知道哪种令状更加适合自己的案件。此外，异议答辩制度的发展要求当事人能够按照正确的次序进行各项异议答辩。对此，普通当事人往往显得力不从心，因为这是一项需要专业知识的技术活儿。这些发展又为职业律师创造了更多的机会。[2]就委托和使用代理人规则方面的变化而言，代理律师（attorney）和代诉律师（serjeant）的分化也为职业律师的出现提供了机会。当事人通常需要亲自来到法庭，在法官面前委任代理律师，而代理律师在诉讼中则享有代表当事人的充分权利。相比较而言，代诉律师只代表当事人在法庭上发言，而其发言又可以被当事人所否定，并且代诉律师在陈述时应使用第三人称。[3]

代理律师与代诉律师的分野，也映射了后来英国出庭律师（barrister）和事务律师（solicitor）的分化。目前，英国仍然保留着二元制的律师制度。一般而言，出庭律师主要为当事人充当诉讼代理人或辩护人，尤其是在高等法院及更高级别法院出庭行使辩护权，包括在刑事案件中充当控诉人或辩护人以及在民事案件中代理各方当事人的权利都由出庭律师独享。按照学者的总结，具有法律学位的人，如果想要成为出庭律师，必须先在英国著名的格雷、林肯、内殿、中殿四大律师学院的任何一个学院注册成为律师学院学员，然后在"律师学院法学院"学习1年。如果申请者在大学里取得了非法律学位，则必须先完成为期1年的法律专业培训，并参加普通业务考试。[4]事务律师负责直接接触和处理客户的法律事务，进

---

[1] ［英］保罗·布兰德：《英格兰律师职业的起源》，李红海译，北京大学出版社2009年版，第54页。
[2] ［英］保罗·布兰德：《英格兰律师职业的起源》，李红海译，北京大学出版社2009年版，第70页。
[3] ［英］保罗·布兰德：《英格兰律师职业的起源》，李红海译，北京大学出版社2009年版，第77页。
[4] 齐树洁主编：《英国司法制度》（第2版），厦门大学出版社2007年版，第122—123页。

行大量的取证和法律文书的书写和准备工作，但是不能出庭辩护或陈述。[①]按照《1974年事务律师法》（Solicitors Act 1974）的规定，只有具备下列条件的人方有资格担任事务律师：（1）已经获准担任律师；（2）其姓名出现在律师名录中；（3）持有律师协会依据本部分规定颁发的授权其作为律师执业的证书。[②]据英国律师监管局和英国律师标准委员会官方网站公布信息，2023年，英格兰和威尔士有事务律师20.4万人，律师事务所10 500家，出庭律师1.8万人。出庭律师必须独立执业，但可以组建办公室（Chamber），在一起工作，现有750个这样的办公室。

2007年10月，英国制定了《法律服务法》（Legal Services Act 2007），目的在于放宽和规范英格兰、威尔士的法律服务市场，鼓励更多的竞争，并提供一种新的消费者投诉机制。《法律服务法》在第1条明确了规制目标（regulatory ob jectives）：（1）保护和促进公共利益；（2）维护立宪原则；（3）促进"接近正义"的机会；（4）保护和增进法律服务消费者的利益；（5）促进法律服务市场的竞争；（6）促进独立、繁荣、多元和有效的法律职业的形成；（7）提高公众对于法律权利义务的理解；（8）促进和保持对职业原则的遵守。[③]针对"多元化法律职业"这一目标，《法律服务法》提出创设替代性商业结构（alternative business structures）。在此之前，英国律师事务所都由律师投资并管理，形成了难以打破的格局。该法允许外部投资介入的目的，一方面是减少律师对法律服务的垄断，促进市场竞争；另一方面，这种替代性商业结构使得律师（如出庭律师、事务律师、律政人员）与非律师人员（如会计师、地产代理人等）共同管理，有利于律师事务所为客户提供一站式综合服务，适应市场需求。这一模式创设后发展很快，据英国律师协会公报发布信息，2020年英国已有945家这类机构，其不断增长的需求量和营业额反映了法律服务行业的新型化和多样化，未来的发展态势呈乐观状态。

（三）德国律师职业的发展概况

德国于16世纪末和17世纪初建立了早期的律师制度。当时的律师分为"辩护律师"和"庭外律师"，前者以担任辩护人参加诉讼为职责，后者只能办理诉讼前的有关法律事务，而不能出庭辩护。1781年，普鲁士的腓烈特大帝对国家的司法制度进行了改革，实行"一元制律师"和律师是独立的自由职业者等基本原则，并据此于1879年制定了第一部德国律师法。[④]在第三帝国时期，德国的律师制度遭到重创，德国律师协会等民间组织被解散，律师公会直接被纳粹党控制。第二次世界大战后，德国被划分为不同的占领区，各地区都建立了律师制度，但是差别较大。在德意志联邦共和国（西德），自由律师制度得以恢复，各地相继设立了独立的律师公会，1947年重新成立了德国律师协会。[⑤]1959年，西德的联邦议会制定了《德国联邦律师法》，对律师的执业许可、权利义务、惩戒程序等进行了统一的规定。1973年，德

① 徐美君：《司法制度比较——以英、美、德三国为主要考察对象》，中国人民公安大学出版社2010年版，第113页。

② 北京市律师协会组编：《境外律师行业规范汇编》，中国政法大学出版社2012年版，第3页。

③ Andrew Boon，"Professionalism under the Legal Services Act 2007"，*International Journal of the Legal Profession*，Vol. 17，Issue 3（November 2010），pp. 195–232.

④ 石毅主编：《中外律师制度综观》，群众出版社2000年版，第255页。

⑤ 邵建东主编：《德国司法制度》，厦门大学出版社2010年版，第55页。

国律师协会又制定了《德国律师执业规则》，对德国律师的执业行为进行了规范。此外，还有《德国专业律师法》《德国联邦律师报酬法》《欧盟律师行为规则》等对律师职业进行规范。

在德国，获得律师执业许可需要满足以下条件之一：（1）依据《德国法官法》获得法官职业资格，即通过两次国家司法考试；（2）满足 2000 年颁布的《关于欧洲律师在德国开展活动的法律》规定的条件；（3）通过《德国联邦律师法》规定的资格考试。德国律师的执业区域相对自由，在一个联邦州获得法官职业资格，即可在任何一个联邦州申请律师执业。在下列情形中，应当拒绝颁发律师执业许可：（1）依联邦宪法法院的判决失去某项基本权利的；（2）经刑事审判不再具备担任公职能力的；（3）经生效判决被开除出律师队伍，且自判决生效起不满 8 年的；（4）在法官弹劾程序中或者在纪律处分程序中被确定解除司法职务的；（5）由于申请人自己的过错行为，而失去从事律师职业应有的尊严的；（6）以触犯刑法的手段触犯自由和民主基本制度的；（7）基于健康原因并非仅仅暂时不具备正常从事律师职业能力的；（8）实施了与律师职业不符的行为，特别是实施与其作为独立司法机关的地位不符或者危及独立性活动之信任的行为的；（9）处于支付不能状态，其财产已经被启动了破产程序，或者被列入由破产法院或执行法院管理的名单的；（10）正在担任法官、公务员、职业军人或服役士兵的，除非只是荣誉性地从事被委托的任务。①

在德国，律师必须加入律师协会，实行"业必归会"的原则。一般情况下，州高等法院管辖区域内的全体律师成立一个律师协会，律师协会的所在地就是州高等法院的所在地。律师协会的成员包括由律师协会许可或吸收的律师，以及所在地位于该州高等法院管辖区域内的律师公司。如果在一个州高等法院的管辖区域内有 500 名以上的律师或律师公司获得许可，则州司法行政部门可以在该区域内增设一个律师协会。在增设律师协会之前，需听取已经成立的律师协会之理事的意见。德国律师协会是具有自我管理性质的、公法上的团体法人。州司法行政部门对律师协会行使国家监督职能，监督的范围限于对法律和章程的遵守情况，特别是律师协会对被委托事项的履行情况。

（四）日本律师职业发展概况

日本在 1868 年明治维新之前，并没有现代意义的律师存在。1872 年，日本开始向现代司法制度方向改革，仿效法国公布了《司法职务定制》，承认民事诉讼代理制度，并设置了现代律师（辩护士）、公证人、作为司法代书前身的代言人、证言人、代书人。1892 年，日本政府向帝国会议提出了辩护士法草案，并于 1893 年公布。这一时期日本律师制度的主要特点是：（1）律师仅能在通常裁判所或特别裁判所（即法院）依法执行职务，至于诉讼外的法律事务，如鉴定、仲裁、诉外和解等，则不能参与。（2）取消执照制度，改为登录制度。（3）强制律师加入裁判所设立的律师会。

1933 年，日本对律师法进行了修改，并于 1936 年开始实施。这一时期日本律师制度的主要特点是：（1）律师除了接受当事人委托在裁判所为诉讼行为外，还可以执行其他一般法律事务；（2）女性可以获得律师资格；（3）采用候补律师制度，通过律师考试后，还须经过类似法官、检察官的实务实习才能取得律师资格；（4）明文规定律师有保守秘密的权利。第二次世界大战后，日本的法律制度进行了很大的变革，对律师法也进行了修订。这一时期日本

---

① 北京市律师协会组编：《境外律师行业规范汇编》，中国政法大学出版社 2012 年版，第 539 页。

律师制度的主要特点是：（1）明文规定律师的使命及职责；（2）律师协会不受行政机关监督，拥有高度自治权；（3）律师原则上需要司法研修毕业后，才能获得律师资格。

在日本，要想成为律师、裁判官或检察官等法曹（法律专门职业人员），都必须通过司法考试，然后在最高裁判所管理的司法研修所经过 1 年 6 个月的实务培训，并最终通过毕业考试。自政府的司法制度改革审议会 2001 年 6 月总结的意见书递交给内阁总理大臣以来，包括对法曹培养制度进行根本性改革在内的重要的司法制度改革得到了推进。法曹培养制度改革的要点在于将专门职业大学院的法科大学院（Law School）作为法曹培养的核心机关。法科大学院定期接受第三人的评价，以确认其能否达到要求的水平。改革的结果是自 2004 年 4 月起，在全国各地设立了法科大学院并开始授课。要进入法科大学院学习，必须参加全国统一实施的适合性考试（LSAT），通过后再参加各法科大学院组织的入学考试，合格后方可入学。在法科大学院的学习原则上为期 3 年，已在大学本科修完法学课程的，可缩短到 2 年。完成法科大学院课程的，可被授予法务博士（JD）的学位。

二、中国律师职业的发展概况

中国古代也存在诉讼，如我们熟知的"包青天断案"。为适应诉讼的需求，民间出现了私下为百姓鸣不平、写诉状、出谋划策的人，这种人被老百姓称为"讼师"，然而这并不是现代意义上的律师及律师制度。[①] 本部分主要对新中国成立之前及之后两个时期我国现代意义上的律师职业的发展进行简要介绍。

（一）新中国成立之前律师职业的发展概况

中国现代意义上的律师及律师制度的雏形在清朝末年开始出现，从时间维度来看，大致可以分为以下几个时期：清朝末年的律师制度、南京临时政府时期的律师制度、北洋政府时期的律师制度、国民党政府时期的律师制度。

1. 清朝末年的律师制度

1840 年 6 月，鸦片战争打开了中国的大门，随着各类"西洋物件"传入中国的还有"西洋文化"，其中西方法律文化也深深地冲击着中国传统的法律文化，外国律师开始在中国出现。随着中国工商业的发展，尤其是在东南沿海地区，许多中国的工商业主在发生法律纠纷以后，开始聘请外国律师代理纠纷，这样外国律师就从"租界"法庭慢慢走向了中国法院。1910 年《大同报（上海）》曾刊登了一则文章——《粤督奏请养成中国律师》。粤督袁海帅认为，各国的法庭都设律师为当事人代理一切质问、诘驳等事务，日本明治维新推行辩护士制度，证明是利大于弊的，"律师依据法律以为辩护，不独保卫人民正当之利益且足防法官之专横而促其平"。他还指出，通商口岸的人民聘请外国律师代理的数量越来越多，而中国自己的律师人才却跟不上。因此，要求朝廷设立律师培养制度，培养中国律师[②]，并制定《律师专业法》[③]。当时的修律大臣沈家本也对建立律师制度的可能性进行了论述。理由是，近来通商口岸已经准许外国律师办案，而且有的公署也请外国律师为顾问，这说明律师制度在中国是行

---

① 张耕主编：《中国律师制度研究》，法律出版社 1998 年版，第 8 页。

② 剑云：《粤督奏请养成中国律师》，载《大同报（上海）》1910 年第 12 期。

③ 《粤督请定律师专法》，载《国风报》1910 年第 8 期。

得通的。此外，中国人在中国打官司，却请外国律师代理，于国情、于法理扞格不入；中国人同外国人打官司，都聘请外国律师，"亦断无助他人而抑同类之理"。[①] 基于上述原因，1911年编成的《刑事诉讼法草案》和《民事诉讼法草案》均规定了律师制度。不久辛亥革命爆发，清政府被推翻，这两部草案也未实施。

2. 南京临时政府时期的律师制度

1912 年 1 月 1 日南京临时政府成立后，非常重视律师制度的改革。江苏律师公会、北京律师公会、奉天律师公会等民间律师组织纷纷建立，上海地区更是成立了中华民国律师总公会，该组织获得了司法总长武廷芳的批准认可。随后，各地律师组织开始制定律师章程。例如，江苏律师公会制定了《江苏律师暂行章程》和《律师应守规则》。其中，《江苏律师暂行章程》分为 5 章共 17 条：第一章为"律师之资格及职务"；第二章为"律师之权利义务"；第三章为"律师名簿"；第四章为"律师会"；第五章为"惩戒"。《律师应守规则》一共 6 条：第 1 条，不得在法庭作伪；第 2 条，不得故意唆讼或助人诬控；第 3 条，不得因私利私怨倾陷他人；第 4 条，不得故意不敬或语言轻侮；第 5 条，尽分内之职务代当事者辩护仍须恪守法律之范围；第 6 条，如有违反规则者照章惩戒。[②] 在此种情况下，临时政府内务部警务局制定了《律师法草案》，在提请参议院审议的说明中，指出"律师制度与司法独立相辅为用夙为文明各国所通行，现各处既纷纷设立律师公会，尤应亟定法律俾资依据"[③]，后因临时政府很快解散而未通过施行。

3. 北洋政府时期的律师制度

1912 年 3 月，袁世凯就任中华民国临时大总统，临时政府由南京迁到北京，开始了北洋政府时期。1912 年 9 月，司法部制定了《律师暂行章程》，该章程一共 8 章 38 条，内容涉及律师资格、律师证书、律师名簿、律师职务、律师义务、律师公会、律师惩戒等。[④] 随后，司法部还制定了《律师考试法草案》，该草案共 5 章 13 条，内容涉及典试委员、应考资格、第一次考试、第二次考试、附则等。[⑤] 在草案的说明中，司法部指出，"律师制度为司法上三大职务之一，所以任当事人之辩护，防司法官之擅专。无律师则保护人民权利之方，未得周密。然不良之律师，反足为人民权利之障害。故东西通例，律师必经考试，即律师法草案第二条，亦有明文之规定。惟吾国为郑重律师资格起见，任用之法，悉与司法官同，则考试之法，自不能独异。本草案都五章十三条，除依据律师法，有特别规定以为规定外，其典试之组织，应考之资格，考试之程序及科目，当然适用司法官考试法之规定，毋庸赘述"。[⑥] 此外，北洋政府还相继制定了《律师登录暂行章程》《律师惩戒会暂行规则》《律师甄别章程》等，并公布实施。

4. 国民党政府时期的律师制度

1927 年 4 月，国民党政府在南京建立。国民党政府沿袭了北洋政府的律师制度，并根据当时的实际情况进行了制度革新。1927 年，国民党政府以司法部令第一号公布了《律师章程》，

---

① 石毅主编：《中外律师制度综观》，群众出版社 2000 年版，第 24 页。

② 《江苏律师暂行章程》，载《江苏司法汇报》1912 年第 2 期。

③ 《大总统令法制局审核呈复律师法草案文》，载《临时政府公报》1912 年第 45 期。

④ 《律师暂行章程》，载《上海法曹杂志》1913 年第 9 期。

⑤ 《律师考试法草案》，载《上海法曹杂志》1913 年第 11 期。

⑥ 《律师考试法草案理由》，载《上海法曹杂志》1913 年第 11 期。

该章程分为 8 章共 38 条，内容涉及律师职务、律师资格、律师证书、律师名簿、律师义务、律师公会、律师惩戒等。[①]1935 年，国民党政府开始着手制定《律师法》，由司法行政部起草了一个版本，同时中华民国律师协会也起草了一个版本，两个版本同时向社会征求意见。这在当时的律师界引发了强烈反响。各地方律师公会对《律师法草案》展开了广泛讨论，一些律师也向社会公布了个人对《律师法草案》的意见，以求能够制定出凝聚共识、符合实际的律师法。从这些意见中，也可以窥见当时律师职业的生态。

上海一位律师对《律师法草案》进行了逐条评析[②]。针对第 1 条"律师受当事人之委托或法院之命令得在法院执行法定职务并办理其他法律文件"的规定，该律师认为，第 1 条规定的要旨，在于确定律师之职务与权利。关于这一点，现有条文似乎并未完全包括，理由如下：（1）律师之主要职务，是为辩护人之行为。换言之，在民事案件代表当事人出庭，在刑事案件则为被告辩护，并依照民事、刑事诉讼法规定，为一切诉讼程序上之有关行为。此种律师职务之定义，在第 1 条中并未见之。（2）第 1 条的规定并未说明律师执行职务之处所是否以普通法院为限，抑或亦包括军事法庭、行政法院、惩戒委员会等处。按照普通惯例，律师能够在上述处所执行其职务。（3）第 1 条规定，律师办理其他"法律文件"，此项规定不仅指律师所承办案件中的法律文件，而且包括任何种类之法律文件，此点目前在草案中并不明确。（4）当事人时常以诉讼纠纷或不属于民、刑诉讼之事件咨询律师，律师对此所给予的书面意见，严格来看，并非法律文件，不属于第 1 条规定的范围。（5）在法定情形下，律师受法院之命令，办理贫民法律扶助事务，是一种职务上之义务。既然是项义务，便可以放在有关律师义务里予以规定。该律师最后认为，《律师法草案》第 1 条应该修改为："律师得依民事、刑事、行政、军事及惩戒程序之法规，在普通法院、行政法院、军事法庭及惩戒委员会代表当事人或为被告辩护。律师亦得给予法律上之意见，并办理与其职务有关之法律文件。"尽管上述修改意见并未被采纳，但反映了这一时期律师对于自身权利义务的关注与认知情况。

1941 年 1 月，《律师法草案》经立法院审议通过，由国民政府于同月 11 日公布施行。《律师法》一共 48 条。[③]1941 年 3 月，司法院公布了《律师法施行细则》，该细则共 17 条，是根据《律师法》第 47 条制定的。1941 年 8 月，司法院与考试院联合公布了《律师检核办法》，共计 6 条。[④]

（二）新中国成立之后律师职业的发展概况

1949 年 10 月 1 日，新中国成立，标志着一个新时代的开始，中国律师职业也步入了新的历史发展阶段。从历史发展的角度看，主要包括以下几个时期：一是初步确立时期（1949–1957 年）；二是全面否定时期（1958–1977 年）；三是恢复重建时期（1978–2016 年）；四是深化改革时期（2016 年至今）。

1. 初步确立时期（1949–1956 年）

1949 年 2 月，中共中央发布了《中共中央关于废除国民党的六法全书与确定解放区的司

---

① 《律师章程》，载《司法杂志》1929 年第 16 期。

② 宝道：《对于律师法草案意见书》，载《现代司法》1936 年第 12 期。

③ 《律师法》，载《法令周报（重庆）》1944 年第 5 期。

④ 《律师法施行细则》，载《浙江司法半月刊》1942 年第 1 期。

法原则的指示》（以下简称《指示》）。《指示》指出，国民党的《六法全书》应该废除，人民的司法工作不能再以国民党的《六法全书》为依据，而应该以人民的新的法律为依据。在人民的新的法律系统地发布以前，则应该以共产党的政策以及人民政府与人民解放军已发布的各种纲领、法律、命令、条例、决议为依据。①《指示》基本确立了新中国成立后的法治方针。1949 年 9 月，中国人民政治协商会议第一届全体会议通过了《中国人民政治协商会议共同纲领》（简称《共同纲领》）。其中第 17 条规定："废除国民党反动政府一切压迫人民的法律、法令和司法制度，制定保护人民的法律、法令，建立人民司法制度。"②《共同纲领》的这一规定，成为废除旧律师制度，建立新律师制度的依据。1950 年 12 月，中央人民政府司法部发出《关于取缔黑律师及讼棍事件的通报》，明确指出，旧律师制度已依《共同纲领》第 17 条废止，若旧律师仍有非法活动，对于法院威信及人民利益均有危害，应予取缔。③

1950 年 7 月，中央人民政府政务院第 41 次政务会议通过了《人民法庭组织通则》，其中第 6 条规定："县（市）人民法庭及其分庭审判时，应保障被告有辩护及请人辩护的权利，但被告所请之辩护人，须经法庭认可后，方得出庭辩护。"④ 这为律师辩护制度的发展提供了依据，也为律师职业的发展创造了有利条件。1953 年，上海市人民法院率先设立了"公设辩护人室"，帮助刑事被告人进行辩护。1954 年又改为"公设律师室"，既帮助刑事被告人进行辩护，也为离婚妇女提供法律援助。1954 年 7 月，司法部在《关于试验法院组织制度中几个问题的通知》中指定北京、上海、天津、重庆、武汉、沈阳等大城市率先试办法律顾问处，开展律师业务，逐步建立律师制度。1954 年 9 月，第一届全国人民代表大会第一次会议通过了《中华人民共和国宪法》和《中华人民共和国人民法院组织法》。其中，《宪法》第 76 条规定："人民法院审理案件，除法律规定的特别情况外，一律公开进行，被告人有权获得辩护。"《人民法院组织法》第 7 条也规定，"被告人除自己行使辩护权外，可以委托律师为他辩护"。这标志着我国从立法上明确肯定了律师辩护制度。1956 年 7 月，国务院批准了司法部《关于建立律师工作的请示报告》（以下简称《请示报告》）和《律师收费暂行办法》。《请示报告》对 1954 年以来的律师工作试点经验进行了总结，认为律师制度的建立对进一步巩固革命法制起到了一定的作用，同时对律师任务、律师组织、任职条件、旧律师转任等内容作出了进一步规划。到 1957 年 6 月，全国有 19 个省、市成立了律师协会，30 万人口以上的城市和中级人民法院所在地的县、市，一般都设有法律顾问处。全国共有法律顾问处 800 多个，专职律师 2500 多人，兼职律师 300 多人，我国的律师制度初步确立。

2. 全面否定时期（1957-1977 年）

1957 年 4 月，中共中央鉴于当时党内脱离群众、脱离实际的作风有所滋长，发出了《关于整风运动的指示》，决定在全党范围内进行一次以正确处理人民内部矛盾为主题，以反对官

---

① 中共中央文献研究室中央档案馆编：《建党以来重要文献选编 1921-1949》（第 26 册），中央文献出版社 2011 年版，第 155 页。

② 徐辰编著：《宪制道路与中国命运：中国近代宪法文献选编（1840-1949）》（下），中央编译出版社 2017 年版，第 456 页。

③ 中华人民共和国司法部编：《中华人民共和国司法行政历史文件汇编 1950-1985》，法律出版社 1987 年版，第 329 页。

④ 国务院法制办公室编：《中华人民共和国法规汇编 1949-1952》（第 1 卷），中国法制出版社 2005 年版，第 29 页。

僚主义、宗派主义和主观主义为内容的整风运动。从 1957 年 5 月开始，广大党内外群众提出了许多有益的批评和建议，有利于改进党的工作，但是有极少数资产阶级右派分子打着帮助党整风的旗号，对新生的社会主义制度进行攻击，甚至公开提出要"轮流坐庄"，要"推翻"共产党的领导。面对如此形势，中央对右派分子作了过于严重的估计，导致"反右斗争扩大化"。在这种情况下，一些人开始对律师横加指责，认为律师制度是资产阶级的产物，律师为罪犯进行辩护，是"丧失阶级立场"；律师以法律和事实为依据，是"否定党的领导"，等等。一批律师被划分为"右派"，各地的律师协会被撤销，法律顾问处也名存实亡，律师工作被全面否定。

1958 年 8 月，随着"大跃进""人民公社"运动的开展，按照"工农业并举，全党全民办工业"的号召，律师工作并不是重点，律师业务停摆的状态持续。1964-1965 年，"小四清"（清账目、清仓库、清财物、清分工）和"大四清"（清政治、清经济、清组织、清思想）运动的开展，进一步破坏了律师职业的制度环境。1966-1976 年，"文化大革命"爆发，在"破四旧"（旧思想、旧文化、旧风俗、旧习惯）、"立四新"（新思想、新文化、新风俗、新习惯）、"知识青年上山下乡"以及"基本路线教育"等方针政策指引下，律师职业几乎没有存在的可能性，"律师"反而成为一种"危险身份"，律师职业的制度环境持续恶化。

3. 恢复重建时期（1978-2016 年）

1978 年 12 月，党的十一届三中全会在北京召开，会议作出了把党的工作重点转移到社会主义现代化建设上来，提出了改革开放的重要思想，提出了健全社会主义民主和社会主义法制的任务，这为律师制度的恢复重建提供了必要的条件。1978 年《宪法》第 41 条第 3 款规定"被告人有权获得辩护"。自此，刑事辩护律师制度确立，"无法无天无律师"时代结束，进入了我国律师职业的恢复重建时期。1980 年 8 月，第五届全国人民代表大会常务委员会第十五次会议通过了《中华人民共和国律师暂行条例》（以下简称《律师暂行条例》）。《律师暂行条例》是新中国第一部专门规范律师职业的法律，包括律师的任务和权利、律师资格、律师的工作机构以及附则 4 章共计 21 条。

1992 年 10 月，司法部发布了《律师惩戒规则》，以保障律师事业的健康发展，维护律师惩戒工作的严肃性。该规则对违反法律、法规、律师职业纪律的律师或律师事务所进行惩戒的种类、程序、事由、原则等内容进行了规定。1993 年 12 月，司法部印发了《律师职业道德和执业纪律规范》，明确了我国的律师职业伦理。1996 年 5 月，第八届全国人民代表大会常务委员会第十九次会议通过了《中华人民共和国律师法》，目的是完善律师制度，规范律师执业行为，保障律师依法执业，发挥律师在社会主义法制建设中的作用，涉及律师的执业条件、律师事务所、执业律师的业务与权利义务、律师协会、法律援助、法律责任等内容。《律师法》的颁布是我国律师职业发展过程中的一件大事，标志着我国律师职业初步健全与完善，是我国律师职业发展史上的重要里程碑。

2007 年 10 月，第十届全国人民代表大会常务委员会第三十次会议审议通过了修订后的《律师法》。随后，司法部颁布和修订了《律师事务所管理办法》《律师执业管理办法》《律师和律师事务所违法行为处罚办法》等一系列规范性文件。2011 年，中华全国律师协会颁布了修订后的《律师执业行为规范》，对律师的职业伦理进行了规定。

2012 年 10 月，第十一届全国人民代表大会常务委员会第二十九次会议审议通过了修订后的《律师法》，此次修改主要是为了与 2012 年修改的《刑事诉讼法》相协调。

4. 深化改革时期（2016 年至今）

2016 年 4 月，中共中央办公厅、国务院办公厅印发了《关于深化律师制度改革的意见》（以下简称《意见》），对深化律师制度改革作出全面部署。《意见》共 6 部分 29 条，从深化律师制度改革的总体要求到完善律师执业保障机制、健全律师执业管理制度、加强律师队伍建设、充分发挥律师在全面依法治国中的重要作用、加强组织领导等方面，提出了深化律师制度改革的指导思想、基本原则、发展目标和任务措施。《意见》指出，律师制度是中国特色社会主义司法制度的重要组成部分，是国家法治文明进步的重要标志。律师队伍是落实依法治国基本方略、建设社会主义法治国家的重要力量，是社会主义法治工作队伍的重要组成部分。党的十八大以来，我国律师事业不断发展，律师工作取得显著成绩，为服务经济社会发展、保障人民群众合法权益、维护社会公平正义、推进社会主义民主法治建设发挥了重要作用。

2016 年 6 月，中共中央办公厅、国务院办公厅印发了《关于推行法律顾问制度和公职律师公司律师制度的意见》（以下简称《意见》），积极推行法律顾问制度和公职律师、公司律师制度，充分发挥法律顾问、公职律师、公司律师作用。《意见》指出，2017 年年底前，中央和国家机关各部委，县级以上地方各级党政机关普遍设立法律顾问、公职律师，乡镇党委和政府根据需要设立法律顾问、公职律师，国有企业深入推进法律顾问、公司律师制度，事业单位探索建立法律顾问制度，到 2020 年全面形成与经济社会发展和法律服务需求相适应的中国特色法律顾问、公职律师、公司律师制度体系。

2017 年 2 月，司法部与财政部联合印发《关于律师开展法律援助工作的意见》（以下简称《意见》）。《意见》指出，律师队伍是落实依法治国基本方略、建设社会主义法治国家的重要力量，是我国法律援助事业的主体力量。推动律师提供公益法律服务，倡导每名律师每年提供不少于 24 小时的公益法律服务，对不符合法律援助条件、经济确有困难的群众减免收费，发展公益法律服务机构和公益律师队伍，专门对老年人、妇女、未成年人、残疾人、外来务工人员、军人军属等提供免费的法律服务。

2022 年律师行业
统计分析

2017 年 9 月，最高人民法院与司法部联合印发了《关于开展律师调解试点工作的意见》（以下简称《意见》）。《意见》指出，在人民法院设立律师调解工作室。试点地区的各级人民法院要将律师调解与诉讼服务中心建设结合起来，在人民法院诉讼服务中心、诉调对接中心或具备条件的人民法庭设立律师调解工作室，配备必要的工作设施和工作场所。在公共法律服务中心（站）设立律师调解工作室。试点地区的县级公共法律服务中心、乡镇公共法律服务站应当设立专门的律师调解工作室，由公共法律服务中心（站）指派律师调解员提供公益性调解服务。在律师协会设立律师调解中心。试点地区的省级、设区的市级律师协会设立律师调解中心。律师调解中心在律师协会的指导下，组织律师作为调解员，接受当事人申请或人民法院移送，参与矛盾化解和纠纷调解。在律师事务所设立调解工作室。鼓励和支持有条件的律师事务所设立调解工作室，组成调解团队，可以将接受当事人申请调解作为一项律师业务来开展，同时可以承接人民法院、行政机关移送的调解案件。

2017 年 9 月，第十二届全国人民代表大会常务委员会第二十九次会议审议通过了修正后的《律师法》，此次修改主要是为了适应国家统一法律职业资格考试制度。

2020 年 12 月，最高人民法院与司法部联合发布《关于为律师提供一站式诉讼服务的意见》，以解决律师在参与诉讼中面临的困难问题为着力点，要求依托律师服务平台、诉讼服务大厅、12368 诉讼服务热线等立体化渠道，为律师提供一站式诉讼服务，更加便利律师参与诉讼，维护当事人合法权益。

2023 年 3 月，为了深入学习贯彻党的二十大精神，全面贯彻习近平法治思想，认真落实《中共中央关于加强新时代检察机关法律监督工作的意见》，依法保障律师执业权利，进一步为律师会见、阅卷、听取意见等提供便利，最高人民检察院、司法部、中华全国律师协会发布《关于依法保障律师执业权利的十条意见》，要求加强接待律师平台建设、充分保障律师对案件办理重要程序性事项的知情权、充分保障律师查阅案卷的权利、充分保障律师反映意见的权利、及时向律师反馈意见采纳情况、认真听取律师对认罪认罚案件的意见、加强对律师会见权的监督保障、畅通权利救济渠道、严肃责任落实、强化沟通协调。

【思考题】

1. 怎么理解《律师法》第 2 条中"本法所称律师，是指依法取得律师执业证书，接受委托或者指定，为当事人提供法律服务的执业人员。律师应当维护当事人合法权益，维护法律正确实施，维护社会公平和正义"的规定？

2. 如何理解有关律师道德责任的理论纷争？

3. 律师职业伦理有哪些功能？

第五章 律师与委托人关系规范

【本章导读】

律师事务所与委托人关系在本质上是一种合同关系。《律师执业行为规范》第 35 条规定："律师应当与委托人就委托事项范围、内容、权限、费用、期限等进行协商，经协商达成一致后，由律师事务所与委托人签署委托协议。"可见，该合同关系的主体是律师事务所与委托人而非律师与委托人。只有律师事务所才能接受委托，与委托人签订书面委托合同，然后指派律师向委托人提供法律服务，律师事务所应尽可能满足委托人的指名委托要求。之所以如此规定，是为了通过律师事务所对律师的执业活动进行有效的过程监管，保证法律服务市场健康、有序地发展，使委托人的合法权益得到有效的维护。但直接为委托人提供法律服务的仍然是律师，"律师—委托人"关系贯穿律师执业活动的始终，处理好律师和委托人之间的关系是律师得以顺利开展执业活动的基本保障。从这个意义上说，律师与委托人的关系也是律师职业伦理规范的核心对象。本章主要对律师与委托人委托关系各阶段规范予以介绍和阐释。

【本章知识结构图】

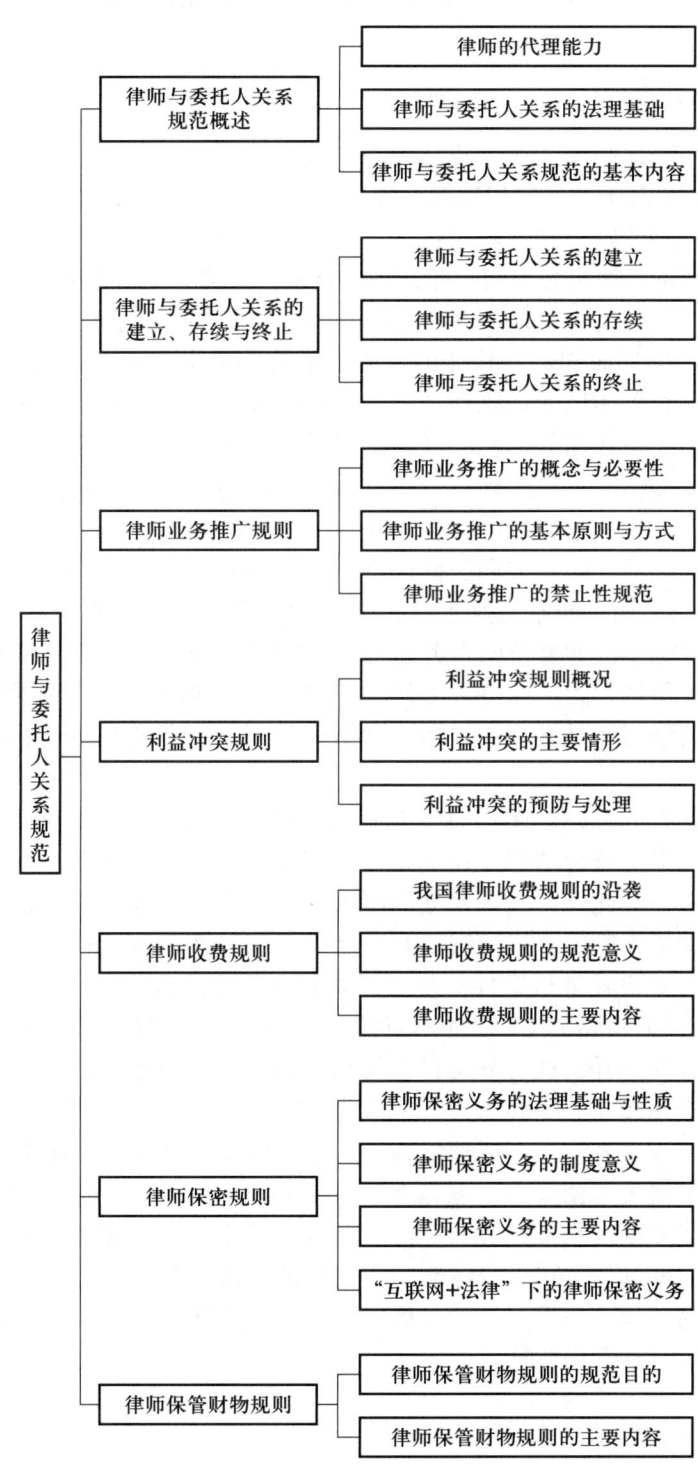

第一节   律师与委托人关系规范概述

一、律师的代理能力

律师的代理能力是律师与委托人建立关系以及关系存续的重要基础。在不同的法治语境中，律师职业伦理规范对于律师的代理能力提出了不一样的要求。

在美国，根据美国律师协会《职业行为示范规则》的规定，律师应当为委托人提供称职的代理，要求律师具备代理所必需的法律知识、技能、细心、充分准备，以及称职性的保持。具体而言，律师的代理能力包括以下几个部分：（1）法律知识和技能。在特定的事务中，决定律师是否具有必需的法律知识和技能的因素包括有关事务的相对复杂程度和专业化性质、律师的经验、律师在相关领域的训练和经历、律师能够对该事务进行的准备和研究以及把该事务介绍于、咨询于一位在相关领域已经能够提供称职代理的律师或者与之合作共同处理该事务的可能性。在许多情况下，达到一个综合执业者的精通程度就能符合该要求。在某些情况下，可能需要具备特定法律领域的专业知识。（2）细心和充分准备。对某项特定事务的称职处理，包括对该问题涉及的事实和法律因素所进行的调查和分析，以及对达到称职执业者标准的方法和程序的适用。通常意义上讲，所需的注意和准备在某种程度上取决于所涉及的是何种事务——大额诉讼和复杂的事务通常比小额诉讼和不太复杂的事务更加需要充分的对待。（3）称职性的保持。为了保持必需的知识和技能，律师应当与法律和法律服务的变化并进，时刻保持继续学习和受教育的状态，并遵守律师应当遵循的关于继续法律教育的所有要求。[①]

在中国，按照学者的总结，律师的代理能力主要包括以下几个方面：（1）法律能力。法律能力是指律师执业必须符合法律规定的条件。在我国，律师执业必须具有司法行政机关颁发的有效的律师执业证。此外，我国建立的国家统一法律职业资格考试制度与律师执业前实习制度、执业前集中培训制度、律师继续教育制度等都是使律师具有相当的法律能力的重要保障。（2）业务能力。律师进行案件的代理必须具备接受案件所需的业务能力。在我国，律师没有严格的执业范围的限制，但并不意味着一个人成为律师后，任何案件都可以代理。现代社会科技进步日新月异，社会分工日益精细，律师代理业务内部的专业化程度也不断增加。有的律师擅长刑事辩护，有的律师擅长知识产权业务，有的律师专长于海商法律业务，律师的专业化程度越来越高。（3）道德能力。一个律师即使既具有法律上的能力，也具有业务上的能力，但如果缺失道德能力，也是无法有效办理案件的。这里所讲的道德能力是指律师应当具备很高的职业伦理水准，具有法律职业基本的素养。道德能力有很多表现形式，集中起来概括为一点，即诚信。（4）身体能力。健康的身体和充沛的精力是律师执业的重要条件。律师接受案件的时候，如果自己的身体条件不能满足代理当事人案件的要求，应当及时向当事人说明情况并拒绝接受代理。

---

① 北京市律师协会组编：《境外律师行业规范汇编》，中国政法大学出版社 2012 年版，第 172 页。

二、律师与委托人关系的法理基础

律师与委托人之间的关系，本质上是一种合同关系。在司法实践中，民事案由里也专门设有一类"法律服务合同纠纷"。因此，律师与委托人关系应该接受《民法典》的调整，具体而言应该确定为"委托代理合同"关系。律师与委托人关系涉及两个重要主体：一是律师，二是委托人。

从律师的角度，判定能否建立委托代理关系的依据，是《律师法》对律师权利义务的规定。《律师法》第 28 条规定，律师可以从事下列业务：（1）接受自然人、法人或者其他组织的委托，担任法律顾问；（2）接受民事案件、行政案件当事人的委托，担任代理人，参加诉讼；（3）接受刑事案件犯罪嫌疑人、被告人的委托或者依法接受法律援助机构的指派，担任辩护人，接受自诉案件自诉人、公诉案件被害人或者其近亲属的委托，担任代理人，参加诉讼；（4）接受委托，代理各类诉讼案件的申诉；（5）接受委托，参加调解、仲裁活动；（6）接受委托，提供非诉讼法律服务；（7）解答有关法律的询问、代写诉讼文书和有关法律事务的其他文书。

从委托人的角度，判定能否建立委托代理关系的依据，是"三大诉讼法"的相关规定。我国《民事诉讼法》第 61 条规定，当事人、法定代理人可以委托 1–2 人作为诉讼代理人。下列人员可以被委托为诉讼代理人：（1）律师、基层法律服务工作者；（2）当事人的近亲属或者工作人员；（3）当事人所在社区、单位以及有关社会团体推荐的公民。该条明确了律师可以在民事相关领域作为当事人及其法定代理人的诉讼代理人。我国《刑事诉讼法》第 33 条第 1款规定，犯罪嫌疑人、被告人除自己行使辩护权以外，还可以委托 1–2 人作为辩护人。该条明确了律师在刑事相关领域可以被委托为辩护人。我国《行政诉讼法》第 31 条规定，当事人、法定代理人，可以委托 1–2 人作为诉讼代理人。下列人员可以被委托为诉讼代理人：（1）律师、基层法律服务工作者；（2）当事人的近亲属或者工作人员；（3）当事人所在社区、单位以及有关社会团体推荐的公民，该条明确了律师在行政相关领域可以被委托为诉讼代理人。

在民法中，代理是指代理人在代理权限内，以被代理人的名义从事法律行为，由被代理人承担法律后果的法律行为。代理具有下列基本特征：（1）代理行为必须是具有法律意义的行为。（2）代理人在代理权限内独立为意思表示。（3）代理人以被代理人的名义为法律行为。（4）被代理人对代理人的代理行为承担法律责任。在司法实践中，律师参与诉讼时，必须向法庭提交委托人签署的授权委托书，其中必须明确载明律师的代理权限。由此可知，律师在代理委托人进行诉讼时，在诉讼中所有的权利都是基于委托人的授权，而对于委托人尚未授权的部分，律师无权作出任何决定。当然，根据代理的基本特征，律师在进行诉讼代理时是以委托人名义进行的，最终所得利益也归于委托人，但超越权限的行为则构成越权代理，造成的法律后果应由律师自行承担。[①]

三、律师与委托人关系规范的基本内容

律师与委托人关系是律师一切执业活动的基础和前提，律师与其他主体的职业关系都从

---

① 江必新等：《最高人民法院指导性案例裁判规则理解与适用（合同卷 1：合同原则、履行、解除、违约责任）》，中国法制出版社 2015 年版，第 421 页。

属或派生于其与委托人之间的关系。从《律师执业行为规范（试行）》等规范性文件相关内容来看，目前我国对于委托关系的规制主要可以分为以下几个方面：（1）委托关系的建立阶段。在这个阶段，对委托关系的规范主要体现在风险告知义务、禁止虚假承诺等几个方面。（2）委托关系的存续阶段。在这个阶段，对委托关系的规范主要体现在禁止擅自转委托、妥善保管委托人财物、独立辩护和规范与其他当事人的关系等方面。（3）委托关系的解除与终止阶段。在这个阶段，对委托关系的规范主要体现在终止委托关系的程序义务上，如劝告义务、通知义务、采取合理保护措施的义务以及不得扣押委托人诉讼材料的义务。

第二节　律师与委托人关系的建立、存续与终止

一、律师与委托人关系的建立

律师的法律服务始于委托协议的签订，可以说，律师与委托人的关系如果没有建立，就不会产生律师的职业伦理问题。因此，毫不夸张地说，规范委托关系是律师职业伦理的重中之重。从《律师执业管理办法》《律师执业行为规范（试行）》等职业伦理规范来看，律师与委托人关系可以划分为不同的阶段，而每一阶段所对应的律师应当重点关注的职业伦理风险或应当遵守的职业伦理规范，也存在区别。在律师与委托人建立关系阶段，律师应履行如下义务：风险告知、禁止虚假承诺、规范代理身份和理性引导当事人。

（一）风险告知

权利得到司法确认只是意味着权利受到法律的保护，并不等于权利已经得到实现。权利能否得到实现，受到诸如举证效果、判决执行等诸多因素的影响。因此，权利即使通过法律途径也不能完全得到实现，是一种不可避免的现象。作为专业人士，律师对于接受委托的案件，应当充分预想到可能发生的各种变化，适时、谨慎、准确、客观地将诉讼结果的不确定性及可能产生的风险告知委托人，以保证委托人能够在充分知情和掌握足够信息的基础上，与律师共同协商确定合理的代理目标和代理思路，并尽可能地避免和化解风险。对此，《律师执业行为规范（试行）》第43条也有明确规定："律师在承办受托业务时，对已经出现的和可能出现的不可克服的困难、风险，应当及时通知委托人，并向律师事务所报告。"

在实践中，律师在履行风险告知义务时，可以参考人民法院建立的诉讼风险告知制度，并灵活运用，当然也不局限于此。在民事诉讼中，常见的诉讼风险提示包括：（1）起诉不符合条件；（2）诉讼请求不适当；（3）逾期改变诉讼请求；（4）超过诉讼时效；（5）授权不明；（6）不按时交纳诉讼费用；（7）申请财产保全不符合规定；（8）不提供或不充分提供证据；（9）超过举证时限提供证据；（10）不提供原始证据；（11）证人不出庭作证；（12）不按规定申请审计、评估、鉴定；（13）不按时出庭或中途退出法庭；（14）不准确提供送达地址；（15）超过期限申请强制执行；（16）无财产或无足够财产可供执行；（17）不履行生效法律文书确定的义务。[①]

---

① 长沙市天心区人民法院编：《诉讼指南与办案规程》，湖南人民出版社2005年版，第3-6页。

（二）禁止虚假承诺

律师在执业推广过程中，不得提供虚假信息或者夸大自己的专业能力，不得明示或者暗示与司法、行政等关联机关存在特殊关系。但在现实生活中，律师为了能接下案源，往往会作出夸张宣传和虚假承诺，这是被法律所禁止且不符合职业伦理规范的。《律师执业行为规范（试行）》第 44 条规定："律师根据委托人提供的事实和证据，依据法律规定进行分析，向委托人提出分析性意见。"此外，需要注意的是，律师职业伦理规范禁止的是为了揽案而不顾自身专业能力和案件情况，向委托人进行不现实、不适当的承诺的行为，这种承诺因为不具备法律基础或专业服务能力而很难实现。因此，禁止虚假承诺并不等于不能为委托人预测案件最佳结局。《律师执业行为规范（试行）》第 45 条规定："律师的辩护、代理意见未被采纳，不属于虚假承诺。"

（三）规范代理身份

值得注意的是，就建立委托关系而言，双方主体分别是律师事务所和委托人，而非律师和委托人。《律师法》第 25 条第 1 款规定，律师承办业务，由律师事务所统一接受委托，与委托人签订书面委托合同，按照国家规定统一收取费用并如实入账。第 40 条规定，律师不得私自接受委托、收取费用，接受委托人的财物或者其他利益。《律师执业管理办法》第 26 条也规定："律师承办业务，应当由律师事务所统一接受委托，与委托人签订书面委托合同，并服从律师事务所对受理业务进行的利益冲突审查及其决定。"由此可见，律师代理委托事务，必须由律师事务所统一接受委托并收取费用，律师不得以个人名义私自接受委托，更不得私自收取费用。违反这一规定的，根据《律师协会会员违规行为处分规则（试行）》第 27 条的规定，将给予训诫、警告或者通报批评的纪律处分；情节严重的，给予公开谴责、中止会员权利 1 个月以上 1 年以下或者取消会员资格的纪律处分。

（四）理性引导当事人

在当事人与律师事务所建立委托关系之后，律师便成为当事人维护自身合法权益的"顾问"。当事人在采取相关维权手段、诉讼策略时都会征求律师的意见，律师应当尽到理性引导当事人的义务。这种义务主要体现在以下两个方面：

首先，引导当事人正确对待法院的判决、裁定等法律文书。这就要求律师向当事人客观地分析判决、裁定等结果，引导当事人理性决定是否上诉、申诉。一些地方司法行政机关出台的文件也对律师的这一义务进行了明确规定，例如，辽宁省高级人民法院、辽宁省司法厅联合发布的《关于建立法官与律师良性互动机制共同促进司法公正的若干意见》第 19 条规定："律师应当向当事人客观分析一、二审判决结果，引导其理性决定是否上诉、申诉，不得违背事实和法律，或出于不正当利益考虑，鼓励当事人上诉、申诉。对于法官向律师作出的判后答疑、解释，律师应当准确、恰当地传递给当事人。认为裁判正确合理的，律师应当积极引导当事人服判息诉。"第 20 条第 2 款还规定："律师应当依法向被执行人解释法律，引导其自觉履行法院判决。"

其次，引导当事人理性维权。《律师执业管理办法》第 37 条规定："律师承办业务，应当引导当事人通过合法的途径、方式解决争议，不得采取煽动、教唆和组织当事人或者其他人员到司法机关或者其他国家机关静坐、举牌、打横幅、喊口号、声援、围观等扰乱公共秩序、危害公共安全的非法手段，聚众滋事，制造影响，向有关部门施加压力。"

二、律师与委托人关系的存续

在委托关系成立后，律师应当恪尽职守、勤勉努力、热忱代理，对委托人负有禁止转委托的义务；对于委托人交付保管的财物，应当遵循严格分离和不混同的原则加以妥善保管；在刑事案件的辩护中，律师应当保持自己独立的专业判断，不能依附于委托人的意志，丧失独立性；在代理己方委托人的同时，律师也应妥善处理和对方当事人的关系，不得与其私下秘密沟通，不得散播不实信息，也不得对其进行诋毁侮辱。

（一）禁止转委托

委托人和律师建立关系之后，二者之间的信赖关系和忠诚义务即发生效力。但是在现实生活中，由于受到工作调动、家庭、身体状况等各种因素的影响，律师可能无法完成其接手的法律业务，或者可能无法按照合同约定的时限和质量来完成，此时就会出现法律业务的转委托问题。现代律师制度普遍承认律师转委托的合理性，但出于对委托人利益的考虑，这种转委托必须受到一定的限制。

《律师执业行为规范（试行）》第56条规定："未经委托人同意，律师事务所不得将委托人委托的法律事务转委托其他律师事务所办理。但在紧急情况下，为维护委托人的利益可以转委托，但应当及时告知委托人。"第57条规定："受委托律师遇有突患疾病、工作调动等紧急情况不能履行委托协议时，应当及时报告律师事务所，由律师事务所另行指定其他律师继续承办，并及时告知委托人。"第58条规定："非经委托人的同意，不能因转委托而增加委托人的费用支出。"由于委托代理协议是委托人和律师事务所签订的合同，转委托必须由律师事务所办理，律师个人不得私自办理转委托手续。律师事务所办理转委托手续分为以下两种具体情况：

1. 转委托其他律师事务所

签订律师服务合同后，在以下几种情况下可能发生转委托：首先，因业务范围方面的原因而发生的转委托。律师事务所在接案时会对案件性质是否符合律师事务所的业务领域进行预判，但是也不能排除在案件代理过程中出现一些新的情况，使得该所的业务能力无法继续胜任该案的代理工作。在这种情况下律师事务所本着对委托人负责的精神，可以在经委托人同意的情况下转委托其他律师事务所代理。其次，因利益冲突而发生的转委托。根据我国《律师法》和《律师执业行为规范（试行）》相关规定可知，律师事务所应当建立利益冲突审查制度。律师事务所在接受委托之前，应当进行利益冲突审查并作出是否接受委托决定。当存在《律师执业行为规范（试行）》第51条规定的利益冲突情形时，律师及律师事务所不得与当事人建立或维持委托关系，已经建立委托关系的，应当终止。但是经委托人同意后，律师事务所可将委托人委托的法律事务转委托其他律师事务所办理。

实践中可能出现律师事务所未经委托人同意对原委托事项进行转委托的情形，这种转委托行为是无效的。转委托不仅应以征得委托人同意为前提，律师事务所还应尽到最大注意义务，判断接手业务的律师事务所是否有资格和能力承担该项业务，以及是否存在利益冲突，以最大可能地降低转委托过程中的法律风险，最大限度维护委托人的利益。

2. 转委托其他律师

根据《律师执业行为规范（试行）》第57条的规定，律师在突患疾病、工作调动等无法继续履行委托职责，难以保证工作质量和业务时限要求的情况下可以申请办理转委托手续。这种转委托必须满足以下条件：（1）必须经过委托人同意。委托人是法律服务合同中的一方当事人，未经委托人同意而擅自转委托，显然属于违约行为。（2）必须出现突患疾病、工作调动等客观上无法继续履行委托代理义务的特定情形。特别需要注意的是，不应将律师拒绝辩护或代理的情形与转委托的情形相混淆，应防止律师假借转委托的名义拒绝辩护或代理等情形出现。（3）律师应当及时交接材料。有一些律师在办理转委托手续后不愿意配合交接材料，无故拖延，致使委托人错过诉讼时限或影响诉讼准备，损害委托人利益，这种做法实不足取。（4）转委托手续必须通过律师事务所办理，律师个人不得直接转委托。委托人是与律师事务所签订的委托代理协议，然后由律师事务所指派律师代理该案，因而，合同相对方应该是律师事务所，在因转委托导致合同主体发生变更的情况下，理应由律师事务所出面办理相关手续。（5）未经委托人同意，不得因转委托无故增加委托人的经济负担。有可能发生的情况是，在案件代理过程中，有的律师声称自己因家庭情况无法继续完成代理事项，申请退出代理关系，建议委托人转委托。但是，后任律师会对同一代理事项收取更高的律师费用，或增加不合理的收费环节，这些都必须经过委托人的同意。后任律师原则上应当尊重之前的律师费协议，法律业务的转委托本身不能成为提高收费的理由。

此外，在律师的法律服务市场上，供求比例并不均衡：有的律师案源过多，处在极度饱和无法消化的状态；而有的律师又苦于缺乏名气，处在案源短缺的状态。在这种情况下，前者往往不再亲自办理案件，而是利用自己的影响拉来案源，交由其他律师代为办理，然后在案件代理费上进行分成。由于这种代理模式在法律文书等正式文件上签署的仍然是代理律师的名字，因此在形式上似乎并不违规。但既然委托人是慕名找到该名律师，就说明其对该名律师是极度信任和放心的。但是，如果该名律师不亲自办理案件，甚至连基本的案情分析、代理思路的制定都不参与，而是将案件的办理实质性地转委托给了其他律师，这显然辜负了委托人的信任，违背了忠实诚信义务，也自然是违背律师职业伦理的。

（二）独立辩护

与英美法系将辩护人视为委托人代理人不同，大陆法系一直认为，辩护人是具有独立地位的诉讼参与人，而不仅仅是被告人的利益代理人。辩护行为除了保护被告人的私益外，还要保护公共利益。因此，辩护人不仅应按照被告人的意志来提供辩护协助，还必须具有诉讼主体地位，以使其能够在被告人利益和公共利益之间进行选择、判断和平衡。这种独立辩护论在理论界影响甚广，几近通说。而之所以采取独立辩论的理论立场，主要是基于以下几个方面的考量：

首先，在职权主义诉讼模式之下，强调发现真相的诉讼理念以及检察官的客观公正义务决定了辩护律师应该是独立的诉讼参与人。在当事人主义诉讼模式之下，法官消极中立，被告人与控诉方力量悬殊，为了维持公平规则，贯彻平等原则，就必须为被告人提供各种诉讼防御武器。而辩护人作为被告人的代理人，在弥补其诉讼力量的不足以及维持控辩平等的诉讼构造方面发挥着极为重要的作用。因此，在当事人主义诉讼模式之下，更为强调辩护律师和被告人之间的紧密关系，以保证其能够形成强大的辩方力量与控方对抗。但是，职权主义诉讼模式更为强调发现真相的诉讼目的，在这种诉讼理念的支配下，各种诉讼角色都被赋予了发现真相的不同功能：检察官应当承担客观公正义务，对有利于和不利于被告的各种证据和线索都应加以关注和搜集；法官不再消极中立，必须依职权调查核实证据，积极发现案件真相；辩护律师同样服务于发现真相的诉讼目的，其履行辩护职责必须依据事实和法律进行，而非被告人的意志，只不过其对于发现真相的作用体现在对检察官、法官工作的监督、补充和引导方面。职权主义的诉讼模式将保护被告人利益的职责更多地赋予了检察机关和法院，既然他们都有义务对有利于被告的证据和信息加以注意，至少在理论上，就不需要为被告人增设一个代理人以平衡控辩双方的力量，辩护人的制度功能仅仅体现在补充有利于被告人的证据信息以防止产生司法错误层面。这在客观上决定了辩护律师与被告人之间不可能形成当事人主义诉讼模式下的紧密关系，辩护律师必然更接近于准司法官员而非单纯的被告人利益代言人，其必须承担对于法院的真实性义务，而不能仅仅着眼于被告人的利益维护。

其次，在职权主义诉讼模式下，辩护律师和被告人的关系更多地被定位为公法关系而非契约关系，辩护律师对法院的真实义务应大于其对委托人的忠诚义务，因而更为强调辩护人的独立诉讼地位。辩护律师和被告人之间实际上存在着两种法律关系：第一种是私法关系。这种关系的基础是被追诉人与辩护人所在律师事务所之间的委托合同。委托合同的特点是受托人以委托人的名义，在委托人授权范围内从事与委托事务有关的活动，并且其活动后果由委托人承担。基于委托合同，辩护人可以在被追诉人的授权范围内，协助其行使权利。第二种是公法关系。在委托人和律师事务所签订委托合同之后，辩护律师一旦开始其执业活动，就会和司法机关产生公法关系——诉讼法上的权利义务关系。如果我们把公法关系放在首位，辩护律师就应当首先承担对法院的真实义务；如果我们把私法关系放在首位，辩护活动的首要目的就是维护委托人的权益而无须过多考虑公共利益。在职权主义的诉讼模式之下，自然更为强调辩护律师的公法义务，而不能仅仅着眼于被告人的利益维护，从而故意阻碍真相的发现。正是基于这种公法关系被更多地强调，辩护律师对法院的真实义务要远远大于其对委托人的忠诚义务，自然更为强调辩护人的独立诉讼地位。

最后，在职权主义诉讼模式之下，以当事人为中心的诉讼理念不被强调，相反，更为强调法律专业人士对诉讼进程和结局的操控权，认为辩护律师基于专业法律素养作出的独立判断更有利于维护被告人的最大利益。被告人在事实问题上是当然的最佳辩护者，但在案件审理的过程中，由于牵涉大量复杂的法律适用问题，法律的技术性、复杂性以及难以理解性决定了被告人不太可能作出正确的法律决定。只有受过专业训练、拥有特殊技能的辩护律师才知道如何最大限度地维护被告人的利益。辩护人是法律专家，被告人聘请其为自己辩护，正是基于对其法律知识和经验的信任。因此，在采取何种辩护策略问题上，被告人也应当听从辩护人的意见。另一方面，辩护律师的权利分为两个部分：一是固有权，二是传来权。所谓固有权，即不以委托人的授权为必要，而为辩护人所专有的诉讼权利。只有承认辩护律师独立于被告人的诉讼地位，才可以基于公益的目的赋予辩护律师这些权利，才可以对辩护人的阅卷权不加限制，保障其可以根据全面阅卷得到的线索和信息拟定辩护策略；而被告人由于兼具诉讼主体和证据来源两种角色，为防止发生串供翻供的危险，其阅卷权必然会受到严格限制，因而在这一基础上作出的判断很难符合其自身的最大利益。因此，辩护律师对诉讼目标和诉讼策略应享有独立的决定权，而不受被告人意志的左右。

根据独立辩护原则的要求，在委托关系存续期间，辩护律师应当妥善处理和委托人意见不一致的情形。这些情形具体包括：（1）辩护目标上的不一致。如律师认为被告人无罪，但委托人认为自己有罪；律师认为被告人有罪，而委托人却认为自己无罪。（2）辩护策略上的不一致。比如，律师认为有些情况不必加以披露，而委托人却坚持向法庭说明；律师认为某些证据不宜直接调查，而委托人却坚持调查；律师认为应当传唤某证人出庭质证，而委托人却不同意该证人出庭；等等。

辩护律师在处理不同意见时，应当注意把握以下基本原则：

（1）在辩护目标上，原则上应当尊重被告人的自主决定权。之所以如此限定，是因为辩护目标并非一个纯粹的法律问题，被告人究竟想选择做罪轻辩护还是做无罪辩护，愿意接受精神病鉴定而承担不负刑事责任的判决结果还是宁愿接受缓刑的判决结果，这些往往要考虑很多法律之外的情感因素，而被告人独特的成长经历、家庭环境、生活现状决定了被告人自己才是其自身利益的最佳判断者。但律师在尊重委托人的辩护目标同时，应尽到合理规劝和解释的义务。

（2）在辩护策略上，应当更多强调辩护律师的职业自主性，允许其独立选择辩护策略，但必须保证被告人具有知情的同意权，以此作为律师独立辩护权的界限。必须承认，一旦明确了辩护目标，通过何种法律手段达到该目标就成为一个专业性极强的问题。因此，必须尊重辩护律师的专业判断。但是，为了保障被告人在辩护活动中的主体性地位，律师的这种独立性也应当有一定的边界。辩护律师负有将所有法律方案的法律后果向被告人进行详细解释的义务，在取得被告人知情同意的基础上，方可采取该辩护策略。这种知情的同意必然要求辩护律师将案件进展情况、案件证据情况、法律方案的利弊分析等及时全面告知被告人，既保证会见的有效性，又保证被告人对辩护活动的控制权，使被告人真正成为程序的主体，避免沦为单纯的证据来源。

（3）在事实问题上，律师应当更多地尊重被告人的意见；在法律问题上，则可以适度独立于委托人。独立辩护论的适用领域应当局限于法律领域，在事实问题上，律师应当更多地尊重被告人的意见。比如，一旦被告人选择承认杀人事实，辩护律师就不应该以独立辩护论为由否认该事实的存在，而首先应该审查其认罪的自愿性和真实性。以此为前提，辩护律师应该独立地对该事实作出法律判断，并提供给法庭参考。比如，可以以被告人具有违法阻却事由（如正当防卫、紧急避险等）作为辩护理由对该事实进行法律辩护，也可以以证据不足为由对被告人杀人的事实进行法律辩护，从而使得独立辩护始终服务于维护被告人最大利益的目标，而不是相反。举例说明，如果辩护律师始终与被告人意见保持一致，则无非出现以下两种情况：第一种，两方都承认有罪。这种情况下被告人肯定会被判有罪，尽管由于认罪态度较好量刑可能有所减轻，却丧失了无罪辩护的机会，法院没有理由在辩护方自己都不主张无罪的情况下判决被告人无罪。因此，在被告人的确存在无罪辩护空间的时候，仅仅为了取得从轻量刑的效果而放弃无罪辩护，是违背辩护律师的职业伦理的，也不利于维护委托人的最大利益。第二种，被告人和辩护人都进行无罪辩护。一旦法院不采纳这一意见，往往会因为认罪态度不好，而对被告人从重处罚，更为重要的是，辩护方还可能丧失宝贵的量刑辩护的机会。如果在事实领域尊重被告人的意见，承认了指控的事实行为，辩护律师又根据独立辩护论的立场，对被告人认罪事实不持异议，同时表示，被告人认罪态度很好，但由于其不是法律专家，对法律的理解存在偏差，从法律角度论证其不构成犯罪。这样，法官一旦采纳律师的意见，则可以对被告人无罪释放，即使不采纳律师的意见，在判处刑罚的时候，也会因为被告人的认罪态度较好而予以轻处罚。

（4）在不同意被告人的自主决定或无法取得被告人同意的情况下，辩护律师不得坚持发表与被告人意见相左的辩护观点，而只能选择退出辩护，这是对其独立辩护立场的另一限制。尽管存在着上述关于"目标"和"手段"的大体分工，但如果辩护律师认为在目标问题上被告人所作的决定可能对其利益造成实质性的损害，顺从被告人的意志将有违辩护律师的独立性和维护被告人最大利益的职业操守；而强行发表有违被告人意志的辩护观点，则又错误地取代了被告人而成为辩护活动的主导者，混淆了两者关系的主从定位。因此，在与其协调和说服无效的情况下，辩护律师只能有两种选择：或者按照被告人的观点进行辩护，或者选择退出辩护。但必须强调的是，即使退出辩护，也应该与被告人进行充分的协商。

（三）与其他当事人之间的关系

律师事务所在与委托人签订委托协议之后，律师即应以代理人身份维护委托人之合法权益。在律师为此目标进行的执业活动中，不可避免地会和其他当事人发生各种关系，甚至可能发生激烈的利益冲突。律师虽然并没有保护其他当事人利益的义务，但这是否就意味着律师可以逾越保护委托人正当权益的必要范围，造成其他当事人不合比例的损害？律师针对其他当事人的诋毁、侮辱，甚至教唆委托人作伪证或者毁灭证据的做法，是不是应该被律师职业伦理一律禁止？这些都是值得探讨的话题。

在处理与其他当事人之间关系方面，应当注意以下几个方面：

1. 禁止有关信息的散播

律师作为为委托人提供法律服务的法律职业人员，理应为实现委托人利益的最大化而恪尽职守，尽其所能，穷尽法律所允许的一切手段与机会。但这并不意味着其行为可以不受伦理规范的约束与限制，尤其是在处理和委托人有利益冲突的当事人之间的关系方面，更需注意自身的律师身份，谨言慎行，避免不当行为之发生。这其中的首要要求就是律师对其他当事人的相关隐私或不实事项不得加以散播。在一起引起社会广泛关注的强奸案件中，被告人辩护律师通过微博向社会公布了被害人系酒吧卖淫女的资料信息，以及该被害人在医院多次堕胎的病历记录，以期赢得舆论同情，并试图证明被告人系被对方敲诈勒索而不构成强奸。无论辩护律师的这一辩护策略是否存在事实基础，其通过网络渠道擅自公布被害人隐私和未经查证属实的资料信息的做法都严重违背了律师职业伦理的要求。与之相关的另一个问题是，如果律师通过网络直接引用委托人提供的资料信息披露了不利于对方当事人的相关信息，其是否违反了律师职业伦理的要求？关键要看律师是否对委托人尽到了告知义务，即明确告诉其提供虚假信息可能承担的法律责任；同时，律师是否以可以期待的方式对委托人提供的信息进行必要的真实性审查也是重要的考量因素。如果既没有履行告知义务，也没有进行真实性审查，就随意轻率地加以公开，从而对对方当事人的利益造成损害，则律师的执业活动已然变成委托人进行侵权之工具，理应构成对律师职业伦理的违反，严重时律师还应承担相应的民事赔偿责任，甚至刑事责任。

2. 禁止诋毁侮辱

委托人和其他当事人处于争讼案件的对立面，在维护委托人利益的过程中，律师不可避免地会与其他当事人发生冲突。律师基于专业身份和伦理规范的要求，不应将自己的思维和情绪当事人化，应一直坚持以专业姿态介入争议事项，避免对其他当事人进行侮辱和诋毁。

毕竟，律师制度存在的前提就是其专业知识和专业操守，可以过滤掉委托人的情绪而在法律层面进行理性对话。如果允许律师以情绪执业、以感情用事，律师制度就会丧失存在的价值。而且，律师对对方当事人发表的贬抑性言词对于发现真相、解决纠纷以及维护委托人权益均不会产生任何帮助，自然应被律师职业伦理所禁止。需要注意的是，如果对方当事人的某些做法确实需要律师严正表明己方立场，一概禁止律师发表声明和反驳，似乎也苛之过严，其间标准如何把握与权衡，值得进一步研究。但必须明确的是：律师在发表强硬的评价性言论的时候，应注意理性，并掌握比例原则，以足以达到表明立场的目的为界限。比如，在处理离婚诉讼时，难免会根据己方委托人对事实的描述进行法律评价和主张，律师在措辞时可以考虑使用"背弃婚姻诚信价值""有违风序良俗"等中性评价，而不应使用"寡廉鲜耻""无耻之极"等带有侮辱性的评价。

3. 禁止秘密沟通

律师制度之存在以及委托关系之成立，一个重要的基础就是律师与委托人之间的信赖关系，职业秘密交流特权等制度就是为了保护这一信赖关系而建立的。一旦这一信赖关系受到破坏，委托关系就失去了存在的基础。律师在接受委托之后，如果在未获得委托人授权或同意的情况下，擅自与对方当事人接触或协商，无论出于何种动机与考虑，都会破坏律师与委托人之间的信任关系，从而损害律师忠诚义务的履行。实践中更有甚者，律师不仅私下接触对方当事人，还收受对方当事人馈赠的礼物或报酬，严重违反了律师职业伦理的要求。如果对方当事人已经聘请了律师，即便已经获得委托人授权或同意，律师在与对方当事人接洽前，仍应先经过对方律师的同意。如果无视对方已有律师的情况而直接与对方接触，则有损害对方咨询律师的权利且乘人之危的嫌疑。当然，这种秘密沟通的禁止并非绝对，允许存在例外。如果严格遵守上述禁止规定可能会造成委托人利益的重大损害，比如存在延迟危险，情势已经紧迫到来不及请示委托人的地步，律师出于维护委托人利益的目的而选择直接与对方当事人接洽，自然不属于违背律师职业伦理的情形。但这一例外仅应局限在可能造成委托人重大利益损失的场合，如果只是可能造成轻微损害，仍应以征得委托人同意为前提。

三、律师与委托人关系的终止

在律师执业过程中，某些情形的发生会导致委托关系终止。在规范这个环节的律师和委托人关系时，需要注意两个基本问题：一是律师与委托人关系解除和终止的情形；二是律师与委托人关系终止后的律师附随义务。

（一）律师与委托人关系解除的情形

根据《律师法》第 32 条第 2 款的规定，律师接受委托后，无正当理由的，不得拒绝辩护或者代理。但是，委托事项违法、委托人利用律师提供的服务从事违法活动或者委托人故意隐瞒与案件有关的重要事实的，律师有权拒绝辩护或者代理。《律师执业行为规范（试行）》对律师与委托人关系的解除进行了细化。律师接受委托后，无正当理由不得拒绝辩护或者代理，或以其他方式终止委托。委托事项违法、委托人利用律师提供的服务从事违法活动或者委托人故意隐瞒与案件有关的重要事实的，律师有权告知委托人并要求其整改，有权拒绝辩护或者代理，或以其他方式终止委托，并有权就已经履行事务取得律师费。根据《律师执业行为规范（试行）》第 60 条之规定，有下列情形之一，经提示委托人不纠正的，律师事务所可以解除委托协议：（1）委托人利用律师提供的法律服务从事违法犯罪活动的；（2）委托人要求律师完成无法实现或者不合理的目标的；（3）委托人没有履行委托合同义务的；（4）在事先无法预见的前提下，律师向委托人提供法律服务将会给律师带来不合理的费用负担，或给律师造成难以承受的、不合理的困难的；（5）有其他合法的理由的。

通过以上规范可知，律师解除与委托人的关系可以分为以下几种情况：

（1）委托事项违法，是指委托人委托律师从事的事务违反法律法规，为法律所禁止。律师应该维护委托人的权益，但必须在法律允许的范围内。律师必须在维护委托人利益的同时维护法律的正确实施。如果委托人委托事项违法，律师自然有权拒绝办理。比如，委托人委托律师代为转移赃款赃物、代理诈骗、行贿、串供、索要非法债券、出具虚假法律意见书、制造伪证、招摇撞骗伪造国家机关证件的，律师都有权拒绝。不仅如此，对于这些违法犯罪事项，律师还有义务向委托人说明违法的法律后果，以劝阻委托人实施违法行为。需要说明的是，因违法犯罪行为而委托律师代理并不等于委托事项违法。

（2）委托人利用律师提供的服务从事违法犯罪活动，是指委托人利用律师提供的合法服务从事违法活动，或者使其违法活动合法化。比如，委托人希望律师能够在会见期间将自己书写的信件带出看守所，将律师作为传递犯罪信息的工具。委托人聘请律师咨询如何利用法律漏洞制造保险事故并诈骗保险赔付；利用律师对企业法律知识熟悉的优势，聘请律师为其成立皮包公司或者协助制造虚假破产或虚假改制，以达到逃避债务的目的；等等。实践中的情形不一而足。律师在代理案件过程中应提高警惕，积极甄别，一旦发现委托人可能利用自己的法律服务从事违法犯罪活动，必须立即向委托人提出警告，并告知其法律后果，如果委托人继续坚持从事违法犯罪活动，律师就应当从委托代理关系中退出。

（3）委托人故意隐瞒与案件有关的重要事实，是指委托人故意隐瞒对自己不利的事实或虚构对自己有利的事实，从而造成律师作出错误判断或进行错误辩护代理的情形。比如，委托人始终不向律师告知案件真实情况，导致律师无法在全面了解案情的基础上为其制定辩护或代理策略；委托人提供的证据材料不具有客观真实性、关联性与合法性，或经司法机关审查认为存在伪证嫌疑。但是，律师也需要把握一个合理限度，不宜认为所有隐瞒都构成可以退出代理关系的情形，委托人仅仅是出于担心遭到打击报复或泄露他人隐私的考虑而没有向律师透露有关案件细节，但并不影响律师对案情作出正确判断和选择代理思路的，不宜赋予律师退出代理关系的权利。此外，由于律师没有尽到勤勉义务，没有深入案件细节进行交流，从而造成委托人对案件事实的陈述有所遗漏的，也不宜认定为故意隐瞒重要事实，律师同样无权退出委托代理关系。换言之，律师经过深入细致的调查取证和会见沟通工作之后，仍然认为委托人对一些会对辩护代理策略造成实质影响的事实有故意隐瞒情形的，方可退出委托代理关系。

除了以上几种情况，律师均无权任意退出委托代理关系。如果律师任意选择退出，则必须承担违约责任，必要时，还应对其进行纪律惩戒。

（二）律师与委托人关系终止的情形

律师与委托人关系的终止主要有三种情况：（1）自然终止，即委托事项办理完毕，律师与委托人关系终止。（2）协商终止，律师与委托人之间是合同关系，经合同双方协商一致，可以终止合同。（3）法定终止，即出现了法律规定或职业伦理规定的情形。根据《律师执业行为规范（试行）》第 59 条之规定，有下列情形之一的，律师事务所应当终止委托关系：

第一，委托人提出终止委托协议的。与律师事务所和律师解除委托代理关系必须具备法定情形不同，委托人主动提出终止委托协议本身就是法定事由。所以，可以说，在终止委托关系方面，律师和委托人实际上处于不平等的地位。委托人可以无因解雇律师，而无须考虑给律师带来的损失问题，但律师则只有在不会给委托人利益带来严重不利影响的情况下才能终止委托关系。这一制度设置再次体现出"律师—委托人"关系的私法关系本质，即以维护委托人利益为委托关系的核心目的。

第二，律师受到吊销执业证书或者停止执业处罚，经过协商，委托人不同意更换律师的。在实践中，委托人可能会对某一律师产生极为强烈的信任关系，即便其因为不当的执业行为而受到吊销执业证书或者停止执业的处罚，委托人仍然希望由其继续代理自己的法律事务。但根据法律规定，一旦被吊销执业证书或者受到停止执业处罚，律师就没有继续执业的资格。在这种情况下，委托人必须重新委托律师才能够继续得到法律服务。如果经过协商，委托人仍然不同意更换律师，则委托关系就会产生强制终止的法律效果。

第三，律师继续代理该案会产生直接利益冲突的。为维护律师与委托人的特殊信任关系，法律严格禁止律师从事直接利益冲突的代理。如果具备《律师执业行为规范（试行）》第 51 条规定的直接利益冲突的情形之一，不得建立委托代理关系，已经建立委托代理关系的，也应当及时终止。但是值得注意的是，《律师执业行为规范（试行）》并未将间接利益冲突列入委托关系终止的法定情形，律师可以通过与委托人协商取得其书面豁免等方式继续委托代理关系。

第四，受委托律师因健康状况不适合继续履行委托协议，经过协商，委托人不同意更换律师的。委托人基于对某位律师的特殊信任而与其建立委托代理关系，律师也自当勤勉尽责，为其提供最优质的法律服务。但是律师若因为健康状况确实不适合继续履行委托协议，法律也不应强人所难。此种情形下，应与委托人尽力协商取得理解。如果经协商，委托人仍不同意更换律师，委托代理关系也应产生终止之法律后果。

第五，继续履行委托协议违反法律、法规、规章或者本规范的。

（三）律师与委托人关系终止的程序

委托代理关系的终止涉及律师和委托人之间的权利义务关系。因此，这种关系的终止应当遵循一定的程序要求，律师也负有一定的附随义务。具体如下：

1. 告知义务

对于准备聘请律师并签订委托代理协议的当事人，律师应尽到预先告知的义务，即应口头或在委托代理协议中书面告知委托人，律师在一定条件下有权拒绝辩护或代理。律师应向委托人详细解释各种拒绝辩护与代理的具体情形及其内涵，同时与委托人就法定条件下的终止委托情形约定律师费用的收取和退还事宜，以防止将来发生不必要的纠纷和投诉。

2. 沟通义务

律师在接受委托后发现应当拒绝辩护或代理的情况的，不宜直接退出委托代理关系，而应当向委托人说明理由，尽力促使委托人接受律师的劝告，纠正导致律师拒绝辩护或代理的事由。比如，委托人家属要求律师每周会见被告人一次，且每次必须带家属前去参与会见，律师认为通过现有法律程序无法满足其要求，应尽力与其做好沟通和解释工作，在其无法理解并坚持无理要求的情况下，律师可以辞去委托。

3. 汇报义务

律师决定辞去委托后，应当尽快报告给律师事务所主任会议或所务会议，经会议讨论研究并作出书面决定后，方可正式办理解除手续。如果律师事务所不同意解除申请，律师必须严格执行，不得擅自退出委托代理关系；如果律师事务所同意解除申请，律师事务所可以和委托人进行协商，另行委派其他律师继续完成辩护或代理事项。

4. 协商义务

在实践中，经常出现由于法庭剥夺或限制律师诉讼权利，或者律师与被告人或被代理人发生意见冲突且无法达成一致，律师当庭解除与委托人的委托代理关系，并直接罢庭的现象。律师与被告人意见不一致并非律师解除委托代理关系的法定事由，律师无权直接退出委托代理关系，而必须申请法庭休庭，与委托人就辩护或代理思路进行沟通。如果无法达成一致，在征求委托人同意之后，律师可向法庭提出退出委托代理关系的申请，而不能在不经沟通和法庭许可的情况下直接罢庭，这是对委托人和法庭的双重不尊重。对于法庭剥夺或限制律师诉讼权利，导致律师的辩护或代理活动已无实质意义或无法进行的情形，律师应向法庭提出意见，并申请将意见记入庭审笔录，并可以在庭后向法律监督机关或法院提出书面意见。

5. 通知义务

在协商未果的情况下，律师拟退出委托代理关系的，应当尽可能提前向委托人发出通知，使其有充分的时间重新聘请律师。律师事务所在征得委托人同意后，可另行指定本所律师继续承办委托事项，否则应尽快终止委托代理协议。律师在解除委托代理关系时，应向委托人发出终止代理的律师函，作为解除委托代理关系的正式法律文件；如果律师代理的是法律援助案件，还应当征得法律援助机构的同意。

6. 采取合理保护措施的义务

律师事务所应当尽量保证委托人的合法利益不受到影响。在解除委托关系前，律师必须采取合理可行的措施保护委托人利益。但实践中经常发生的情况是：律师事务所和委托人的委托代理协议上约定的代理终止时间为一审判决下达之日，但是在委托合同终止之日，委托人往往尚未聘请新的律师接手案件。然而一审判决后需要立即决定是否上诉，由于上诉期限的限制，委托人往往提出请求，希望一审律师能够帮助自己撰写上诉状，原代理律师往往以代理合同已经终结为由拒绝代为撰写上诉状。严格来说，根据委托代理合同的约定，律师的这种做法无可非议。但是，从维护律师行业整体形象和维护委托人对律师信任的角度出发，在这种情况下，律师应提供必要协助。再比如，律师终止委托代理关系后，遇有案件申诉律师希望查阅原审案卷材料的，原代理律师也应尽力提供方便和配合。

7. 退费义务

按照《律师执业行为规范（试行）》第 61 条的规定，律师事务所依照本规范第 59 条、第 60 条的规定终止代理或者解除委托，委托人与律师事务所协商解除协议的，或者委托人单方终止委托代理协议的，律师事务所有权收取已提供服务部分的费用。

8. 财产材料移交义务

委托代理关系终止时，律师事务所或律师如果保管委托人财产，应当及时归还，并向委托人索取接收财物的书面证明，连同委托保管协议一同存档。律师终止委托关系后，不得扣押委托人的诉讼文件和证据材料，应当退还当事人资料原件、物证原物、视听资料底版等证据。律师不得为阻挠委托人解除委托关系或者因为委托人拖欠律师费而威胁、恐吓委托人；或者无正当理由扣留委托人提供的证据原件、原物和原始介质等，但律师可以保留复印件存档。

第三节　律师业务推广规则

一、律师业务推广的概念与必要性

（一）律师业务推广的概念

律师业务推广，是指律师和律师事务所通过发布法律服务业务信息等方式扩展业务的活动。《律师执业行为规范（试行）》第三章专门对"律师业务推广"进行了规定，具体包括"业务推广原则""律师业务推广广告"以及"律师宣传"。2018年1月，中华全国律师协会发布了《中华全国律师协会律师业务推广行为规则（试行）》，目的是加强行业自律管理，维护律师行业的整体形象，规范律师、律师事务所业务推广行为。按照《中华全国律师协会律师业务推广行为规则（试行）》之规定，律师业务推广是指律师、律师事务所为扩大影响、承揽业务、树立品牌，自行或授权他人向社会公众发布法律服务信息的行为。律师业务推广主要包括以下方式：（1）发布律师个人广告、律师事务所广告；（2）建立、注册和使用网站、博客、微信公众号、领英等互联网媒介；（3）印制和使用名片、宣传册等具有业务推广性质的书面资料或视听资料；（4）出版书籍、发表文章；（5）举办、参加、资助会议和评比、评选活动；（6）其他可传达至社会公众的业务推广方式。

此外，一些地方律师协会也针对律师业务推广制定了相应的规范，例如，广东省律师协会制定了《广东省律师事务所及律师业务推广宣传行为守则》，目的是规范广东省律师及律师事务所业务推广宣传行为，鼓励和保障律师之间以及律师事务所之间的公平竞争，维护律师行业的执业秩序；适用范围是广东省律师及律师事务所为扩大自身影响、承揽律师业务、树立品牌，自行或授权他人开展的各种律师业务推广宣传行为。

（二）律师业务推广的必要性

按照《中华人民共和国国家标准：国民经济行业分类》的规定，"法律服务"属于"商务服务业"这一"大类"下的"中类"，具体包括"律师及相关法律服务""公证服务"及"其他法律服务"。按照《中华人民共和国国家标准：国民经济行业分类》的界定，"法律服务"是指律师、公证、仲裁、调解等活动；"律师及相关法律服务"是指在民事案件、刑事案件和其他案件中，为原被告双方提供法律代理服务，以及为一般民事行为提供的法律咨询服务。

对于"商务服务业"而言，经营者们已经普遍认识到以市场营销手段获得更多客户的重要性，不同种类的业务推广手段因而受到重视，其中广告最为突出。广告的英文拼写为"Advertise"，可译为主意、诱导。在汉语中，"广告"最直接的展开意义就是"广而告之"，即广泛地向目标大众传递信息。《广告法》规定，广告是指商品经营者或者服务提供者通过一定的媒介和形式直接或者间接地介绍自己所推销的商品或者服务。从市场营销的角度看，广告一般具有如下作用：（1）促进销售。广告的直接目的就是促进产品的销售，在广告中传达有关产品、服务的功能、品质以及自身优势等方面的信息，实现对销售业绩的直接提升。（2）树立品牌形象。在广告中传达品牌的个性，与消费者建立情感上的联系，让消费者对品牌产生认同，以此培养消费者对品牌的好感度与忠诚度。（3）树立企业形象。在广告中向公众展示企业实力、社会责任感和使命感，以期获得消费者的认可，增强消费者对企业的好感度和美誉度，从而带动产品销售。①

经济学意义上的服务是一种可供销售的活动，是以等价交换的形式满足企业、公共团体或其他社会公众的需要而提供的劳务活动或物质产品。在实践中，法律服务一般主要遵循"等价劳动交换"的市场规则，以提供法律服务换取相应的报酬。因此，将法律服务归入"商务服务业"的范畴，法律服务的运作势必会受到商务服务业一般运作规则的影响，包括借助广告来推广业务。从"法律服务"所处的行业地位来看，通过广告等方式进行业务推广不应存在任何障碍，相反还具有现实基础。然而，在法律界，关于律师能否利用广告推广业务这一问题，在各国都曾引发广泛的讨论。换言之，对于律师业务推广的必要性，在不同法治语境下有不同的答案。

在美国，美国律师协会于1969年通过的《职业责任守则》第2条规定，律师不应当通过报纸或杂志广告、广播或者电视公告、城市展示广告或电话簿以及其他商业宣传方式来宣传自己是律师，也不应当授权或允许其他人为其做上述事项。美国律师协会之所以这样规定，原因在于美国律师界的精英们认为，法律是一种职业（profession），而不是一种商业（business）；允许律师自我炫耀将破坏律师的职业精神，破坏律师的职业形象和声望。这样的态度一直持续到1977年以后才有所改善。1977年6月，美国联邦最高法院在 *Bates v. State Bar of Arizona* 案中对律师能否利用广告进行业务推广作出了判决，并对一些极具争议性的问题进行了辨析。

第一，关于律师广告是否会对法律职业主义产生负面影响（the adverse effect on professionalism）。律师协会认为，律师广告将对律师职业产生不利影响，法律职业主义的关键在于法律职业所产生的自豪感（sense of pride），而律师广告将导致律师职业的商业化（commercialization），严重损害律师的尊严感（sense of dignity）和自我价值（self-worth）。法院认为，从事法律职业必须具备公共服务精神，这是毋庸置疑的，但是律师广告与法律职业精神消解之间的关系是存在张力的，广告会降低律师在社会上的声誉的说法是值得商榷的。银行家和工程师也做广告，但并不被认为有损这些职业的声誉。相反，律师没有刊登广告，反而令公众对该行业的幻想破灭。广告的缺失，反映了该行业未能向社会伸出援手，也未能为社会提供服务。

第二，关于律师广告是否具有天然的误导性（the inherently misleading nature of attorney advertising）。律师协会认为，律师广告天然具有误导性，原因如下：（1）法律服务在内容和质量上都具有个性色彩，无法通过广告进行比较；（2）法律服务的消费者不能够根据广告事先确定他需要什么服务；（3）律师广告只强调与所提供的法律服务关系不大的因素而不会展现相关的技能因素。法院认为，律师广告并非天然具有误导性：（1）法律服务并非必然缺少衡量标准，一些特定服务，如无争议的离婚案件、简单的收养关系案件，均可以事先确定固

---

① 萧冰、王茜：《广告的力量》，上海交通大学出版社2016年版，第29–30页。

定的广告价格。法律服务的特定性并不妨碍律师在广告约定价格的基础上提供必要的法律服务。（2）并非所有的法律服务的消费者都不能事先确定其需要什么法律服务。（3）认为律师广告不能为选择律师提供完全根据的说法是没有价值的。禁止律师广告只会限制消费者获得法律服务信息的途径，而消除公众对法律服务不了解的最好办法是让他们获得更多的法律服务信息，而不是采取相反的做法。

第三，关于律师广告是否会对司法制度产生消极影响（the adverse effect on the administration of justice）。律师协会认为，律师广告将对司法制度产生消极影响，原因如下：（1）律师广告可能产生挑起诉讼的不良效果，而司法制度的目的是为那些受到不公正待遇的人提供救济。（2）律师广告可能鼓励人们将所有的纠纷都带入法庭，从而不必要地扰乱社会安宁。法院认为，律师的广告并不是对司法体系造成绝对损害的根源，相反它可能会带来很大的好处。虽然广告可能增加司法机制的使用，但我们不能接受这样的观念，即对一普通公民而言，默默地忍受错误总比通过法律行动纠正错误要好。在市场经济中，广告作为供给方向需求方表达其服务的可得性和交换条件的传统机制，有利于解决这一众所周知的问题。因此，律师广告非但不会给司法管理带来危害，反而可能带来许多好处。

第四，关于律师广告是否会带来不利的经济后果（the undersirable economic effects of advertising）。律师协会认为，律师广告会带来不利的经济后果，原因有二：（1）律师广告会增加律师行业的间接成本（overhead costs），这些成本会以增加律师费用的方式转嫁给消费者。（2）律师执业的额外成本将造成巨大的进入障碍，阻碍或阻止年轻律师进入市场。法院认为，禁止律师广告使消费者更难以找到法律服务中的物美价廉者，从而使律师与市场竞争相隔绝，削弱了律师进行价格竞争的动因。而律师广告能促使律师在市场竞争中降低法律服务价格。律师广告费用会成为新律师进入法律服务市场的障碍的说法也是缺乏说服力的，如果没有广告，律师就必须通过加强同公众的联系来获得业务，而建立这种联系需要时间，这种时间上的必要性也会成为维护法律服务市场地位既得者利益的手段。

第五，关于律师广告是否会对法律服务质量产生不良影响（the adverse effect of advertising on the quality of service）。律师协会认为，律师通常会以固定的价格为给定的"一揽子"（package）法律服务做广告，并且倾向于不加区别地使用标准化的一揽子服务，而不管它是否符合客户的需要。法院认为，对律师广告的限制并不是阻止律师劣质服务的有效方式。无论广告规则如何规定，那些倾向于降低服务质量的律师依然会这么做。此外，标准化费用的广告并不一定意味着律师所提供的服务不符合标准。

第六，关于律师广告是否会带来执行上的困难（the difficulties of enforcement）。律师协会认为，公众对法律服务缺乏了解，因而易受到律师广告的误导和欺骗。而受到误导和欺骗的人由于缺乏判断其得到的法律服务是否符合律师职业标准的能力，因此其事后提起的诉讼往往缺乏现实的约束力。这样就需要设立专门规范、调整律师广告行为的机构，而律师数量又非常多，因此，对律师广告行为的审查工作非常繁重，很难操作。法院认为，反对律师广告者一方面赞扬律师职业的美德，另一方面又认为其成员会找机会误导和欺骗其委托人，这两种说法自相矛盾。即使有了律师广告，绝大多数律师仍会一如既往地维护法律职业的廉正和尊严，会一如既往地维护法律制度。此外，绝大多数律师会像对待律师职业中其他不当行为一样，反对滥用律师广告的行为。因此，律师广告不难操作。

最后美国联邦最高法院判决，律师广告作为一种"商业言论"，受美国宪法第一修正案的保护，对于不具有虚假性、欺骗性，也不具有误导性的律师广告，各州不得进行全面禁止。

中国律师界对于律师业务推广是持开放态度的，但必须严格按照律师协会制定的规范进行。《律师执业行为规范（试行）》规定，律师和律师事务所推广律师业务，应当遵守平等、诚信原则，遵守律师职业道德和执业纪律，遵守律师行业公认的行业准则，公平竞争。律师和律师事务所应当通过提高自身综合素质、提高法律服务质量、加强自身业务竞争能力的途径，开展、推广律师业务。业内人士认为，律师业务推广的主要作用可以表现在以下四个方面：（1）稳定客户。律师业务中客户可能是流动不定的，这并不是律师行业发展不稳定造成的，而是由这个行业的社会特征决定的。但是通过业务推广活动的有效进行，让目标客户更多地了解、熟悉律师的服务特色，进而培养出一大批律师业务的忠实拥护者以及忠诚于律师的客户，就可以达到稳定客户的目的。（2）塑造形象。律师事务所在开展业务推广活动过程中，通过客观有效的宣传活动，将律师行业的服务特点以及良好的品牌形象传送给客户，从而达到广告效益并满足客户个性化需要。（3）传递信息。业务推广能在律师和客户之间进行长时间和不断更新的信息交流，能将法律服务的信息全面及时地传递给目标客户。（4）刺激需求。客观上说，业务推广活动为客户提供了消费刺激和消费倾向，并由此唤起消费者的消费欲。

二、律师业务推广的基本原则与方式

（一）律师业务推广的基本原则

对于律师能否进行业务推广，特别是能否使用广告等一般企业所采用的推广方式进行业务推广，世界各国或地区有着不同的做法。有些国家或地区进行严格的限制。如日本规定律师仅可通过名片、招牌、事务所介绍手册等 7 种方式介绍法律服务信息；我国台湾地区禁止律师利用广播、电视、电影、报纸、广告看板、气球等类似媒介或媒体介绍法律服务信息。有些国家或地区的管理则相对宽松，如美国对律师进行业务推广的媒介几乎不作限制，仅对业务推广的不当内容作负面清单式的列举。我国亦是如此，自 2004 年中华全国律师协会通过《律师执业行为规范（试行）》以来，对律师的业务推广一直采用了较为宽松的管理办法。[1]

根据《中华全国律师协会律师业务推广行为规则（试行）》之规定，律师、律师事务所进行业务推广应当遵守法律法规和执业规范，公平和诚实竞争，推广内容应当真实、严谨，推广方式应当得体、适度，不得含有误导性信息，不得损害律师职业尊严和行业形象。由此可知，律师业务推广应该遵循的基本原则包括守法、公平、真实、严谨、得体和适度。其中严谨、得体和适度原则是律师业务推广不同于一般商业推广的基本原则。严谨、得体原则即律师业务推广的内容和形式不宜使用夸张、含糊的方法。律师职业应当给人以含蓄、严格、守法、诚实的印象，如果业务推广方式轻佻、夸张，业务推广的内容经不住推敲，以博取眼球为目的，则会破坏社会公众对律师职业的整体印象。适度原则即律师的业务推广应当衡量商业利益和客户利益、社会公众利益、司法职业群体利益之间的关系，不应将商业利益置于首位。业务推广涉及客户信息时，应以保守客户的秘密作为首要责任，不应为业务推广擅自披

---

① 吴晨：《律师业务推广行为规则剖析》，载《中国司法》2018 年第 3 期。

露客户信息。[①]

（二）律师业务推广的方式

律师和律师事务所的业务推广，是律师和律师事务所开展业务的必要手段。根据《律师执业行为规范（试行）》《中华全国律师协会律师业务推广行为规则（试行）》等相关规定，结合律师业务推广的实践，律师和律师事务所的业务推广主要包括以下几种方式：

1. 业务能力与专业口碑

提高自身综合素质、提高法律服务质量、加强自身业务竞争能力是律师业务推广最基本的方式。律师身体力行办好每一个案件，把接受委托的每一个案件都办成精品，是最好的业务推广方式，是"没有营销的营销"。律师在办理案件过程中，其法律专业水平、业务技巧、工作责任心和法律服务效果能够直观地被当事人所感知。律师提供优质的法律服务，在解决当事人实际问题的同时，也能在自身和当事人之间建立良好的信任关系，并通过口碑相传不断吸引新的当事人，从而达到律师业务推广的效果。相反，如果律师的业务水平差，办理法律事务又不尽责，就会形成负面的示范效应，不仅留不住以前的当事人，还会导致新的当事人因为该律师的口碑不佳敬而远之。因而，律师和律师事务所首先应当通过提高自身综合素质、提高法律服务质量、加强自身业务竞争能力的途径，开展、推广律师业务。

2. 媒体广告与宣传资料

伴随着经济发展，法律对现代社会生活的调整范围越来越广泛，律师业务分工也越来越精细。面对日益分化的法律服务行业，一般公众有必要通过律师广告及时获取相应的法律服务信息，以促进对法律制度的了解。律师和律师事务所以广告方式宣传自身及其业务领域和专业特长，可以采取以下形式：

（1）通过报纸、杂志、广播、电视、电影、互联网等公众媒体发布广告。律师服务广告是指律师、律师事务所通过广告经营者发布的法律服务信息。律师和律师事务所通过报纸、杂志、广播、电视、电影、互联网等公众媒体发布的广告，由于其面向的是不特定的社会公众，具有广泛传播性，因而对广告内容的规范提出了更高要求。

《中华全国律师协会律师业务推广行为规则（试行）》第6条规定，律师个人发布的业务推广信息应当醒目标示律师姓名、律师执业证号、所任职律师事务所名称，也可以包含律师本人的肖像、年龄、性别、学历、学位、执业年限、律师职称、荣誉称号、律师事务所收费标准、联系方式，依法能够向社会提供的法律服务业务范围、专业领域、专业资格等。第7条规定，律师事务所发布的业务推广信息应当醒目标示律师事务所名称、执业许可证号，也可以包含律师事务所的住所、电话号码、传真号码、电子信箱、网址、公众号等联系方式，以及律师事务所荣誉称号、所属律师协会、所内执业律师、律师事务所收费标准、依法能够向社会提供的法律服务业务范围简介。

律师、律师事务所业务推广信息中载有荣誉称号的，应当载明该荣誉的授予时间和授予机构。律师、律师事务所可以宣传其专业法律服务领域，但不得自我宣称或者暗示其为公认的某一专业领域的专家或者专家单位。律师、律师事务所应当对其开立的互联网媒介账户中的信息内容负责，如果发现他人利用其互联网媒介账户发布违反《中华全国律师协会律师业

---

① 吴晨：《律师业务推广行为规则剖析》，载《中国司法》2018年第3期。

务推广行为规则（试行）》的信息，应当及时删除。

（2）通过印发律师名片进行业务推广宣传。律师在拜访当事人、接洽当事人或者进行其他社交活动过程中，往往会通过递送名片的方式介绍自己。但需要注意的是，与律师广告和其他律师宣传资料不同，律师业务推广规范对印制律师名片有着更为具体的要求，律师在印制名片过程中应当遵守司法行政部门及所属律师协会律师业务推广规范的相关规定。

根据《司法部律师司关于进一步规范律师事务所名称、律师名片的通知》的规定，并参照地方律师协会的相关规范，律师名片的编印应符合以下要求：① 律师的名片式样应庄重、简洁。② 律师名片应当编印姓名、身份、所在律师事务所全称、执业证书号码和联系方式；身份须编印"律师"两字，可以编印在执业律师事务所中担任的职务，如主任、合伙人等。③ 其他内容，包括律师经历、专业技术职务、其他头衔以及与律师执业不相关的内容都不得在律师名片上编印。本人在律师协会担任的职务，也不得编印在包含有本人执业的律师事务所的名片上，而应当另行编印名片。

（3）通过印发简介和其他具有广告宣传性质的书面资料、视听资料进行业务推广宣传。律师、律师事务所在业务推广过程中，经常会向当事人提供律师或律师事务所简介以及其他具有宣传性质的资料。通过印发简介以及其他具有宣传性质的资料，律师和律师事务所可以使潜在当事人直观地知悉、了解其提供的法律服务业务信息。

应该说，律师、律师事务所简介以及其他具有广告宣传性质的书面资料或视听资料与律师个人广告、律师事务所广告并没有实质性的不同，都是向潜在当事人提供法律服务业务信息，只不过一个是在商务活动中提供，一个是通过公众传媒发布。从律师业务推广的相关规范来看，律师、律师事务所简介以及其他书面资料或视听资料的内容，与律师个人广告或律师事务所广告内容相比较，没有实质性不同，只是在形式上更加灵活。

律师和律师事务所除通过广告方式宣传自身的业务领域和专业特长外，还可以通过新闻报道的方式进行宣传。在现代社会，信息传播的方式发生了很大变化，大量信息充斥于网络；而公众传媒基于独立报道的职业定位，其报道内容在多数情形下都表现出较高的公信力。律师和律师事务所可以通过公众传媒以消息、特写、专访等形式对其进行报道介绍，从而起到业务推广宣传的效果。

3. 普法活动与学术研讨

（1）通过发表论文、案例分析、专题解答、授课、普及法律等活动，宣传自己的专业领域。相较律师广告，法律知识的传播更容易使潜在当事人形成对律师的信赖关系。通过发表学术论文的方式，律师可以扩大自己在某一专业领域的影响力；通过在报纸期刊、广播电视等平台进行案例分析和专题解答，提出自己对社会热点问题和典型案件的法律意见，律师可以提高自己在相关领域的知名度；通过授课、普及法律，对有潜在法律需求的人群进行宣传，律师能够使潜在当事人了解自己的业务领域。一般来说，上述过程也是律师建立自己专业品牌、吸引潜在当事人的过程；得到受众认可以后，其就可能在当事人有法律服务需求时获得委托，从而实现律师业务推广宣传的效果。

（2）通过举办或者参加各种形式的专题、专业研讨会宣传自己的专业特长。研讨会是针对某一专业领域或某一主题在集中场所进行研究、讨论交流的会议形式。律师和律师事务所举办或者参加各种形式的专题、专业研讨会，一方面有可能接触相关专业领域的最新动态，提高自身专业法律服务水平；另一方面则能够扩大律师和律师事务所在相关专业领域的影响力，增强社会公众对其在相关专业领域法律服务水平的认可度。同时，律师和律师事务所举办或者参加某些实务性较强的专业研讨会，还可能直接接触相关行业领域的经营主体。比如房地产法研究会可能有房地产企业的工作人员参会；能源法研究会可能有煤炭、电力等企业的工作人员参会。律师通过研究会、研讨会的平台与相关行业领域的经营者讨论交流，能够直观地向相关行业领域的经营者展示自己的专业特长，从而产生较好的推广效果。

4. 法律援助与社会公益

律师办理法律援助案件，以及以自身或其所任职律师事务所的名义参加各种社会公益活动，是律师履行社会责任的要求。对尚需进一步开拓案源的律师来说，办理法律援助案件既能获得相应的法律援助办案补贴，也是其业务拓展的一个有效渠道。而社会公益事件往往有着比较广泛的社会关注度，律师参加社会公益活动有助于形成个人品牌，客观上也能产生业务推广宣传的效果。概言之，律师提供免费法律咨询、办理法律援助案件或者以自身名义提起公益诉讼，在帮助特定群体、履行社会责任的同时，也向公众展现了律师的服务价值，宣传了自身的专业特长，从而产生较好的推广效果。

三、律师业务推广的禁止性规范

（一）国外律师业务推广的禁止性规范

在美国，对于律师业务推广，职业伦理规范进行了细化规定。关于律师服务的信息交流，按照美国律师协会《职业行为示范规则》的规定，律师不得就其本人或者其服务进行虚假或者误导性的信息交流；如果该交流包含有对法律或者事实的重大不实陈述，或者省略了使该陈述从整体上被视为无重大误导性所必需的事实，该信息交流就是虚假的或者误导性的。关于律师广告，按照美国律师协会《职业行为示范规则》的规定，律师可以通过书面、录制或者电子手段，包括公共传媒，为其服务做广告。此外，律师不得通过向他人提供任何具有价值的事物的方式来推销其服务，但是律师可以：（1）对符合规定的合理的广告或信息传播支付费用；（2）支付法律服务计划、非营利性或者取得资格的律师中介服务收取的常规费用，其中取得资格的律师中介服务是指经适当的规范机构批准的律师中介服务。美国律师协会《职业行为示范规则》还指出，为帮助公众获得法律服务，应当允许律师不仅通过声望，而且通过广告形式的有组织的信息活动，使其服务为公众所知。与律师不得主动寻找委托人的传统相比，广告是对委托人的积极追求。而且，公众了解法律服务的需要在一定程度上能够通过广告来满足；对于没有广泛使用过法律服务的一般收入者而言，这种需要尤为强烈。

加拿大律师协会《律师职业行为准则》（Model Code of Professional Conduct）在第四章"法律服务营销"（marketing of legal services）中对律师业务推广进行了规定。根据《律师职业行为准则》的规定，首先，律师必须高效便捷地向公众提供法律服务，但是不得使用如下几种方式：（1）虚假或误导性的方式；（2）相当于胁迫、强迫或骚扰的方式；（3）利用一个易受伤害或有过创伤性经历且还未恢复的人；（4）其他导致法律职业或司法体系声誉受损的方式。其次，律师可以推销专业服务，但是"推销"必须符合以下条件：（1）必须是真实、准确和可核实的；（2）既不具有误导性、迷惑性或欺骗性，也不可能产生误导性、迷惑性或欺骗性；（3）为了公众的最大利益，并符合高标准的专业精神。最后，除非律师已获得律师协会认证，否则不得刊登该律师是某特定领域专家的广告。

《德国联邦律师法》对"律师广告"（werbung）进行了原则性规定，即律师只可以通过广告在形式和内容上客观地告知律师执业活动，不得为获得个案委托而进行。

应该允许当面
劝诱吗？

日本律师联合会于 1955 年 3 月制定的《律师伦理》第 8 条规定："律师不得在名片和招牌上记载除了学位和专业以外的信息，如自己以前的职业、其他的宣传事项，并且不能做广告。"1987 年 3 月，《日本律师联合会会则》被修改，第 29 条第 2 款规定："律师不得做自己业务的广告。但是遵从本协会的规定而实行的广告不在受限制范围。"各地方律师公会据此制定了《关于律师业务广告规则》和《律师业务规则》，如此一来，虽然能够做广告的媒体和事项受到了严格限制，但是律师的广告之路却被打开了。2002 年 3 月，《日本律师联合会会则》第 29 条第 2 款被修改为"律师关于自己的业务可以做广告。但是，违反本协会规定的行为不在被允许的范围""前述的广告必须遵循的事项按会规来制定"。因此，律师广告原则上开禁了；关于媒体的限制也被取消了，电视、广播等媒体也可以使用了。①

（二）中国律师业务推广的规范限制

1. 禁止不实宣传

《律师执业行为规范（试行）》第 32 条规定："律师和律师事务所不得进行歪曲事实和法律，或者可能使公众对律师产生不合理期望的宣传。"

由于委托关系的建立往往以当事人对律师专业水平的信赖为基础，如果律师和律师事务所的宣传内容不真实或者具有误导性，当事人就不能据此作出准确判断，在建立委托关系后容易发生纠纷。而律师和律师事务所因此还可能要承担相应的行业处分或行政责任，最终将损害律师群体的职业形象。

一般来说，律师和律师事务所进行业务推广有下列情形之一的，将可能被认为是不实宣传：（1）对律师事务所或者律师进行不符合实际的陈述或宣传，如虚构办理案件的情况、夸大自己的专业能力等。（2）自我声明或者暗示其被公认或者证明为某一专业领域的权威或者专家，如未经权威机构认定，使用"最""优秀""著名""资深"等文字等。（3）为争揽业务向委托人作虚假承诺，如有些律师在业务推广中使用"要胜诉，找××"的广告语。又如某律师未被聘为"××电视台××栏目特邀律师"，却以该头衔对外宣传，或宣传的办案数量不实，或自我宣称为婚姻法律业务方面的专家等。

2. 禁止比较宣传

律师执业活动主要是知识性、判断性的工作，因此对不同律师和律师事务所提供的法律服务实际上很难准确地比较。律师和律师事务所在业务推广过程中进行律师之间或者律师事务所之间的比较宣传，往往容易陷入通过贬低同行专业能力和水平的方式招揽业务的误区，这一方面可能造成对潜在当事人的误导，构成不正当竞争行为；另一方面还可能损害其他律师和律师事务所的声誉，构成民事侵权行为。即使认为其他律师或律师事务所在执业过程中存在违规行为，律师和律师事务所也应当向行业主管部门或行业协会反映，而不是以此作为

---

① ［日］森际康友编：《司法伦理》，于晓琪、沈军译，商务印书馆 2010 年版，第 241-242 页。

招揽业务的手段。

《律师执业行为规范（试行）》第34条规定："律师和律师事务所不得进行律师之间或者律师事务所之间的比较宣传。"第79条规定："有下列情形之一的，属于律师执业不正当竞争行为：（一）诋毁、诽谤其他律师或者律师事务所信誉、声誉；……"司法部颁布的《关于反对律师行业不正当竞争行为的若干规定》第4条也有类似规定。律师和律师事务所违反前述规定的，可能要承担行业处分、行政处罚甚至民事赔偿的责任。

3. 禁止恶意竞争

（1）律师和律师事务所不得以支付介绍费等不正当手段承揽业务。《律师执业行为规范（试行）》第79条第2项规定，采用承诺给予客户、中介人、推荐人回扣、馈赠金钱、财物或者其他利益等方式争揽业务的，属于律师执业不正当竞争行为。律师或律师事务所采取承诺给予客户、中介人、推荐人回扣、馈赠金钱、财物或者其他利益等方式承揽业务，一方面违反了律师行业规范，贬损了律师服务的价值；另一方面还可能构成商业贿赂类违法犯罪行为，不仅要承担行业处分、行政处罚等责任，还可能承担刑事责任。

（2）律师和律师事务所不得以明显低于同行业的收费标准竞争某项法律事务。《律师执业行为规范（试行）》第79条第2项规定，无正当理由，以低于同地区同行业收费标准争揽业务的，属于律师执业不正当竞争行为。而《律师服务收费管理办法》第4条规定："律师服务收费实行政府指导价和市场调节价。"对实行政府指导价的法律事务，律师和律师事务所无正当理由，以低于规定收费标准为条件吸引当事人的，构成前述不正当竞争行为；对实行市场调节价的法律事务，律师和律师事务所以明显低于同行业的收费水平招揽业务的，也构成不正当竞争。但值得注意的是，《律师服务收费管理办法》第23条第2款还规定："对于经济确有困难，但不符合法律援助范围的公民，律师事务所可以酌情减收或免收律师服务费。"该条对低于同行业收费水平的律师收费规定了例外情形，律师在业务推广过程中，也应当注意区分为特定群体提供法律帮助和低价不正当竞争的界限。

4. 互联网推广的限制

随着互联网技术的发展，律师和律师事务所进行业务推广出现了一些新形式，如通过电子邮件发送广告，在法律类门户网站开设博客，建立律师和律师事务所网站，搜索引擎广告（包括关键词广告、关键词竞价排名），以及网络即时通信工具营销等。其中，关键词广告是指律师或律师事务所付费后可以根据用户在搜索引擎中输入的关键词，在查询结果中刊登自己的广告；关键词竞价排名是指按照付费最高者排名靠前的原则，对购买了同一关键词的律师网站进行排名的一种方式。网络即时通信工具营销是指通过微信、QQ等网络即时通信工具进行律师业务宣传的一种方式。对于互联网环境下的律师业务推广，我国相关法律、法规、规章以及行业规范目前还没有专门规定。

（1）律师和律师事务所在互联网环境下进行业务推广，应当遵守律师业务推广的一般规定。如律师和律师事务所在法律类门户网站发布广告或通过电子邮件发送广告时，内容应当符合《律师执业行为规范（试行）》相关规定的要求，不得进行不真实或不适当的宣传，不得进行律师之间或律师事务所之间的比较宣传等。又比如在搜索引擎广告中，律师不得在其网页标签中设置"××专家""胜诉率高""最专业律师"等关键词，不得暗示其为某一专业领域的权威或者专家。

（2）律师和律师事务所在互联网环境下进行业务推广，应格外重视对委托人或其他人不愿泄露的信息的保密工作，充分尊重当事人的隐私。律师和律师事务所将其办理的典型案件放在其网站页面时，应当事先征得当事人同意；未征得当事人同意的，至少应当对当事人名称以及当事人其他不愿泄露的信息采取必要的技术处理。律师和律师事务所通过电子邮件发送广告或者通过网络即时通信工具进行业务宣传时，也应当尊重当事人的隐私。有些律师或律师事务所为实现业务推广的目标，向一些机构购买潜在当事人的联系信息，并向其发送广告和进行业务宣传，这种方式无疑是不适当的，其涉嫌侵犯潜在当事人的隐私权，也与律师职业群体的专业属性不符。《互联网电子邮件服务管理办法》第 12 条规定："任何组织或者个人不得有下列行为：……（二）将采用在线自动收集、字母或者数字任意组合等手段获得的他人的互联网电子邮件地址用于出售、共享、交换或者向通过上述方式获得的电子邮件地址发送互联网电子邮件。"

（3）律师和律师事务所在互联网环境下进行业务推广，应当注重法律服务业务信息和法律知识信息的区分，注重法律服务信息即律师广告的可识别性。律师和律师事务所建立网站，可能在网站上发布多种信息，既可能是律师姓名、性别、学历、专业、法律服务业务范围、执业业绩等法律服务业务信息；也可能是学术论文、法律常识、专题解答等法律知识信息。由于法律服务业务信息（律师广告）和法律知识信息在同一平台，因此其发布的栏目、页面应当严格区分，使律师广告能够为社会公众辨明。

（4）律师和律师事务所在互联网环境下进行业务推广，还应当遵守互联网广告管理的相关规范。

第四节　利益冲突规则

一、利益冲突规则概况

（一）利益冲突的内涵和特征

利益冲突（conflicts of interests）问题在各国一直是困扰律师执业的棘手问题，被认为是律师职业责任中最具普遍性的问题。因此各国律师执业行为规范都对此作出了具体规定。美国著名的律师职业责任理论研究专家罗伯特·埃若森教授指出，利益冲突是指律师与当前的客户客观上存在潜在的相反利益取向，这种潜在的相反利益取向存在于律师通过各种方式提供法律服务的过程中，即使当前律师采取的法律行动或提供的法律服务从律师的角度来看确实最大限度地有利于客户，也并不能消除由于存在潜在的相反利益而造成的这种利益上的冲突和紧张关系。[1]

律师执业中发生的利益冲突具有以下几个特征：（1）利益冲突并不以发生实际损害结果为条件，只要律师与当事人的关系或代理质量存在风险，就可以构成利益冲突。（2）利益冲突并不要求律师具有损害委托人利益的主观过错。即便律师主观上并不想损害委托人的利益，只要客观上存在这种风险，同样可能构成利益冲突，这就要求律师必须在代理案件之前尽到

---

[1]　李本森：《律师管理路在何方？——律师执业中的利益冲突立法及完善》，载《中国律师》2001 年第 4 期。

利益冲突的注意和审查义务。换句话说，这一规则立足于充分保障委托人的利益，而律师的主观意愿并不是免责理由。（3）利益冲突并非僵化不可避免，律师可以通过当事人的事先同意取得责任豁免。正因如此，律师事务所在与委托人签订委托代理协议的时候，应当注意事先约定利益冲突的豁免条款，以免因为利益冲突构成要件过于严苛而承担纪律责任。

（二）利益冲突的主要原因

在我国律师业发展的早期，律师执业中的利益冲突问题似乎并不算一个问题，但是随着近年来经济的迅速发展和法律服务市场的巨大变化，利益冲突已经引起整个行业的高度重视，很多省市地方律师协会甚至律师事务所内部，都制定了有关利益冲突审查标准以及审查机制的规范性文件。利益冲突问题日益凸显，主要基于以下几个方面的原因：

1. 大型综合性律师事务所日益涌现

在律师事务所规模较小时，之前业务累积的客户数量尚在可控范围；一旦律师事务所规模扩大，曾经代理过的客户数量必然随之增多，发生潜在利益冲突的可能性就会直线上升。众所周知，我国律师行业已经开始了兼并重组的浪潮，有的律师事务所甚至提出了"全球执业律师5年内超过5000人、全球员工总人数近万人"的奋斗目标，这些都为律师事务所在利益冲突方面的管理带来了许多新的挑战。如果规模化大所没有建立完整的客户数据库，没有完善的利益冲突检索制度，也没有建立内部健全的利益冲突判断标准和处理规则，既可能产生被客户投诉的名誉风险，更会产生对客户的利益损失进行赔偿的实体风险。

2. 地方律师资源匮乏

与一批顶尖律师事务所规模化的发展状况相伴随的，是我国绝大部分地区律师资源匮乏的现状，这同样会带来利益冲突问题。一旦某一地区律师和律师事务所的数量偏低，就会导致该地区的法律事务大量集中于某一律师事务所或律师的现象。因此，虽然该地区法律服务市场的总体规模不大，但发生利益冲突的可能性并没有随之减少。相较发达地区比较完善的利益冲突审查机制和软硬件条件，这些地方的律师事务所往往没有建立相关的制度规范，对利益冲突的问题也不甚了解，即使注意加以避免，往往也是仅凭律师的自我判断和口头交流进行非正式的审查，其弊端和风险可想而知。

3. 律师流动日益频繁

由于律师事务所管理体制、理念追求以及分配制度等各方面的原因，律师流动现象日益普遍和频繁，但目前我国尚缺律师离所的具体规范性做法，很多律师在进入新所后没有就其之前负责的委托人信息和案件信息向新所通报，带来了诸多利益冲突问题，尤其是案源较多的律师在不同律师事务所间的流动更会引发众多的利益冲突问题。

4. 社会利益主体多元化和经济交往复杂化

我国经济正处于历史上最为活跃的时期，各种兼并、收购、上市等的经济活动，都使得社会经济利益的分配和归属不再如以往那么清晰和明确。因此，律师在执业过程中就更容易陷入多角经济纠纷当中而违反禁止利益冲突的规范。

（三）禁止利益冲突的规范目的

禁止利益冲突的最终目的自然是维护整个律师制度的公信力，直接目的则是维护委托人的利益。具体而言，禁止利益冲突的规范目的主要有以下几个方面，这些目的本身也是判断是否构成利益冲突的基本依据。

1. 保证律师对委托人的忠诚

"忠实义务是律师和委托人之间代理关系的基石，各种关于利益冲突的规则都体现了忠实原则的范围和界限。"[①] 只有忠于委托人，以及忠于委托人委托之事项，律师才能获得当事人的信赖。律师不仅对当事人负有忠诚义务，这种忠诚义务还必须是不可分割的，一旦律师从事了利益冲突的代理，则必然产生"一仆分侍二主"的伦理困境：要么忠于前委托人，而违反对后委托人的忠诚义务；要么忠于后委托人，违反对前委托人的忠诚义务。无论哪种情况，都是应当尽力加以避免的。

2. 保守律师与委托人之间的秘密

如果允许律师从事利益冲突的代理，律师就可能为了获取更大的经济利益或其他利益，而泄露或滥用委托人的秘密信息。禁止利益冲突虽然无法完全禁绝这种行为，但可以最大限度地减少律师泄密的机会和动机。

3. 确保代理的质量

如果允许律师从事利益冲突的代理，出于对律师泄露客户信息的担忧，委托人很可能隐瞒对代理案件至关重要的案件信息，从而影响律师在充分知情的基础上为其提供完善的法律解决方案。不仅如此，禁止利益冲突规范还可以保证律师在代理时始终保持适度的热忱以及职业判断的专业性与独立性，从而提升代理品质。

4. 保证司法活动的秩序

禁止利益冲突的规范不仅着眼于对委托人利益的维护，其对司法秩序的维护也有重要的意义。如果不对利益冲突设置预先的审查和排除机制，一旦案件进入诉讼程序，当事人再向法庭提出利益冲突代理无效的申请，诉讼活动就必须立即中止，这会影响到司法活动的秩序。因此，必须赋予法院对利益冲突的预先审查权，以便其依职权或依申请排除利益冲突的代理，从而保证司法活动的顺利进行，节约司法资源。除此之外，禁止利益冲突的规范还有利于保障公众对于律师制度的信任，不至于丧失对司法运作有效性的信赖。

二、利益冲突的主要情形

国内外很多学者对利益冲突的基本类型进行了总结。

我国学者李本森认为，利益冲突主要有四种类型：第一种类型是同时作为利益有明显冲突的双方当事人的代理人；第二种类型是一方当事人律师与对方当事人或同一序列的其他原告或被告当事人有利害关系；第三种类型是律师与前委托人存在利益冲突；第四种类型是在同一案件中，一方当事人的代理律师与对方当事人的代理律师之间存在利益关系或其他利害关系。[②]

美国学者马克·斯坦伯格（Marc I. Steinberg）和蒂莫西·夏普（Timothy U. Sharpe）认为，一般而言，利益冲突主要包括以下两种类型：（1）同时代理（simultaneous representation），即同时代理对立的或潜在对立的委托人；（2）连续代理（Successive Representation），即律师或律师事务所在未经前委托人同意的情况下，代理与前委托人利益相对立的委托人。这两位学

---

① Nathan M. Crystal, *An Introduction to Professional Responsibility*, Aspen Publishers, 1998, pp. 85, 87.

② 李本森：《律师管理路在何方？——律师执业中的利益冲突立法及完善》，载《中国律师》2001 年第 4 期。

者进一步指出，与同时代理相比，连续代理在表面上很难看出不适当，因此，在认定上也更加复杂。连续代理既涉及忠诚义务，也涉及"律师—委托人关系"的维护。律师自称忠诚于他们的委托人，如果在以后的案件中利用了不利于前委托人的秘密，将违反其对前委托人的忠诚义务，并使未来的委托人不愿意透露秘密，这将严重破坏"律师—委托人关系"的根基。因此，在司法实践中，连续代理的结果通常是"取消代理资格"（disqualification），而且法院判定的主要依据是"假定分享秘密"（presumption of shared confidences），即律师事务所的所有律师对于所有委托人的信息都是知悉的。有鉴于此，马克·斯坦伯格和蒂莫西·夏普认为，需要对实践中"连续代理"涉及的利益冲突进行类型化分析，这样才有利于律师及律师事务所作出正确的选择。根据他们的总结，在实践中，常见的"连续代理"包括以下两种大的类型：

1. 律师事务所"转换立场"（switching sides）

在这种情形下，首次代理的律师和后续代理的律师都是同一律师事务所的成员，换言之，律师事务所改变了立场。例如，A 律师事务所的 X 律师在一起劳动争议案件中为 B 公司代理，在 X 律师仍然受雇于 A 律师事务所的情况下，A 律师事务所的 Y 律师在后一起针对 B 公司的劳动争议案件中为原告 C 代理。对于这种情形，在实践中，美国法院都毫无保留地适用"假定分享秘密"，取消整个律师事务所的代理资格。

2. 律师事务所之间的律师流动

律师更换律师事务所是法律服务市场中常见的现象。这其中存在滥用委托人秘密信息的可能性，导致利益冲突。具体而言，主要又分为以下几种类型：

（1）不直接参与代理工作的律师转所到代理对立委托人的律师事务所，但是该律师不参与该律师事务所有关对立委托人的代理工作。例如，假定在一起劳动争议案件中，A 律师事务所作为被告 B 公司的代理方，C 律师事务所代理原告。X 律师在 A 律师事务所时并未直接参与该案件，现 X 律师离开 A 律师事务所，受雇于 C 律师事务所，但是 X 律师在 C 律师事务所也不参与该案件。对于这种情形，在实践中，一些法院认为，没有必要完全适用"假定分享秘密"，因为秘密披露的风险微乎其微，原因在于律师既不直接参与代理，也不知道前一次或当前代理的秘密信息。因此，规定受质疑的律师事务所有责任出具宣誓书，证明该律师既不参与其中任何一项代理，也不了解与此类代理有关的机密信息，这项规则就足以在这些情况下保护委托人的秘密。

（2）没有直接参与前一次代理的律师希望在第二次代理中直接代理对立的委托人。例如，假定在一起劳动争议案件中，A 律师事务所作为被告 B 公司的代理方，C 律师事务所代理原告。X 律师在 A 律师事务所时并未直接参与该案件，现 X 律师离开 A 律师事务所，受雇于 C 律师事务所，但是 X 律师希望直接代理原告。对于这种情形，在实践中，法院认为，X 律师可以直接获得代理资格，而不受到限制。但前提是受质疑的律师执行宣誓声明以及出示其前同事的宣誓证词，即只要证明受质疑的律师不了解秘密信息，便可以有效地推翻"假定分享秘密"。此外，前一次代理中涉及的秘密信息被披露的风险其实非常小。因为"假定分享秘密"的一个基本原理是：律师事务所的律师在经济上都是相互依存的，可能试图披露任何有助于该律师事务所委托人的秘密。然而，在这种情形中，对那些拥有秘密信息的律师来说，没有任何经济优势——实际上还可能存在财务上的抑制因素——来披露这些信息，因为从这种披露中获益的律师不是他们律师事务所的成员。

（3）律师持有在以前的有关代理中获取的秘密，离开律师事务所后，律师的前一家律师事务所在连续代理中代表了对立的委托人。例如，X 律师受雇于 A 律师事务所时在一起劳动争议案件中曾作为被告 B 公司的代理律师，这个诉讼没有牵涉到 A 律师事务所的任何其他律师。X 律师离开 A 律师事务所时，带走了与 B 公司相关的所有信息。几个月后，在一起针对 B 公司的劳动争议案件中，原告要求 A 律师事务所作为其代理方。对于这种情形，在实践中，法院认为，如果律师事务所能够从离开该律师事务所的律师那里获得证词，证明该律师完全独立掌握前委托人的秘密，则该律师事务所不应被取消代理资格。

（4）曾在一家律师事务所直接代表委托人的律师加入了一家新的律师事务所，而这家新的律师事务所在同一案件或实质上相关的事情上代表对立的委托人。例如，X 律师受雇于 A 律师事务所时曾在一起劳动争议案件中作为被告 B 公司的代理人。在诉讼期间，X 律师加入了作为原告代理方的 C 律师事务所，或者在诉讼结束后，X 律师加入了 C 律师事务所，C 律师事务所在随后的劳动争议案件中作为原告的代理方。在这两种情况下，假定 X 律师都没有参与 C 律师事务所的案件。对于这种情形，在实践中，一般要求 C 律师事务所将 X 律师安排到不同于其之前所在的部门、团队或办公室，并严格限制案件材料的访问权限与访问程序，并且 C 律师事务所应该明确通知本所中的所有律师不得与 X 律师讨论有关该案件的任何信息。[①]

三、利益冲突的预防与处理

（一）对利益冲突的预防

律师事务所作为律师的执业机构，理应承担起禁止利益冲突的制度设置以及相关审查的主要责任。律师事务所应当加强对合伙人和律师队伍思想观念的引导工作，利用各种奖惩机制灌输和树立律师事务所整体利益高于律师个人利益、律师社会声誉高于短期收入的正确导向。实际上，一些律师行业的规范性文件已经对律师事务所在利益冲突预防与避免方面的责任作出了明确的规定。如我国《律师法》第 23 条规定，律师事务所应当建立健全利益冲突审查等制度，对律师在执业活动中遵守职业道德、执业纪律的情况进行监督。《律师执业行为规范（试行）》第 87 条规定："律师事务所应当建立健全执业管理、利益冲突审查、收费与财务管理、投诉查处、年度考核、档案管理、劳动合同管理等制度，对律师在执业活动中遵守职业道德、执业纪律的情况进行监督。"

一旦律师事务所发展到一定阶段，律师业务量有所保障，专业化方向相对确定，律师事务所可以就案源在各个合伙人和律师之间进行有效平衡，就需要进一步规范各个环节的利益冲突预防与避免工作。具体可以着重采取以下几个方面的措施：

1. 建立律师的立案申请制度

律师在接收案件的时候，必须向律师事务所统一申报，由律师事务所进行集中信息检索，从而确保在不存在利益冲突的前提下接受案件。未经立案申请和利益冲突审查的案件不得办

[①]　Marc I. Steinberg, Timothy U. Sharpe, "Attorney Conflicts of Interest: The Need for a Coherent Framework", *Notre Dame Law Review*, Vol. 66, Issue 1（1990–1991）, pp. 1–36.

理委托手续，律师事务所也不得在委托协议上盖章。

2. 建立专门的业务资料信息库，并开发全体律师和员工具有不同权限的利益冲突即时检索系统

有条件的律师事务所应当设置专人负责所有案件详细业务信息的输入，将诸如原告、被告、第三人、各方承办律师等可能涉及利益冲突的主要项目一一登记，统一录入系统。律师就可以在接受案件之前，进行是否产生利益冲突的初步检索。如果本所已经接受对方当事人的委托，则律师可以立即中止与客户的洽谈，避免更多了解客户的关键信息，甚至造成日后的纠纷。

3. 设置专门的利益冲突查证程序

有条件的律师事务所应当设置专人在接案前统一进行利益冲突查证，并将查证情况及时通报相关人员。如果确实存在利益冲突，则通知行政人员不得接受案件委托，或者按照律师事务所内部的专门规定进行相应处理。如果存在利益冲突的可能但暂时无法确定，应采取一定措施避免律师接触委托人关键和保密的信息，以防止潜在利益冲突发展成为真正的利益冲突。

4. 建立完善的档案管理制度

律师事务所还应加强档案管理制度的建设，以确保律师承办的案件能够及时有效地由律师事务所收回存档，并由专人进行保管。但是现实情况是，现在很多律师事务所由于规模较小，人员较少，没有配备专职或兼职的档案管理员和专门档案室，业务档案随意存放；很多合伙人由于专注于创收，往往对档案工作不甚重视；律师更是没有相应意识，往往在办理案件后没有对应该归档的材料及时归档导致案卷丢失或无卷可归；有些律师事务所放任律师自行保管业务档案，甚至在律师调离后也不对业务档案进行必要的交接。这一切都使得之后对代理案件进行利益审查时丧失必要的基础条件，无疑会增加发生利益冲突的可能性。

5. 完善对转所律师代理案件进行利益冲突审查的制度

当前律师在律师事务所之间转所调动已经非常频繁，这就可能造成以下情况：在接受业务时并不在一个律师事务所，因而不存在利益冲突；但在该业务仍在进行之时，代理原告的律师转入代理被告的律师所在的律师事务所，同一律师事务所的律师代理双方当事人。美国行业规范要求律师必须结束其在原事务所的全部工作后才能转到其他律师事务所工作。但是，我国没有类似的规定。相反，律师往往带着未办结的业务转至新所，而新所也非常欢迎此类律师的加盟，这就更容易提高发生利益冲突的可能性。为了避免这种情况的发生，律师事务所在接受新的律师转入时，应当负有查证利益冲突的义务。律师事务所可以要求转入律师提供其正在办理和已经终结委托关系的业务信息，以便律师事务所进行查证。

6. 对一些容易发生利益冲突的关键环节加强审查

一般而言，在以下环节最易发生利益冲突，律师在进行利益冲突审查时应当格外注意：代理新客户时；为老客户代理新业务时；在既有的代理业务中引入新的参与者时；有新律师加入律师事务所时；非客户方支付律师费时；律师接受客户给予的利益或职位时；等等。

（二）对利益冲突的处理

应当承认，无论律师事务所和律师多么注意，随着经济生活的不断发展，各种利益关系愈发盘根错节，发生利益冲突的可能性始终存在。那么一旦确认存在利益冲突，律师事务所

应该如何处理呢?

《律师执业行为规范(试行)》第50条规定:"办理委托事务的律师与委托人之间存在利害关系或利益冲突的,不得承办该业务并应当主动提出回避。"第52条第1款规定:"有下列情形之一的,律师应当告知委托人并主动提出回避,但委托人同意其代理或者继续承办的除外:(一)接受民事诉讼、仲裁案件一方当事人的委托,而同所的其他律师是该案件中对方当事人的近亲属的;(二)担任刑事案件犯罪嫌疑人、被告人的辩护人,而同所的其他律师是该案件被害人的近亲属的;(三)同一律师事务所接受正在代理的诉讼案件或者非诉讼业务当事人的对方当事人所委托的其他法律业务的;(四)律师事务所与委托人存在法律服务关系,在某一诉讼或仲裁案件中该委托人未要求该律师事务所律师担任其代理人,而该律师事务所律师担任该委托人对方当事人的代理人的;(五)在委托关系终止后一年内,律师又就同一法律事务接受与原委托人有利害关系的对方当事人的委托的;(六)其他与本条第(一)至(五)项情况相似,且依据律师执业经验和行业常识能够判断的其他情形。"

上述规范对发生利益冲突后的处理仅仅提供了"不得承办"这样的规则,未免显得过于简单。实践中的情形纷繁复杂,还可以作出进一步具体的指引,本书建议:

第一,律师事务所应当确立发生利益冲突后的调整原则。律师事务所一旦在本所律师正在办理的业务中发现利益冲突的情形,除与有关当事人协商调整外,调整原则一般为已建立的委托优于拟建立的委托,先建立的委托优于后建立的委托。委托关系的成立时间,以律师事务所和委托人签订委托合同的时间,或者虽未签订委托合同但委托人实际支付委托费用的时间,或者律师和当事人的函件足以证明委托关系成立的时间为准。

第二,发生利益冲突后,应当督促律师向客户履行告知义务。律师和律师事务所发现存在利益冲突情形的,应当告知委托人利益冲突的事实和可能产生的后果,并由委托人自行决定是否建立或维持委托关系。律师在取得当事人间接利益冲突的有效豁免后,各方当事人之间又形成直接利益冲突的,必须及时告知各方当事人。

第三,在发生利益冲突后,应当征求委托人是否同意豁免的意见,以免除律师事务所继续利益冲突代理的责任。如《北京市律师业避免利益冲突的规则(试行)》第8条规定:"委托人之间存在利益冲突,律师应当向拟委托的委托人明示,在取得相关委托人书面同意给予豁免后,方可报律师事务所与委托人建立委托代理关系。"委托人决定建立或维持委托关系的,应当签署知情同意书,表明当事人已经知悉存在利益冲突的基本事实和可能产生的法律后果,以及当事人明确同意与律师事务所及律师建立或维持委托关系。需要注意的是,委托人的豁免必须满足以下条件:(1)必须是书面形式;(2)必须说明已向委托人说明利益冲突的基本事实和代理可能产生的后果;(3)委托人需要签字,明确要求或同意承办律师继续代理。

还必须注意的是,即使得到了委托人的书面豁免,律师仍然应当对各方当事人的案件信息承担保密义务。《律师执业行为规范(试行)》第53条规定:"委托人知情并签署知情同意书以示豁免的,承办律师在办理案件的过程中应对各自委托人的案件信息予以保密,不得将与案件有关的信息披露给相对人的承办律师。"因而,在获得当事人的豁免后,有利害关系的律师之间仍然不得交流、披露与经办案件相关的信息。

第四,如果本所同一律师在同一业务中接受双方或多方委托人的委托,应当对该律师予以批评，并保留一方委托人的委托，解除与其他委托人的代理或委托关系，退还其他委托人已交纳的代理费用。

第五，同一律师事务所中的数个律师分别接受同一案件双方或多方委托人委托的，律师事务所应当商请各方委托人签发豁免函；委托人拒绝签发豁免函的，则应当保留一方委托人的委托，解除与其他委托人的代理或委托关系，并退还解除委托关系委托人已交纳的代理费用。律师事务所在两个或者两个以上有利害关系的案件中分别接受委托人委托，或办理的后一个法律事务与前一个法律事务存在利益冲突的，应当协商解除其中一个案件的代理或委托关系，退还该委托人已交纳的代理费用；协商不成的，应当解除后一个案件的代理或委托关系，退还该委托人已交纳的代理费用。

第六，本所律师代理与本人或其近亲属有利益冲突的法律事务时，应当解除委托关系或将案件移交本所其他律师办理。

第七，的确存在利益冲突的，由相关合伙人和律师按时间优先和事务所整体利益优先的原则进行协商，以确定只接受一方的委托；如果发现和认定本所律师从事的法律事务存在利益冲突，行政部门对相关法律事务的委托协议不予盖章。发生直接利益冲突，未得到当事人有效豁免，或者发生间接利益冲突、当事人通知不同意豁免，律师又不能自行调整消除利益冲突的，应当终止与当事人的委托关系，并妥善处理有关事宜；该律师仍然继续从事该法律事务的，律师事务所应按照私自从事律师业务论处，由此对律师事务所和客户造成损失的，由该律师承担相应责任。

第八，律师事务所、律师因违反利益冲突规则导致委托人损失的，应当根据委托代理合同的约定向委托人承担责任，律师也应当根据有关规定向律师事务所承担责任。

（三）利益冲突的豁免

在某些国家，实行利益冲突不得豁免的指导原则，当事人的利益和律师的忠诚义务被强调到极端，不允许存在任何例外。如果我们也实行同样严格的利益冲突禁止规范，则可能在实施中出现如下问题：

首先，我国很多地区的律师事务所和律师数量都十分有限，一旦存在利益冲突就绝对禁止代理，将会剥夺委托人得到律师代理的机会。而且利益冲突禁止规范对损害后果采取的是可能性标准，即使该律师的职业伦理足以保障其不会从事损害当事人利益的活动，也必须禁止代理。这样过于僵化的规则不但没有保护当事人的利益，反而实际损害了他们的利益，违背了该规范的立法初衷。因而这种情况应当交由当事人自己在损害其利益的可能和获得优秀律师代理的好处之间进行利弊权衡，作出是否同意豁免的决定。

其次，在一些规模较大的律师事务所，因为律师人数较多，利益冲突的现象不可避免，一旦绝对禁止利益冲突的代理，实际上对大所的发展极为不利。规模越大的律师事务所，内部律师代理案件之间发生利益冲突的可能性就越大，如果一概禁止，势必会导致律师之间的矛盾和律师流动性和不稳定性的加剧。

最后，绝对的利益冲突禁止还会带来不正当竞争问题。某些大型企业为了防止一些大型律师事务所为将来可能存在的对手提供法律服务，事先将自己的各项法律服务进行拆解，并分别委托不同的律师事务所。因为存在这种在先的委托关系，实际上排除了将来竞争对手获得称职律师代理的机会，垄断了法律服务。有的律师可能会为了更有利可图的委托人而从先前委托中退出，或把现行委托人转变为前委托人从而规避更为严格的同时性利益冲突规则。

基于以上考虑，必须对利益冲突禁止规范设置若干必要的例外。既然利益冲突禁止本质上是为了保护当事人的利益，自然可以因当事人对利益的放弃而免除利益冲突，这就是利益冲突豁免。构成利益冲突的豁免必须满足以下几个条件：（1）当事人必须对利益冲突及其法律风险充分知情；（2）当事人必须了解利益冲突可能的全部风险；（3）当事人必须作出书面同意。出具豁免文件的主体不应局限于前任委托人或现任委托人，有条件的话，凡是利益冲突的各方当事人均应出具豁免文件。为了避免当事人在将来遭到利益损失后投诉律师违反利益冲突禁止规范，最适当的做法就是由利益相关方出具利益冲突的书面豁免文件，并在其中明确列明已经知悉利益冲突的所有事实和可能产生的后果。但是，这种豁免仍然需要注意，豁免并非在任何场合下都能成立，如果法律本身作出了明确的禁止性规定且没有设置例外，即使当事人同意，也不得进行利益冲突的代理。最典型的如《最高人民法院关于适用〈中华人民共和国刑事诉讼法〉的解释》第43条第2款规定，在刑事辩护中，一名辩护人不得为两名以上的同案被告人，或者未同案处理但犯罪事实存在关联的被告人辩护。

第五节　律师收费规则

一、我国律师收费规则的沿袭

我国关于律师收费的第一个成文规范是国务院于1956年5月批准司法部发布的《律师收费暂行办法》。《律师收费暂行办法》第1条规定，律师的设置是为了给予人民法律上的帮助，根据目前人民生活水平和案件简易复杂情况，实行按劳取酬的原则，依照本办法向当事人收取劳动报酬。由此可知，在当时，律师收费的基本原则是"按劳取酬"，主要考虑因素是"人民生活水平"与"案件简易复杂情况"。律师个人也不能私自收取费用，收费数额应由法律顾问处主任与当事人进行协商，并在达成协议后，由当事人向法律顾问处缴纳，并由顾问处发给当事人正式收据。此外，《律师收费暂行办法》还对具体的收费标准进行了规定，例如，当事人就具体案件在法律上请求口头帮助的，如果具体案件内容不涉及财产关系，或者虽然涉及财产关系但案情简单，每件收费不得超过1元。对于一些特定的案件，《律师收费暂行办法》还规定"免费给予法律帮助"，具体包括：（1）关于因生产事故受损伤请求赔偿的案件；（2）关于请求赡养费或抚育费的案件；（3）关于请求抚恤金的案件；（4）关于当事人请求帮助给予口头解答的事件，但关于对具体涉讼案件提供口头意见的除外；（5）经证明当事人确属经济困难，无力负担的案件。然而，由于历史原因，《律师收费暂行办法》并没有得到贯彻执行，一直到改革开放以后，才得以重新施行。

1981年12月，司法部、财政部发布了《律师收费试行办法》，该办法是根据《律师暂行条例》第17条、第20条制定的，在内容上大部分借鉴了《律师收费暂行办法》。《律师收费试行办法》第2条规定，律师对国家机关、企业、事业单位、社会团体、人民公社和公民提供法律帮助时，由法律顾问处根据本办法规定的收费标准向委托人收费，并开具收据，律师不得私自收费。对于律师收费标准需要考虑的因素，相较《律师收费暂行办法》中主要考虑"人民生活水平"与"案件简易复杂情况"，《律师收费试行办法》规定，法律顾问处应当根据律师承办业务的繁简程度、需时长短、诉讼标的（实得数额）多寡等实际情况，在收费标准表所列的幅度范围内确定具体收费数额。

2006 年 4 月，国家发展和改革委员会、司法部发布了《律师服务收费管理办法》，目的是规范律师服务收费行为，维护委托人和律师的合法权益，促进律师服务业的健康发展。《律师服务收费管理办法》第 3 条规定，律师服务收费遵循公开公平、自愿有偿、诚实信用的原则。律师事务所应当便民利民，加强内部管理，降低服务成本，为委托人提供方便优质的法律服务。由此可知，《律师服务收费管理办法》进一步明确了律师收费的基本原则，相较过去的"按劳取酬"原则，现有律师收费基本原则主要包括"公开公平""自愿有偿"与"诚实信用"。此外，《律师服务收费管理办法》第 4 条规定，律师收费实行政府指导价和市场调节价。这已经完全改变了过去全部以政府指导价为基准的做法，这也是社会主义市场经济不断发展与律师制度不断改革的结果。

近年来，各地方在有关律师收费方面进行了积极探索，核心问题在于如何处理"政府指导价"与"市场调节价"之间的关系，许多地方甚至已经全面实行了"市场调节价"。例如，北京市司法局、北京市律师协会于 2018 年 3 月发布了《关于全面放开我市律师法律服务收费的通知》。通知指出，自 2018 年 4 月 1 日起，北京市律师法律服务收费全面实行市场调节价。各律师事务所要严格遵守《律师法》《价格法》以及司法部《律师事务所管理办法》《律师执业管理办法》等法律法规、规章的规定，建立健全收费管理和财务管理制度，严格落实明码标价制度，为委托人提供质量合格、价格合理的服务。不得利用优势地位强制服务、强制收费，或者只收费不服务、多收费少服务。严禁串通涨价、恶意低价以及价格欺诈等不正当竞争行为。

二、律师收费规则的规范意义

（一）依法合理收费是律师职业定位的内在要求

《律师法》第 2 条第 1 款将律师定位为"依法取得律师执业证书，接受委托或者指定，为当事人提供法律服务的执业人员"。一方面，律师和当事人已经成为法律服务市场中的平等主体；律师希望通过提供法律服务获得更高的收益，当事人则希望能够以较低的代价获得高质量的法律服务。随行就市、协商收费已经成为律师行业中较为普遍的现象。另一方面，律师不应该是纯粹追求利润的商人，同时担负着维护法律正确实施、维护社会公平正义的职责。

律师收费问题不仅涉及律师和当事人间的关系，还涉及律师和司法制度间的关系。具体而言，律师收费影响着当事人通过司法途径解决争议的可能性，并对司法效率以及社会关于司法制度公平性的整体观念产生影响，从而在一定程度上具有公共利益的属性。因此，基于这个层面的考量，需要对律师收费进行一定的规制，否则可能出现要么律师漫天要价，当事人无力购买法律服务，要么律师之间过度竞争，降低律师行业的服务价格和服务质量的局面。而无论哪种情形都不是健康的法律服务市场应该出现的。律师职业的公共性要求律师收费应遵守行业主管部门和律师协会的规范要求，依法合理收费。

（二）依法合理收费是律师和当事人形成良性关系的重要方面

律师和当事人之间只有建立良好的信赖关系，律师的价值才能够得到充分体现。这种信赖关系的建立，一方面是基于律师的法律职业素养，另一方面是基于当事人对律师提供的法律服务价值的认可。但由于法律服务的专业性和律师服务本身存在的差异性，当事人往往较难对律师提供的法律服务的价值作出准确判断；在当事人对案件处理情况的预期以及其支付的法律服务费用与实际判决结果发生偏离时，围绕律师收费的争议就非常容易发生。而在双方利益激烈冲突又没有标准的背景下，对律师"高收费""乱收费"的诟病也就不难理解了。通过政府指导价的方式划定部分法律服务的收费幅度，一定程度上有助于引导当事人正确认识律师提供的法律服务价值；律师按照规范要求依法合理收费，客观上也能起到减少律师收费争议的作用，从而减少当事人以及社会上对律师的误解和负面评价，有助于律师和当事人间良性关系的形成。

三、律师收费规则的主要内容

（一）律师收费的主要方式

律师收费方式是指律师为委托人提供法律服务时以何种方式收取费用，其实质就是律师报酬的收取方式。根据《律师服务收费管理办法》的规定，结合各省、自治区、直辖市价格主管部门和司法行政部门制定的实施办法和收费标准，律师收费的方式可以作以下划分：以计费方式为标准，可分为计件收费、按标的额比例收费和计时收费；以收费是否与案件处理效果相挂钩为标准，又可以分为固定收费和风险代理收费。

1. 计件收费

计件收费是指按承办业务的数量收费。一般适用于不涉及财产关系的法律事务，如刑事案件，不涉及财产关系的民事诉讼、行政诉讼案件，以及代书法律文书等。涉及财产关系的案件，如果争议标的额较低，律师的服务成本通过按标的额比例收费的方式不能得到合理的反映时，也可以和当事人协商采取计件收费方式。

对刑事案件和实行政府指导价的其他不涉及财产关系的案件，各省、自治区、直辖市价格主管部门和司法行政部门制定了相应的政府指导价标准，律师事务所应当在指导价的范围、幅度内收费。对实行市场调节价的法律事务，律师事务所可以与委托人就每件业务协商确定计件收费的标准。

2. 按标的额比例收费

按标的额比例收费是指根据涉案的财产标的额按照一定的比例收取费用。其适用于涉及财产关系的法律事务。对涉及财产关系的部分民事诉讼、行政诉讼和国家赔偿案件，各省、自治区、直辖市价格主管部门和司法行政部门规定了按标的额比例收费的政府指导价标准。各地区基本都采取根据争议标的额、分段按比例累计收费的方式，对争议标的额的不同区段规定了不同的收费比例。

3. 计时收费

计时收费是指根据律师提供法律服务的时间和确定的计时收费标准收取律师服务报酬。其可以适用于全部法律事务。律师事务所代理刑事案件以及实行政府指导价的部分民事诉讼、行政诉讼、国家赔偿等案件，采取计时收费方式的，收费不得超出所在地区关于计时收费的政府指导价标准；律师事务所提供前述法律服务以外的其他法律服务（实行市场调节价的法律事务）采取计时收费方式的，可以与委托人协商确定计时收费的标准，但也应当遵循诚实信用、公开合理的原则。

4. 固定收费

固定收费是指律师收费不与案件处理效果相挂钩，而是按照固定收费标准收取律师服务费。固定收费一定程度上有利于委托人合理估计费用，并可以方便地从数字上比较各律所提供的报价。但固定收费将律师暴露在不确定性之下，如果律师将未来的工作难度估计过低，律师事务所就要承受不能足额收费的风险。因而，固定收费可能导致律师要在自身的利益与服务客户的努力之间作出权衡，致使律师的服务可能要打折扣。

5. 风险代理收费

风险代理收费是将律师收费与法律服务效果挂钩的一种收费方式。律师事务所代理案件达到约定目标的，可以收取高于固定收费标准的律师服务费；代理的案件不能达到约定目标的，律师事务所则要承担不能收费或不能足额收费的风险。在我国律师业发展初期的相当长一段时间里，风险代理收费在律师收费方式中的定位一直比较模糊，甚至不乏法院判决风险代理收费无效的案件。直到 2006 年施行的《律师服务收费管理办法》对风险代理收费作了明确规定，才在全国层面确认风险代理收费是一种合法的律师收费方式。

（二）律师收费的禁止性规范

律师收费也是各国职业伦理规范中的重要问题，因为这不仅涉及委托人的合法权益，还涉及整个律师行业的社会形象。例如，美国社会公众对律师的所有抱怨中，律师费用首当其冲，很多美国人认为法律服务成本太高，只有低于 5% 的美国人认为律师收费是物有所值的。因此，目前很多国家都以具体法规来控制收费，制定服务的收费标准。[①]

在美国，有关律师收费的管理结构比较复杂，混合了律师行业监管、尊重市场规律、个别立法和司法干预。根据美国律师协会《职业行为示范规则》之规定，律师不得协商收取、索取或者收取不合理的律师费或者数额不合理的其他费用。确定律师费是否合理时应当考虑的因素包括：（1）所需要的时间和劳动，所涉问题的鲜见程度和难度，以及适当提供法律服务所必需的技能；（2）在委托人看来，律师接受该特定工作将妨碍其从事其他工作的可能性是很明显的；（3）所在地提供类似法律服务通常收取的律师费；（4）所涉及的标的额和获得的结果；（5）委托人或者由事态本身所限定的时限；（6）与委托人之间的职业关系的性质和存续的时间；（7）提供法律服务的律师的经验、声望和能力；（8）律师费是固定的，还是附条件的。此外，美国律师协会《职业行为示范规则》还对一些特定案件的律师收费进行了限定，即律师不得协商收取，也不得索取、收取下列律师费：（1）在家庭关系事务中，其支付或者数量以离婚之促成或者获取的生活费、扶养费之数额为条件，或者以财产清算之促成为条件的律师费；（2）在刑事案件中代理被告人时的附条件律师费。[②]

在加拿大，律师收费同样也是律师职业伦理中的重要问题。根据加拿大律师协会《律师职业行为准则》的规定，律师不得规定、收取或者接受任何未完全公示、不公平和不合理的律师费，不得在未经委托人明确授权的情况下，挪用其为委托人保管的或因其他原因而在其控制下的任何资金作为律师费，但监管机构规则允许的除外。律师收费必须遵循"公平合

---

① ［美］德博拉·L. 罗德、小杰弗瑞·C. 海泽德：《律师职业伦理与行业管理》，许身健等译，知识产权出版社 2015 年版，第 266 页。

② 北京市律师协会组编：《境外律师行业规范汇编》，中国政法大学出版社 2012 年版，第 176 页。

理"这一基本原则，需要考虑并反映下列因素：（1）要求并付出的时间和精力；（2）事务的难度和重要性；（3）是否需要并提供了特殊技能或服务；（4）当地同等地位的其他律师在相似事宜及情况中通常收取的律师费；（5）民事案件中涉及的金额或标的物价值；（6）刑事案件中委托人所受的影响和风险；（7）获得的结果；（8）当地法律核准的收费表或收费标准；（9）失去其他受聘机会、紧迫性和报酬不确定性等特殊情况；（10）律师与委托人之间的任何相关协议。①

在欧盟，根据《欧洲律师行为规则》的规定，律师收取的费用应完全告知委托人，收费标准应公平合理，且遵守法律法规及相关职业行为准则。如果律师要求委托人垫付其费用或支出，则该笔款项不得超出合理预估的费用范围及可能的支出范围。如果委托人无法垫付该笔款项，律师可退出该案件或拒绝办理该案件，但律师无权在委托人由于无法及时获得其他法律援助从而可能遭受损害的情况下自行退出某个案件。此外，律师无权订立"讨债分成协议"。所谓的"讨债分成协议"，是指律师与委托人在委托事务办结前订立的协议。该协议约定由委托人向律师支付其最终取得的利益的一部分，无论该等利益的形式是委托人基于事务办结而获得的钱款还是其他利益。但是"讨债分成协议"不包括符合官方收费标准的或受有管辖权机构监管的、约定律师可按一定比例就案件标的额收取费用的协议。

在德国，《德国联邦律师法》第 49b 条对"律师报酬"（Vergütung）进行了原则性规定，而律师收费应该遵守的具体规则主要是由《德国联邦律师报酬法》规定的。根据《德国联邦律师报酬法》的规定，律师的报酬要以标的价值（Gegenstandswert）作为计费的基础，原则上律师不得低于法定标准收费。律师收费的具体计算方法由该法的附表——收费目录（Vergütungsverzeichnis）规定。收费目录由两个附件组成。附件一详细列举了律师服务项目的种类（Angelegenheiten），针对当事人的同一件委托，可能同时涉及多个律师服务项目，因此需要分别计费；针对某个特定的律师服务项目，也可能同时存在多件委托，同样需要分别计费。每种律师服务项目，都有相应的数字编码和费率（Gebührensatz）标准。附件二是一个公式表格，根据这个表格，可以查出标的价值所对应的计价基数（Gebührenbetrag）。用计价基数分别乘以与委托有关的律师服务项目费率，再把各个项目的费用相加，得出的就是该项委托的律师收费金额。

在日本，《日本律师法》并未对"律师收费"进行规定，而是由《日本律师联合会章程》和《日本律师职务基本准则》进行规定。根据《日本律师联合会章程》的规定，律师的报酬应适当、合理。有关律师报酬的必要事项，由会规规定。《日本律师职务基本准则》则规定，律师应参照经济利益、案件的难易程度、时间和劳务及其他情形，提出恰当且合理的律师报酬。

就我国而言，对于律师收费，我国《律师法》《律师服务收费管理办法》《律师执业行为规范（试行）》都进行了明确规定。《律师法》第 25 条第 1 款规定，律师承办业务，由律师事务所统一接受委托，与委托人签订书面委托合同，按照国家规定统一收取费用并如实入账。由此可知，《律师法》确立了我国律师收费的一项重要标准，即"统一收费原则"或"禁止私自收费原则"。《律师服务收费管理办法》则进一步对律师收费行为进行了细化。根据《律

---

① 北京市律师协会组编：《境外律师行业规范汇编》，中国政法大学出版社 2012 年版，第 355 页。

师服务收费管理办法》的规定，实行市场调节的律师服务收费，由律师事务所与委托人协商确定。律师事务所与委托人协商律师服务收费应当考虑以下主要因素：（1）耗费的工作时间；（2）法律事务的难易程度；（3）委托人的承受能力；（4）律师可能承担的风险和责任；（5）律师的社会信誉和工作水平等。

律师事务所应当公示律师服务收费管理办法和收费标准等信息，接受社会监督。律师事务所接受委托，应当与委托人签订律师服务收费合同或者在委托代理合同中载明收费条款。收费合同或收费条款应当包括收费项目、收费标准、收费方式、收费数额、付款和结算方式、争议解决方式等内容。律师事务所与委托人签订合同后，不得单方变更收费项目或者提高收费数额；确需变更的，律师事务所必须事先征得委托人的书面同意。律师事务所向委托人收取律师服务费，应当向委托人出具合法票据。律师事务所在提供法律服务过程中代委托人支付的诉讼费、仲裁费、鉴定费、公证费和查档费，不属于律师服务费，由委托人另行支付。

据此，我国律师收费的禁止性规范主要包括以下几个方面：

1. 禁止私自收费

《律师法》第40条第1项规定，律师在执业活动中不得有私自收取费用、接受委托人的财物或者其他利益的行为。律师承办业务，应当按照规定由律师事务所向委托人统一收取律师费和有关办案费用（代委托人支付的费用和异地办案差旅费），不得私自收费，不得接受委托人的财物或者其他利益。律师违反相关规定私自收费的，可能承担警告、罚款、没收违法所得、停止执业3个月以上6个月以下的处罚以及相应行业处分。某些案件中，律师私下收费不入账，委托人事后指控律师诈骗，存在律师被认定构成刑事犯罪的风险。禁止律师私自收费，不单是律师职业伦理的基本要求，也是保障律师切身利益的需要。

2. 禁止违规超额收费

《律师服务收费管理办法》《国家发展和改革委员会关于放开部分服务价格意见的通知》划分了实行政府指导价和市场调节价的律师服务范围；各省、自治区、直辖市价格主管部门和司法行政部门也基本都制定了所在地区的律师服务政府指导价标准。按照规定，律师事务所应当严格执行价格主管部门和司法行政部门制定的律师服务收费管理实施办法和收费标准。

律师事务所、律师超出政府指导价范围或幅度收费，构成不执行政府指导价的价格违法行为的，可能承担没收违法所得、罚款甚至责令停业整顿的行政责任。同时，根据《律师协会会员违规行为处分规则（试行）》的相关规定，还可能承担训诫、警告、通报批评、公开谴责、中止会员权利1个月以上1年以下或者取消会员资格的纪律处分。故对实行政府指导价的法律服务，律师事务所、律师都应当在指导价的范围、幅度内收费。

3. 禁止部分案件风险代理收费

《律师服务收费管理办法》禁止对刑事诉讼案件、行政诉讼案件、国家赔偿案件以及群体性诉讼案件实行风险代理收费；同时排除婚姻、继承案件以及请求支付劳动报酬、工伤赔偿、赡养费、抚养费、扶养费、抚恤金、救济金等涉及社会保障和特定群体保护的案件实行风险代理收费。

律师事务所、律师对前述案件实行风险代理收费的，构成《律师协会会员违规行为处分规则（试行）》第27条规定的"违反风险代理管理规定收取费用"的情形，可能承担训诫、警告、通报批评、公开谴责、中止会员权利1个月以上1年以下或者取消会员资格的纪律处分；同时，如果律师事务所与委托人就律师收费问题发生争议，双方关于风险代理收费的约定也可能因违反《律师服务收费管理办法》的规定被认定为无效。对禁止实行风险代理收费的案件，律师事务所、律师应合理选择收费方式，避免收费风险。

4. 禁止利用法律服务谋取当事人争议的权益

《律师法》第40条规定："律师在执业活动中不得有下列行为：……（二）利用提供法律服务的便利牟取当事人争议的权益……"禁止律师利用提供法律服务的便利牟取当事人争议的权益，是律师忠诚义务和利益冲突回避规则的基本要求。而从律师收费的角度，则彰明律师不得从委托人处牟取律师服务费以外的其他任何经济利益。律师违反上述规定的，将承担警告、罚款、没收违法所得、停止执业3个月以上6个月以下的处罚以及相应的行业处分。

综合《律师和律师事务所违法行为处罚办法》《律师执业行为规范（试行）》等相关规定，"利用提供法律服务的便利，牟取当事人争议的权益"可能表现为以下几种形式：（1）违法与委托人就争议的权益产生经济上的联系，与委托人约定将争议标的物出售给自己；（2）委托他人为自己或为自己的近亲属收购、租赁委托人与他人发生争议的标的物；（3）采用诱导、欺骗、胁迫、敲诈等手段获取委托人与他人发生争议的标的物；（4）指使、诱导委托人将争议标的物转让、出售、租赁给他人，并从中获取利益等。律师在执业过程中牟取当事人争议的权益，不仅违背律师执业的宗旨，也会损害社会对律师行业的价值认同。

律师事务所可以与委托人签订以回收款项或标的物为前提按照一定比例收取货币或实物作为律师费用的协议，但禁止在律师服务费以外非法牟取委托人的任何其他权益。

5. 禁止办理法律援助案件时向受援人收费

《律师法》第42条规定："律师、律师事务所应当按照国家规定履行法律援助义务，为受援人提供符合标准的法律服务，维护受援人的合法权益。"《法律援助条例》第22条规定："办理法律援助案件的人员，应当遵守职业道德和执业纪律，提供法律援助不得收取任何财物。"《律师服务收费管理办法》也重申了这一要求。律师办理法律援助案件违反上述规定，将承担警告、退还违法所得、罚款甚至停止执业1个月以上3个月以下的处罚。概言之，办理法律援助案件是律师事务所、律师履行社会责任的一种方式，在办理法律援助案件过程中，律师应严格遵守各项规定，不得向受援人收取任何费用，不得从事有偿法律服务。

（三）律师收费的监督与争议解决

根据我国《律师服务收费管理办法》的规定，公民、法人和其他组织认为律师事务所或律师存在价格违法行为的，可以通过函件、电话、来访等形式向价格主管部门、司法行政部门或者律师协会举报、投诉。地方人民政府价格主管部门、司法行政部门超越定价权限，擅自制定、调整律师服务收费标准的，由上级价格主管部门或者同级人民政府责令改正；情节严重的，提请有关部门对责任人予以处分。

因律师服务收费发生争议的，律师事务所应当与委托人协商解决。协商不成的，可以提请律师事务所所在地的律师协会、司法行政部门和价格主管部门调解处理，也可以依据仲裁条款（如有）申请仲裁或者向人民法院提起诉讼。

第六节　律师保密规则 [①]

一、律师保密义务的法理基础和性质

（一）律师保密义务的法理基础

保守秘密是所有职业的一项原则，例如，医生、会计师等职业人员同样面临着保密问题，这也是一般伦理的一部分。然而，律师与委托人之间的交流要受到"法律职业特权"（legal professional privilege）的特别保护。保密原则对于委托人和律师之间建立信任关系起着核心作用，因为委托人经常就私人问题或对他具有重要经济意义的问题寻求法律咨询。有关律师保密义务的法理基础，不同的学者给出了不同的解释。

我国学者司莉认为，律师保密义务的理论依据在于"律师—当事人"的信任关系是"律师—当事人"关系的基础，甚至是律师制度存在的基础之一。具体表现在以下几个方面：（1）对抗制的诉讼制度架构是律师保密义务存在的基础；（2）律师履行保密义务是有效保护当事人利益的需要；（3）律师履行保密义务体现的是对个人尊严的尊重；（4）律师履行保密义务是维护律师职业整体利益的需要；（5）律师履行保密义务是价值冲突选择的需要，彰显律师制度存在的意义。[②] 我国学者李本森从刑事辩护律师的角度出发，认为律师的保密义务是基于当事人享有的隐私权利、当事人享有的商业秘密的权利或者是国家机关享有的国家秘密的权利。[③]

我国台湾地区学者姜世明认为，律师保密义务与律师职业本质中的"高度信赖关系"之间呈现密切的理论关联。律师是专门职业或自由职业的一种，而自由职业的本质之一乃职业人员与当事人之间具有高度信赖关系，此信赖关系是律师事务所与当事人之间订立委托合同的基础，并且也是律师能否顺利提供法律服务的根本。委托人基于专业或其他考量给予律师高度的信赖，这种信赖关系使委托人能较无保留地将家丑、社会交际、业务秘密及个人不为人知的行为或心理状态等信息告诉律师，而律师也只有在获得完全信息的情况下才可以作出周全的法律判断，才能提供最优质的法律服务。[④] 我国台湾地区学者王惠光也认为，在现代法治社会，律师是诉讼制度中不可缺少的一环，应让当事人畅所欲言，不用担心向律师的陈述会形成不利的证据，否则便无法与律师充分沟通，就失去了律师协助的功能。因此，律师的保密义务不仅保护当事人的隐私，对法治建设也有重要意义。[⑤]

日本学者森际康友认为，咨询人和委托人在咨询、委托的时候，都会把自己所遇到问题的信息提供给律师。而作为律师，为了妥当解决纠纷，对案件有全局了解，以适当的方式正确把握信息是不可缺少的。咨询人和委托人应当提供的信息，不仅包括与案件直接相关的、

---

① 律师保密规则主要通过法律法规规定的律师保密义务予以体现，故本节围绕律师保密义务阐述律师保密规则相关内容。

② 司莉：《律师保密义务有关理论问题探讨》，载《河南财经政法大学学报》2015 年第 2 期。

③ 李本森：《关于刑事辩护中律师保守职业秘密问题的探讨》，载《中国司法》2006 年第 4 期。

④ 姜世明：《法律伦理学》（修订第 4 版），元照出版有限公司 2015 年版，第 308 页。

⑤ 王惠光：《法律伦理学讲义》，元照出版有限公司 2012 年版，第 119 页。

影响案件发展趋势的信息，也包括深层次的与隐私相关的信息及对方当事人、与纠纷相关的其他人的信息，甚至有些不想让家属知道的信息也包含其中。为了能够让咨询人和委托人信任律师，安心地提供信息和委托律师取证，建立律师无论在执行中还是执行终了后都不得向外泄露信息的保障制度很有必要。保密义务，从这种角度看，可以说是律师制度的基石，是极其重要的制度。①

美国学者门罗·弗里德曼（Monroe Friedman）认为，律师的保密义务源于对个人尊严的尊重、对宪法上获得律师帮助权的保障、对抗制的有效性。他进一步指出，委托人和律师之间关系的目的和必要性要求委托人能最充分、最自由地表达其目标、动机及行为。如果律师被允许泄露这些秘密，那么"不仅粗暴地侵害了对其角色的神圣信任"，而且将"最终破坏、阻碍从职业帮助中所获得的有效性和好处"。这种对保密性的神圣信任，在任何情况下都不得违反，否则，委托人将无法自由地将秘密托付给期望为其提供法律建议和帮助的律师。② 美国学者戴维·鲁本（David Reuben）则认为，要合理解释律师的保密义务，必须找到当事人的律师与当事人的其他关系人之间有什么区别，而这必须求助最古老的证据规则之一——在伊拉莎白时代就已经稳固确立起来的"律师—当事人特权规则"（attorney-client privilege），即如果为了从专业法律顾问处寻求某种法律建议，当事人与法律顾问私下所作的交流在他所涉及的诉讼中是永久免受披露的，不管是由他自己还是由法律顾问，除非他放弃了该特权。保密义务的范围在两个方面比特权规则要宽：首先，它要求律师保守其当事人的秘密，不能告诉世界上的任何人，并不局限于将这些秘密作为证据；其次，它包括了当事人秘密以外的信息。支持特权规则的理由主要包括两个方面：一是以实现社会正义为依据；二是以当事人的权利为依据。鲁本教授认为，前述理由虽然也为保密义务提供了合理依据，但主要侧重于刑事辩护，而保密义务同样存在于非刑事案件中。因而，从道德考量的角度，对个人人格尊严的尊重总是要求律师无论如何都需要保守职业秘密。③

综合前述学者的观点，本书认为，保密原则的法理基础主要体现在以下几个方面：（1）委托人享有隐私权。从人权理论的角度看，个人隐私受保护的权利已经成了一项基本人权。（2）律师对隐私信息负有特殊责任，源于他所处的社会地位以及委托人对他的信任。（3）从契约精神的角度看，律师事务所与委托人之间的合同中有一个隐含条款，即律师对委托人的信息负有保密义务。（4）在某种意义上，委托人给律师的信息是律师作为受托人收到的财产，受托人必须说明利用该信息获得的收益。（5）为了确保委托人之间的争论符合公共利益，律师需要保守秘密。人们能够获得最好的法律服务属于社会公共利益的范畴，而保守秘密将有助于人们获得此种法律服务。对于司法体系的正当性而言，委托人的完全信任是至关重要的。换言之，委托人必须确信他向律师所讲的信息都将获得保护。尽管对于律师为什么对委托人的信息负有保密义务具有不同的解释，但总体而言，这些解释都为律师保密义务提供了一个强有力的基础，即律师不应该披露委托人给予他的秘密。

---

① ［日］森际康友编：《司法伦理》，于晓琪、沈军译，商务印书馆 2010 年版，第 22—23 页。

② ［美］门罗·弗里德曼：《对抗制下的法律职业伦理》，吴洪淇译，中国人民大学出版社 2017 年版，第 7 页。

③ ［美］戴维·鲁本：《律师与正义——一个伦理学研究》，戴锐译，中国政法大学出版社 2010 年版，第 188—189 页。

（二）律师保密义务的性质

有关律师保密义务的性质，目前国内外学者已经基本达成了共识，律师保密义务既具有权利属性，也具有义务属性。

美国学者肯特·考夫曼（Kent D. Kauffman）认为，委托人—律师保密原则（principle of client–lawyer confidentiality）表现在相关的法律部门中：律师—委托人特权（attorney–client privilege）、工作成果原则（work product doctrine）以及职业伦理中确立的保密原则（rule of confidentiality）。其中，律师—委托人特权和工作成果原则适用于司法或者其他程序中。在这些程序中，律师可能被传唤作为证人或者以其他方式被要求提供与委托人有关的证据。委托人—律师保密原则适用于通过法律强制从律师处获得证据之外的情形。由此看来，在律师与委托人关系中，保密义务体现为律师的一种职业义务，在律师与其他司法机关关系中，保密义务则体现为一种职业特权。[①]

日本学者森际康友认为，在进行具体法律咨询时，很多律师被咨询人问道："你能帮我保守秘密吗？"律师当然会回答："我一定帮你保守秘密，有什么话尽管说。"然而，也有律师本来打算保守秘密，但因出现诸如国家机关要求律师公开与委托人相关的秘密，致使律师最终不能保住秘密。因此，保密义务，对咨询人和委托人来说，是律师的义务；对国家机关和第三人来说，则是律师的权利（不公开委托人秘密的权利）。律师保守咨询人和委托人的秘密既是义务，同时也是律师取得咨询人和委托人的信任，顺利履行职务、保障律师执业的职务权利。[②]

我国台湾地区学者姜世明认为，律师保密义务，如果从律师可据此对抗国家的要求作证或扣押物品而言，可以定性为律师的职业特权，即使在律师协会要求的必要信息开示义务中，律师也不能违反其对当事人所负的保密义务。如果从委托人的角度看，律师保密义务则完全可以定性为律师的一种职业义务，具有很强的义务性。[③]我国台湾地区李礼仲、谢良骏两位研究者也认为，律师保密义务涉及委托人的隐私权、缄默权以及辩护权之维护与保障。因此，为了维护委托人的前述权利，律师自然负有保密义务，不得任意泄露委托人的秘密。此外，律师在刑事或民事案件中担任证人，如果就其因业务所知悉的有关委托人秘密之事项受到询问，除非经委托人本人允许，律师得拒绝作证。此时，保守职业秘密对于律师而言则是一项重要的职业特权，即拒绝作证权。[④]

在我国，目前尚未明确赋予律师拒绝作证权，相反，我们更多地对律师科加了一种对法庭的真实义务。比如，《刑事诉讼法》第 62 条第 1 款规定："凡是知道案件情况的人，都有作证的义务。"该条文并未设置任何例外，因此，严格来说，我国律师的拒绝作证权尚未建立。那么，是否意味着律师保密义务在我国只有义务属性，而没有权利属性呢？事实上，尽管法律并没有明文赋予律师拒绝作证的权利，也没有赋予律师拒绝搜查和扣押的权利，但《刑事诉讼法》第 48 条规定："辩护律师对在执业活动中知悉的委托人的有关情况和信息，有权予

---

① Kent D. Kauffman, *Legal ethics*（*Third edition*）, Delmar Cengage Learning, 2014, p. 128.

② ［日］森际康友编：《司法伦理》，于晓琪、沈军译，商务印书馆 2010 年版，第 23 页。

③ 姜世明：《法律伦理学》（修订第 4 版），元照出版有限公司 2015 年版，第 310 页。

④ 李礼仲、谢良骏：《法律伦理学》（新论），元照出版有限公司 2013 年版，第 163 页。

以保密……"该条已经在某种程度上承认了律师保密义务所具有的权利属性。因此，从广泛意义来看，律师保守职业秘密在我国也同时具有权利属性和义务属性。当我们强调其权利属性的时候，更多的是着眼于律师和司法机关的关系，主张律师可以根据保密特权而免去作证的义务，涉及的是诉讼法上的证人作证义务问题；而当我们强调其义务属性的时候，更多着眼于律师和委托人的关系，主张律师应尽到合理的注意，以保障国家秘密、商业秘密及委托人各种隐私和信息不被不合理地公开，涉及的主要是律师的职业伦理问题。应该说，律师保密特权（拒绝作证权）和律师保密义务是一个问题的两个方面，它们彼此依赖、相互依存，并可以互相转化。

二、律师保密义务的制度意义

任何制度的设置都有一定的规范目的，律师保密义务也不例外。从其诞生的第一天起，该制度就在维护对抗制诉讼的基本伦理、维护当事人最大利益、维护律师职业整体利益、提升法律服务整体水平等方面发挥了巨大作用，从而被认为是整个律师制度职业伦理的基础性制度之一。

（一）律师承担保密义务是律师制度赖以存续的必要基础

一般而言，当事人在初次接触律师时，往往对其专业水平和人格品质并不十分了解，但是为了得到对其案件全面而细致的法律建议，又必须告知律师有关案件的所有信息。如果不对律师群体科以保密义务并辅之以行业纪律规范约束，当事人显然无法将其个人信息和盘托出。正是在漫长的律师制度发展过程之中，整个行业所建立起来的保守职业秘密的群体形象和纪律保证，使得每一个需要法律服务的当事人得以与其所接触的律师个体建立起最基本的信任关系，并在此基础上与律师事务所签订委托代理协议，得到法律服务。

（二）律师承担保密义务是提供有效代理和辩护的基本前提

"律师同委托人关系的基本原则是：律师应对有关案情保密。这样才能鼓励委托人全部地、坦率地向律师提供案情，以免使问题复杂化或有碍问题的解决。"[①] 律师与委托人之间的关系，可以形象地概括为"你给我事实，我给你法律"。在事实领域，委托人具有无可比拟的优势，只有他全面了解案件涉及的种种背景和信息。而律师作为法律专家，只有在了解全面信息的基础上才能够为委托人提供最为科学和可行的法律解决方案。也正因如此，律师可以在委托人隐瞒重要事实的情况下，拒绝为委托人提供法律服务。律师合理制定代理策略，必须以全面充分了解案件事实信息为前提。只有律师对当事人的信息承担严格的保密义务，当事人才可能毫无保留地告知律师所有涉案信息。否则，当事人即使获得了律师的帮助，也由于无法进行充分的信息沟通而使得律师帮助流于形式，无法获得有效的辩护和代理。

（三）律师承担保密义务也是诉讼职能分工和独立诉讼地位的具体要求

在职权主义诉讼模式下，所有诉讼角色均服务于真相发现的目的，律师的保密义务并没有得到应有的强调。但是在对抗制诉讼模式下，律师作为控辩对抗的一极，理应承担保密义务，律师和委托人均没有义务成为控方进攻己方的武器，没有义务为对方提供不利于己方的

---

① 美国律师协会编：《美国律师职业行为标准规则》，俞兆平、姜福丛译，中国政法大学出版社1989年版，第18页。

案件信息。在刑事诉讼中，辩护律师还具有独立的诉讼地位，既要独立于当事人的意志，更要独立于公检法的利益，不能作不利于当事人的辩护。如果辩护律师不承担保密义务，而可以检举揭发不利于当事人的信息，则无异于充当了第二公诉人的角色，从而违背其独立的诉讼地位。不仅如此，可能还会因为律师的主动告发，使当事人失去自首坦白、争取良好认罪态度和悔罪表现的机会，从而损害当事人的利益。

（四）律师承担保密义务是其消极真实义务的具体体现

美国纽约州豪佛斯塔大学的弗里德曼（Friedman）教授认为，美国的刑事辩护律师实际上被要求遵循三个相互矛盾的原则：首先，刑事辩护律师需要了解其委托人案件的全部内容；其次，刑事辩护律师需要为被告人保密，建立起相互信任关系；最后，刑事辩护律师永远忠于法庭。可见，律师既要承担对当事人的忠诚义务，又要承担对法庭的真实义务，这两者之间往往存在直接或间接的矛盾。律师与控方虽然都要承担对法院的真实义务，但是因为其各自诉讼职能和角色不同，其所承担的真实义务也有不同的侧重，律师对于发现真相的作用仅仅体现为不作伪证以及不毁灭、不伪造证据等消极真实义务。正是在这个意义上，律师不必向控方主动告发当事人的违法犯罪行为，也不必提供有关当事人的各种信息。即使面对控方的真实证据，辩方仍然可以质疑其合法性，从而排除一份可能完全真实的证据。同样，即使面对一份真实的证人证言，辩方也完全可以通过各种交叉询问的技巧达到降低其证言可信度的效果。这些不但没有违背律师的职业伦理，相反还被法律所允许。据此，律师对不利于当事人的信息保密而非伪造、毁灭证据，正是其消极真实义务的具体体现，是被职业伦理规范所允许的行为。

三、律师保密义务的主要内容

律师保密义务的内容主要涉及主体、客体与期间三个方面，即：什么人负有保密义务？保密义务的对象是什么？保密义务的时间范围是什么？

（一）保密义务的主体

关于保密义务的主体，各国均有不同的规定，有的范围比较宽泛，有的范围比较狭窄，下面分而述之。

1. 国外律师保密义务的主体

在美国，虽然美国律师协会《职业行为示范规则》规则 1.6 提到的主体只有"律师"，但这并不意味着同一律师事务所的律师助理、职员或雇员就不需要承担保密义务。根据《职业行为示范规则》规则 5.1 之规定，律师事务所的合伙人或者在律师事务所拥有相应管理权限的律师，应当尽合理努力，确保该律师事务所的所有律师都遵守《职业行为示范规则》的规定。根据《职业行为示范规则》规则 5.2（a）之规定，即使处于他人指挥之下，律师仍然受《职业行为示范规则》的约束。由此可知，下属律师也属于保密义务的主体。根据

律师保密义务
之难题

《职业行为示范规则》规则 5.3（b）之规定，对非律师人员有着直接管理权的律师应当尽合理努力，以确保该人的行为符合律师的职业义务。由此可知，非律师成员也属于保密义务的主体。此外，美国律师协会在该条的注释中明确指出，律师在执业过程中，通常需要雇用助手，包括秘书、调查人员、法学院实习生以及辅助人员。这些助手，无论是雇员还是独立的合同

相对方，都在为律师工作，律师应当就上述助手受雇工作的伦理方面为其提供适当的指示和管理，尤其是不得公开与代理委托人有关的信息以及对其工作成果负责。

在德国，根据《德国联邦律师法》及《德国律师执业规范》的规定，律师负有保密义务。这里的律师并不限于承办该案件的单一律师，若在同一事件中，有数位律师受同一委托人委托，那么这些律师均负有保密义务。此外，在合伙律师事务所中，某一律师接受委托人委托后，其他合伙律师、受雇律师或律师事务所其他职员，均负有保密义务。例如《德国律师执业规范》规定，律师应当对其工作人员和参加其业务活动的任何人以书面形式规定保密义务，并要求他们在执行案件以外的任务时也要保守秘密。

在日本，根据《日本律师法》及《日本律师职务基本准则》之规定，负有保密义务的主体主要包括以下几类：（1）律师，即处于"律师—委托人"关系中的律师当然负有保密义务。（2）曾经担任律师的人，即被取消律师资格的人，虽然已经不是职业基本规则的适用对象，但仍然是保密义务的主体。（3）共同律师事务所的律师，即共同律师事务所的律师对于本所其他律师之委托人秘密同样负有保密义务，即便其已经转所到其他律师事务所，该保密义务依然存在。（4）律所的其他职员，即律所其他职员对于本所律师、职员、雇员之委托人的相关秘密负有保密义务。

2. 中国律师保密义务的主体

在我国，根据《律师法》《律师执业管理办法》及《律师执业行为规范（试行）》之规定，负有保密义务的主体主要包括以下几类：

（1）律师。处于委托代理关系中的律师，是与委托人信息接触最为密切的主体。无论是书面法律服务合同的内容，还是口头交流或通信往来，律师都会接触大量委托人信息。因此，处于委托代理关系中的律师当然负有保密义务。

（2）受托律师以外的律师事务所其他律师和工作人员。在实践中，很多律师事务所的管理模式已经告别了之前单打独斗、独行侠式的办案模式，而是集中所内业务精英集体讨论案件，或借阅卷宗以作办案参考，这种工作模式自然容易带来案件信息的泄露问题，所有参与讨论案件的律师都应对案件和委托人信息负有保密义务。此外，实践中律师事务所大量使用律师助理、法律实习生协助办理案件，这类人员也应该成为保密义务的主体。例如，《北京市律师执业规范（试行）》第26条规定，合伙律师、律师有义务对实习律师、律师助理、法律实习生、行政人员等辅助人员，在律师业务及职业道德方面给予指导和监督，特别是要求辅助人员保守当事人的信息秘密。律师对受其指派办理事务的辅助人员出现的错误，应当采取制止或者补救措施，并承担责任。第63条规定，律师事务所的其他律师及辅助人员对于了解到的委托事项的保密信息负有保密义务。

（3）律师事务所。律师事务所虽然是组织，但依然负有保密义务。例如，《律师事务所从事商标代理业务管理办法》第15条就明确规定，律师事务所及其律师承办商标代理业务，应当遵守律师执业保密规定。未经委托人同意，不得将代理事项及相关信息泄露给其他单位或者个人。虽然这一规定是针对商标代理业务的，但在保守委托人秘密方面的原理是相通的，律师事务所也应是保密义务的主体。律师事务所承担的保密义务主要应该通过完善案卷档案管理工作体现和履行，尤其是在律师事务所日益实现电子化管理的今天，律师事务所更应该加强自身的网络安全管理，避免泄露委托人信息。

（二）保密义务的客体

关于保密义务的客体，各国法律职业伦理都有规定，有的采用列举式，有的采用概括式，但是范围都比较广泛，下面分而述之。

1. 国外律师保密义务的客体

在美国，根据美国律师协会《职业行为示范规则》规则 1.6 规定，律师不得披露与代理委托人有关的信息（information）。美国律师协会在注释中指出，保密规则不但适用于委托人与律师秘密交流的事项，还适用于所有与代理有关的信息（all information），不论其来源如何。律师不得披露上述信息，除非得到授权，或者遵照《职业行为示范规则》等法律的要求。

在加拿大，根据加拿大律师协会《律师职业行为准则》规则 3.3 规定，律师对与委托人的业务（business）、事务（affair）有关的一切信息（all information），必须始终严格保密，不得泄露。加拿大律师协会在注释中指出，本规则应当与有关律师和委托人之间口头或书面交流的律师—委托人特权证据规则（evidentiary rule of lawyer and client privilege）相区分。本规则的适用范围更加广泛，在适用的时候无须考虑保密信息的性质和来源，也无须考虑保密信息是否为他人所知悉。此外，加拿大律师协会还认为，律师与委托人的授信关系禁止律师为了律师本人或者第三方当事人的利益或在对委托人的利益造成损害的情况下使用受到保护的委托人信息。律师在从事文学创作时，比如写自传时，应当避免在未获得委托人授权的情况下披露受到保护的委托人信息。

在德国，根据《德国联邦律师法》及《德国律师执业规范》的规定，保密义务的客体是指"律师在执业中知悉的一切事务"。这里的"一切事务"，不仅包括口头告知、文书证物的给予，还包括其他有关委托人的信息。此外，个人数据保护法中有关个人数据保护的规则也适用于律师。为了能够有效履行保密原则，律师必须采取一定的组织和技术措施，这些措施对于保守秘密、控制风险以及维护律师职业的合理性都是必要的，其中技术措施必须符合数据保护法所要求的标准。

在日本，根据《日本律师法》第 23 条及《日本律师职务基本准则》第 23 条之规定，律师保密义务的客体是"因自身职务而获得的关于委托人的秘密"。那么"秘密"指的是什么呢？根据《日本律师法解释》的规定，秘密不仅指主观意义上的秘密，也指客观意义上的秘密，如委托人过去的犯罪行为、反伦理行为、疾病、身份、亲属关系、财产关系、是否留有遗言、住所及其他对委托人不利的事项，还有委托人不想让第三人（有不同利害关系的人）知道的事项及依据一般社会观念不想让别人知道的事项。

2. 中国律师保密义务的客体

在我国，根据《律师法》《律师执业管理办法》以及《律师执业行为规范（试行）》的规定，保密义务的客体主要包括律师在执业活动中知悉的"国家秘密""商业秘密""当事人的隐私"以及"其他信息"。

关于"国家秘密"，《保守国家秘密法》第 2 条规定："国家秘密是关系国家安全和利益，依照法定程序确定，在一定时间内只限一定范围的人员知悉的事项。"国家秘密分为"绝密""机密"和"秘密"三级。《保守国家秘密法》第 13 条以列举的方式对国家秘密作出了具体的规定："下列涉及国家安全和利益的事项，泄露后可能损害国家在政治、经济、国防、外交等领域的安全和利益的，应当确定为国家秘密：（一）国家事务重大决策中的秘密事项；

（二）国防建设和武装力量活动中的秘密事项；（三）外交和外事活动中的秘密事项以及对外承担保密义务的秘密事项；（四）国民经济和社会发展中的秘密事项；（五）科学技术中的秘密事项；（六）维护国家安全活动和追查刑事犯罪中的秘密事项；（七）经国家保密行政管理部门确定的其他秘密事项。政党的秘密事项中符合前款规定的，属于国家秘密。"

关于"商业秘密"，依据《反不正当竞争法》第 9 条第 4 款规定，商业秘密是指不为公众所知悉，具有商业价值并经权利人采取相应保密措施的技术信息和经营信息等商业信息。可见，对于是否构成商业秘密，可以从"不为公众所知悉""具有商业价值""经权利人采取相应保密措施""技术信息和经营信息"四个方面加以确定和把握。《关于禁止侵犯商业秘密行为的若干规定》对上述用语的含义作出了具体解释：所谓"不为公众所知悉"，是指该信息不能从公开渠道直接获取。所谓"具有商业价值"，是指该信息具有确定的可应用性，能为权利人带来现实的或者潜在的经济利益或者竞争优势。所谓"经权利人采取相应保密措施"，包括订立保密协议、建立保密制度及采取其他合理的保密措施。所谓"权利人"，是指依法对商业秘密享有所有权或者使用权的公民、法人或者其他组织。所谓"技术信息和经营信息"，包括设计、程序、产品配方、制作工艺、制作方法、管理诀窍、客户名单、货源情报、产销策略、招投标中的标底及标书内容等信息。律师在提供法律服务的过程中了解到上述信息后都负有保密义务。

关于"当事人的隐私"，虽然隐私权在我国已经得到了广泛承认[①]，但是其内涵与外延等仍然存在争议。按照王利明教授的观点，隐私权固然存在宪法上的基础，但是主要属于民事权利的范畴。它应当是具体人格权而非一般人格权，我国《民法典》第四编"人格权"对此作了规定。隐私权主要包括生活安宁和私人秘密两个方面，未来隐私权的内容也应当以此为基础发展和扩张。个人信息资料权不宜纳入隐私权的范畴，它是相对独立于隐私权的一种权利。[②] 我国台湾地区王泽鉴教授认为，隐私权保护的是隐私，但何谓隐私？传统的见解认为，隐私是就个人自我独处而言的，具消极的意义，其范围一方面过狭，不能包括应受保护的私领域利益；另一方面又过于广泛，包括了不应涵盖的事物。最近见解认为，隐私是指对个人资料的控制，具有积极的意义。隐私概念的不确定性，固然造成法律适用的不安定，但亦因其开化性，而能适应社会经济及现代科技的发展，从而对隐私权提供必要的保护。[③]

在司法实践中，随着互联网技术、大数据、云计算、人工智能等科学技术的发展，个人隐私的范围也在不断发生变化，在认定与保护上也变得更加复杂。最高人民法院于 2018 年 8 月发布了第一批涉互联网典型案例。在"庞理鹏诉中国东方航空股份有限公司、北京趣拿信息技术有限公司隐私权纠纷案"中，法院认为，随着科技的飞速发展和信息的快速传播，现实生活中出现大量关于个人信息保护的问题，个人信息的不当扩散与不当利用已经逐渐发展成为危害公民民事权利的一个社会性问题。本案是由网络购票引发的涉及航空公司、网络购票平台侵犯公民隐私权的纠纷，各方当事人立场鲜明，涉及的焦点问题具有代表性和典型性。

---

① 在北大法宝的"法律法规"数据库中，以"隐私"作为关键词进行检索，一共获得 1812 个结果，其中有 84 部法律涉及"隐私"，有 88 部行政法规涉及"隐私"。

② 王利明：《隐私权概念的再界定》，载《法学家》2012 年第 1 期。

③ 王泽鉴：《人格权的具体化及其保护范围·隐私权篇（上）》，载《比较法研究》2008 年第 6 期。

公民的姓名、电话号码及行程安排等事项属于个人信息。在大数据时代，信息的收集和匹配成本越来越低，原来单个的、孤立的、可以公示的个人信息一旦被收集、提取和综合，就完全可以与特定的个人相匹配，从而形成某一特定个人详细准确的整体信息。此时，这些全方位、系统性的整体信息，就不再是单个的可以任意公示的个人信息，这些整体信息一旦被泄露扩散，任何人都将没有自己的私人空间，个人的隐私将遭受威胁。因此，基于合理事由掌握上述整体信息的组织或个人应积极地、谨慎地采取有效措施防止信息泄露。任何人未经权利人的允许，都不得扩散和不当利用能够指向特定个人的整体信息，而整体信息也因包含了隐私而成为隐私信息，可以隐私权纠纷为案由寻求救济。

关于"其他信息"，《律师法》第 38 条第 2 款规定："律师对在执业活动中知悉的委托人和其他人不愿泄露的有关情况和信息，应当予以保密……"从该规定可以看出，律师除了需要保守国家秘密、商业秘密和个人隐私以外，对其他情况和信息，同样负有保密义务。首先，这里的情况和信息，应该是无法被国家秘密、商业秘密和个人隐私所包括的"其他"当事人不愿披露的信息；其次，这里的情况和信息，应该包括那些当事人以外的"其他人"的情况和信息。它既可以是律师在执业过程中了解到的证人的情况和信息，也可以是委托人以外的其他当事人的情况和信息，还可以是当事人单位的一般工作人员的情况和信息。易言之，只要有保密需要，又是律师因其职务活动而知悉的信息，原则上律师都负有保密义务。

（三）保密义务的期间

保密义务的期间也是各国律师职业伦理规范的重点。在实践中，这一问题也时常引发争议。有的律师认为，保密义务只存在于委托代理关系存续期间。换言之，在正式建立委托代理关系之前以及委托代理关系终止以后，律师则不负有保密义务。那么，这种理解是否正确呢？本部分将对一些国家律师职业伦理规范之规定以及学者之见解进行介绍，以对前述观点进行回应。

在美国，一般认为，保密义务附属于正式建立的"委托人—律师"关系，但是也适用于委托人签署收费协议或支付律师费用之前。在律师同意受理案件之前，将潜在委托人在寻求代理过程中所作的陈述置于不受保护的情况下，肯定会破坏保密规则。不过在实践中，保密义务的履行依然引发了诸多伦理困境：保密义务该由谁来承担？保密义务该从什么时候开始？保密义务该到什么时候结束？关于这些问题，美国律师协会都在《职业行为示范规则》中进行了回应。前文已经在"保密义务的主体"中对"保密义务该由谁来承担"进行了阐述，此处只对后两个问题进行阐述。关于"保密义务该从什么时候开始"这一问题，根据《职业行为示范规则》规则 1.18 "对潜在委托人的职责"（duties to prospective client）的规定，所谓的潜在委托人（prospective client），是指就某事项同律师探讨并可能形成"委托人—律师"关系的人。当然，如果一个人单方面同律师进行信息交流，并不合理地期待律师愿意形成"委托人—律师"关系，则该人就不属于"潜在委托人"。在此基础上，美国律师协会认为，即使随后没有形成"委托人—律师"关系，曾同潜在委托人进行探讨的律师也不得使用和披露从该交流活动中所知悉的信息。关于"保密义务该到什么时候结束"这一问题，根据《职业行为示范规则》规则 1.9 "对前委托人的职责"（duties to former clients）之规定，在"委托人—律师"关系终止后，律师的保密责任继续存在。在司法实践中，美国法院认为，律师的保密义务是一种以忠诚为基础的受托义务，而不仅仅是一种基于合同法的义务。在合同法中，缔约双方的义务通常在双方履行了各自的义务后即终止。除非有例外情况，律师的保密义务在委托代理关系终止之后仍然有效。正如在 *United States v. Standard Oil Co.* 案中法官所指出的那样："如果公众要尊重法律并相信法律的保障，委托人向其律师传达的保密信息必须永远不受侵犯。"①

在加拿大，根据加拿大律师协会《律师职业行为准则》的规定，潜在的委托人经常会面试几家律所并要求这些律所就潜在的委托事宜提供建议。在前述过程中，潜在的委托人可能会提供与潜在的委托事宜有关的保密信息。因此，就会存在这样一个风险：前述过程中未被聘用的律师不得就同一事件代表对方当事人。与潜在委托人讨论潜在的委托事宜或者参与征求建议本身并不禁止律师在同一事件中代表对方当事人。如果潜在的委托人希望在前述过程中披露保密信息，律师应当与该潜在的委托人明确，如果律师未被该潜在的委托人聘请的话，披露的保密信息是否禁止律师在同一事件中代表对方当事人。如果潜在委托人和律师无法达成一致意见，律师应当坚持在被聘请之前，潜在委托人不得向律师披露任何保密信息。

在德国，《德国律师执业规范》第 2 条第 1 款规定，律师有保密的义务和权利。该义务和权利在委托关系结束后仍存在。对此，德国学者认为，律师保密义务自律师委任契约本身就可以推知出来，该规定只是进一步将契约义务明示提升为职业伦理而已。另外，关于律师保密义务到底持续到何时？德国学者认为，对此可能须自该机密维护利益角度观察，即存在机密维护利益的时限内，均认为律师应维护该机密性。委托人死亡后，除非存在例外情形，亦即存在信息请求的正当事由，原则上律师仍然负有沉默义务。②

在日本，虽然《日本律师职务基本准则》第 23 条并未明确律师保密义务的期间，但是一般认为，作为律师，在委托案件结束后，仍然负有保密义务。应当注意，这种义务的负担是没有时间限制的。关于这点，该准则第 56 条规定，即使律师转职到其他律师事务所或者独立出去，对于在原律师事务所任职时所获知的秘密，仍然不能解除保密义务。

在中国，律师职业伦理规范中并未对律师保密义务的期限进行明确规定，但是理论上一般认为，律师保密义务不受时间的限制，对于潜在委托人的信息以及前委托人的信息，律师均负有保密义务。未来对《律师法》及《律师执业行为规范（试行）》进行修改时，需要对律师保密义务予以重视，并进行细化。具体可以参考美国律师协会《职业行为示范规则》的经验，以"委托人—律师"关系为中心，对于"委托人—律师"关系建立之前以及"委托人—律师"关系终止以后的律师保密义务予以明确，提高律师的保密意识与责任。

（四）律师保密义务的例外

虽然律师保密义务的重要性不言而喻，但是也不可以将它绝对化，这一义务的解除和遵守一样具有很大的价值。各国律师职业伦理规范在严格规定律师保密义务的同时，也规定了一些例外情形。换言之，在满足一定条件的情况下，律师是可以突破保密义务的。

1. 国外律师保密义务的例外

在美国，美国律师协会《职业行为示范规则》规则 1.6 "信息的保密"第（b）款对律师保密义务的例外情形进行了规定。在下列情况下，律师可以在其认为合理必要的范围内披露

---

① *United States v. Standard Oil Co.*，136 F. Supp. 345.

② 姜世明：《法律伦理学》（修订第 4 版），元照出版有限公司 2015 年版，第 317 页。

与代理委托人有关的信息：（1）为了防止合理确定的死亡或重大身体伤害；（2）为了防止委托人从事对其他人的经济利益或财产产生重大损害并且委托人已经利用或者正在利用律师的服务来加以促进的、合理确定的犯罪或欺诈；（3）为了防止、减轻或者纠正委托人利用律师的服务来促进的犯罪或者欺诈对他人的经济利益或者财产产生的合理确定的或者已经造成的重大损害；（4）为了遵守《职业行为示范规则》而获得法律建议；（5）在律师与委托人的争议中，律师为了自身利益起诉或者辩护，或者为了在因与委托人有关的行为而对律师提起的刑事指控或者民事控告中进行辩护，或者为了在任何与律师对委托人的代理有关的程序中针对有关主张作出反应；（6）为了遵守其他法律或者法庭命令。

在加拿大，根据加拿大律师协会《律师职业行为准则》规则 3.3 规定，在下列情形下，律师可以披露与委托人相关的信息：（1）委托人明示或默示授权；（2）法律或法院要求这样做；（3）律师协会要求提供信息；（4）本规则允许的其他情况。此外，《律师职业行为准则》还规定了一些特殊的例外情形：（1）未来危害（公共安全）例外。律师有正当理由认为有立即死亡或者严重人身伤害的危险，为防止死亡或者伤害的发生，需要披露的，可以披露保密信息，但是不得披露超过要求的信息。（2）律师或者其合伙人、雇员受到指控时例外。律师为抗辩，可以披露保密信息，但不得披露超过要求的信息。（3）律师为收取律师费，可以披露保密信息，但不得披露超过要求的信息。（4）律师可以向其他律师透露保密信息，以获得有关其拟实施行为的法律或伦理建议。

在德国，根据《德国律师执业规范》第 2 条第 3 款的规定，律师的下列行为不属于对保密义务的违背：（1）事先已获同意的行为；（2）该行为系维护正当利益所需，如为了行使或反对因委托关系产生的请求权或为了本人事务中的防御；（3）行为是客观上常见的、在社会生活中被普遍允许的，而且发生在律师事务所的工作范围以及第三人为律师事务所提供的服务范围之内（社会相当性）。此外，《德国律师执业规范》第 2 条第 2 款还规定了"法律要求或允许的例外"，包括：（1）《德国刑法》第 138 条规定，对于谋杀、杀人、公众谋杀、绑架、恐怖组织对空中交通工具的攻击等罪行，律师在执业中知悉的，有检举的义务，此时不能主张委托人信赖利益被尊重作为抗辩理由。（2）《德国民事诉讼法》第 840 条规定，律师作为第三债务人时，即委托人委托律师保管的财产被扣押时，基于第三人的请求，律师应该对该等保管财产情况加以说明。[①]

在日本，《日本律师法》第 23 条但书规定"法律有特别规定的情况不受此限"；《日本律师职务基本准则》第 23 条规定，如果有"正当的理由"，允许秘密公开。但是职业基本准则并未对"正当理由"的具体情况进行详细说明。按照日本学者森际康友的总结，所谓的"正当理由"，大致包括以下几种情形：（1）委托人的承诺。（2）律师作证豁免权与符合特定信息公开的情形存在矛盾，需要权衡。（3）委托人犯罪意图明确，实行行为逼近，犯罪结果重大。（4）律师自身权利的保护等。（5）法律文书中提出的限令等。（6）律师向雇用的辅助人员说明有关委托人咨询的内容。（7）向非接受案件委托的共同律师事务所、律师法人的所属律师、社员等告知自己代理的案件名称和委托人姓名等信息。[②]

[①]　姜世明：《法律伦理学》（修订第 4 版），元照出版有限公司 2015 年版，第 319 页。
[②]　［日］森际康友编：《司法伦理》，于晓琪、沈军译，商务印书馆 2010 年版，第 33-35 页。

2. 中国律师保密义务的例外

我国《律师法》第 38 条但书规定："但是，委托人或者其他人准备或者正在实施危害国家安全、公共安全以及严重危害他人人身安全的犯罪事实和信息除外。"我们可以将这一例外概括为"防止未来严重犯罪"。这一例外具有两个特点：

（1）必须是将来可能发生的危险。对于委托人或者其他人已经实施的犯罪，律师应当予以保密，只有为了防止将来可能发生的危险时，律师才得以免除保密义务，积极向司法机关举报控告。

（2）必须是具有严重性的危险。所谓"严重性"，即委托人或者其他人准备或者正在实施的犯罪行为危害国家安全、公共安全以及严重危害他人人身安全。对此，需要注意的是，损害的法益必须是国家安全、公共安全或严重的人身安全。如果仅仅准备实施轻微不法行为或实施危害财产安全的行为，律师仍然应该恪守保密义务。要求这种危险的严重性，是在立法目的之间进行价值权衡的结果，如果一般危险都要予以披露的话，则显然忽略了保密义务的社会价值。

此外，在实践中，除了上述例外情形外，律师为了维护自身合法权益也属于例外情形。在纪律惩戒程序和刑事追诉程序中，律师是否可以援引与委托人的交流信息为自己进行辩护或抗辩呢？答案是肯定的。如果不允许设置保密义务的例外，律师便无法为自己提供有效的辩护，因而应当允许律师自由援引相关信息。其实，除了针对律师提出的投诉或指控程序以外，即使在律师作为原告起诉他人的程序中，也应当允许律师在合理必要的范围内公开与代理委托人有关的信息。

通过对上述有关律师保密义务例外情形进行总结，本书认为，尽管各国对此问题在表述上存在差异，但是对于一些基本原则是达成共识的，具体如表 5-1 所示。

表 5-1　律师保密义务例外的基本原则

序　　号	基　本　原　则
1	获得委托人的明确或默示授权
2	合理地防止某些死亡或重大身体伤害
3	防止、减轻或纠正在律师服务的协助下从事违法行为
4	允许律师就其遵守伦理规范的义务征求法律意见
5	为对律师提出的索赔进行抗辩
6	遵守法律或法庭命令

四、"互联网 + 法律"下的律师保密义务

近年来，随着互联网技术的飞速发展，"互联网 + 法律"已经不是一种时髦，而成为一种需要或常态。互联网技术的介入，对"委托人—律师"关系也产生了很大的影响，律师与委托人之间沟通交流的方式以及律师提供法律服务的方式都在发生变化。在过去的几十年里，

技术的进步使得交流变得如此容易，以至于让人忘记了几乎所有的交流都不是私人的。无论是手机、短信、电子邮件还是社交媒体，利用网络和互联网来"说话"和存储数据，发送者和接收者都有可能遭到电子窃听和电脑病毒的攻击。法律行业应该通过分析这些技术的使用是否会将委托人秘密置于不合乎伦理的风险之中，从而对这些技术变化作出回应。目前国内理论界与实务界对于这一问题的关注还不是很多 ①，而美国在这方面积累了很多丰富的经验，美国学者肯特·考夫曼（Kent D. Kauffman）对此进行了梳理与总结 ②。因此，我们有必要在此进行简要介绍，以引发国内学界的关注与进一步思考。

（一）电子邮件与委托人秘密

电子邮件信息，尤其是那些未经加密的、绝不是私人的信息，即使被删除，仍然很容易从传输中使用的电子邮件服务器以及创建电子邮件的硬盘中恢复。律师使用电子邮件与委托人沟通与委托人有关的事宜，以电子邮件方式提供法律意见，是否违反了保密义务？美国律师协会伦理委员会在 1999 年就这一问题发表了一份伦理意见。美国律师协会的结论是，使用未经加密的电子邮件并不违反《职业行为示范规则》规则 1.6（a）所规定的保密义务，因为电子邮件中存在合理的隐私预期。委员会的理由是，电子邮件容易被拦截，并不意味着它不应该被使用。2011 年 8 月，美国律师协会就电子邮件的保密性发表了另一份伦理意见书，声明律师有义务在任何情况下出现第三方可能获得未加密电子通信内容的"重大风险"时，就电子通信（包括电子邮件）的风险向委托人发出警告。

（二）云计算与委托人秘密

与电子邮件和互联网相关的一个问题是数据的存储。曾经所有的委托人文件都是文件柜中的文件，技术使计算机硬盘成为可能（可能崩溃），USB 闪存驱动器（可以消失）和外部硬盘（可以崩溃或消失）成为存储委托人信息（包括诉讼文件）的一种手段。最新的技术是云计算（cloud computing），它将互联网本身作为存储库。

2009 年 12 月，美国许多州律师协会发布了伦理意见，以解决将委托人信息存储在云中（in the cloud）的适当性问题。亚利桑那州律师协会（The Arizona Bar Association）回答了一名律师提出的伦理问题，即对于以 PDF 形式存在的委托人文件，使用加密的、受密码保护的在线存储设备是否合适？亚利桑那州律师协会认为，答案是肯定的，前提是随着在线存储技术的变化，需要定期进行安全检查。2010 年，纽约州律师协会（New York State Bar Association）就此事发表了一项意见，认为律师可以使用在线"云"计算机数据备份系统存储客户文件，前提是律师必须采取合理措施，确保系统安全，并为客户保密。

第七节　律师保管财物规则

一、律师保管财物规则的规范目的

律师在执业过程中，经常要对委托人的财物进行保管。无论律师经手委托人的财物是出

---

① 张涛：《法律与科技：社交媒体中律师职业伦理之建构》，载《新媒体与社会》2018 年第 1 期。

② Kent D. Kauffman, *Legal ethics*（*Third edition*）, Delmar Cengage Learning, 2014, pp. 144–147.

于什么原因，委托人之所以允许作为陌生人的律师这么做，是因为他信任这个律师。[①] 然而，当律师在处理委托人的财产时，信任是最重要的，也是最容易被滥用的。实践中，大量出现律师侵占、挪用委托人交付给律师保管的财产的案例，这引起了法律界的关注。美国学者罗纳德·D. 罗汤达（Ronald D. Rotunda）也曾说过："律师经常是他们自己最糟糕的律师。他们知道影响其委托人的法律，因为知道这些是他们的业务需要。但是太多的情况下他们对影响他们自己的法律——规制律师的法律一无所知。伊利诺伊州律师登记和惩戒委员会的理事经常告诉我，律师每年要为支持该惩戒委员会而强制性地支付费用，很多律师使用的支票就来自委托人的信托资金账户。很显然，这些律师并不知道禁止混合规则（commingling rules）。"[②]

由于信任对于律师与委托人关系的维系非常重要，直接涉及委托人合法权益能否得到有效保障。因此，在实践中，对于律师保管财物中的不正当行为，律师行业监管机构通常采取了非常严厉的态度。在美国，法院一般认为，在律师侵占、挪用其保管的委托人财物的情况下，取消律师资格是唯一适当的惩戒，即使律师返还有关财物也不足以对其行为进行补救。对此，美国学者约翰·迪皮亚（John M. A. DiPippa）认为，即使律师没有因为财物不当行为被取消资格，这些违规行为往往也会导致其他严厉的制裁。当然，盗窃委托人的钱将导致最严厉的惩罚。不经意或无意地实施违规行为的律师经常受到旨在发挥教育或威慑作用的制裁。因此，律师对相关规则和确保遵守这些规则的程序了解得越多，就越容易避免出现问题。他还进一步列举了律师在处理委托人或第三方的财产时，负有的四项基本信托义务：（1）分离客户资金；（2）收到委托人的资金或财产时通知委托人；（3）将资金或财产交付给委托人；（4）就资金或财产的使用向委托人进行说明。[③]

二、律师保管财物规则的主要内容

（一）国外律师保管财物的规范要求

很多国家的律师职业伦理规范都对律师保管财物应该遵守的基本规则进行了明确规定。

在美国，美国律师协会《职业行为示范规则》规定，律师在保管他人财物时，需要遵守以下规则：（1）律师应当把其持有的与代理有关的委托人或者第三人的财产同该律师自己的财产分离。资金应当保存在该律师的办公场所所在的州设立的独立账户中，或者委托人或者第三人同意的其他地方；其他财产应当进行如上的区分并适当地加以保管。上述账户资金或其他财产应由律师制作完整记录并在终止代理后将该记录保存一段时间（5年）。（2）只有为支付委托人信托账户的银行费用，律师才可以将自己的资金存入该委托人信托账户中，但数量必须为该目的所必需。（3）在收到委托人或第三人拥有利益的资金或其他财产时，律师应当迅速通知委托人或第三人。除非根据规则的规定或为法律或与委托人签订的协议所允许，否则律师应当迅速地把委托人或第三人有权收到的任何资金或其他财产交给委托人或第三人。根据委托人或第三人的要求，律师应当迅速提交关于上述财产的完整账簿。（4）律师要正确

---

① 王进喜：《美国律师职业行为规则理论与实践》，中国人民公安大学出版社 2005 年版，第 143 页。

② 王进喜：《美国律师职业行为规则理论与实践》，中国人民公安大学出版社 2005 年版，第 143 页。

③ Jeanne M. Whalen, "Safekeeping Client Property: Why the ABA Is Hands-off and the States Are Hand-Holding", *University of Toledo Law Review*, Vol. 38, Issue 4 (Summer 2007), pp. 1279-1326.

处理存在争议的财产。在代理过程中，律师持有两个或两个以上的人（其中可以是律师）都主张利益的财产的，在该争议得到解决之前，该财产应当由律师单独保管。律师应当将不存在争议的部分迅速分发。[①]

在加拿大，加拿大律师协会《律师职业行为准则》也对"律师保管财物"进行了规定。对委托人，律师负有遵守关于保存及妥善保管被委托给律师的委托人财产的所有相关法律及规则的义务。如果没有这样的法律或规则，或律师对此有疑问，则律师照看该财产时，其小心、谨慎程度应该与谨慎的所有人处理具有相似特点财产时的小心、谨慎程度一样。此外，加拿大律师协会《律师职业行为准则》还对"财物"的范围进行了规定，包括：抵押品、可流转票据、股票、债券等；遗嘱、所有权契据、记录簿、许可证、证书等正本文件；委托人信函文件、报告、发票等其他文件；以及珠宝、银器等动产。如果说"小心、谨慎"是基本原则的话，那么律师在保管财物时还需要遵守以下具体规则：（1）律师应在收到委托人或者与委托人有关的任何财产后立即通知委托人，除非律师确信委托人知道财产已处于律师保管下。（2）律师应对委托人的财产做清楚标识，并与律师自己的财产分开存放，妥善保管。（3）律师应对其保管的委托人财产持续保有充分的记录，以便在委托人要求时能对其作及时解释，或及时交付给委托人或其指定人。律师应确保该财产交付给正确的人，并且对财产所有权人存在争议时，可以诉诸法律。（4）律师应将委托人的文件和其他财产保存于无权察看它们的人员无法看到或触及的地方，并且除非律师拥有留置权，应在委托人要求或其聘用结束后立即归还委托人的文件和其他财产。[②]

在欧盟，根据《欧洲律师行为准则》的规定，律师以委托人或第三方名义持有资金（简称"委托人资金"）时，必须将该笔资金存入受公共机构监管的银行账户或类似账户（简称"委托人账户"）。委托人账户应独立于律师的任何其他账户。律师取得的所有委托人资金应存入该账户，除非资金所有人同意另行处理该笔资金。律师应该保留完整且准确的委托人资金处理记录，且应将该笔资金与其持有的其他资金分开记录。委托人资金应在最短时间内或在持有人许可的条件下转给持有人。律师不得在未书面通知的情况下，将委托人账户的资金转入其个人账户作为委托人的付款。

在德国，《德国联邦律师法》第43a条"律师基本义务"（Grundpflichten）第5项规定，律师在处理托付给他的财产时负有必要的谨慎义务。他人的钱款应当立即交给有受领权的人，或者存入信托存款账户中。《德国律师职业规则》对"律师保管财物"进行了细化，律师在管理他人钱款问题上必须依据《德国联邦律师法》第43a条之规定，将他人钱款存入信托存款账户中。他人钱款和其他财产，尤其是股票或其他有价证券应立即上交给有领受权人处分。如领受权人不明确，则应将他人钱款存入信托存款账户中，该信托存款账户应为单独账户。其他财产应通过特别方式保管，如有书面文件对上述类似情况作出特殊说明或约定，则以书面文件为准。他人钱款应最迟于委托代理关系结束后结清。

在日本，根据《日本律师职务基本准则》的规定，律师保管来自委托人、对方及其他利害关系人的金钱时，应与自己的金钱区别开，以明确的保管金的方法保管，并记录该状况。

---

① 北京市律师协会组编：《境外律师行业规范汇编》，中国政法大学出版社2012年版，第208页。
② 北京市律师协会组编：《境外律师行业规范汇编》，中国政法大学出版社2012年版，第348页。

律师在保管来自委托人、对方及其他利害关系人的文件及其他物品时，应尽善意保管人之责进行保管。

从各国律师职业伦理规范对"律师保管财物"的规定来看，律师保管"委托人财物"时应该遵循的基本原则主要有两个：一是分离保管原则；二是妥善保管原则。

（二）中国律师保管财物之规范要求

在我国，《律师执业行为规范（试行）》对律师保管财物应该遵循的基本规则进行了规定。《律师执业行为规范（试行）》第 54 条规定，律师事务所可以与委托人签订书面保管协议，妥善保管委托人财产，严格履行保管协议。尽管《律师执业行为规范（试行）》没有对"财产"范围进行界定，但是实践中，一般可以分为资金类财物和非资金类财物。律师在保管不同类型的财物时，应该遵守的义务和可能承担的责任都有所区别。

1. 保管资金类财物的规则

所谓资金类财物，主要是指委托人的资金、各类有价证券等。律师在保管这类财物时，需要遵循一个重要的原则即"分离保管原则"。换言之，律师需要将委托人的财产与自己的财产进行分离，单独保存，不能混合保存。《律师事务所收费程序规则》第 17 条规定，律师事务所经有关部门批准，可以设立用于存放代委托人保管的合同资金、执行回款、履约保证金等款项的专用账户。律师事务所应当严格管理专用账户，防范风险。对专用账户资金的支付，必须严格审核把关，专款专用。严禁将专用账户的资金挪作他用。《律师执业行为规范（试行）》第 55 条也规定，律师事务所受委托保管委托人财产时，应当将委托人财产与律师事务所的财产、律师个人财产严格分离。

2. 保管非资金类财物的规则

所谓非资金类财物，主要是指委托人的证据材料，包括各类物证、书证等。律师在保管这类财物时，需要遵循的一个重要原则就是"妥善保管原则"。换言之，律师必须尽到民法上保管人的注意义务，妥善保管委托人的这类财产，否则将承担不利的法律后果。在司法实践中，也出现了律师遗失委托人证据原件，被委托人起诉至法院，要求承担损失赔偿责任的情形。[①]

【思考题】

1. 2013 年 2 月 23 日，上市公司贵州茅台发布公告称执法部门认定其控股销售子公司存在"限定交易相对人向第三人转售白酒最低价格"的行为，违反《反垄断法》第 14 条的规定，贵州省物价局对贵州茅台处以 2.47 亿元罚金。一时间，"史上最大罚单"引发网络热议。某律师事务所某律师提出，执法部门除应对贵州茅台处以罚金外，还应该没收其违法所得。该律师意见的评论文章迅速蹿至各大网站的显著位置。

请问：该律师的行为是否为律师广告行为？律师虽未代理案件，但在网络媒体上对案件进行评论的行为是否适当？

2. 犯罪嫌疑人张某因涉嫌敲诈勒索被刑事拘留，委托阳光律师事务所李律师担任其辩护人。李律师为其制定了无罪辩护的辩护方案，并两次到看守所会见了张某，制作了两份会见

---

① 立夏：《粗心律师遗失证据赔付 12 万》，载《北京晚报》2003 年 10 月 26 日。

笔录。此后，李律师和张某母亲讨论案情时，法律服务工作者陈某某也在场并阅读了笔录。后张某因故与李律师终止了委托代理关系，并与另一律师事务所周律师签订了委托代理协议。

某日，周律师作为张某的代理律师参加某电视台关于该案的节目录制。其间，李律师带领他人前往节目录制现场，以张某代理人身份携带该案办案材料在节目录制现场露面，并透露该案相关细节。

张某认为，李律师向多家媒体披露其在看守所与张某的谈话笔录原件，并通过媒体向公众散布张某隐私，媒体相继刊登张某在看守所内外口供不符、涉嫌撒谎的报道，并被数百家媒体转载，造成恶劣影响，因而起诉到法院，请求被告李律师停止侵害、消除影响，删除所有涉案侵权内容，在媒体上刊登道歉声明。

在法庭审理中，媒体记者证明在媒体报道中出现的两份会见笔录的内容，并非李律师泄密，而是由法律服务工作者陈某某泄露的。李律师在诉讼中辩称：在会见笔录被披露之前，张某事件已在网络上被炒得沸沸扬扬，早已毫无隐私可言。

请问：

（1）李律师在委托代理协议终结后，是否还负有对案件信息的保密义务？

（2）作为协助李律师进行代理行为的陈某某是否负有对案件信息的保密义务？李律师是否负有监督陈某某保守案件秘密的责任？

（3）李律师未经张某同意，就会见时的具体细节接受媒体采访并加以披露，但并未直接透露会见笔录的内容，是否违反律师保密义务？

（4）李律师认为，在会见笔录被披露之前，张某事件已经在网络上被炒得沸沸扬扬，不存在所谓隐私，因而不需要承担保密义务。其说法是否正确？

3. 在一起侵权索赔案件中，李律师代理原告。被告希望了结这起诉讼并提出为此给李律师办公室寄去额度为 10 000 元人民币的支票。

请问：李律师应当告诉被告如何开出这张支票吗？李律师应当如何处理这笔资金？

第六章　律师职业外部关系规范

【本章导读】

　　法律职业共同体是由以法官、检察官、律师、法学家为核心的法律职业人员组成的特殊的社会群体。过去，由于缺乏正规化、专业化和职业化的法律人员，在干部选拔和任用上，多重视政治人才而忽视法律人才。同时，由于长期以来对法律职业共同体建设缺乏重视，不同的法律职业之间互信互敬尚未形成习惯，观念利益差异导致的对立冲突等问题十分突出。但是，随着法学教育的快速发展，以及基于全面依法治国的现实需要，建设一支高素质的法治专门队伍，构建良性互动的法律职业共同体日益成为当下的紧迫任务。同时，律师在执业过程中，不可避免会与媒体和舆论发生一定的联系，从而引发社会问题。本章主要就律师与法官、检察官、警察、仲裁员以及公司法务的关系规范进行介绍。

【本章知识结构图】

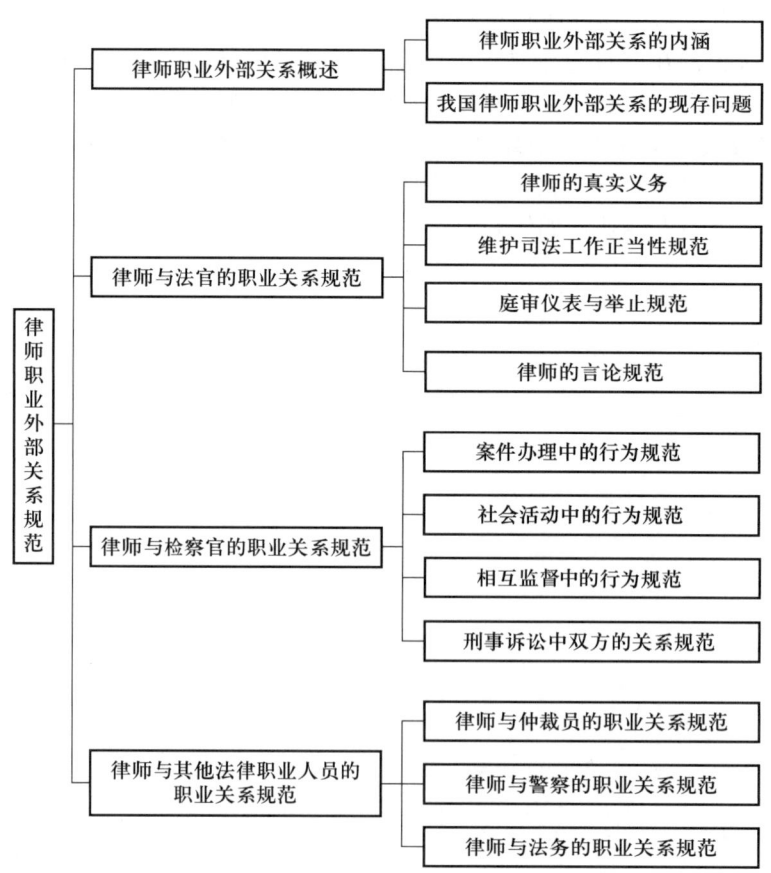

第一节　律师职业外部关系概述

一、律师职业外部关系的内涵

律师作为法律职业共同体中的一员，在执业过程中不可避免地与职业共同体的其他成员以及媒体发生各种关系。如何处理律师与职业共同体其他成员以及媒体之间的关系，是律师职业伦理的重要内容。如前所述，法律职业共同体是由以法官、检察官、律师、法学家为核心的法律职业人员组成的特殊的社会群体。律师在与其他法律职业共同体成员接触时应当遵循《律师执业管理办法》第 36 条之规定："律师与法官、检察官、仲裁员以及其他有关工作人员接触交往，应当遵守法律及相关规定，不得违反规定会见法官、检察官、仲裁员以及其他有关工作人员，向其行贿、许诺提供利益、介绍贿赂，指使、诱导当事人行贿，或者向法官、检察官、仲裁员以及其他工作人员打探办案机关内部对案件的办理意见、承办其介绍的案件，利用与法官、检察官、仲裁员以及其他有关工作人员的特殊关系，影响依法办理案件。"

《律师法》第 37 条第 1、2 款规定："律师在执业活动中的人身权利不受侵犯。律师在法庭上发表的代理、辩护意见不受法律追究。但是，发表危害国家安全、恶意诽谤他人、严重扰乱法庭秩序的言论除外。"一般认为，这一规定承认了律师庭审言论豁免权。但是，这并不意味着律师可以不顾及言论尺度，对司法活动和案件情况任意评论。律师职业伦理要求，律师必须负有谨慎司法评论的道德义务。《律师执业管理办法》第 38 条规定："律师应当依照法定程序履行职责，不得以下列不正当方式影响依法办理案件：……（二）对本人或者其他律师正在办理的案件进行歪曲、有误导性的宣传和评论，恶意炒作案件；（三）以串联组团、联署签名、发表公开信、组织网上聚集、声援等方式或者借个案研讨之名，制造舆论压力，攻击、诋毁司法机关和司法制度；……"因此，在司法实践中经常出现的若干情景下探讨律师在接受媒体采访和发表司法评论时的言论尺度问题也值得关注。

二、我国律师职业外部关系的现存问题

过去，由于缺乏正规化、专业化和职业化的法律人才，在干部选拔和任用上，多重视政治人才而忽视法律人才；同时，长期以来对法律职业共同体建设缺乏重视，导致不同的法律职业之间互信互敬尚未形成习惯，观念利益差异导致对立冲突等问题十分突出。以律师和法官关系为例，基于审判管理机制不健全、监督机制不完善以及法官和律师的职业伦理和职业素养等因素，律师和法官之间的关系存在一些问题。

（一）利益勾结和交换关系

有的法官为律师介绍代理、辩护等法律业务；律师为法官提成代理费用，或提供宴请、车辆、报销费用等各方面的方便，甚至怂恿当事人给法官送礼，促成权钱交易，同法官形成非法利益共同体。

（二）相互轻视、互不尊重，缺乏必要的联系、沟通和职业互信

部分法官和律师相互轻视、互不尊重，彼此不信任，互相猜忌。有的律师和法官不联系、

沟通，对自己代理的案件不负责，对判决结果不管不问。有的法官对律师缺乏尊重，案件上不和律师沟通，也不重视和认真听取律师的代理和辩护意见。

（三）敌视、不合作和制造障碍

有的法官和律师的关系走向了极端，互相采取不合作态度。有的律师把败诉的责任强加给法官，怂恿当事人到处上访，甚至诬陷法官，给当事人出谋划策，通过拒收法律文书、申请不当延期、拒绝调解等手段阻碍诉讼的顺利进行。有的法官对律师也采取种种不当限制以妨碍其诉讼权利的行使，甚至发生将律师逐出法庭的不和谐事件。

随着法学教育的快速发展，以及基于全面依法治国的现实需要，建设一支高素质的法治专门队伍，构建良性互动的法律职业共同体日益成为当下的紧迫任务。

第二节　律师与法官的职业关系规范

一、律师的真实义务

在法庭上，律师和法官通过各自的诉讼行为共同推进诉讼进程，查明案件事实，正确适用法律。双方从不同角度共同服务于公平正义的目标，应本着互相理解、互相尊重的原则客观陈述，理性沟通，平和交流，不可基于诉讼外的目的彼此宣泄情绪、侮辱人格、拖延诉讼。

美国辩护律师艾伦·德肖微茨（Alan Dershowitz）在其著作《最好的辩护》一书中认为："被告辩护律师，特别是在为确实有罪的被告辩护时，他的工作就是用一切合法的手段来隐瞒'全部事实'。对被告辩护律师来说，如果证据是用非法手段取得的，或该证据带有偏见，损害委托人的利益，那么他不仅应当反对而且必须反对法庭认可该证据，尽管该证据是完全真实的。"[①] 我国学者李宝岳和陈学权从刑事诉讼的角度对律师真实义务进行了探讨。他们认为，辩护律师对法庭的真实义务之理论基础主要体现在三个方面：（1）发现真实是刑事司法之灵魂；（2）诚信为本是律师职业之根基；（3）尊重法庭是司法权威之要求。[②] 我国学者吴英旗则从民事诉讼的角度对律师真实义务进行了探讨。他认为，当今世界，无论是当事人主义还是职权主义的诉讼模式，英美法系国家及大陆法系国家均要求律师在诉讼中陈述事实，确立、维持其与法院之间的信赖关系，负有真实义务。律师作为当事人的诉讼代理人，其行为效果及于其委托人（当事人），而且居于当事人地位，行使与维护当事人权利。若当事人负有真实义务，律师也应负有真实义务。如果律师不负真实义务，律师的代理行为不仅无助于事实的查明，还会遮蔽法官的视线，这与民事诉讼的目的也是相违背的。[③]

在美国，根据美国律师协会《职业行为示范规则》3.3"对裁判庭的坦诚"（candor toward the tribunal）之规定，律师不得故意从事下列行为：（1）就事实或者法律向裁判庭作虚假陈述，或者没有就律师以前向裁判庭作出的关于重要事实或者法律的虚假陈述作出修正。（2）明知在有管辖权的司法辖区存在直接不利于其委托人并且对方律师没有发现的法律根据，却不

---

①　［美］艾伦·德肖微茨：《最好的辩护》，唐交东译，法律出版社1994年版，第8页。

②　李宝岳、陈学权：《辩护律师对法庭的真实义务》，载《中国司法》2005年第9期。

③　吴英旗：《律师真实义务研究——以民事诉讼为视角》，载《行政与法》2015年第11期。

向裁判庭公开该法律。（3）提交明知虚假的证据。如果律师、律师的委托人或者该律师所传唤的证人在提供某重要证据后，律师发现该证据是虚假的，则该律师应当采取合理的补救措施，包括必要情况下就此向裁判庭予以披露。除了刑事案件中被告人的证言以外，律师可以拒绝提交律师合理认为是虚假的证据。美国律师协会认为，律师作为法庭职员，负有避免破坏裁判程序适正性的行为的特殊职责。律师作为诉辩者，在裁判程序中有义务用说服力支持委托人。然而，在保守委托人秘密的同时执行上述职责，受到诉辩者对裁判庭坦诚责任的限制。因此，虽然在对抗制程序中并不要求律师无偏倚地展示有关法律，或者对其在案件中提交的证据作出保证，但是律师不得让裁判庭受到律师明知为虚假的关于事实或者法律的陈述的误导。

在加拿大，根据加拿大律师协会《律师职业行为准则》的规定，法官有权期望律师坦白、公正、礼貌地对待法庭。律师不得实施下列行为：（1）故意协助或允许委托人作出律师认为不诚信或不名誉的任何行为。（2）故意试图通过提供伪证、虚假陈述事实或法律、提供或信赖虚假或欺骗性的宣誓书、隐瞒应披露的情况或其他任何协助欺诈、犯罪或非法行为的方式，欺骗审判机构或试图影响司法公正，或参与此类行为。（3）故意虚假陈述某文件的内容、某证人的证言、某论据的实质内容或某法规的条款。（4）向一名证人作出自己明知虚假的暗示，或放任此类虚假暗示的后果。（5）故意允许证人以虚假或误导性的方式到庭作证，或允许其假冒另一证人。

在澳大利亚，根据《澳大利亚律师协会示范规则》之规定，律师负有"如实告知"义务，具体表现在以下几个方面：（1）出庭律师不得故意以任何方式向法院提供误导性陈述。（2）出庭律师向法院提供的任何陈述有误导性的，则该出庭律师必须采取一切必要的措施，在知晓该陈述的误导性后尽快改正。

在日本，根据《日本律师职务基本准则》的规定，律师的"真实义务"主要体现在以下几个方面：（1）律师应努力实现判决的公正与程序的正确。（2）律师不得教唆作伪证及虚假陈述，并不得明知虚假仍然提供证据。

在中国，不仅《律师法》《律师执业管理办法》《律师执业行为规范（试行）》等对律师的真实义务进行了规定，而且《刑事诉讼法》《民事诉讼法》《行政诉讼法》等法律也对律师的真实义务进行了规定。具体而言，律师对法庭的真实义务主要体现在以下几个方面：

第一，律师不得伪造证据，不得帮助委托人隐匿、毁灭、伪造证据或者串供，不得威胁、利诱他人提供虚假证据。我国《律师法》明确规定，律师在执业活动中不得故意提供虚假证据或者威胁、利诱他人提供虚假证据，妨碍对方当事人合法取得证据。律师故意提供虚假证据或者威胁、利诱他人提供虚假证据，妨碍对方当事人合法取得证据的，由设区的市级或者直辖市的区人民政府司法行政部门给予停止执业6个月以上1年以下的处罚，可以处5万元以下的罚款；有违法所得的，没收违法所得；情节严重的，由省、自治区、直辖市人民政府司法行政部门吊销其律师执业证书；构成犯罪的，依法追究刑事责任。

第二，律师不得提供明知是虚假的证据。律师在提供有关证据后才得知证据不实的，必须采取合理补救措施。《律师和律师事务所违法行为处罚办法》第17条明确规定了《律师法》第49条第4项规定的律师"故意提供虚假证据或者威胁、利诱他人提供虚假证据，妨碍对方当事人合法取得证据的"违法行为，包括：（1）故意向司法机关、行政机关或者仲裁机构提交虚假证据，或者指使、威胁、利诱他人提供虚假证据的；（2）指示或者帮助委托人或者他人伪造、隐匿、毁灭证据，指使或者帮助犯罪嫌疑人、被告人串供，威胁、利诱证人不作证或者作伪证的；（3）妨碍对方当事人及其代理人、辩护人合法取证的，或者阻止他人向案件承办机关或者对方当事人提供证据的。律师如有以上行为，由设区的市级或者直辖市的区人民政府司法行政部门给予停止执业6个月以上1年以下的处罚，可以处5万元以下的罚款；有违法所得的，没收违法所得；情节严重的，由省、自治区、直辖市人民政府司法行政部门吊销其律师执业证书；构成犯罪的，依法追究刑事责任。

第三，律师不得在明知的情况下，向法庭作虚假的陈述，也不得故意误导法庭。律师维护委托人的合法权益是律师特殊的社会职能。律师参与诉讼活动，应从委托人的角度出发，收集有利于委托人的证据材料，并依据自己对事实的认定、对法律的理解，提出有利于委托人的意见，以利于法庭兼听则明，正确地认定事实，准确地适用法律，从而维护委托人的合法权益。但律师维护的是委托人的合法权益而不是全部利益，因而律师不能为了委托人的利益，在明知的情况下，向法庭作虚假的陈述，也不得故意误导法庭。我国《律师执业行为规范（试行）》第63、64条明确规定，律师应当依法调查取证，不得向司法机关或者仲裁机构提交明知是虚假的证据。

第四，律师不得妨碍对方当事人合法取得证据。《律师和律师事务所违法行为处罚办法》第17条、第32条第3款明确规定，妨碍对方当事人及其代理人、辩护人合法取证的，或者阻止他人向案件承办机关或者对方当事人提供证据的，属于《律师法》第49条第4项规定的律师"故意提供虚假证据或者威胁、利诱他人提供虚假证据，妨碍对方当事人合法取得证据的"违法行为，由设区的市级或者直辖市的区人民政府司法行政部门给予停止执业6个月以上1年以下的处罚，可以处5万元以下的罚款；有违法所得的，没收违法所得；情节严重的，由省、自治区、直辖市人民政府司法行政部门吊销其律师执业证书；构成犯罪的，依法追究刑事责任。

二、维护司法工作正当性规范

（一）律师的程序性义务

在美国，根据美国律师协会《职业行为示范规则》规则3.2"加快诉讼"（expediting litigation）之规定，在与委托人利益一致的情况下，律师应当尽合理的努力来加快诉讼。美国律师协会认为，律师对诉讼的拖延，给司法带来了不好的名声。虽然有的时候律师基于个人原因而要求推迟诉讼是适当的，但律师仅仅为诉辩者的便利而不加快诉讼就是不当的了。为了阻挠对方当事人获得合法的补偿或者平静生活而没有加快诉讼也是不合理的。法庭和律师界对类似行为的经常容忍，并不能成为拖延的理由。关键问题是，一个善意行为的称职律师是否会认为该行为具有某些实质目的，而不是为了拖延诉讼。在诉讼中，委托人以不适当的拖延实现的经济或者其他利益，并不是合法的利益。

在欧盟，根据《欧洲律师行为准则》的规定，律师在法庭或审判庭出庭或参与案件审理时，必须遵守该法庭或审判庭适用的行为准则。律师必须始终遵守程序公平原则。在对法庭给予尊重的同时，律师应大胆得体地为委托人利益进行辩护，且不应考虑律师个人利益或对其本人或任何其他人产生的后果。律师不得故意向法庭提供虚假或误导性的信息。

在德国，根据《德国律师执业规范》的规定，律师不得将为阅卷从法院和行政机关收到的文件原件交给员工以外的其他人。整本案卷在事务所内的移交，亦同。文件应被谨慎地保管和被不迟延地归还。在复印和进行其他方式的复制时，应保证文件内容不被无权察看者得知。可以将复印件和复制品交给委托人。如果阅卷的权利受法律规定或交出文件的机构依其权限所为指示的限制，律师在将文件内容告知委托人或其他人时应遵守该规定或指示。

在中国，根据《律师法》第40条的规定，律师在执业活动中，不得故意提供虚假证据或者威胁、利诱他人提供虚假证据，妨碍对方当事人合法取得证据。律师不得煽动、教唆当事人采取扰乱公共秩序、危害公共安全等非法手段解决争议。律师不得扰乱法庭、仲裁庭秩序，干扰诉讼、仲裁活动的正常进行。根据《律师执业管理办法》第39条的规定，律师代理参与诉讼、仲裁或者行政处理活动，应当遵守法庭、仲裁庭纪律和监管场所规定、行政处理规则，不得有下列妨碍、干扰诉讼、仲裁或者行政处理活动正常进行的行为：（1）会见在押犯罪嫌疑人、被告人时，违反有关规定，携带犯罪嫌疑人、被告人的近亲属或者其他利害关系人会见，将通信工具提供给在押犯罪嫌疑人、被告人使用，或者传递物品、文件；（2）无正当理由，拒不按照人民法院通知出庭参与诉讼，或者违反法庭规则，擅自退庭；（3）聚众哄闹、冲击法庭，侮辱、诽谤、威胁、殴打司法工作人员或者诉讼参与人，否定国家认定的邪教组织的性质，或者有其他严重扰乱法庭秩序的行为；（4）故意向司法机关、仲裁机构或者行政机关提供虚假证据或者威胁、利诱他人提供虚假证据，妨碍对方当事人合法取得证据；（5）法律规定的妨碍、干扰诉讼、仲裁或者行政处理活动正常进行的其他行为。

此外，《律师执业行为规范（试行）》第66条也规定，律师应当遵守法庭、仲裁庭纪律，遵守出庭时间、举证时限、提交法律文书期限及其他程序性规定。第68条规定，律师在执业过程中，因对事实真假、证据真伪及法律适用是否正确而与诉讼相对方意见不一致的，或者为了向案件承办人提交新证据的，与案件承办人接触和交换意见应当在司法机关内指定场所。

（二）律师与法官的社交规范

在美国，根据美国律师协会《职业行为示范规则》规则3.5"法庭的公正性和正派性"（impartiality and decorum of the tribunal）之规定，律师不得从事下列行为：（1）试图通过法律禁止的手段对法官、陪审员、陪审员候选人或者其他人员施加影响。（2）在程序进行中与上述人员进行单方交流，但法律或者法院命令作出如此授权者除外。（3）在下列情况下，在陪审团解散后同陪审员或者陪审员候选人进行交流：① 该交流为法律或者法院命令所禁止；② 陪审员已经向律师表明不愿意进行这种交流；③ 该交流涉及不实陈述、胁迫、强制或者骚扰。（4）从事旨在扰乱裁判庭的行为。根据美国法律协会《律师法重述》的规定，律师不得故意与某程序的司法人员进行单方交流，但法律作出如此授权者例外。律师不得向司法人员提供法律所禁止的馈赠或者借款，以适当的法律程序之外的其他方式试图影响司法人员，明示或暗示具有以上述方式影响司法人员的能力。律师与陪审员接触，不得有下列行为：（1）与明知为陪审团候选人的人进行交流或者试图对其施加影响，除非为法律所允许。（2）与陪审团成员进行交流或者试图对其进行影响，除非为法律所允许。（3）在下列情况下，同已经被免除进一步服务的陪审员进行交流：① 该交流将会骚扰陪审员或者构成对陪审员在未来案件中的陪审员行为施加影响的企图；② 该交流为法所禁止。

在澳大利亚，根据《澳大利亚律师协会示范规则》之规定，任何当事方或初级律师在场时，出庭律师不得与法院接洽。出庭律师担任公断人、仲裁员或调解员时，也不得因为非正式的个人熟悉关系而与出席的任何执业律师进行接洽，这可能合理地给人以法院对该执业律师有特殊偏好的印象。

在日本，根据《日本律师职务基本准则》第 77 条之规定，律师履行职务时，不得不当利用与法官、检察官及其他有关审判程序的公职人员具有的亲戚或其他私人关系。

在中国，根据《律师法》第 40 条之规定，律师在执业活动中不得违反规定会见法官、检察官、仲裁员以及其他有关工作人员，不得向法官、检察官、仲裁员以及其他有关工作人员行贿，介绍贿赂或者指使、诱导当事人行贿，或者以其他不正当方式影响法官、检察官、仲裁员以及其他有关工作人员依法办理案件。《律师法》第 49 条进一步规定，律师违反规定会见法官、检察官、仲裁员以及其他有关工作人员，或者以其他不正当方式影响依法办理案件的；或者律师向法官、检察官、仲裁员以及其他有关工作人员行贿，介绍贿赂或者指使、诱导当事人行贿的，由设区的市级或者直辖市的区人民政府司法行政部门给予停止执业 6 个月以上 1 年以下的处罚，可以处 5 万元以下的罚款；有违法所得的，没收违法所得；情节严重的，由省、自治区、直辖市人民政府司法行政部门吊销其律师执业证书；构成犯罪的，依法追究刑事责任。

《律师执业管理办法》第 36 条秉承了《律师法》的立法精神，规定律师与法官、检察官、仲裁员以及其他有关工作人员接触交往，应当遵守法律及相关规定，不得违反规定会见法官、检察官、仲裁员以及其他有关工作人员，向其行贿、许诺提供利益、介绍贿赂，指使、诱导当事人行贿，或者向法官、检察官、仲裁员以及其他工作人员打探办案机关内部对案件的办理意见、承办其介绍的案件，利用与法官、检察官、仲裁员以及其他有关工作人员的特殊关系，影响依法办理案件。根据《律师执业行为规范（试行）》第 67、70 条之规定，律师在办案过程中，不得与所承办案件有关的司法、仲裁人员私下接触。律师不得贿赂司法机关和仲裁机构人员，不得以许诺回报或者提供其他利益（包括物质利益和非物质形态的利益）等方式，与承办案件的司法、仲裁人员进行交易。律师不得介绍贿赂或者指使、诱导当事人行贿。

此外，最高人民法院与司法部还联合发布了《关于规范法官和律师相互关系维护司法公正的若干规定》，并对律师与法官之社交行为进行了规定：（1）律师在代理案件之前及其代理过程中，不得向当事人宣称自己与受理案件法院的法官具有亲朋、同学、师生、曾经同事等关系，并不得利用这种关系或者以法律禁止的其他形式干涉或者影响案件的审判。（2）律师不得违反规定单方面会见法官。（3）律师不得以各种非法手段打听案情，不得违法误导当事人的诉讼行为。（4）律师不得明示或者暗示法官为其介绍代理、辩护等法律服务业务。（5）当事人委托的律师不得借法官或者其近亲属婚丧喜庆事宜馈赠礼品、金钱、有价证券等；不得向法官请客送礼、行贿或者指使、诱导当事人送礼、行贿；不得为法官装修住宅、购买商品或者出资邀请法官进行娱乐、旅游活动；不得为法官报销任何费用；不得向法官出借交通工具、通信工具或者其他物品。（6）当事人委托的律师不得假借法官的名义或者以联络、酬谢法官为由，向当事人索取财物或者其他利益。

三、庭审仪表与举止规范

在美国，各州的律师职业伦理规范都在不同程度上，要求律师对法官、陪审员及其他司法人员保持尊重的态度。事实上，在英美国家，还有一项与此相关的罪名，即藐视法庭罪（contempt of court）。藐视法庭是指故意妨碍或干预法庭的正常活动的行为，包括下列情况：（1）刑事上的藐视法庭通常是指妨碍或可能妨碍法庭审理的行为，如冒犯法庭、侮辱谩骂法官、公布未决案件、发表不利于公正审判的材料等。对此，法庭可以对其处以罚金或命令行为人提交保证书。（2）民事上或程序上的藐视法庭，表现为故意破坏和扰乱法庭秩序，对此，法庭可当即予以暂时拘留，必要时可以处监禁或罚金。①英国上诉法院法官丹宁勋爵在其《法律的正当程序》一书的开篇"保持日常司法工作的纯洁性"中，即通过一些案例，介绍了藐视法庭罪发展的源流及藐视法庭的各种情况，阐释了这个罪名存在的重要意义。在所有必须维护法律和秩序的地方，法院是最需要法律和秩序的，司法过程必须不受干扰或干涉。干扰司法程序正常进行就是冲击社会的基础。为了维护法律和秩序，法官有权并且必须有权立即处置那些破坏司法正常进行的人。这是一个很大的权力，一个不经审判当即监禁某人的权力，然而它是必需的。因此，"藐视法庭"也成了对律师在法庭上的各类行为的限制与约束，是律师必须注意的。

在加拿大，根据加拿大律师协会《律师职业行为准则》的规定，法官有权期望律师礼貌地对待法庭；有权期望律师协助维护法庭和法律职业的尊严和司法礼仪，并避免混乱和干扰；有权期望律师在所有出庭事宜中准时到庭、着装适宜并作充分准备。如果法庭工作人员不认识律师，律师应在开始审理时向法庭工作人员介绍自己。对待法庭工作人员应始终有恰当的礼貌和尊重。律师不应与对方律师有言辞激烈的交流，或作出有损律师职业地位或法庭地位的不体面或不文明的其他行为。当在法庭中聆听法官的讲话时，律师们应起立。当一名律师讲话时，其他律师应就坐，直至有唤请时为止。当法官发言时，律师不应背对法官。

在德国，根据《德国律师执业规范》的规定，在通常的职业着装为穿法袍的情况下，律师在法院出庭时应穿法袍。为民事案件在初级法院出庭时，不存在穿法袍的职业义务。

在日本，日本律师协会对律师出庭着装没有特殊要求，基本上都是着正装出庭，但必须佩戴徽章。人们常根据徽章的磨损度来辨别律师的地位、信誉等，银质镀金长期佩戴会变成银色，那代表着经验和资历的丰富。

在中国，《律师执业行为规范（试行）》第 67 条规定："在开庭审理过程中，律师应当尊重法庭、仲裁庭。"第 71 条规定："律师担任辩护人、代理人参加法庭、仲裁庭审理，应当按照规定穿着律师出庭服装，佩戴律师出庭徽章，注重律师职业形象。"正如美国法学家伯尔曼所言："正义必须呈现出生动形象的外表，否则，人们就看不见她。"律师袍的诞生和使用，对于我国的法律职业共同体建设起到了标志性的作用，着律师袍出庭意味着律师是区别于当事人和其他诉讼参与人，与法官、检察官一样具备法律职业资格、履行法律职业分工的"法律人"。律师着袍出庭可以让律师形象更加庄重，也有利于促进控辩平等。律师袍理应与法袍、法槌成为法庭威仪的一部分。

事实上，早在 2002 年，中华全国律师协会就出台了《律师出庭服装使用管理办法》，并明确规定："律师担任辩护人、代理人参加法庭审理，必须穿着律师出庭服装。""律师出庭服装由律师袍和领巾组成。""律师出庭着装时，应遵守以下规定：（一）律师出庭服装仅使用于

---

① 徐进主编：《诉讼法学词典》，中国检察出版社 1992 年版，第 611 页。

法庭审理过程中，不得在其他任何时间、场合穿着；（二）律师出庭统一着装时，应按照规定配套穿着：内着浅色衬衣，佩带领巾，外着律师袍，律师袍上佩带律师徽章。下着深色西装裤、深色皮鞋，女律师可着深色西装套裙；（三）保持律师出庭服装的洁净、平整，服装不整洁或有破损的不得使用；（四）律师穿着律师出庭服装时，应表现出严肃、庄重的精神风貌。律师出庭服装外不得穿着或佩带其他衣物或饰品。"此外，根据最高人民法院制定的《人民法院法庭规则》第 12 条之规定，出庭履行职务的人员，按照职业着装规定着装。但是，具有下列情形之一的，着正装：（1）没有职业着装规定；（2）侦查人员出庭作证；（3）所在单位系案件当事人。非履行职务的出庭人员及旁听人员，应当文明着装。

中国古代的庭审
礼仪简介

2016 年 4 月 13 日，最高人民法院公布了《最高人民法院关于修改〈中华人民共和国人民法院法庭规则〉的决定》，按照该规定，从 2016 年 5 月 1 日起律师出庭必须着律师袍。

2015 年 7 月 31 日，北京市律师协会下发了《关于在试点法院推行律师参加法庭开庭审理统一着装的通知》，规定自 2015 年 8 月 1 日起，开始在北京市知识产权法院、东城区法院等法院开展北京律师担任辩护人、代理人参加法庭开庭审理时统一着出庭服装、佩戴律师出庭徽章试点工作，试点为期半年。该通知规定，在案件开庭时，合议庭法官对于没有穿律师服装出庭的律师应当进行提示、劝告；对于不听劝告的，法院可以将律师的姓名、所在律师事务所、参加哪个法庭审理及具体时间等情况向北京市律师协会反馈。北京市律师协会对于反馈和反映事项进行调查核实，情况属实且情节严重的，可以参照《律师协会会员违规行为处分规则（试行）》，对该律师予以训诫处分。

四、律师的言论规范

（一）律师在法庭上的言论规范

在加拿大，根据加拿大律师协会《律师职业行为准则》的规定，律师应该始终对法庭或审判机构以及所有在诉讼或法律程序中与其打交道的人保持礼貌、文明和诚信。司法上的藐视法庭罪和职业伦理规范中的职业义务是不同的，律师如果一直行为粗暴，具有挑衅性和干扰性，即使未被作为藐视法庭予以惩罚，也足以招致纪律处分。律师应始终避免律师之间的有敌意的或激烈的交流，特别是在接近审判阶段、压力较大的时候，这种交流只会在审理期间恶化，并且对案件的司法行政造成不利影响。

在澳大利亚，根据《澳大利亚律师协会示范规则》的规定，出庭律师必须按照如下方式展开与案件有关的工作：（1）使案件仅限于真正有争议的争议点；（2）清楚、简洁地陈述所识别的争议点。

在我国，根据《律师法》第 37 条第 2 款之规定，律师在法庭上发表的代理、辩护意见不受法律追究。但是，发表危害国家安全、恶意诽谤他人、严重扰乱法庭秩序言论的除外。《律师法》第 49 条第 8 项规定，律师发表危害国家安全、恶意诽谤他人、严重扰乱法庭秩序的言论的，由设区的市级或者直辖市的区人民政府司法行政部门给予停止执业 6 个月以上 1 年以下的处罚，可以处 5 万元以下的罚款；有违法所得的，没收违法所得；情节严重的，由省、自治区、直辖市人民政府司法行政部门吊销其律师执业证书；构成犯罪的，依法追究刑事责任。根据《律师和律师事务所违法行为处罚办法》第 21 条之规定，有下列情形之一的，属于《律师法》第 49 条第 8 项规定的律师"发表危害国家安全、恶意诽谤他人、严重扰乱法庭秩序的言论的"违法行为：（1）在承办代理、辩护业务期间，发表、散布危害国家安全，恶意诽谤法官、检察官、仲裁员及对方当事人、第三人，严重扰乱法庭秩序的言论的；（2）在执业期间，发表、制作、传播危害国家安全的言论、信息、音像制品或者支持、参与、实施以危害国家安全为目的的活动的。此外，《律师执业行为规范（试行）》第 72 条也规定："律师在法庭或仲裁庭发言时应当举止庄重、大方，用词文明、得体。"

（二）律师的庭外言论规范

律师庭外言论指律师通过公开渠道发表的言论。基于律师独特的身份与视角，律师的言论，特别是律师发表的关于案件审理、司法行业等方面的言论比较容易受到关注。[1] 在美国，律师的庭外言论主要体现在三个方面：一是承揽业务（solicitation）；二是律师向新闻界发表的声明（lawyers' statements to the press）；三是律师广告（lawyer advertising）。从世界范围来看，对于律师的庭外言论有一个基本共识：律师作为专业人士，受到通常不适用于非专业人士的言论限制。

1. 规制律师庭外言论的法理

根据美国学者凯萨琳·苏利文（Kathleen M. Sullivan）的总结[2]，规制律师庭外言论的理由主要有以下几点：

（1）基于司法公正的需要。律师作为知晓案情的代理人，对审判结果有着一定的利害关系。如果律师特别是案件代理律师对正在审理的案件发表言论而不加管制，律师将成为媒体审判的积极参与者和推动者，而媒体审判是各国司法机关均禁止的行为。

（2）律师是司法职业群体的一员，律师的不当言论会降低社会公众对整个职业群体水准的评价，而律师对司法人员、对同行的攻击也有损司法职业群体的尊严。特别是当律师用粗鄙的言行来作面向公众的表达时，将有损整个职业群体的颜面。

（3）律师是司法体系的内部人，不同于普通公众，律师的言行代表司法形象。很多西方国家在其律师执业规范中都规定，律师和法官、检察官一样，都是法庭的成员，是司法人员，他们虽然工作职责不同，但都肩负着同样的责任。司法的权威来自民众的尊崇，因此，律师的不当言论不仅败坏了职业群体的形象，更破坏了社会公众对法治的尊重和对司法的信任。律师的不当言论触及国家的司法权威，正如国家有权规范法官和公务人员的公开言论一样，国家也有必要规范律师的公开言论。

2. 律师庭外言论的基本规范

在美国，根据美国律师协会《职业行为示范规则》3.6 "审判宣传"（trial publicity）之规定，（1）正在参与或者曾经参加关于某事务的调查或者诉讼的律师，如果知道或者应当知道其所作的程序外言论会被公共传播媒体传播，并对裁判程序有产生严重损害的重大可能，则不得发表这种程序外言论。（2）尽管存在第（1）款的规定，律师仍然可以就下列事项发表言

---

① 吴晨：《规制庭外言论和司法评论的域外范例》，载《中国律师》2017 年第 9 期。

② Kathleen M. Sullivan, "The Intersection of Free Speech and the Legal Profession: Constraints on Lawyers' First Amendment Rights", *Fordham Law Review*, Vol. 67, Issue 2（November 1998）, pp. 569–588.

论：① 有关的诉讼请求、违法行为或辩护，有关人员的身份，但法律禁止者除外；② 公共档案中包含的信息；③ 关于某调查正在进行之中的事务；④ 诉讼的日程安排或诉讼每一阶段取得的结果；⑤ 在必要的证据和信息方面需要获得帮助的请求；⑥ 当有理由认为对个人或公共利益存在产生严重损害的危险时，就有关人员行为的危险性发出的警告；⑦ 在刑事案件中，除①－⑤项外的：被告人的身份、住址、职业和家庭状况；如果被告人还没有被逮捕，有助于逮捕该人的必要信息；被告人被逮捕的事实、时间和地点；以及执行调查或逮捕的人员或机构的身份和调查持续的时间。

根据美国法律协会《律师法重述》之规定，如果律师知道或应当知道其所作的程序外陈述，存在严重影响陪审员或者潜在证人的重大可能，则不得作出该程序外陈述。然而，如果为减轻律师或者律师的委托人之外的人所作的重大、不当、有害宣传对律师的委托人所产生的影响，律师在任何情况下都可以作出合理必要的陈述。律师不得就有关司法职位的现任者或者该职位的遴选候选人的资格或者适当性，故意作公开虚假陈述，或者不顾后果地作公开虚假陈述。

在加拿大，根据加拿大律师协会《律师职业行为准则》之规定，在公开露面和发表公开声明时，律师的举止应和其与委托人、执业的同行和法庭打交道时的举止相同。与媒体打交道的方式也只能是律师以职业身份活动时行为的外延。在涉及委托人的公开声明时，律师对委托人的义务要求其发表涉及委托人事务的公开声明前，必须首先确信其传达的任何信息均符合委托人的最大利益，并且在聘用范围之内。律师应有资格在公众面前有效代表委托人，并且不允许与委托人利益产生冲突。当以辩护人的身份活动时，律师应该避免就委托人案件的是非曲直发表个人见解。此外，法官有权期望律师不在其公开声明中表达其个人对司法机构的攻击，或不公正地批评司法判决。

在澳大利亚，根据《澳大利亚律师协会示范规则》之规定，出庭律师不能就当前诉讼或潜在诉讼，出版或采取任何措施试图出版任何具备下列情形的材料：（1）内容不准确的；（2）泄露保密信息的；（3）似乎或者确实表达了出庭律师对当前或潜在诉讼事实的意见，或者对诉讼中发生的任何争议点的意见，但有关法律问题的纯教育性或学术性讨论除外。

在德国，根据《德国律师执业规范》之规定，律师可以发布关于其服务和本人情况的信息，但陈述应客观和与业务相关。禁止关于成功率和营业额的陈述——如该陈述有误导性。仅在委托人事先明确同意的情况下，才可以指明承办的案件和委托人。律师不得协助第三者为其做不允许本人做的广告。

在中国，根据《律师执业管理办法》第38条之规定，律师应当依照法定程序履行职责，不得以下列不正当方式影响依法办理案件：（1）未经当事人委托或者法律援助机构指派，以律师名义为当事人提供法律服务、介入案件，干扰依法办理案件。（2）对本人或者其他律师正在办理的案件进行歪曲、有误导性的宣传和评论，恶意炒作案件。（3）以串联组团、联署签名、发表公开信、组织网上聚集、声援等方式或者借个案研讨之名，制造舆论压力，攻击、诋毁司法机关和司法制度。（4）违反规定披露、散布不公开审理案件的信息、材料，或者本人、其他律师在办案过程中获悉的有关案件重要信息、证据材料。

根据《律师协会会员违规行为处分规则（试行）》第34条之规定，影响司法机关依法办理案件，具有以下情形之一的，给予中止会员权利6个月以上1年以下的纪律处分；情节严重的，给予取消会员资格的纪律处分：（1）未经当事人委托或者法律援助机构指派，以律师名义为当事人提供法律服务、介入案件，干扰依法办理案件的。（2）对本人或者其他律师正在办理的案件进行歪曲、有误导性的宣传和评论，恶意炒作案件的。（3）以串联组团、联署签名、发表公开信、组织网上聚集、声援等方式或者借个案研讨之名，制造舆论压力，攻击、诋毁司法机关和司法制度的。（4）煽动、教唆和组织当事人或者其他人员到司法机关或者其他国家机关静坐、举牌、打横幅、喊口号、声援、围观等扰乱公共秩序、危害公共安全的非法手段，聚众滋事，制造影响，向有关机关施加压力的。（5）发表、散布否定宪法确立的根本政治制度、基本原则和危害国家安全的言论，利用网络、媒体挑动对党和政府的不满，发起、参与危害国家安全的组织或者支持、参与、实施危害国家安全的活动的。（6）以歪曲事实真相、明显违背社会公序良俗等方式，发表恶意诽谤他人的言论，或者发表严重扰乱法庭秩序的言论的。

3. 完善律师庭外言论规范

我国的法律职业共同体建设尚在初期，对律师的职责定位还需进一步完善，在律师队伍的管理和规范建设上，相较法官和检察官队伍建设，存在偏软、偏松的现实状况。现实中，有的律师言论已经引发了很大的不良反响，但律师协会没有将纪律处分挺在前面。这种情况既不利于律师队伍自身建设，也不利于改善律师职业在社会公众认知中的形象。对于律师公开言论的规范，修改后的《律师和律师事务所违法行为处罚办法》《律师执业行为规范（试行）》和《律师协会会员违规行为处分规则（试行）》创建了一些甄别不当律师公开言论的原则性条款，并对律师发表不当言论制定了处罚措施。在有规则可依的前提下，协会要鼓励和要求其他机关在发现律师不当言行时向律师协会举报投诉，或对发表不当言论的律师采取其他措施之时依据《律师法》的规定通报律师协会。同时，律师协会也应当用好主动调查和惩戒的权力，对已经引发关注的律师不当言行不要不闻不问，而要主动问责。对于发表了不当言论的律师，如能把惩戒谈话、责令改正和行业纪律处分等行业自律措施用在前面，对律师个人的保护、教育意义和对行业管理的社会效果都要好于由其他机关对律师采取的惩处措施。[①]

第三节　律师与检察官的职业关系规范

一、案件办理中的行为规范

在案件办理方面，律师和检察官一般应遵守以下规范：

1. 自觉排斥对方不当干扰

检察官应当严格依法办案，不受当事人委托的律师利用各种关系、以不正当方式对案件侦查、审查批捕、审查起诉等办案活动进行干涉的影响。律师在代理案件之前及代理过程中，不得向当事人宣称自己与侦查或者受理案件检察院的检察官具有亲朋、同学、曾经同事等关系，并不得利用这种关系或者以法律禁止的其他形式干涉或者影响检察机关对案件的办理。

---

① 吴晨：《规制庭外言论和司法评论的域外范例》，载《中国律师》2017年第9期。

检察官不得私自会见当事人委托的律师。律师不得违反规定会见检察官。

2. 严格执行回避制度

检察官应当严格执行回避制度，如果与本案当事人委托的律师有亲朋、同学、师生、曾经同事等关系，可能影响案件公正处理，应当自行申请回避，是否回避由本院检察长或者检察委员会决定。律师因法定事由或者根据相关规定不得担任诉讼代理人或者辩护人的，应当谢绝当事人的委托，或者解除委托代理合同。

3. 共同保守案件保密

检察官应当严格执行有关诉讼制度，依法告知当事人委托的律师本案侦查或者办理的相关情况，但不得泄露检察秘密。律师不得以各种非法手段打听案情，不得违法误导当事人的诉讼行为。

4. 共同遵守诉讼程序

检察官在办理案件过程中，应当严格按照法律规定的诉讼程序进行，尊重律师的执业权利，认真听取当事人及其委托的律师的意见。律师应当自觉遵守诉讼规则，尊重检察官的执法活动，依法履行辩护、代理职责。

5. 共同遵守司法礼仪

检察官和律师在诉讼活动中应当严格遵守司法礼仪，保持良好的仪表，举止文明。

二、社会活动中的行为规范

律师与检察官在社会活动中的行为表现，直接影响整个司法体系的正当性。如果律师与检察官在社会活动中存在不当行为，不仅会影响司法公正的实现，还会导致社会公众对律师、检察官的不信任，进而降低司法公信力，危及社会稳定。因此，在社会活动中，律师和检察官的行为至少应遵守以下三个方面的要求：

第一，检察官不得向当事人委托的律师索取或者收受金钱、礼品、有价证券等；不得借本人或者其近亲属婚丧喜庆事宜向律师索取或者收受礼品、礼金；不得接受当事人委托的律师的宴请；不得要求或者接受当事人委托的律师出资装修住宅、购买商品或者进行娱乐、旅游等各种形式的消费活动；不得要求当事人委托的律师报销任何费用；不得向当事人委托的律师借用交通工具、通信工具或者其他物品。

第二，当事人委托的律师不得借检察官或者其近亲属婚丧喜庆事宜馈赠金钱、礼品、有价证券等；不得向检察官请客送礼、行贿或者指使、诱导当事人送礼、行贿；不得为检察官装修住宅、购买商品或者出资邀请检察官进行娱乐、旅游等各种形式的消费活动；不得为检察官报销任何费用；不得向检察官出借交通工具、通信工具或者其他物品。

第三，检察官不得要求或者暗示律师向当事人索取财物或者其他利益。当事人委托的律师不得假借检察官的名义或者以联络、酬谢检察官等为由，向当事人索取财物或者其他利益。

三、相互监督中的行为规范

律师和检察官在相互维护彼此之间正常职业的同时，还应当相互监督。

一方面，律师发现检察官有违反相关规定的行为的，可以自行或者通过司法行政部门、律师协会向检察机关反映情况，或者署名举报，提出追究违纪检察官党纪、政纪或者法律责任的意见。另一方面，检察官发现律师有违反相关规定的行为的，可以直接或者通过检察机关向有关司法行政部门、律师协会反映情况，或者提出给予行业处分、行政处罚直至追究法律责任的检察建议。人民检察院、司法行政部门、律师协会对于违反职业行为规范的检察官、律师，应当根据情节，按照有关法律、法规或者规定给予处理；构成犯罪的，依法追究刑事责任。

具体在司法廉洁方面，律师和检察官至少应遵守以下三个方面的规范：（1）检察官不得向当事人委托的律师索取或者收受金钱、礼品、有价证券等；不得借本人或者其近亲属婚丧喜庆事宜向律师索取或者收受礼品、礼金；不得接受当事人委托的律师的宴请；不得要求或者接受当事人委托的律师出资装修住宅、购买商品或者进行娱乐、旅游等各种形式的消费活动；不得要求当事人委托的律师报销任何费用；不得向当事人委托的律师借用交通工具、通信工具或者其他物品。（2）当事人委托的律师不得借检察官或者其近亲属婚丧喜庆事宜馈赠金钱、礼品、有价证券等；不得向检察官请客送礼、行贿或者指使、诱导当事人送礼、行贿；不得为检察官装修住宅、购买商品或者出资邀请检察官进行娱乐、旅游等各种形式的消费活动；不得为检察官报销任何费用；不得向检察官出借交通工具、通信工具或者其他物品。（3）检察官不得要求或者暗示律师向当事人索取财物或者其他利益。当事人委托的律师不得假借检察官的名义或者以联络、酬谢检察官等为由，向当事人索取财物或者其他利益。

四、刑事诉讼中双方的关系规范

目前，从立法角度来看，我国刑事诉讼法已经在一定程度上借鉴了英美法系当事人主义的立法模式，在庭审中确立了控辩双方平等对抗的诉讼模式，形成了控辩对抗式的庭审方式。在这种庭审方式中，法官超然于控辩双方之上，对控辩双方的讼争进行公正裁决，与律师、检察官共同构成三足鼎立的诉讼构架。律师和检察官在法官的主导下分别行使不同的诉讼职能：检察官代表国家公诉机关对被告人提起公诉，依法追究被告人的刑事责任；律师接受被告人及其近亲属的委托，为被告人进行无罪、罪轻的辩护。具体而言，律师与检察官在刑事诉讼中的职业关系主要表现在以下几个方面。

（一）平等关系

平等是对抗的基础，没有平等就谈不上对抗，只有建立在平等基础上的对抗才是有效的对抗。律师和检察官的平等表现为实质上的平等和形式上的平等。其中，形式上的平等又表现为职业身份上的平等、地位上的平等、权利上的平等。

典型的当事人主义的诉讼构造表现为一种"三角结构"，其显著的特征就是控辩双方当事人的平等对抗，法官则作为第三方超然地居于控辩双方之间、之上，公正裁判。直观地看，这种诉讼结构是"等腰三角形"或"正三角形"，因而称为三角结构。在英美国家典型的当事人主义诉讼构造中，这种三角结构体现了加强人权保护的价值目标，控辩双方实行直接言辞和交叉询问的庭审规则，平等地进行法庭调查，平等地进行法庭质证，法官除了指挥庭审的秩序，主要是听取双方的意见并作出理性的裁判。

在刑事诉讼中，律师与检察官的平等主要包括三个方面的内容：

1. 主体地位的平等

诉讼主体在地位上的平等是程序公平的核心内容。对此，法国法哲学家皮埃尔·勒鲁

（Pierre leroux）曾有一句名言："平等创造司法，平等构成司法。"① 在刑事诉讼中，主体平等是一种形式上的平等，它主要意味着律师和检察官在诉讼关系上互不依附于对方，表现为各个诉讼主体在身份上的平等以及诉讼权利和诉讼义务的对等。一方面，作为控诉方的检察官不能拥有对辩护方的绝对支配地位，更不能对被告人作出有罪或者无罪的判定；另一方面，作为辩护人的律师也具有相对独立的地位，他不依赖于检察官而存在。

2. 诉讼参与的平等

诉讼参与平等承认诉讼主体的平等参与，集中体现为律师和检察官的利益相关性和主观能动性。在刑事诉讼中，律师和检察官参与到整个程序的运行过程中，主要是为了使程序按照自己的意愿得以运行，以期行使自己的诉讼权利和得到满意的裁判结果。因此，程序参与不是一种单纯的心理感应或欲望的冲动，而是一种自觉的理性行为。通过主动参与到刑事诉讼过程中，律师能和检察官一样亲自体验和影响刑事程序的运行进程，并有效地改变程序结果的状态，这对处于相对弱势地位的律师具有尤为重要的意义。

3. 司法待遇的平等

司法待遇的平等，就是立法和司法应该无差别地对待诉讼参与各方。在赋予控辩双方诉讼权利和课予诉讼义务的时候，既要赋予作为控诉方的检察官充分的诉讼权利，也要赋予作为辩护方的律师充分的诉讼权利；在课予双方当事人诉讼义务的时候，既要课予作为控诉方的检察官相应的诉讼义务，也要课予作为辩护方的律师相应的诉讼义务。在具体的诉讼过程中，法官作为庭审的指挥者，应该保障双方的诉讼权利和诉讼义务落到实处：一方面要在诉讼过程中给予律师和检察官平等的机会、便利；另一方面要对双方的主张和证据予以同等的关注和考虑。

（二）对抗关系

1. 地位对抗

在刑事诉讼法律关系中，在控辩审三方组合的架构下，检察机关、公安机关和被害人、自诉人从事追诉犯罪的主动角色，是控方；犯罪嫌疑人、被害人担任接受追诉和审判的被动角色，是辩方；辩护律师接受刑事被告人的委托，为保障被告人的合法权益，进行无罪、罪轻的辩护，是辩方；法院则是超脱于控辩之外的负责依法审理和裁判案件的审判方。通过对被告人依法进行追诉，依法追究其刑事责任，检察机关在刑事审判中被定位为与辩方平等对抗的一方，即公诉人。

2. 诉求对抗

一般而言，任何种类的诉讼，目的都在于解决一定的社会纠纷或者冲突，恢复原有的利益关系，维护社会安全和秩序。刑事诉讼也是如此，只不过其解决的中心问题是刑事责任的有无及大小而已。刑事责任一旦确定，公民个人将面临生命、自由或财产受限制或被剥夺的不利境地，而国家利益、社会秩序和个人权益将因犯罪遭受应有的惩罚而得到恢复和保障。在这种情况下，控辩之间的对抗态势必然会十分强烈。显然，在犯罪行为的刑事责任判断上，控辩双方的主张必然会截然不同甚至完全对立，这种对立冲突的态势必然体现为诉讼行为方式上的对抗，使控辩双方在事实上和法律上的对抗贯穿于整个刑事庭审过程。由于控诉方是

---

① ［法］皮埃尔·勒鲁：《论平等》，王允道译，商务印书馆1988年版，第66页。

诉讼的发动者和刑事责任的主张者，整个诉讼过程基本上呈现出控诉方的进攻性和被告方的防御性之间相互交织的状态，任何一方都想把利益的天平拉向自己的一边。

3. 职能对抗

律师与检察官在刑事诉讼中的职能是天然对立的。检察官代表的是国家利益，其职能是在法律允许的范围内想方设法让违法犯罪的被告接受惩罚；而律师的目的是维护被告利益，在诉求上跟检察官是对立的，律师的职能就是提出那些用以证明犯罪嫌疑人、被告人无罪、罪轻、减轻处罚或免除处罚的材料和证据，在法律允许的范围内想方设法减轻或免除被告的处罚。当然，律师与检察官在职能对抗方面也不是绝对的。比如，在刑事诉讼中，检察官在建议对被告人从轻、减轻处罚时可能赞同律师的一部分观点，律师可以作无罪辩护，也可以作有罪辩护，在作有罪辩护时可以赞同检察官对案件的定性意见。

（三）协作关系

检察官和律师是辩证统一的关系，二者既相互区别又相互联系。虽然二者存在对抗的一面，但二者的使命或根本目标是一致的：律师和检察官应当忠实于宪法和法律，依法履行职责，共同维护法律尊严和司法权威。基于二者根本目标的一致性，律师与检察官在职业关系中也存在协作的一面。

律师和检察官的协作具有非常重要的意义：

1. 二者的协作有利于实现民主法治

刑事诉讼的文明程度标志着司法文明程度和人权保障状况。基于维护公平正义之目的，控辩双方在依据事实和法律的前提下通过对话与合作的方式来缓和之前因身份、职权、利益所形成的冲突对抗关系。同时，控辩双方协作还可以反映出，在我国最严肃的刑事诉讼领域内，政府与公民在人格上享有平等的权利，并且这种平等是双方通过和平协商的机制实现的，这是民主精神在文明社会高度发达的表现，也对整个刑事诉讼制度乃至公权领域弘扬民主法治精神起着非常重要的作用。

2. 二者的协作有利于司法公正

在刑事诉讼中，检察官、律师虽然职业分工不同，但都以追求社会的公平正义为终极目标。因此，在倡导和谐司法、构建和谐社会的背景下，检察官与律师这对既对立又统一的矛盾体互相尊重、互相信任，对和谐司法目标的实现具有极大的促进意义。

3. 二者的协作有利于提高诉讼效率

在刑事诉讼中，检察官与律师的对抗贯彻始终，正是这种控辩双方立场的对立推动了诉讼的进程。但双方若在力量不均衡、地位不对等的条件下过分地强调对抗，会使辩方陷入更加不利的境地。控辩双方的协作，如控辩双方的庭前交流制度、证据开示制度等，不仅可以有效避免司法资源的无谓消耗，提高诉讼效率，又能保障辩方的权利，最大限度地实现诉讼公正。

律师和检察官之间的协作关系主要表现在以下几个方面：

第一，律师与检察官应当严格遵守《律师法》和《检察官法》及其他相关法律和有关规定，各司其职，互相尊重，加强沟通，恪守法律职业伦理，共同维护司法权威。

第二，检察官办理案件，应当尊重律师的执业权利，认真听取当事人及其委托律师的意见，依法保障律师的会见权、阅卷权、调查权等权利。检察机关办理职务犯罪案件时，对律师在侦查阶段提出的会见申请，在不影响正常的办案程序、不违反羁押场所规定的前提下，应积极配合，在提请批准逮捕前保障律师1次以上会见犯罪嫌疑人的权利。在案件审查起诉阶段，保障律师充分阅卷，并为律师阅卷及复制案卷提供便利条件。检察官应当及时告知律师侦查终结、延长审查起诉期限、退回补充侦查、提起公诉、不起诉等阶段性工作的状态，以便律师及时参与诉讼。

第三，律师应当充分尊重检察官的执法工作，严格依法执业。收集的证据材料，应当及时向检察机关提供，不搞证据突袭。对检察机关主持的刑事案件、民事行政申诉案件的双方当事人和解工作，律师应当积极配合。律师对检察官是否严格执法，检察官对律师是否依法执业，均可以进行监督。一方发现另一方有违法违规行为的，可以适当方式向对方提出。一方收到纠正违法意见后，应及时依照规定处理，并相互通报处理情况或通过主管机关告知对方。

第四节　律师与其他法律职业人员的职业关系规范

广义的法律职业共同体，除了法官、检察官、律师以外，还包括仲裁员、警察、公司法务人员、公证员等职业人员，律师在执业过程中也需要把握好同这些群体交往的界限。

一、律师与仲裁员的职业关系规范

律师和仲裁员的职业关系应当遵循如下要求：

（一）律师在代理仲裁案件期间，不得与仲裁员私下接触

《律师执业行为规范（试行）》第69条规定："律师在办案过程中，不得与所承办案件有关的司法、仲裁人员私下接触。"第70条第1款规定："律师不得贿赂司法机关和仲裁机构人员，不得以许诺回报或者提供其他利益（包括物质利益和非物质形态的利益）等方式，与承办案件的司法、仲裁人员进行交易。"律师与仲裁员需要就案情进行交流的，应当在办公时间和办公场合会见，确实需要在非工作场所、非工作时间接触的，应依照相关规定办理审批手续并获批准。例如，某律师事务所执业律师张某某，在代理某有限公司某合同争议仲裁案期间，与该公司法律顾问以及一位受聘于该案仲裁委员会的仲裁员在当地一家大酒店包房就餐。律师和仲裁员私下会面的情形被拍成视频在网上流传后，该律师事务所立即对张某某作出了行政记大过的处分决定，并要求张某某立即停止以该所名义继续执业。

（二）具有律师和仲裁员双重身份的律师，不得利用双重身份的优势进行不正当竞争

根据《仲裁法》的规定，从事律师工作满8年的，可以受聘担任仲裁员。这就产生了有些律师可能兼具仲裁员身份的问题，相关法律一直没有对这种双重身份作出任何限制。但是，如果律师利用这种双重身份进行不正当竞争，是执业纪律所不允许的。《律师和律师事务所违法行为处罚办法》第7条规定："有下列情形之一的，属于《律师法》第四十七条第三项规定的律师'在同一案件中为双方当事人担任代理人，或者代理与本人及其近亲属有利益冲突的法律事务的'违法行为：……（五）曾经担任仲裁员或者仍在担任仲裁员的律师，以代理人身份承办本人原任职或者现任职的仲裁机构办理的案件的。"

二、律师与警察的职业关系规范

在处理这一职业关系时，律师应当重点把握以下几点。

（一）律师应当与警察保持清廉的工作关系，杜绝利益输送

比如，某基层检察院在对一起经济案件的审查中，发现该案嫌疑人李某某被羁押于看守所期间，向管教干部检举了周某某盗窃汽车的线索，检举材料中对案发时间、地点、盗窃犯罪嫌疑人的姓名、家庭住址和被盗汽车的价格等都写得一清二楚，连犯罪嫌疑人的身份证号码都写得一字不差。但该盗窃案发生在李某某被羁押于看守所期间，他能够对外面的情况了如指掌，不合常理。检察官发现疑点后展开调查，最终发现，这是李某某的辩护律师王某某为了使其具备缓刑的条件，而和看守所警察里外勾结，通过给付信息费的方式从警察高某的手中购买了一条立功线索，然后王律师借到看守所会见的机会将该信息告诉了犯罪嫌疑人，王律师因此获得了额外的 10 万元风险代理费。实践中，个别律师不去钻研业务，反而特别热衷于对警察进行各种利益输送，通过给予警察案件提成费、好处费、信息费等方式达到招揽案源、申请取保候审、制造虚假立功等目的，这种行为严重违反了律师职业伦理，甚至触犯法律，应当坚决禁止。

（二）律师与警察的交往应当严格遵守诉讼程序规则

比如，《刑事诉讼法》明确要求辩护律师在接受委托后，应当及时向办案机关提交委托手续。但某律师担心递交手续后，公安机关会对会见作出不当限制，因此决定先不把委托手续递交给办案机关，而直接去看守所会见犯罪嫌疑人。看守所要求律师出具由公安局法制部门开具的律师委托手续已经提交的证明，律师因为心虚无法提交，于是对看守所管教干警大发雷霆，认为这一规定违反《刑事诉讼法》有关"三证无障碍会见"的规定，是对律师会见权的粗暴践踏和剥夺。看守所经致电办案机关，得知该律师没有按照法律规定预先提交委托手续，故向该市律师协会进行投诉。在这个案例中，对于看守所在三证之外要求提交法制部门证明的做法是否违反法律，律师可以通过正常渠道向有关机关提出修改规定的意见，但律师本身没有按照法律规定向办案机关提交委托手续的确已经违反了法律要求。法律之所以规定会见前需要先行提交委托手续，是因为办案机关需要审查辩护人的资格，确认其是否本案的证人、是否与本案存在关联等情形。该律师一方面要求看守所遵守《刑事诉讼法》的规定立即安排会见，另一方面又违反《刑事诉讼法》的要求，其对待法律的双重态度是不可取的，也不利于和警察进行理性的沟通。

（三）在执业过程中，应避免非理性对抗，共同努力寻找解决问题的合理方案

有些律师在执业过程中遇到办案机关限制、剥夺律师权利的行为，不但没有积极主动协商问题的现实解决方案，没有选择合理的渠道进行申诉、控告，反而在事情本可以有更理性处理方案的情况下，直接和警察发生正面言语甚至是肢体冲突。比如，北京某律师到一偏远地区会见一在押犯罪嫌疑人，看守所民警告知该律师，必须有两名律师才可以安排会见。在全国绝大部分看守所都允许一名律师会见的情况下，该律师对当地这种不合理的要求非常不满，立即表示将发布措辞激烈的微博，让全国法律人都来关注这个落后的看守所的奇葩规定。这一举动激怒了看守所民警，发生了不愉快的冲突。事发后，该律师在和当地朋友交流过程中得知，该地之所以有如此不合理的规定，是因为当地经济落后，看守所没有监控设备，前

不久一名律师在单独会见犯罪嫌疑人的过程中，擅自中途离开，导致嫌疑人在会见室企图自杀，幸亏发现及时才没有酿成严重后果。从此以后，该地才有了必须有两名律师才允许会见的硬性规定。当地律师还建议，以后如果碰到这种情况，还是要对看守所的做法给予充分理解和尊重，然后通过其他途径寻找折中的解决方案，比如通过沟通让看守所或者朋友推荐当地律师参与陪同，而不应动辄就以对抗来处理问题。当然，律师与警察的关系远不止上述这几个方面，因为警察管理权限比较广，与警察发生职业关系的也远远不止刑辩律师。比如，在群体性事件中，律师应当以自己的专业知识为当事人提供理性的维权建议，而不能通过煽动性的言辞挑动当事人制造混乱或将案件矛盾转嫁到警察身上。律师应当时刻牢记自身也是维护社会和谐的一支重要力量，切不可制造和渲染与警察群体的对立情绪，双方应当理性沟通，共同实现社会的公平正义。

三、律师与法务的职业关系规范

一些大型企业除了在内部设立法律法规室或法律事务部处理企业日常法律事务以外，还会专门聘请律师作为法律顾问或诉讼律师为企业提供法律服务。这样企业就会形成由企业内部法务与外聘律师两部分组成的全面的法律风险管理体系。而这也给律师提出了更高的要求，要正确处理和企业内部法务之间的关系，把握这种职业关系中的行为规范就变得比较重要。

首先，外聘律师应当充分尊重法务的职业思维。有些律师在和法务合作时会以法律专家自居，认为法务对一些专业问题的意见并不成熟，因此往往对法务的观点不屑一顾或不予采纳。但事实上，很多时候，意见的分歧并无高下之别，可能只是职业思维和立场不同导致的。比如，公司法务由于身处企业之中，往往首先考虑的是如何平衡各个部门之间的关系。因此，在法律问题之外需要加入很多其他考量因素。而且，一旦法务认同外聘律师的意见，就相当于代表了法务部门的意见，最后必然要对企业由此产生的风险承担最终责任；而外聘律师往往不受这些因素的影响，会在真空状态下考虑如何解决法律问题，二者自然会不可避免地发生意见分歧。此时，外聘律师应当充分理解法务的顾虑，尊重法务的意见，要在充分了解法务优势和劣势的基础上对其意见进行分析和理性沟通，而不可动辄贬损公司法务的专业水平。

其次，某些公司法务会存在依赖外聘律师的心理，本应通力合作的工作，却故意推诿给外聘律师承担。比如，公司准备签订的合同，未经审核就直接发送给外聘律师，或者只是简单地向外聘律师交代交易目的等信息后就要求外聘律师起草合同，而不提供任何其他商业信息。遇到这种情况，外聘律师应当积极理性地与公司法务人员进行沟通，确立双方合作的基本框架和规则。

最后，在提供专业法律服务方案时，外聘律师应当主动和公司法务沟通，尽可能全面地了解企业所处的行业及商业模式，帮助法务部门提出体系性的风险防范或应对措施，而不是仅限于单个委托事项。另外，外聘律师也应主动和法务沟通，了解企业委托事项的具体目标，不宜就政策环境、法律限制泛泛而谈，而应就这些限制会对公司业务造成哪些具体影响，以及在这些限制之下有无变通的办法提出建议。

【思考题】

1. 律师张某正在代理一个由法官王某主审的案件。一天晚上，两人各自在餐馆用餐，碰巧相遇。律师张某没有过去与法官王某坐到一起，但两人在王某的餐位附近聊了大约 10 分钟。恰好案件对方当事人的亲属陈某也在餐馆，并且看到两人谈话，陈某将此事告知案件当事人杨某。杨某向法院反映此事。

请问：如果律师与法官在聊天的过程中确实没有讨论案件，该律师与法官的行为会被视为违反行为规则吗？

2. 某区法院公开审理某物业管理有限公司与谢某劳动争议纠纷一案。原告谢某的委托代理人马律师在法庭调查阶段向法官提交了一份考勤卡，被告某物业管理有限公司质证并表示异议后，经办法官将该考勤卡原件放在审判台上。在被告发表辩论意见期间，马律师未经法官许可突然离开原告席，直接走到审判席欲取走考勤卡原件。法官即予制止并明确告知双方争议的证据原件应由法院保存，并对其擅自到审判台拿走争议证据材料的行为予以训诫。马律师无视训诫，在法官向其指出相关法律规定后，即要求开具证据收据，法官告知可在庭审结束后开具。马律师开始在法庭上高声谩骂法官："你连狗都不如，我就是对你不敬。你以为你很牛，你怎么不被干掉。"庭审被迫中止。之后马律师未在开庭笔录上签名就离开了法院。

请问：马律师违反了律师职业伦理的什么内容？

第七章　律师职业内部关系规范

【本章导读】

所谓"律师职业内部关系"，在本书看来，主要包括律师之间以及律师和律师事务所之间的职业关系。任何一个行业均有众多的从业人员，各行各业均有不同的同行关系，律师行业也是这样。日本著名企业家松下幸之助曾说过："一个行业内互相诋毁，这个行业是没有希望的。"律师之间良好关系的建立涉及律师整体形象以及律师整体权益的维护。律师应当尊重同行，以礼相待，公平竞争。这一基本的职业伦理要求律师之间以友爱和公平为准则。我国大陆和台湾地区在律师与同行的职业伦理中均要求"律师间应该彼此尊重""律师不应诋毁、中伤其他律师"等。律师之间的同道情谊并非要求律师之间仅作表面功夫，而要求律师之间真正做到以诚相待，相互承认及尊重。同样，律师事务所作为律师执行职务、进行业务活动的工作机构，与律师的关系也是应当予以研究的。本章主要就律师与律师之间以及律师与律师事务所之间的关系规范展开讨论。

【本章知识结构图】

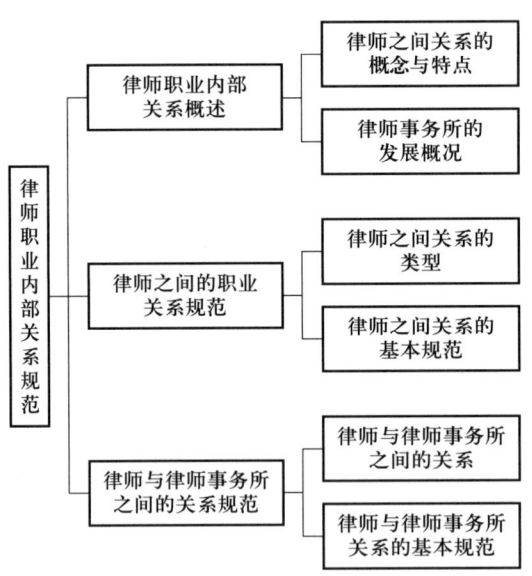

第一节　律师职业内部关系概述

一、律师之间关系的概念与特点

（一）律师之间关系的概念

律师之间关系，也可以称为"律师同行关系"，其实质是律师与其他律师之间的职业行为关系，并不涉及律师之间的私人关系。

（二）律师之间关系的特点

要深入认识律师之间关系，就必须对律师之间关系的特点有所了解。归纳起来，律师之间关系的特点主要表现在以下几个方面：

1. 专业性

随着社会生活和社会需求日趋复杂、专业分工越来越细、专业化程度越来越高，律师个人必须符合专业性的要求，必须经过长期的专业训练和学历教育。各个律师的专业性汇集为整个律师之间关系的专业性，而律师与律师之间的同行关系是建立在专业性的基础之上的。

当然，各行各业都具有一定的专业性，但律师的专业性更多地表现为其在法律服务市场上的专业性。从目前我国的实际情况来看，尽管律师行业的专业化程度越来越高，但律师之间关系的专业性并未随之提高，还存在发展不平衡的问题。

2. 排他性

和其他职业的同行关系一样，律师职业的同行关系也不可能是无限开放的关系。一方面，国家律师职业的行业准入必定会设置很多限制，也就是有条件的开放；另一方面，律师职业的先入行者或取得优势地位者必然会对后来者进行限制。这种限制具有正面的、积极的意义，目的在于保证进入本行业人员基本的专业水准与道德水准，同时也形成了律师之间关系的排他性。

正常情况下，律师之间关系的排他性有助于保持本行业的专业质量和生活水准，但过度的排他性则有可能扼杀本行业的活力和竞争力。比如，在我国 2007 年《律师法》修订之前，曾有不少律师主张禁止高等法学院校教师以及其他法学研究者进入律师行业，认为这两类人员虽然是法律职业人员，但与执业律师具有显著区别。尽管这种主张最终并未获得采纳，但也反映了一些律师对于同行关系理解的狭隘性。另外，尽管行业主管部门和行业协会已经对律师行业实行严格的准入管理，但行业内功成名就、德高望重者仍然对后来者进行封锁，以维护自己的既得利益和地位，不屑于与律师新人为伍，致使一部分律师事务所和律师对后来者不闻不问，只有苛责而没有付出，只愿榨取而不愿"造雨"。

3. 市场性

与其他服务业一样，律师本身并不直接创造社会财富，需要通过向社会提供专业服务间接地获得社会财富。正因为如此，律师职业也具有交易和交换的一面，具有一定的商业属性。这是任何一名律师的立身之本，也是整个行业的立业之本，对此无须讳言。

律师职业的商业性决定了律师之间关系的市场性。也就是说，律师在与其他同行进行交往的时候，主要出于竞争或合作目的，以最大限度地寻求和获得法律服务的机会。比如，如果某一领域的法律服务市场广泛，机会多，则律师之间倾向于联合，先进入者往往愿意引入、招纳其他律师进入这一市场领域，以图共同发展。相反，如果某一领域的法律服务市场几近饱和，机会少之又少，则已经获得竞争优势者不但不愿意招纳新人，反而会排斥其他律师同行的进入。此外，律师之间关系与市场规律也有密切的联系。如果某一领域的法律服务市场需求量大，律师与同行之间一般不会相互压价；反之则可能相互压价，甚至导致恶性竞争。

4. 认同性

中国政法大学江平教授曾经说过："一想起律师，人们自然会想到'为弱者呐喊，向强权抗衡'的高大形象，自然会想到'无拘无束多自由，谈笑之间黄金来'的潇洒形象，自然会想到'凭三寸不烂之舌而力挽狂澜于既倒'的智慧形象。"实际上，这些话不应当仅仅是律师职业之外的人们的看法，也应当成为律师相互之间的认同。因为律师是一个具有社会责任感和使命感的职业，公平和正义是律师职业内在的价值追求。

我国律师应当以事实为根据，以法律为准绳，接受国家、社会和当事人的监督，维护当事人合法权益，维护法律的正确实施，维护社会公平和正义。唯其如此，律师行业才能不断发展、繁荣、壮大，并在此基础上增进整个行业的集体认同感。

二、律师事务所的发展概况

（一）国外律师事务所的发展概况

国外律师制度发展历史较为久远，各国在其漫长的发展过程中都形成了成熟、完善的律师事务所组织与运行模式。这些模式依各国情况而不尽相同，其中既有共性也有差别。在此，本书仅选几个比较有代表性的国家进行简要介绍。

在美国，商业实体的形成与治理是由各州法律规范的。每个州都有监管公司和合伙企业的历史。近几十年来，新的混合形式的商业实体不断发展，以适应公司和合伙企业无法满足的需求。目前，美国律师事务所采取的主要商业结构形式包括以下几种类型：（1）普通合伙（general partnership，简称 GP）。1914 年，普通合伙被写入法律，并成为律师事务所的标准商业形式。普通合伙最吸引人的特点是对律所收入的直通税（pass-through taxation）。在这种税收中，合伙企业的利润不需要缴纳实体税，只有在合伙人获得利润分配的情况下才作为个人收入征税。（2）有限责任公司（limited liability companies，简称 LLC）和有限责任合伙企业（limited liability partnerships，简称 LLP）。越来越多的律师事务所开始放弃传统的普通合伙，而采取更有吸引力的有限责任实体，如有限责任公司与有限责任合伙。这种商业形式，将律师事务所所有人与公司分开，通过"有限责任"保护律师事务所所有人。（3）个人独资（sole proprietorship）。这种形式的设立程序相对简单，但并不普遍。原因在于，如果有人起诉律师事务所，这种商业结构形式并不能保护所有者的个人财产。[①]

近年来，美国律师事务所大量采用"公司制"的管理模式，在实践中引发了很多争议。反对者认为，律师事务所公司化运营将严重影响律师的职业独立判断力（professional

---

① Edward S. Adams，"Rethinking the Law Firm Organizational Form and Capitalization Structure"，*Missouri Law Review*，Vol. 78，Issue 3（Summer 2013），pp. 777–818.

independent judgment），因为公司制意味着非律师可以控制律师职业。[①] 有鉴于此，美国律师协会《职业行为示范规则》规则 5.4 "律师的职业独立"（professional independence of a lawyer）不只对律师行为进行规范，对律师事务所的组织结构也进行了限定。律师或者律师事务所不得同非律师人员分享律师费。如果律师与非律师形成的合伙关系包括了执行法律业务，则该律师不得与该非律师形成合伙关系。如果某人为使律师向他人提供法律服务而推荐、雇用该律师或者向该律师付费，则该律师在提供上述法律服务过程中，不得允许该人左右其职业判断。在下列情况中，律师不得同有权从事营利性法律业务的职业公司（professional corporation or association）一起执业，也不得以上述公司的形式执业：（1）非律师在其中拥有股权，但是律师遗产的信托代理人可以在管理遗产的合理期间内持有该律师的股份或者利益；（2）非律师是该公司的董事或者官员，或者在该公司外的任何组织形式占据担负类似职责的职位；（3）非律师有权左右律师的职业判断。不过，很多学者认为，《职业行为示范规则》的规定已经过时了，不符合现在的发展趋势。[②] 美国的许多州都在考虑进行改变，有些州甚至已经作出了改变，允许律师事务所在有限制的情况下使用替代性商业结构（alternative business structures）。

在英国，2007 年 10 月，英格兰与威尔士通过了《法律服务法》，其中最具影响力的举措之一是英国允许 "替代性商业结构" 律师事务所的存在。这些律师事务所允许非律师参与合伙关系成为律师事务所的合伙人或管理人。目前，这次改革的成果已经开始显现，从 2012 年 3 月 26 日至 2015 年 7 月 31 日，共有 400 多家 "替代性商业结构" 律师事务所获得英国事务律师监管局（Solicitors Regulation Authority）的批准。"替代性商业结构" 的设立旨在鼓励创新，并承诺 "在公平竞争的环境下，不应该对特定的商业模式有任何偏袒或好处"。美国学者朱迪思·麦克莫罗（Judith A. Mcmorro）对英国 "替代性商业结构" 律师事务所的效益进行了评估，发现目前这种类型的律师事务所呈现出如下几个特点：（1）一些小型律师事务所转换为 "替代性商业结构"，使重要的非律师成员在律师事务所中拥有所有权，并确保律师事务所能够承认这些非律师成员的贡献并留住这些 "功臣"。（2）替代性法律服务提供商 Riverview Law 致力于通过统一收费和团队服务，为企业客户提供系统化的法律服务。（3）"合作法律服务"（Cooperative Legal Services）在食品、银行、丧葬服务等合作品牌的基础上，为中等收入客户提供经济实惠的法律服务。（4）Legal Zoom 是第一家将业务扩展到英国并创建律师事务所的美国在线法律服务提供商，该公司预计，"替代性商业结构" 将使其利用在线资源提供更综合的法律服务。（5）人身损害律师事务所的模式千差万别，有的是保险公司作为律师事务所的合伙人，有的是私人股本参与，这些模式进一步优化了英国的小额索赔市场。（6）很多专业性的律师事务所已经建立了非营利性和营利性的合作伙伴关系，利用营利性利润来支持非营利部门的发展。[③]

在德国，常见的律师执业形式包括：（1）个人执业（Sole proprietorship），即律师自己开

---

①　MacEwen, Bruce, Regan, Jr. Milton C, Larry Ribstein, "Law Firms, Ethics, and Equity Capital", *Georgetown Journal of Legal Ethics*, vol. 21, no. 1 (Winter 2008), pp. 61–94.

②　Edward S. Adams, John H. Matheson, "Law Firms on the Big Board: A Proposal for Nonlawyer Investment in Law Firms", *California Law Review*, Vol. 86, Issue 1 (January 1998), pp. 1–40.

③　Judith A. McMorrow, "UK Alternative Business Structures for Legal Practice: Emerging Models and Lessons for the US", *Georgetown Journal of International Law*, Vol. 47, Issue 2 (Winter 2016), pp. 665–712.

业，自负盈亏及责任，此为律师业务的主要形式。（2）合署办公（Bürogemeinschaft）。合署办公只是数个个人执业律师的结合，约定共享办公设备、图书数据，联合雇用秘书或助理以节省成本。但律师彼此间仍是独立的执业个体，各自接受当事人委托，互不隶属。（3）合伙。合伙是由数名律师，以合伙协议为基础，共同出资、共同管理、按协议分享收益、相互承担无限连带责任的一种执业模式。（4）律师公司（Rechtsanwaltsgesellschaft）。（5）专业律师（Fachanwalt）。①

（二）中国律师事务所的发展概况

我国《律师法》第 14 条规定："律师事务所是律师的执业机构。设立律师事务所应当具备下列条件：（一）有自己的名称、住所和章程；（二）有符合本法规定的律师；（三）设立人应当是具有一定的执业经历，且三年内未受过停止执业处罚的律师；（四）有符合国务院司法行政部门规定数额的资产。"这表明，律师事务所是律师从事法律服务的基本单位。所谓的"律师的执业机构"，即律师从事业务活动的工作机构。对此可以从两个方面理解：一是我国的律师执业机构只有律师事务所，不存在其他律师执业机构；二是律师必须在律师事务所执业，任何一名律师都应是某一律师事务所的律师，而任何律师都必须是律师事务所的成员，不能脱离律师事务所开展业务。②关于律师事务所的性质，理论与实践存在很大的分歧，目前尚未达成共识。

从立法上来看，在我国律师制度的恢复、发展过程中，有关文件在不同时期对律师事务所的性质曾经有过不同的表述。律师制度恢复初期，1980 年颁布的《律师暂行条例》将"法律顾问处"（律师事务所的前身）规定为"事业单位"，由国家核拨编制和经费，实行人事、业务、财务的全面管理；随着市场经济的建立和发展，律师事务所也进行了改革，合伙制、合作制律师事务所开始出现。1993 年党的十四届三中全会通过的《中共中央关于建立社会主义市场经济体制的若干问题的决定》将律师事务所规定为"市场中介组织"，进一步推动了律师事务所走向市场，向不占编制和经费、"个人出资、自愿组合、自我管理、共担风险"的运作机制转变。③1996 年《律师法》颁布实施，保留了"律师事务所"这一称谓，允许国家出资设立的律师事务所、合作制律师事务所、合伙制律师事务所三者并存，但是对于律师事务所的性质并未进行规定。2007 年《律师法》进行了修改，增设特殊的普通合伙律师事务所，允许个人开设律师事务所，保留了国家出资设立的律师事务所，取消了合作制律师事务所，但是对于律师事务所的性质仍然没有规定。2008 年《劳动合同法实施条例》第 3 条规定："依法成立的会计师事务所、律师事务所等合伙组织和基金会，属于劳动合同法规定的用人单位。"此外，《律师事务所管理办法》第 51 条规定："合伙律师事务所和国家出资设立的律师事务所应当按照规定为聘用的律师和辅助人员办理失业、养老、医疗等社会保险。个人律师事务所聘用律师和辅助人员的，应当按前款规定为其办理社会保险。"

不同学者从不同的角度对律师事务所的性质进行了界定。李本森教授认为，不妨把律师事务所分两个层次来界定。第一个层次，律师事务所是依法向社会提供法律服务，具有国家

---

① 李昌超：《德国律师公司制度窥探——从律师职业特性出发》，载《河北法学》2013 年第 12 期。

② 本书编写组：《中华人民共和国律师法释解》，金城出版社 2008 年版，第 109 页。

③ 刘友江主编：《司法行政工作概论》（第 2 版），中国政法大学出版社 2017 年版，第 61 页。

性、社会性、公益性、营利性的执业组织形式。第二个层次，把律师事务所放在社会主义市场经济体制建设这一特定范围内，即在社会主义市场经济体制建设中，律师事务所是具有中介性质的律师执业组织形式。[①] 有观点认为，律师事务所具有商业性、社会性双重属性。商业性是指律师事务所要通过市场竞争获取业务，靠收取法律服务费来维持生存和发展，具有营利性的一面；社会性是指律师事务所必须以维护当事人合法权益，维护法律正确实施，实现社会公平正义为宗旨，不得以营利为目的，具有公益性的一面。[②] 还有观点认为，应该将律师事务所界定为"由律师组成的自律性组织"，主要原因在于：律师事务所与律师的本质一脉相承，具有同质性，即律师的性质决定了律师事务所的性质。律师是为社会提供法律服务的自由职业者，律师可以自由选择服务对象，可以自由地评判法律事务。在评判法律事务时，独立于国家机关、委托人或者有关当事人。律师事务所不应承担国家机关对律师进行行政管理的职责，而应当是律师行使执业权利的重要保障机构。因此，律师事务所应充分发挥律师的自我管理作用，是律师的自律性组织。[③]

根据《律师法》的规定，我国的律师事务所分为合伙律师事务所、个人律师事务所和国资律师事务所三种类型。（1）合伙律师事务所。《律师法》第15条规定，设立合伙律师事务所，除应当符合《律师法》第14条规定的条件外，还应当有3名以上合伙人，设立人应当是具有3年以上执业经历的律师。合伙律师事务所可以采用普通合伙或者特殊的普通合伙形式设立。合伙律师事务所的合伙人按照合伙形式对该律师事务所的债务依法承担责任。（2）个人律师事务所。《律师法》第16条规定，设立个人律师事务所，除应当符合《律师法》第14条规定的条件外，设立人还应当是具有5年以上执业经历的律师。设立人对律师事务所的债务承担无限责任。（3）国资律师事务所。《律师法》第20条规定，国家出资设立的律师事务所，依法自主开展律师业务，以该律师事务所的全部资产对其债务承担责任。

第二节　律师之间的职业关系规范

一、律师之间关系的类型

（一）内部同行关系与外部同行关系

以律师之间关系的存在范围为标准，可以分为内部同行关系与外部同行关系。内部同行关系是一个相对的概念，它可以指同一律师协会下属的律师之间的职业关系，也可以指某一特定区域内的律师之间的职业关系，但通常是指同一律师事务所内部律师之间的职业关系。外部同行关系也是一个相对的概念，它可以指不同律师协会下属的律师之间的职业关系，也可以指不同区域律师之间的职业关系，但通常是指不同律师事务所的律师之间的职业关系。

区分内部同行关系与外部同行关系的意义在于对律师之间的竞争态势进行把握。一般而言，内部同行关系既有协作性，也有竞争性；但外部同行关系的竞争性要远胜于协作性，在

---

①　李本森：《中国律师业发展问题研究》，吉林人民出版社2001年版，第123–124页。

②　刘友江主编：《司法行政工作概论》（第2版），中国政法大学出版社2017年版，第62页。

③　李峰等：《律师制度改革热点问题研究》，人民法院出版社2004年版，第116–117页。

大多数情况下甚至欠缺协作性。

（二）同行竞争关系与同行合作关系

以律师之间关系的表现形式为标准，可以分为同行竞争关系和同行合作关系。所谓同行竞争关系，是指两个或多个律师在案源、业务或资源方面存在的竞争关系，是法律服务市场打破垄断和提升质量的必备条件。不少人认为，同行是冤家，一些律师因此而不惜采取不正规的手段排挤竞争对手，更有一些新手希望靠攻击行业领先者达到迅速出名的目的。在效仿行业领先者的同时却要攻击领先者，这显然是错误的，正确有效的竞争应该是凭借知识、技能以及其他业务能力的竞争。所谓同行合作关系，是指两个或多个律师在案源、业务或资源方面存在的合作关系，是法律服务市场健康有效运行的必备条件。律师的同行合作关系并不简单地表现为团队合作。要实现真正意义上的合作，还必须强化合作共赢意识。只有做到这一点，才可以更好地提升每一位律师的业务水平，真正达到建立律师精英队伍的目的。

在信息化和全球化时代，法律服务市场对每一个律师都提出了更高的合作要求。如果没有律师同行之间的真正合作，单凭一个律师单打独斗，要想真正在市场竞争中立足并发展是非常困难的。因此，要想真正维护当事人的合法权益并实现司法公正，同一律师事务所的律师乃至不同律师事务所的律师之间都应当尽可能地建立起真正的合作型同行关系，变"同行冤家"关系为合作型关系。

（三）良性同行关系与恶性同行关系

以律师同行之间的竞争性质为标准，可以将律师同行之间的关系分为良性同行关系与恶性同行关系。

良性同行关系是一种正态的、建立在实力和声誉之上的竞争关系。一般来说，判断一个律师是否成功，关键要看其自身是否具有足够的实力。或者说，把律师淘汰出法律服务市场的，不是律师的竞争对手，而是当事人的选择。律师同行之间的真正关系绝非"冤家"。相反，同行的存在是律师职业持续发展的不竭动力。因此，作为良性同行关系的体现，律师之间应当加强交流，共同促进行业进步和社会进步。如果心胸狭窄，故步自封，见不得同行成功，见不得同行发展，终将被法律服务市场的发展规律淘汰。

恶性同行关系则是一种负面的、以非法手段或非道德方式形成的竞争关系。恶性同行关系就是人们常说的"同行总是冤家对头"。以《大宅门》中的一个情景为例：白老七被母亲白文氏赶出北京，和妻子黄春一起跑到济南府，在济南钱庄贷款 2000 两银子，收购了一些经营不好的胶庄。白老七很快和老孙头成了行业内的两大巨头，并且白老七家产品的质量要比老孙头家的好。在这种竞争态势下，白老七要收购老孙头的胶庄，但老孙头收买了白家胶庄的一个伙计，偷走了白家秘方，这一招是同行竞争中的间谍手法。白老七发现之后，买通官府，提起诉讼，官家查封了老孙头的胶庄，老孙头也在悲愤交加中死去。同行竞争的结果是，老孙头家破人亡。家破了，人亡了，双方就有了仇，自然是冤家了。

二、律师之间关系的基本规范

正因为律师之间关系具有专业性、竞争性、协同性等特征，律师之间才容易出现伦理失范现象。因此，律师之间关系成了各国律师职业伦理重点关注的问题之一。本部分主要对国内外有关律师之间关系的行为规范进行阐述。

（一）国外有关律师之间关系的行为规范

在美国，根据美国律师协会《职业行为示范规则》规则 8.3 "举报法律职业的不当行为"之规定，如果律师知道其他律师违反了《职业行为示范规则》，并且该行为使得该其他律师的诚实性、可信性或者作为律师在其他方面的适当性存在重大疑问，则该律师应当向适当的律师管理机构报告。美国律师协会认为，法律职业的自律，要求法律职业的成员在发现违反《职业行为示范规则》的行为时，启动律师惩戒调查程序。一个孤立的违规行为可能是一种只有通过律师惩戒调查才能发现的不端行为模式。在受害人不能够发现有关违规行为时，律师的举报就显得特别重要了。

在加拿大，根据加拿大律师协会《律师职业行为准则》之规定，在与对方律师的关系中，律师应该遵守以下基本规则：（1）律师应始终对诉讼或争议中的对方律师保持文明礼貌。律师有责任要求受其监督的人员同样文明礼貌地行事。（2）委托人之间可能存在的反感，不应影响律师对待对方律师的行为和态度。（3）律师应始终以真诚的方式对待对方律师。（4）律师应以相似的态度对待合法代表自己或他人的非专业人员。（5）律师应避免对其他律师的能力、行为、意见、外表或收费作出欠考虑的或在不知情情况下的批评。（6）律师不应将恶意动机或不当行为归咎于对方律师，除非这样做与案件争议问题有关，并且有充分的证据。但如果上述不当行为已经达到违反职业纪律规则的程度，则律师应将该行为报告给有关的职业纪律处分机构。（7）律师应避免向对方律师发表贬低性的个人评语或尖刻语言。（8）律师不应将不属于对方律师的立场加诸对方律师之上，或以对方律师的声明或行为为根据作出不适当的推断。

在澳大利亚，根据《澳大利亚律师协会示范规则》之规定，出庭律师不得故意向对方辩护人作出与案件有关的虚假陈述（包括妥协）。出庭律师非因故意向对方辩护人提供了任何虚假陈述的，必须采取一切必要的措施，在知晓该陈述的虚假性后尽快予以纠正。

在欧盟，《欧洲律师行为准则》规定：（1）关于同行间的合作精神。同行间的合作精神要求律师出于委托人利益考虑，且为了避免不必要的诉讼和其他有损于同行声誉的行为，建立一种互相信赖、互相协作的关系。但是，这不能作为视同行利益高于委托人利益的依据。（2）不同成员国律师间的合作。与来自另一成员国的同行交涉的律师有责任拒绝接受超出其能力范围的委托事件。在此情况下，该律师应能随时协助该同行获取必要信息，以使该同行能够委托有相关能力的律师承接业务。当某一成员国的律师与另一成员国的律师建立合作关系时，两位律师均有责任考虑各自的法律制度和专业组织中存在的差异，以及相关成员国律师的能力及义务。（3）律师间的通信。如果律师欲与另一成员国律师通信，且该律师希望予以保密或避免造成任何损害，则其应在通信之前表明该意图。如果信息的预期接收方无法保证该等通信的保密性或无法避免损害，则其应及时通知信息发送方。（4）关于介绍费。律师不得以向委托人介绍或推荐其他律师为由，要求支付或接受另一位律师或任何其他人支付的费用、佣金或任何其他补偿。律师不得以任何人为其介绍委托人为由，向任何人支付费用、佣金或其他任何补偿作为报酬。（5）关于与对方当事人沟通。律师不得就个别案件或事务直接与其已知的在该案件或事务中接受其他律师代理或建议的任何人沟通，除非得到对方律师的同意。

在德国，根据《德国律师执业规范》之规定，律师欲对另一位律师指出其违反职业义务的，只能秘密地指出，但基于委托人或本人利益需以其他方式作出反应的，不在此限。未经另一方律师的事先同意，律师不得直接与另一方联系或谈判。在有迟延危险时，不适用该禁止，但应不迟延地告知另一方的律师，并应不迟延地向另一方的律师传送一份书面通知的副本。

（二）中国有关律师之间关系的行为规范

根据《律师法》《律师执业管理办法》及《律师执业行为规范（试行）》的规定，律师在处理与其他律师之关系时，需要遵守以下几个方面的行为规范。

1. 尊重与合作

根据《律师执业行为规范（试行）》之规定，律师与其他律师之间应当相互帮助、相互尊重。在庭审或者谈判过程中各方律师应当互相尊重，不得使用挖苦、讽刺或者侮辱性的语言。律师或律师事务所不得在公众场合及媒体上发表恶意贬低、诋毁、损害同行声誉的言论。律师变更执业机构时应当维护委托人及原律师事务所的利益；律师事务所在接受转入律师时，不得损害原律师事务所的利益。律师与委托人发生纠纷的，律师事务所的解决方案应当充分尊重律师本人的意见，律师应当服从律师事务所解决纠纷的决议。

据此，律师在尊重同行方面至少应当注意以下要求：

（1）维持与同行之间日常关系的融洽。律师职业与许多职业不同，它是处理社会关系的职业，是和人打交道的职业。因此，律师不能完全生活在自己的世界里，总要和一些人打交道，既要和委托人打交道，也要和同行打交道。其中，律师同行之间的交往主要包括两个方面：一方面，律师每天都要和同一个律师事务所的其他律师进行交往；另一方面，律师在和委托人打交道的过程中还要与对方律师交往。无论哪个方面的交往都需要保持相对融洽的关系。

（2）在庭审或者谈判过程中应当尊重对方律师，不使用挖苦、讽刺或者侮辱性的语言。一般而言，由于当事人之间的诉讼利益相互对立，双方律师之间具有一定的竞争关系或冲突关系，但律师即便以自己的委托人为中心与对方律师进行角力，也应保持理性与平和。所谓理性，就是尊重对方的诉求，正视对方的诉求，在法庭上自觉地与对方律师共同推进诉讼程序，根据事实和法律维护己方当事人的合法权益。所谓平和，就是在言辞和行为方面保持克制，不使用过激的言辞和行为，不取笑、不嘲弄对方律师，不挖苦、不讽刺、不侮辱对方律师，更不能因为利益冲突而施以人身攻击。[①] 从庭审的实际效果来看，理性而平和的律师不但能获得对方律师的敬重和信赖，还能赢得法官、检察官的赞许和认同。

（3）不在公众场合及传媒上发表贬低、诋毁、损害同行声誉的言论。贬低、诋毁、损害同行声誉是律师之间关系的大忌，不但损害其他律师的声誉，还会严重损害律师职业的整体形象。其实，在客户面前诋毁律师同行，受损害的是该律师自己。委托人也会听其言、观其行，不会因为你的几句话就对其他同行产生怀疑。如果一个律师肆意贬低、诋毁、损害同行声誉，委托人怀疑的恰恰是这个律师本人。一旦委托人因此而对律师的人品产生合理怀疑，必然损害当事律师自己的利益。

---

① 近年来，律师之间由于各种原因发生相互辱骂、打斗的情况屡见不鲜，具体参见《长株潭报》2012 年 9 月 28 日报道。

在相互协作方面，律师之间的相互协作大体上可以分为团队协作、师徒协作、专业协作和执业协作四种方式。其中，团队协作和师徒协作主要发生于律师事务所的内部，其他两种方式既可以发生于同一律师事务所内部，也可以发生于不同律师事务所的律师之间。

（1）团队协作。团队协作的价值不仅在于集思广益，集中若干专业高手集体讨论具体案例，分析应对方案，还在于从每个具体的案件中学会分工协作，培养单个师傅所不能传授的团队精神。在同一律师事务所内部，比较典型的团队协作是对案件的集体承办，即每次针对不同案件组合不同团队，个人根据自己的专业特长和拥有的资源进行分工，确定总协调人、文秘兼联络人，确定每次的集中工作时间、成果交付时间等。这种团队协作方式不但能快速理清案件中的各种疑难法律问题，而且能迅速制定案件的应对方案、风险分析或可行性分析报告。由于团队协作具有集思广益的优势，因而能够使团队中的新人开阔思路、增长知识、取长补短、共同提高。更重要的是，基于工作团队的自愿性、专业互补性，每一次协作都能使律师之间的同事关系更密切，并在不知不觉中把这种团队协作精神传递给其他律师，培养良好的职业习惯和敬业精神，进而增强整个团队的凝聚力和向心力。

（2）师徒协作。师徒协作是律师之间一种传统的协作模式。所谓"师"，就是师傅，即富于执业经验和执业技能并愿意将这些经验或技能传授给其他律师的律师。所谓"徒"，就是徒弟，是指因缺乏执业经验和执业技能而需要继续学习或磨砺的律师。律师之间的师徒协作并不一定以年龄为参照，只要有丰富的执业经验和技能并愿意传授给其他律师，就可以成为师傅，即所谓"能者为师"。律师之间的师徒协作反映了律师与其团队的良性关系，同时也反映了律师对待职业新人的职业伦理。众所周知，时间、经验和客户资源的积累是每个律师都不可逾越的鸿沟，律师的成功需要执业时间、执业经验、社会阅历和忠诚客户的长期积累，而刚刚跨进律师楼的大学毕业生无论如何也不可能在短时间内取得成功，这些年轻的律师们必然需要那种"师傅带徒弟"式的实践和学习。

（3）专业协作。随着我国法治建设进程不断加快，法律部门分类日益繁多。"术业有专攻"，任何律师都不可能样样精通，每个律师或律师事务所都会有自己的业务优势和短板，专业化是律师业发展的必然趋势，而制约律师专业化发展的最大障碍就是律师同业协作机制的缺失。建立律师间整合资源、优势互补的有效平台，鼓励、促进和保障律师相互介绍案源，使各专业律师间形成相互信任、资源共享、取长补短、互利双赢的有序市场环境，不但不会使律师丧失机会或拱手让出机会，反而可以使其得到更多的机会。这是一种长远的、可持续的发展愿景。

（4）执业协作。所谓执业协作，也就是律师之间，不管是本所律师之间还是本所律师与其他律师事务所的律师之间，在办理具体的诉讼业务或非诉讼业务时给予对方方便和协助。律师之间的执业协作可以是直接的，也可以是间接的。直接协作是不需要经过第三方的律师之间的协作，主要存在于非诉讼领域，比如对商业合作的传递、磋商与签署；间接协作是需要以第三方为媒介的律师之间的协作，主要发生于诉讼领域，比如起诉书与答辩状的传递与交换。当然，在大多数情况下，直接协作与间接协作都是交互在一起的。比如，双方律师在法庭上的诉讼行为既可以直接向对方作出，也可以经由法官作出。

总之，律师不能把同行当冤家。律师之间不仅要竞争，更要合作，合作更有利于在互惠互利的基础上实现共赢。我国的法律服务市场非常大，而且会随着法治建设和经济建设的不断进步而继续扩大。如果律师之间能够以合作的方式分享市场和利益，将为整个律师职业群体创造一个良好的经营空间和发展空间。

2. 禁止不正当竞争

不正当竞争（malfeasant competition）是相对于正当竞争而言的。正当竞争，是指经营者在诚实信用、遵守社会公认的商业道德的基础上进行的竞争行为。不正当竞争是对正当竞争行为的违反和侵害，是违反诚实信用原则和其他公认的商业道德的竞争行为。在商业领域，不正当竞争行为的表现形式多种多样，但都具有三个基本特征：（1）不正当竞争扰乱社会经济秩序，对市场经济的正常运行起着干扰和破坏作用；（2）不正当竞争违反诚实信用原则，损害其他市场经济主体特别是竞争对手的竞争利益；（3）不正当竞争直接或间接地损害消费者的合法权益。

由于不正当竞争破坏正常的市场秩序，损害其他经营者特别是竞争对手乃至广大消费者的合法权益，因而各国商业法、经济法或市场法及有关国际公约都在一定程度上对其予以关注和规范。德国《反对不正当竞争法》第1条（一般条款）规定："营业中基于竞争目的的实施违反善良风俗的行为者，可请求其制止或赔偿损害。"瑞士《不正当竞争法》第2条规定："具有欺骗性或者以各种方式违反诚实信用原则，并影响竞争者之间或者供应商与客户之间关系的所有行为或者商业做法，是不公平的和非法的。"日本《不正当竞争防止法》虽然没有对不正当竞争作出概括性的定义，但其第2条明确而详细地列举了12种不正当竞争行为的类型。

在国际公约方面，根据《保护工业产权巴黎公约》第10条的规定，凡在工商业事务中违反诚实的习惯做法的竞争行为均构成不正当竞争行为。其中下列各项行为应特别予以禁止：（1）不择手段地对竞争者的营业所、商品或工商业活动造成混乱的一切行为；（2）在经营商业中，损害竞争者的营业、商品或工商业活动商誉的虚伪说法；（3）在经营商业中使用易使公众对商品的性质、制造方法、特点、用途或数量产生误解的表示或说法。

在我国，根据《律师执业行为规范（试行）》之规定，律师和律师事务所不得采用不正当手段进行业务竞争，损害其他律师及律师事务所的声誉或者其他合法权益。有下列情形之一的，属于律师执业不正当竞争行为：（1）诋毁、诽谤其他律师或者律师事务所信誉、声誉。（2）无正当理由，以低于同地区同行业收费标准为条件争揽业务，或者采用承诺给予客户、中介人、推荐人回扣、馈赠金钱、财物或者其他利益等方式争揽业务。（3）故意在委托人与其代理律师之间制造纠纷。（4）向委托人明示或者暗示自己或者所属的律师事务所与司法机关、政府机关、社会团体及其工作人员具有特殊关系。（5）就法律服务结果或者诉讼结果作出虚假承诺。（6）明示或者暗示可以帮助委托人达到不正当目的，或者以不正当的方式、手段达到委托人的目的。

律师之间不正当竞争的危害是多方面的：

（1）律师之间的不正当竞争必然损害委托人的利益。比如，有的律师为当事人许诺或提供不合理的低价，看似让个别客户捡到便宜，但随之而来的是律师服务质量大打折扣。又如，有的律师为了排斥、取代其他律师或使委托人解除与其他律师之间业已建立的委托代理关系，故意在委托人与其代理律师之间制造纠纷，不但可能使委托人遭受直接或间接的损害，委托利益也不一定能得到保护。再如，有的律师为了误导或诱导委托人与自己建立委托代理关系而就法律服务结果或者诉讼结果作出虚假承诺，或者向委托人明示、暗示自己或者所属的律师事务所与司法机关、政府机关、社会团体及其工作人员具有特殊关系，或者明示、暗示可以帮助委托人达到不正当目的，或者明示、暗示以不正当的方式、手段达到委托人的目的，一旦委托人与其建立委托代理关系，其委托利益将难以实现，即便一时实现利益也难以受到法律的保障。

（2）律师之间的不正当竞争必然损害律师群体的利益。一方面，不正当竞争是一种短视行为，这种短视行为容易导致行业整体利益受损。就律师之间的价格竞争来说，如果减让服务收费超出合理范围而导致不正当竞争，虽然个别律师在短期内可能借此提高创收额度和办案数量，但从长期来看必然激起其他律师竞相减让服务收费进而导致恶性竞争，从而损害整个律师服务行业的利益。另一方面，律师职业具有公益性和社会性。律师为社会提供法律服务，不以营利为目的，在为社会创造价值的同时实现个人的应有价值。律师在寻求案源方面过度利用商业化手段，不但违背了律师职业的基本属性，也有损于律师的职业形象与职业尊严，更不利于律师社会地位的提高。更有甚者，律师在竞争过程中诋毁、诽谤其他律师的信誉、声誉，虽然在短期内看似获得了相对的竞争优势，但长此以往必然损害整个律师行业的社会信誉。

（3）律师之间的不正当竞争容易导致司法腐败。随着律师人数的上升和竞争的日趋激烈化，一些律师为了获得案源而采用不正当手段与法官、检察官拉关系、套近乎。比如，有的律师借法官、检察官或者其近亲属婚丧喜庆事宜馈赠礼品、金钱、有价证券；有的律师向法官、检察官请客、送礼、行贿或者为法官、检察官装修住宅、购买商品，或者出资邀请法官、检察官进行娱乐、旅游活动；有的律师为法官、检察官报销费用，向法官、检察官出借交通工具、通信工具或者其他物品；等等。

（4）律师之间的不正当竞争容易助长社会不正之风。律师职业的产生和发展源于解决社会冲突的需要。社会冲突的不可避免性及纷繁复杂性不但推动律师职业的产生，也推动律师职业的不断发展。在解决冲突或纠纷的过程中，不管是对事实的认定还是法律的适用，不管是对立法本意的探究还是对法律规定之间相互关系的分析，不管是对法律的具体实施还是对法学理论的研究，当事人乃至法官、检察官都需要律师的专业支持。在这种情况下，律师必须全面掌握各种法律知识和运用技能，以适应社会冲突复杂化的需要。因此，在现代法治国家，律师制度被认为是民主制度的重要组成部分，是国家政治制度中的一种制约力量；律师是国家政治生活的参与者，其直接参与并实际影响着国家民主政治制度的运作过程。如果律师参与不正当竞争，故意在委托人与其代理律师之间制造纠纷，故意串通抬高或者压低收费，或者为争揽业务，不正当获取其他律师和律师事务所报价或者提供法律服务的其他条件等暂未公开的信息，或者在与司法机关及司法人员接触中，利用律师兼有的其他身份影响所承办业务的正常处理，则从根本上背弃了律师职业的基本属性和民主法治本质。

3. 揭发律师同行的不当行为

尽管基于律师同行的互尊义务，律师之间不得彼此攻击人格尊严，但这并不表示，对于律师的违法违规行为，律师之间应当互相包庇。

（1）一旦律师发现同行可能存在违反律师职业伦理或违反法律之行为，除负有保密义务者以外，可以向律师协会或有关司法机关报告，这并不构成对律师职业伦理的违反。如果律师发现其他律师存在轻微违反律师职业伦理的行为，虽然不能科以必须告发的义务，但一旦律师决定介入，则应以保有其尊严的方式，以私密的方式对其进行友善的提示，使其意识到自己行为的错误之处，并能有主动改正的机会。这一点在前辈律师和后辈律师之间显得尤为必要。当然，如果为了维护委托人利益而必须放弃这种私密性要求，则不在此限。但是，对于严重违背律师职业伦理甚至构成犯罪的行为，律师依据相应的事实和证据进行揭发检举，则不应加以禁止。有律师可能因此担心，如果允许律师之间互相揭发检举，势必会加大律师之间的不信任感，制造更多无谓纷争和仇视，从而可能危及行业的和谐氛围。这种担心实属不必。只要律师具有确实的证据，就不会发生恶意栽赃的问题，而且，一些律师的违法行为往往只有相关律师才了解内情，如果不允许律师之间互相揭发检举，这类违法行为往往被姑息和纵容。因而允许依法检举有利于律师之间互相监督，形成良性竞争关系，也有利于提高律师行业的自清能力。

（2）如果律师发现受委托律师没有尽职办案，以至委托人遭到败诉，是否可以向委托人言明该律师在代理过程中的疏忽和错误之处，并进而要求委托人委托自己代理该案？这种对于受委托律师的指摘是否违背律师职业伦理？这一问题并无明确标准，究竟是否允许，要看律师是否就事论事，客观指出导致败诉之具体策略错误。如果律师以贬低受委托律师为目的，极其主观或毫无根据地随意指摘该律师，则应在禁止之列。正确而妥当的处理方式是，由律师提出另外几种代理策略或辩护思路，并客观分析各自不同的利弊和可能的后果，并分析前诉败诉之客观原因，由客户自行判断并选择是否维持原委托关系。

（3）如果委托人在不同的诉讼阶段分别委任不同律师，则后一阶段的律师可否对前一阶段律师的行为作出评价？如果前一阶段律师的行为的确存在执业过错，损害了委托人利益，可能涉及律师民事责任，则后一律师基于对委托人的忠诚义务而指出这些失当之处，并没有违反律师职业伦理。相反，如果知而不报，则可能违背律师对委托人的忠诚义务。但律师在作出这种评价时应注意方式方法。

第三节　律师与律师事务所之间的关系规范

一、律师与律师事务所之间的关系

由于对律师事务所的性质认定目前仍存在很大的争议，加上律师职业本身的特殊性，对于律师与律师事务所之间的关系目前尚未达成共识。

（一）理论上的认定

在理论上，有观点认为，律师与律师事务所之间的关系基本上符合劳动关系的法律特征。劳动关系是指机关、企事业组织、社会团体和个体经济组织（以下简称用人单位）与劳动者个人之间，依法签订劳动合同，劳动者成为用人单位的成员，接受用人单位的管理和服从用人单位安排的工作，并从用人单位领取报酬和受劳动保护所产生的法律关系。根据劳动关系的概念可以将劳动关系的法律特征概括为双方主体的特定性、平等性、隶属性、财产性、人身性。具体到律师与律师事务所，二者之间的关系完全符合劳动关系的特征，主要体现在以下几个方面：（1）特定性。律师与律师事务所签订聘用合同，律师作为自然人，具有劳动者的法定条件，律师事务所属于民办非企业单位，应该认定为"用人单位"。因此，签订聘用合同的双方主体是特定的。（2）平等性。虽然律师事务所是律师唯一的执业机构，但是在聘用律师方面也依法具有自主权，必须在平等自愿、协商一致的基础上才能签订聘用合同。（3）隶属性。根据《律师法》的规定，律师与律师事务所一旦建立聘用关系，律师就必须接受律师事务所的监督管理，遵守律师事务所的劳动纪律和规章制度。这体现了律师与律师事务所之间的隶属性。（4）财产性。根据《律师执业管理办法》的规定，律师事务所聘用律师和其他工作人员时，应当签订聘用合同，聘用合同应符合国家有关规定，并根据国家规定为聘用人员办理养老保险、医疗保险。（5）人身性。律师与律师事务所签订聘用合同后，对于律师事务所指派的工作，律师必须亲自履行，并在履行过程中体现律师的个人价值。[①]

　　对此，有观点认为，无论根据《律师法》还是《劳动法》的规定，律师与律师事务所的关系是否符合劳动合同关系，都值得商榷与探讨。从律师的工作方式来看，一般都是律师个人联系业务，个人联系的业务归个人自己办理，收入在个人与律师事务所之间分配，与其他律师基本无关。另外，各律师事务所的律师之间，除了合伙人可以参与律师事务所的管理外，律师之间在业务上都是平等关系（授薪律师除外），没有管理与被管理的关系。虽然当事人与律师的委托合同都是以律师事务所的名义统一签订，但实际上律师事务所一般对承办律师没有选择安排的权利，只能安排委托人指定的律师或已经与委托人谈妥的具体办案律师。律师事务所作为律师的执业机构，其实并不是律师的"用人单位"。律师主要是为委托人劳动，而非为律师事务所劳动。律师的"用人单位"实际上可以说是委托人，而不是律师事务所。律师的工作也主要是对委托人负责，其次才是对律师事务所负责。因此，从律师工作的这些特征和工作方式来看，律师和律师事务所之间的关系，与劳动合同双方的劳动者与用人单位之间的关系有明显的区别。相反，律师事务所实际上是介于委托人和律师之间的中介服务机构，其与委托人之间是平等的法律关系，与律师之间也是平等的法律关系。[②]

　　本书认为，律师事务所在我国律师职业的发展过程中扮演着非常重要的角色，但关于律师事务所的属性也一直存在争议，立法上也一直没有明确规定。实践中，律师事务所的类型存在多样性，不同类型律师事务所的运行机制也千差万别，导致律师与律师事务所之间关系的复杂化。若一味主张律师与律师事务所之间的关系属于劳动关系，并不符合实际情况。若一味主张律师与律师事务所之间的关系不属于劳动关系，也不符合实际情况。因为实践中确实存在一些律师从律师事务所领取固定工资，由律师事务所购买社会保险，并严格执行律师事务所上下班制度、请假制度。此外，《劳动合同法实施条例》第3条明确规定："依法成立的会计师事务所、律师事务所等合伙组织和基金会，属于劳动合同法规定的用人单位。"由此可知，并非所有的律师事务所都是《劳动合同法》规定的用人单位，仅限于"合伙"的律师事务所。基于上述分析，本书认为，可以从权利保障的角度来界定律师与律师事务所之间的关系，当律师的劳动权益受到侵害或对外承担责任时，可以将律师与律师事务所之间的关系认定为劳动关系。

　　[①]　肖胜方、李进一：《律师服务营销策略的实战演绎》，中国法制出版社2012年版，第152-153页。

　　[②]　王荣利：《揭开律师神秘的面纱——教你如何聘请合适的律师》，中国政法大学出版社2011年版，第103-104页。

（二）实践中的认定

在司法实践中，有关律师与律师事务所之间关系的纠纷也很常见，法院对这一问题也并未达成共识，但基本是从权利保障的角度来分析这一问题的。

1. 实习律师与律师事务所之间的关系

案例1：A于2023年3月获得了《中华人民共和国法律职业资格证书》。2023年8月18日，A与四川JH律师事务所（简称"四川JH律所"）签订了一份《实习协议》，其中约定A为申请律师执业实习人员，JH律所为实习律师事务所，实习指导老师是B，实习人员自完成审核登记之日起在实习律师事务所实习，实习期限为1年；实习律师实习期间必须听从实习指导律师的安排，虚心学习，认真完成指导任务。2024年1月28日，A通过电子邮件向JH律所发送《A2024年1月份每日工作记录＆解除劳动关系通知》，其中载明因JH律所未为A购买社保、未与A签订劳动合同，A解除与JH律所之间的劳动关系。随后，A向法院起诉，要求JH律所向其支付拖欠工资、加班工资、因未签订劳动合同的双倍工资差额、经济补偿金。一审法院驳回了A的诉讼请求。

一审法院认为：2023年8月17日，A被招入JH律所。2023年8月18日，A与JH律所签订了《实习协议》，其中明确A为申请律师执业实习人员，实习律师事务所为JH律所，实习指导老师为B，实习期限为1年。双方也填写了《实习申请表》及《实习人员登记表》并提交成都市律师协会备案。申请表与登记表中均载明实习律师事务所为JH律所，指导律师为B。根据《律师法》第5条的规定，申请律师执业必须在律师事务所实习满1年。由此可见，在律师事务所实习1年是成为执业律师的必经途径，实习律师只有在从事1年的实习工作后才能取得执业律师的资格。A进入JH律所，双方签订了《实习协议》，其中A身份仅为申请律师执业实习人员，不能当然认为A与JH律所之间均有建立劳动关系的意愿。A在JH律所期间，在指导律师B的指导下，按照B的要求从事法律实务。根据《申请律师执业人员实习管理规则》第3条，实习人员在实习期间应当参加律师协会组织的集中培训和律师事务所安排的实务训练，遵守实习管理规定，实习期满后接受律师协会的考核。A所签署的保证书亦明确保证实习期间参加律所安排的实务训练。因此实习律师在律师事务所实习期间听从指导律师安排从事法律实务训练是实习的要求，并不能据此认定A在实习期间以劳动者的身份接受JH律所管理、为JH律所提供劳动。A认为其在JH律所实为律师助理，然而根据JH律师出示的JH律所2022年8月19日《关于实习人员和律师助理的暂行办法》，律师助理是指已取得律师执业证并在团队中协助团队负责人从事律师工作的律师。A对此虽不予认可，但并未出示证据予以反驳。A未取得律师执业证，尚不具备成为JH律所律师助理的资格。因此，A认为其实为JH律所律师助理的理由，一审法院不予采纳。虽然JH律所每月向A支付费用，但《关于实习人员和律师助理的暂行办法》已经明确实习律师所获得的费用为实习津贴而非劳动报酬，所以A认为其为JH律所提供劳动，JH律所应向其支付劳动报酬的理由一审法院不予采纳。所以一审法院认为，A与JH律所之间不构成劳动关系。

二审认为，双方争议的焦点是：双方所建立关系的性质。劳动关系是一种较为稳定且带有组织依附性的社会关系。依据2005年劳动和社会保障部发布的《关于确立劳动关系有关事项的通知》第1条，确定劳动关系应当主要考虑以下内容：双方主体资格；用人单位依法制定的各项劳动规章制度适用于劳动者；劳动者受用人单位的劳动管理，从事用人单位安排的有报酬的劳动；劳动者提供的劳动是用人单位业务的组成部分等。本案中，A 与 JH 律所均是法律规定的适格主体，JH 律所按月向其支付工资，A 受 JH 律所的日常考勤管理，其从事的律师辅助业务亦系 JH 律所业务的组成部分，其离职后 JH 律所又向其出具解除劳动关系的证明，这些均符合劳动关系的基本特征，故 A 主张双方建立劳动关系，本院予以支持。

案例 2：A 于 2022 年 3 月取得法律职业资格证书。2022 年 3 月 5 日，A 与 SZ 律师事务所签订了一份《实习协议》，该协议主要约定："一、实习期限。实习人员自有管辖权的律师协会完成审核登记之日起在律师事务所实习，实习期限为一年。……四、实习人员实习期间的权利义务。第一条，实习人员实习期间的权利：1. 依法履行律师职务（实习）；2. 获取劳动报酬；3. 对事务所的管理工作提出批评建议。第二条，实习人员实习期间的义务：1. 遵守事务所的各项规章制度，接受事务所的指导和监督、服从工作安排……八、实习协议的变更和解除，……协议期满，自动解除。"2013 年 3 月 5 日 A 实习期满。A 于 2024 年 5 月 4 日向遂宁市劳动人事争议仲裁委员会申请了仲裁，遂宁市劳动争议仲裁委员会以 A 主体不适格（申请人系申请律师执业实习人员）和申请人的仲裁请求超过仲裁申请时效为由，作出不予受理通知书。

一审法院认为，A 与四川 SZ 律师事务所签订的《实习协议》具备了劳动合同的主要条款，应视为 A 与四川 SZ 律师事务所签订的书面劳动合同，A 与四川 SZ 律师事务所之间劳动关系成立，应受劳动合同法的保护。A 与四川 SZ 律师事务所签订的《实习协议》是双方的真实意思表示，该协议合法有效，双方均应按该协议约定享受权利和履行义务。该协议约定的实习期限为 1 年，2023 年 3 月 5 日为双方劳动合同终止之日。根据《劳动争议调解仲裁法》第 27 条第 1 款"劳动争议申请仲裁的时效期间为一年。仲裁时效期间从当事人知道或者应当知道其权利被侵害之日起计算"之规定，A 于 2024 年 5 月 4 日向遂宁市劳动人事争议仲裁委员会申请仲裁，其仲裁申请已经超过仲裁时效期间，且 A 也未举证证明存在仲裁时效中断、中止的事由。故对于 A 的诉讼请求，不予支持。

二审法院认为，本案中，A 主张与 SZ 律师事务所之间建立了劳动合同关系并请求人民法院予以确认，但其未提供充分证据对此予以证实，且现有证据证明 A 不受 SZ 律师事务所的工作安排、管理，亦不由 SZ 律师事务所对其发放工资报酬，其与 SZ 律师事务所之间的关系不具备劳动关系的构成要件，双方仅仅是实习、学习关系。实习期满后，双方并未续签任何具有劳动关系性质的合同。因此，原判认定 A 与四川 SZ 律师事务所之间劳动关系成立错误，本院对此予以纠正。

2. 专职律师与律师事务所之间的关系

案例 3：2017 年 12 月 7 日，A 自重庆 YB 律师事务所转入北京 DC（重庆）律师事务所从事专职律师。2017 年 12 月 29 日，A 自北京 DC（重庆）律师事务所转入重庆 RL 律师事务所。2018 年 4 月 6 日，A 自重庆 RL 律师事务所转入北京 DC（重庆）律师事务所。2022 年 8 月 15 日，A 自北京 DC（重庆）律师事务所转出，转所理由是"律所与我达成一致意见，解除聘用合同"。2022 年 8 月 18 日，A 转入重庆 DD 律师事务所。在北京 DC（重庆）律师事务所从事执业律师期间，北京 DC（重庆）律师事务所没有为 A 缴纳社会保险。A 在北京 DC（重庆）律师事务所取得的收入采用创收提成的方式，且有创收才有提成，没有创收就没有提成，没有底薪。2023 年 7 月 31 日，A 以北京 DC（重庆）律师事务所为被申请人向重庆市渝北区劳动人事争议仲裁委员会申请仲裁，要求支付未签劳动合同的二倍工资差额、经济补偿金、未休年休假工资、养老保险损失费等。2023 年 7 月 24 日，该委以"申请人的仲裁申请第 4、5 条不属于受理范围"为由，出具不予受理案件通知书。

一审法院认为，依据《劳动合同法》第 14 条，用人单位自用工之日起满 1 年不与劳动者订立书面劳动合同的，视为用人单位与劳动者已订立无固定期限劳动合同。一审法院认定自 2018 年 4 月 6 日 A 转入北京 DC（重庆）律所任专职律师起，北京 DC（重庆）律师事务所一直没有与 A 签订劳动合同，故应视为自 2019 年 4 月 6 日起，A 与北京 DC（重庆）律师事务所已经签订无固定期限劳动合同。关于未休年休假工资问题：A 虽以北京 DC（重庆）律师事务所律师的名义对外执业，但 A 收入与其创收挂钩，没有创收即无收入，且律师行业具有较高的自由度，日常时间主要由自己安排，A 并不需要每天到北京 DC（重庆）律师事务所处报到或坐班，客观上也并不需要由律师事务所安排 A 休年休假，A 再行请求未休年休假工资，缺乏事实依据，一审法院不予支持。

二审法院认为，劳动者和用人单位的合法权利应受到法律的平等保护。A 于 2018 年 4 月 6 日入职北京 DC（重庆）律师事务所，因无证据显示双方签订有劳动合同，应自 2019 年 4 月 6 日起视为双方已经签订无固定期限劳动合同。关于未休年休假工资，由于律师职业的特殊性，A 的工作时间具有高度自由的特征，工作时间由其自主安排，北京 DC（重庆）律师事务所并不为其安排具体工作，也不对其进行考勤，故 A 休假并不需要北京 DC（重庆）律师事务所进行安排。

3. 合伙人律师与律师事务所之间的关系

案例 4：2021 年 6 月 1 日，A 与北京市 YK 律师事务所（简称"YK 律所"）签订劳动合同，约定 YK 律所安排 A 从事 B 律师个人助理工作，合同期限自 2021 年 6 月 1 日至 2022 年 5 月 31 日。1 年后又续签 1 年。2023 年 10 月 21 日，A 与 YK 律所签订名誉合伙人合作协议，约定 A 在 YK 律所从事律师执业工作，合同期限为 1 年。YK 律所为 A 提供工作条件，A 向 YK 律所交纳管理费和独立办公使用费，A 需要承担律师注册费、社保费用、业务收入应缴纳的税款等。2024 年 5 月 26 日，A 向北京市朝阳区劳动人事争议仲裁委员会申请仲裁。裁决后，A、YK 律所对裁决结果均持有异议，故诉至法院。

一审法院认为，A 与 YK 律所在协商一致的情况下签订了名誉合伙人合作协议，而根据合作协议的约定，A 与 YK 律所为合作关系，故法院采信 YK 律所所述双方在协商一致的情况下终止劳动关系的主张。A 要求 YK 律所支付违法解除劳动关系赔偿金的诉讼请求，缺乏事实依据，法院不予支持。

二审法院认为，本案中，基于合伙制律师事务所的特殊性质，合伙人的身份与劳动者身份不能并存，故该协议之签订表明双方已达成一致，改变了 A 个人在该律所的身份，故一审法院认定双方协商解除之前的劳动关系正确，YK 律所应为 A 出具离职证明。因双方属于协商解除劳动关系，A 所持对方违法解除劳动关系的主张不能成立，对其要求对方双倍赔偿的上诉请求，法院不予支持。

从上述几个案例，我们可以看出，在实践中，人民法院对于律师与律师事务所之间的关系这一问题并未达成共识，基本相似的案情，也可能出现完全相反的结果。例如在 A 与四川 JH 律师事务所劳动争议纠纷上诉案中，一审法院与二审法院持不同的态度。事实上，法院在考虑这一问题时，基本方向是倾向于劳动关系的，因为这是能够找到明确法律依据的。换言之，法院一旦认定劳动关系，便不存在法律适用空白的问题。然而，对于律师事务所提出的"合作关系""实习培训法律关系"等主张，法院一般还是持慎重态度，因为这些主张目前并没有明确的法律依据，法院一旦认定支持，则可能面临无法律依据的情况。由此可知，对于律师与律师事务所的关系，需要不断总结实践中出现的问题，并在立法上予以体现，这样才能更好地指导实践，理顺律师与律师事务所之间的关系。

二、律师与律师事务所关系的基本规范

从实践来看，律师与律师事务所关系大体可以分为管理关系与责任关系。本部分主要对这两种关系中应该遵循的基本规范进行介绍。

（一）律师与律师事务所之间的管理关系

《律师执业行为规范（试行）》第 86 条规定，律师事务所是律师的执业机构。律师事务所对本所执业律师负有教育、管理和监督的职责。本书认为，律师与律师事务所之间的管理关系可以具体分为业务管理关系、教育监督关系和执业保障关系。

1. 业务管理关系

《律师法》第 23 条规定，律师事务所应当建立健全执业管理、利益冲突审查、收费与财务管理、投诉查处、年度考核、档案管理等制度，对律师在执业活动中遵守职业道德、执业纪律的情况进行监督。第 25 条规定，律师承办业务，由律师事务所统一接受委托，与委托人签订书面委托合同，按照国家规定统一收取费用并如实入账。律师事务所和律师应当依法纳税。《律师事务所管理办法》对《律师法》的规定进行了细化。《律师事务所管理办法》第 46 条规定，律师承办业务，由律师事务所统一接受委托，与委托人签订书面委托合同。律师事务所受理业务，应当进行利益冲突审查，不得违反规定受理与本所承办业务及其委托人有利益冲突的业务。第 47 条规定，律师事务所应当按照有关规定统一收取服务费用并如实入账，建立健全收费管理制度，及时查处有关违规收费的举报和投诉，不得在实行政府指导价的业务领域违反规定标准收取费用，或者违反风险代理管理规定收取费用。律师事务所应当按照规定建立健全财务管理制度，建立和实行合理的分配制度及激励机制。律师事务所应当依法纳税。第 49 条规定，律师事务所应当建立健全重大疑难案件的请示报告、集体研究和检查督导制度，规范受理程序，指导监督律师依法办理重大疑难案件。

2. 教育监督关系

根据《律师事务所管理办法》第 40 条规定，律师事务所应当建立健全执业管理和其他各项内部管理制度，规范本所律师执业行为，履行监管职责，对本所律师遵守法律、法规、规章及行业规范，遵守职业道德和执业纪律的情况进行监督，发现问题及时予以纠正。第 42 条规定，律师事务所应当监督本所律师和辅助人员履行下列义务：（1）遵守宪法和法律，遵守职业道德和执业纪律；（2）依法、诚信、规范执业；（3）接受本所监督管理，遵守本所章程和规章制度，维护本所的形象和声誉；（4）法律、法规、规章及行业规范规定的其他义务。第 43 条规定，律师事务所应当建立违规律师辞退和除名制度，对违法违规执业、违反本所章程及管理制度或者年度考核不称职的律师，可以将其辞退或者经合伙人会议通过将其除名，有关处理结果报所在地县级司法行政机关和律师协会备案。

《律师事务所管理办法》第 50 条规定，律师事务所应当依法履行管理职责，教育管理本所律师依法、规范承办业务，加强对本所律师执业活动的监督管理，不得放任、纵容本所律师有下列行为：（1）采取煽动、教唆和组织当事人或者其他人员到司法机关或者其他国家机关静坐、举牌、打横幅、喊口号、声援、围观等扰乱公共秩序、危害公共安全的非法手段，聚众滋事，制造影响，向有关部门施加压力。（2）对本人或者其他律师正在办理的案件进行歪曲、有误导性的宣传和评论，恶意炒作案件。（3）以串联组团、联署签名、发表公开信、组织网上聚集、声援等方式或者借个案研讨之名，制造舆论压力，攻击、诋毁司法机关和司法制度。（4）无正当理由，拒不按照人民法院通知出庭参与诉讼，或者违反法庭规则，擅自退庭。（5）聚众哄闹、冲击法庭，侮辱、诽谤、威胁、殴打司法工作人员或者诉讼参与人，否定国家认定的邪教组织的性质，或者有其他严重扰乱法庭秩序的行为。（6）发表、散布否定宪法确立的根本政治制度、基本原则和危害国家安全的言论，利用网络、媒体挑动对党和政府的不满，发起、参与危害国家安全的组织或者支持、参与、实施危害国家安全的活动；以歪曲事实真相、明显违背社会公序良俗等方式，发表恶意诽谤他人的言论，或者发表严重扰乱法庭秩序的言论。

3. 执业保障关系

《律师执业行为规范（试行）》第 88 条规定，律师事务所应当依法保障律师及其他工作人员的合法权益，为律师执业提供必要的工作条件。根据《律师事务所管理办法》第 41 条规定，律师事务所应当保障本所律师和辅助人员享有下列权利：（1）获得本所提供的必要工作条件和劳动保障；（2）获得劳动报酬及享受有关福利待遇；（3）向本所提出意见和建议；（4）法律、法规、规章及行业规范规定的其他权利。

（二）律师与律师事务所之间的责任关系

律师与律师事务所之间的责任主要可以分为三类：民事法律责任、行政法律责任与刑事法律责任。

1. 民事法律责任

律师和律师事务所的民事法律责任，是指律师在执业过程中，因违法执业或者因过错给当事人的合法权益造成损害而应由律师及律师事务所承担的民事赔偿责任。《律师法》第 54 条规定，律师违法执业或者因过错给当事人造成损失的，由其所在的律师事务所承担赔偿责任。律师事务所赔偿后，可以向有故意或者重大过失行为的律师追偿。

律师承担民事赔偿责任的情形有两种：一是违法执业，二是因过错给当事人造成损失。后者为委托人与律师的纠纷，即委托人通常认为对己不利的裁判结果是由于律师"不尽力"造成的。但"不尽力"的"过错"并不是委托人主观可认定的，它需要"事实"来证明。这个事实可以通过上诉或申诉的重审、改判来证明，也可以通过类比相同证据在其他相同案件所发挥的作用来证明。因为法律上的"过错"必须相对于"损失"而存在，如果律师未取得的证据并不会对原裁判结果产生有利于委托人的影响，律师就没有"过错"可言。

2. 行政法律责任

律师和律师事务所的行政法律责任，是指律师在执业过程中，因违反《律师法》和其他法律、法规、规章规定的义务，由司法行政机关依照法律对律师及律师事务所实施的行政处罚。追究律师及律师事务所的行政法律责任，是司法行政机关对律师实行管理的一种有效手段，是一种较常见的和适用面较广且较灵活的法律责任形式。《律师法》将行政处罚制度与刑罚理论相结合，与以往比较而言确实是一个创新。律师事务所行政法律责任的内容包括律师事务所行政法律责任的种类、适用的原则和情形、实行"双罚"制和"双停"制。律师事务所的行政法律责任包括警告、罚款、停业整顿、没收违法所得、吊销律师事务所执业证书几种。根据《律师法》第六章的规定，律师的行政责任包括警告、罚款、停止执业、没收违法所得、吊销律师执业证书。

3. 刑事法律责任[①]

律师执业中的刑事法律责任是指律师在执业过程中，违反律师执业规范，情节严重，构成犯罪，依照刑法应当承担的责任。在律师执业责任制度中规定刑事责任很有必要，国外有些经验很值得借鉴。在英国，法律规定律师若有藐视法庭或者违抗法院命令的行为，将受到监禁的处罚。在欧洲大陆法系国家中，律师保守职务秘密是强制性义务，故意或过失泄露职务秘密就是犯罪，应受剥夺自由或判处罚金的刑罚。日本关于律师必须保守职务秘密的义务条款中也有类似规定。

我国《刑法》不仅在法律上规范了律师的执业行为，也为研究律师执业中的刑事责任提供了完备的法律依据。如《刑法》第306条第1款规定："在刑事诉讼中，辩护人、诉讼代理人毁灭、伪造证据，帮助当事人毁灭、伪造证据，威胁、引诱证人违背事实改变证言或者作伪证的，处三年以下有期徒刑或者拘役；情节严重的，处三年以上七年以下有期徒刑。"律师执业中的刑事责任具有以下基本特点：首先，律师执业中的刑事责任产生于律师执业过程中；其次，律师执业中的刑事责任的实质在于违反了律师执业相关法律规范；最后，必须依照刑法中的具体规定追究律师执业中的刑事责任。刑事责任是律师承担的责任中最为严重的一种，所以世界上大多数国家对律师大部分刑事责任的归责都采用普通规范而非特殊规范的形式。

【思考题】

1. 在一起引起舆论广泛关注的热点案件中，张律师频繁发布微博对该案代理律师王律师的诉讼失误提出批评，并举出若干事例说明王律师不具备相关诉讼经验，而且在业内口碑极差，其之前代理的几起类似案件都以当事人败诉收场。并贴出王律师和自己的短信截图，证明王律师曾经说过"我就是想借着这个案件出名，根本没有想过委托人会不会重判，他被判多少年都是活该"。张律师还公布了若干能够证明王律师和对方代理律师私下沟通共同炒作该案，以达到扩大二人知名度目的的往来邮件。张律师随后列出了自己对该案代理思路的若干设想，并吹嘘自己在该业务领域国内无人能敌，若把案件交给他来代理，保证会取得意想不到的效果。

请问：张律师的行为是否违反了律师职业伦理？

2. D律师事务所与Y律师事务所是F市两家业务领先的事务所，一直处于激烈的竞争当中。为增强竞争力，D所引进国内著名律师、F市市长夫人A某，并将律师事务所更名为A某律师事务所。后A某在一次代理中，因严重疏忽，导致客户败诉，损失十几万。

---

① 律师在执业过程中的刑事责任一般由律师个人承担，律师事务所一般不承担刑事责任，故本部分主要阐述律师执业中的刑事责任。

请问：

（1）A 某可否进入 D 所执业？D 所引进 A 某是否违反了律所执业相关要求？

（2）D 所的更名行为是否构成不正当竞争？是否可以对 D 所进行处分？

（3）A 某造成客户损失，客户起诉时，可否起诉 D 所？A 某和 D 所之间的责任如何确定？

3. 律师与律师事务所之间是一种什么关系？在不同类型的律师事务所中，律师与律师事务所之间的关系有哪些区别？

第八章　律师与行业管理机构关系规范

【本章导读】

　　律师与行业管理机构的关系问题实际上是律师管理体制问题。所谓律师管理体制，是指有关律师管理的机构设置、权限划分等诸多方面的规章制度及该制度所确定的法律关系，是法律规定或者认可的规制律师职业的相关制度。一个国家律师管理体制是否合理，在很大程度上影响着是否可以确立公平有序的执业环境，是否有利于促进律师职业的发展。律师作为一种特殊的职业群体，以自己的专业知识为社会提供法律服务，实现保障人权、彰显社会公正的职能。因此，取得公众的信任是至关重要的。对于律师这个法律职业群体，需要确立一种对其可以有效监督、管理、规范、约束以及促进自我发展、完善，确保取得社会公众广泛信任的管理体制。毫无疑问，建立一套符合律师职业发展规律的管理体制，是中国律师职业发展的必要前提。本章主要就律师与司法行政机关以及律师协会的关系展开论述与说明。

【本章知识结构图】

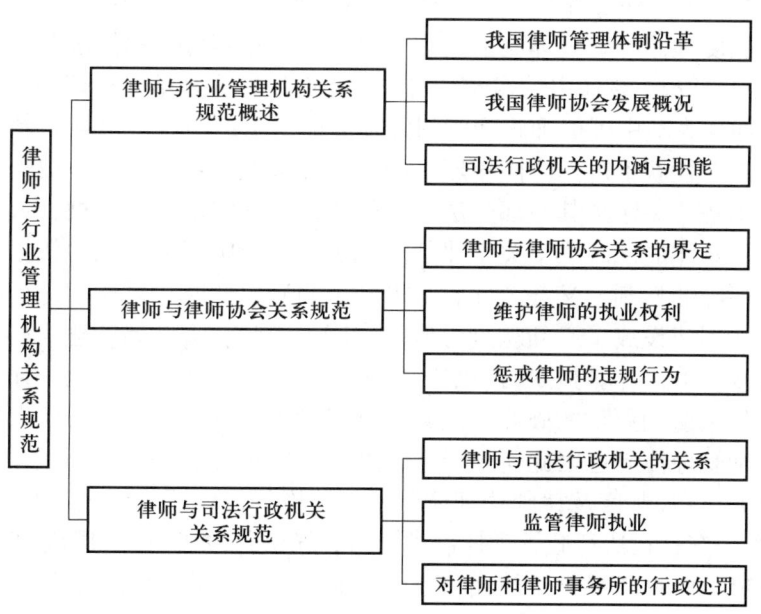

第一节　律师与行业管理机构关系规范概述

一、我国律师管理体制沿革

律师行业的有序发展，对构建公平民主的法治社会、保障公民权利有着重要意义。行业的发展离不开行业管理制度的完善，特别是新司法常态下对律师队伍的各方面素质要求越来越高，建立合理高效的律师管理体制有其必然性。反过来，良好的律师管理体制可以为律师执业提供较好的制度环境。正如学者所述，建立合理高效的律师管理制度，必须处理好司法行政管理和律师行业协会自身管理两者之间的平衡关系。司法行政机关和律师行业协会管理范围的不同，决定了不同性质的管理体制。根据两者之间的关系，我国先后出现了三种不同的律师管理体制模式：第一种，司法行政机关排他的对律师行业进行管理的模式；第二种，以司法行政机关为主，行业协会管理为辅的管理体制模式；第三种，"两结合"管理体制模式，指的是"司法行政机关行政管理"和"律师协会行业自律"相结合的律师管理体制，这也是现阶段我国实行的律师管理体制。实践证明，"两结合"管理体制是适应我国国情和律师行业发展实际、具有中国特色的社会主义律师管理体制。

（一）司法行政管理阶段

在 1950 年召开的第一次全国司法工作会议上，司法部通过了《京、津、沪三市辩护人制度试行办法（草案）》，并设置了三类律师：公设律师、职业律师和辅助人。该草案的通过，标志我国的律师制度和律师管理体制的建立。之后，同年年底，司法部发出了《关于取缔黑律师及讼棍事件的通报》。该通报的发布，将国民党政府在大陆地区遗留的律师及律师管理制度的影响扫除干净，为新中国律师管理体制的发展铺平了道路。1954 年，新中国第一部宪法颁布，规定被告人有权获得辩护。同年颁布的《人民法院组织法》赋予被告人委托律师的权利。作为国家根本法的宪法是其他部门法制定的依据，在宪法中承认被告人的辩护权，是法制和人权的进步；具体的部门法中关于律师的规定，是律师行使权利的依据。通过相关法律的颁布和实施，律师的权利、义务、性质都得到了明确。此时，对律师进行高效的管理，使之更好地服务于法制建设成了必须认真思考的问题。律师协会开始筹建，但是此时的律师协会附属于司法行政机关，并非独立的组织。1957 年开始，由于政治动荡，律师行业受到严重的冲击。公检法机关遭到严重的破坏，国家法制建设更是处于停滞状态，大量律师被迫中断了执业生涯，律师管理体制也因此受到严重的影响。1979 年，司法部下发了《关于恢复重建律师制度的通知》，律师制度及律师管理体制重新被恢复，各项工作也逐渐走向正轨。次年，《律师暂行条例》公布，司法行政管理体制被认可，司法行政机关对律师管理的范围和深度都得到了法律的确定。1984 年《关于加强和改革律师工作的意见》将律师协会定义为群众性的、律师联合的社团，受司法行政机关的领导。这一时期的律师管理体制，中间虽然遇到了挫折，但总体上不难看出，司法行政机关在律师管理中占据绝对主导地位，这与当时的社会管理体制以及行业协会等自治组织发展情况有关。

（二）以司法行政机关管理为主，律师行业协会管理为辅

这一阶段，司法行政机关对律师管理的绝对地位产生了动摇，律师协会开始逐渐在律师

管理体制中发挥作用。1986 年，中华全国律师协会成立，恢复了之前被严重破坏的律师协会制度。同时，随着司法行政机关的负责人在全国律协的任职，律师协会履行的职责发生了悄然变化，由原先附属于司法行政机关，单纯地执行相关决定、命令，转化为积极联系群众，服务社会。这种角色的转化，意味着律师协会职责范围的扩大和律师协会能动性的增加。但是同时应该注意到，司法行政机关工作人员在全国律协的任职，在一定程度上影响了律协的独立性。作为由律师构成的社会团体，领导职务并未由执业律师担任，使得律师协会的职权变得难以确定。

1993 年《关于深化律师工作改革的方案》规定，律师协会应当由执业律师组成，领导成员在执业律师中选举产生。随着该方案的施行，律师协会开始和行政机关分离，律师协会的独立性开始凸显，并成为一个和司法行政机关相对独立的组织。虽然此时司法行政机关的领导仍然占据主要地位，但是律师协会的职能逐渐丰富。如协会章程规定了协会享有对会员的奖惩权力、制定和实施律师行业规范的权力等，这些都是司法行政权力向律师协会的分流。至此，以司法行政机关管理为主，律师协会管理为辅的律师管理体制开始确立。

这一时期的律师管理体制，虽然司法行政机关在律师管理中的主导地位有所削弱，但司法行政机关的作用依旧不可代替，律师协会的作用虽有所提升，但仍存在制度和自身发展上的阻碍，其作用范围有限。

（三）"两结合"阶段

1996 年，《律师法》通过。同年，中华全国律师协会制定了《律师职业道德和执业纪律规范》。随着独立性的增强，律师协会开始拥有一些实体性的权力。在 1998 年的行政改革中，律师资格考试、专业培训和奖惩宣传等工作成为律师协会的职能组成部分。这表明，律师协会对于司法行政机关的依附性降低，越来越成为一个能够独立行使职能的组织。2004 年，司法部将对律师的惩戒调查权和惩戒建议权委托给律师协会行使，我国的律师管理体制开始向着"两结合"的模式发展。"两结合"的管理体制，是司法行政机关对律师管理体制逐步放权的表现，也契合了我国法制改革中对行政干预进行限制的精神。在"两结合"的模式中，律师协会在法律上取得了完全独立的地位，作为由律师组成的社团，律师协会和司法行政机关分工合作，同时对律师工作进行管理。

二、我国律师协会发展概况

1986 年 7 月，中国首次全国律师代表大会在北京召开，这次大会的主要任务是成立中华全国律师协会，通过《中华全国律师协会章程》，选举产生全国律协的领导机构，研究和部署全国律师协会成立后的工作。

根据《律师法》的规定，律师协会是社会团体法人，是律师的自律性组织。全国设立中华全国律师协会，省、自治区、直辖市设立地方律师协会，设区的市根据需要可以设立地方律师协会。全国律师协会章程由全国会员代表大会制定，报国务院司法行政部门备案。地方律师协会章程由地方会员代表大会制定，报同级司法行政部门备案。地方律师协会章程不得与全国律师协会章程相抵触。律师、律师事务所应当加入所在地的地方律师协会。加入地方律师协会的律师、律师事务所，同时是全国律师协会的会员。律师协会会员享有律师协会章程规定的权利，履行律师协会章程规定的义务。

律师协会应当履行下列职责：（1）保障律师依法执业，维护律师的合法权益；（2）总结、交流律师工作经验；（3）制定行业规范和惩戒规则；（4）组织律师业务培训和职业道德、执业纪律教育，对律师的执业活动进行考核；（5）组织管理申请律师执业人员的实习活动，对实习人员进行考核；（6）对律师、律师事务所实施奖励和惩戒；（7）受理对律师的投诉或者举报，调解律师执业活动中发生的纠纷，受理律师的申诉；（8）法律、行政法规、规章以及律师协会章程规定的其他职责。律师协会制定的行业规范和惩戒规则，不得与有关法律、行政法规、规章相抵触。

三、司法行政机关的内涵与职能

一般认为，司法行政机关是指对协助司法权行使的行政事务进行管理的机关。世界各国司法行政机关的职责范围有较大的不同，一般主要负责法院机构的设置，法院的人员编制和经费预算，司法干部的任命、调配、教育和管理，律师、公证和狱政的管理，以及其他有关的司法行政事务。我国司法行政机关的设置是国务院设司法部，省、自治区、直辖市人民政府设司法厅（局），地区行署和市人民政府设司法局（处），县人民政府设司法局（科），乡、镇、街道设司法所。[①]党的十八届四中全会作出的《中共中央关于全面推进依法治国若干重大问题的决定》，从完善司法体制、优化司法职权配置的高度和刑事诉讼运行程序角度，第一次鲜明地提出公安机关、检察机关、审判机关、司法行政机关"四机关"各司其职，侦查权、检察权、审判权、执行权"四权力"互相配合、互相制约，大大强化了司法行政职能。

按照关保英教授的总结，司法行政机关具有下述特点：（1）行使国家司法行政职权，管理国家司法行政事务。这是司法行政机关区别于其他国家机关，包括其他行政机关的实质特点。（2）司法行政机关在组织体系上实行"领导—从属制"。司法行政机关由于行使的是司法行政管理职能，特别要求速度和效率，故在组织体系上实行"领导—从属制"，即上级司法行政机关领导下级司法行政机关，下级司法行政机关从属于上级司法行政机关，向上级司法行政机关负责和报告工作，同时接受上级司法行政机关和同级人民政府的领导。（3）司法行政机关在决策体制上一般实行首长负责制。司法行政机关由于代表国家直接对公民、法人和其他组织实施管理，特别要求权限清晰、责任明确，故在决策体制上一般实行首长负责制。（4）司法行政机关职能通常是主动的、经常的和不间断的。司法行政机关由于行使的是国家司法行政管理职能，包括保障国家安全、维护社会秩序等，故其职能的行使必须连续而不间断，而且可以主动行使而不必待人请求。（5）司法行政机关经常、直接、广泛地与个人、组织打交道。行政机关为了实施管理，必须与个人、组织发生广泛的联系，司法行政机关也是这样。[②]

司法行政机关作为政府职能部门，承担着法治宣传、法律服务和法律保障等职能，发挥着预防民间纠纷、化解社会矛盾、引导群众合理诉求、保障人民合法权益、维护社会公平正义的作用。按照学者的总结，司法行政机关的核心职能主要体现在三个方面[③]：

① 《中华法学大辞典》（简明本）编委会编：《中华法学大辞典》（简明本），中国检察出版社2003年版，第597页。
② 关保英主编：《司法行政法新论》，山东人民出版社2011年版，第187-188页。
③ 王运声、易孟林主编：《中国法治文化概论》，群众出版社2015年版，第334-335页。

（1）法治宣传教育职能。深入开展法治宣传教育，在全社会弘扬社会主义法治精神，传播法律知识，培养法律意识，形成宪法至上、守法光荣的良好氛围，这是司法行政机关的主要职能。

（2）法律服务职能，主要是指司法行政机关管理的公证、律师、司法鉴定、法律援助、法律服务中心和基层法律服务所等提供的法律服务。

（3）法律保障职能，是指司法行政机关对监狱、强制戒毒所的管理以及对刑释解教人员的安置帮教等管理职能。

第二节　律师与律师协会关系规范

一、律师与律师协会关系的界定

律师与律师协会关系如何界定，关系到律师协会对律师的执业行为应该发挥何种作用。

在美国，有关律师与律师协会的关系问题，曾引发广泛争议。美国律师协会有自愿性律师协会和强制性律师协会两类。对于自愿性律师协会，律师可以自由决定加入与否；对于强制性律师协会，律师是必须加入的，否则将不能执业。对于前者没有任何异议，这符合美国自由主义的传统，然而强制性律师协会在理论和实践中都引发了诸多争议。1914 年 12 月 28 日，赫伯特·哈雷（Herbert Harley）在内布拉斯加州林肯市向兰开斯特县律师协会发表演讲，这被认为是美国"强制性律师协会运动"的开始。哈雷认为："无论是从自身利益的角度，还是从公共服务的角度，自愿性律师协会都完全不足以满足律师的需要。"他认为，律师协会应促进"社会交往""参政议政"，以及"需要对律师进行教育、适当的纪律和业务处理"。哈雷认为，实现这些目标的最好办法是"把一个州的所有律师都'焊接'成一个紧密团结的组织"。[①] 从 1920 年到 1950 年，美国大多数州的律师协会都进行了统一（unification），实现了"强制入会"的目标，这似乎体现了"统一运动"（unification movement）领导人的一个不容置疑的假设，即律师协会将继续作为一个私人协会运作，尽管利用了国家强制力来强迫律师取得成员资格，并从不情愿的成员那里收取会费。[②] 理论与实践开始对"强制性律师协会"的性质进行讨论，出现了"私人协会"（private association）、"政府机构"（state agency）、"工会"（union）等不同观点，这些相互冲突的看法，无法回应有关强制会员的权利、统一律师从事各种活动的权力以及持异议的律师向律师协会缴纳会费等问题。律师作为这些问题的当事者，不可避免地将这些问题带进了法庭。

在 *Lathrop v. Donohue* 案中[③]，威斯康星州律师特雷顿·拉斯罗普（Trayton L. Lathrop）辩称，他被迫成为威斯康星州律师协会的成员，并向州律师协会缴纳会费。威斯康星州律师协会从事各种政治和立法活动，拉斯罗普不同意这些活动，这侵犯了他根据"宪法第一修正案"

---

① Herbert Harley，"A Lawyer's Trust"，*Journal of the American Judicature Society*，Vol. 29，Issue 2（August 1945），pp. 50–57.

② Bradley A. Smith，"The Limits of Compulsory Professionalism: How the Unified Bar Harms the Legal Profession"，*Florida State University Law Review*，Vol. 22，Issue 1（Summer 1994），pp. 35–74.

③ *Lathrop v. Donohue*，367 U. S. 820

享有的权利。美国联邦最高法院对这一问题产生了很大的分歧，至少有 5 种不同的观点：布伦南大法官（Justice Brennart）代表其他 3 位大法官撰写了相对多数意见（plurality opinion）；法兰克福特大法官（Justice Frankfuter）加入，同意判决；惠特克大法官（Justice Whitaker）同意结果；布莱克大法官（Justice Black）和道格拉斯大法官（Justice Douglas）分别撰写了反对意见。

多数意见认为，反对"强制性律师协会"的主要论点包括以下几个：（1）减少持不同政见的成员支持他所相信的事业之"经济能力"（economic capacity）；（2）进一步推进政府"建制"（establishmen）政治观点；（3）威胁到封闭、自律的行业和企业的"行业协会"（guild system）的发展；（4）"淹没"（drown out）异见声音，要求大律师公会全体成员在财政上支持大多数人的意见；（5）干涉信仰自由，造成"强制确认"（compelled affirmation）多数人持有的意见。布伦南大法官认为，"出于尊重，我必须说，在我看来，所有这些论点都近乎幻想"。他对前述论点一一进行了驳斥，最后他认为，强制性律师协会并没有违反宪法，律师协会利用律师会费去支持相关的立法活动与政治活动并未侵犯律师基于"宪法第一修正案"所享有的"言论自由"（free speech）。在反对意见中，布莱克大法官写道，威斯康星州律师协会出于政治目的使用强制性会费，已经侵犯了异议律师基于"宪法第一修正案"所享有的"言论自由"。

时至今日，在美国，有关"强制入会"的问题依然存在很大的争议，不过目前在实践中依然有包括亚拉巴马州律师协会（Alabama State Bar）、加利福尼亚州律师协会（State Bar of California）、佛罗里达州律师协会（The Florida Bar）等在内的 33 个州实行"强制性律师协会"，即要求律师必须加入律师协会，否则将不能够从事法律职业。

在德国，各种职业协会（公会）在性质上都属于公法社团，律师协会也不例外。根据《德国联邦律师法》的规定，律师协会属于公法上的团体法人。所谓"公法社团"，是指由国家高权行为所创设，具备权利能力，采用社员组织，享有统治职权的行政主体。其必须是由国家设立的，具备权利能力，是权利义务的归属主体，是由社员组成的人合团体，其行为具有明显的公法属性。[①] 德国公法社团会员资格的取得方式可以分为"任意会员制"和"强制会员制"。任意会员制，是指会员资格的取得或丧失，取决于当事人的自主意志，也即只要符合法定条件，当事人就可以自行决定是否加入某社团，而加入后也可以再退出。强制会员制，是指会员资格的取得与丧失是由法律直接规定的，并无私人意愿取舍的余地。换言之，只要符合法定条件即当然取得会员身份，而一旦不符合要件，即失去会员资格，不但个人无加入和退出的自由，即便是公法社团也不能令其会员退出。根据《德国联邦律师法》的规定，凡是执业律师均是律师协会的会员，至于个人如何取得律师资格，则应该根据其他相关法律法规的规定。换言之，成为律师协会的会员是律师执业的结果，而非取得律师职业资格或执业之前提。

德国司法实务界及学界关于实施强制会员制的见解主要有以下五种论述 [②]：（1）历史继承说。此说认为自治公法社团采取强制会员制具有悠久的法律传统。例如，1820-1825 年间在普

---

① 许春镇：《德国专门职业及技术人员管理法制》，载《台湾海洋法学报》2008 年第 2 期。

② 许春镇：《论强制会员制之宪法问题——兼论我国法制》，载《台北大学法学论丛》2015 年第 94 期。

鲁士成立的"特权商人社团",虽采用自由加入的方式,但由于不加入便无法享有各种商业特权,因此实质上等于是强制加入。(2)社会国思想说。此说认为强制会员制是"团结原则"的表现,可以避免只享有利益却不负担义务的情形发生,因为公法社团是为全体利害关系人的利益而存在的,倘若允许自由加入和退出,则投机者必生取巧之心,只享受公法社团带来的利益,却不负担义务。(3)客观说。此说认为,强制会员制可以提升公法社团执行任务的可信度及客观性。因为公法社团必须照顾全体会员的利益,而所谓全体会员的利益,实际上是个别会员利益妥协的结果。公法社团若采用任意会员制,则一方面会员的组成系属偶然,而无法代表全体;另一方面,该公法社团疲于招募会员,如此一来,个别强势会员可能利用其加入或退出,操纵社团,谋取个人利益。(4)效率说,此说认为国家机关的决定是否精确,有赖于公法社团的协助。公法社团的协助具有双重意义:一方面,通过公法社团可先行将个别利益整合为集体利益,减轻国家机关的负担;另一方面,通过公法社团执行任务的可信度及客观性,使国家机关的决策更加精准。(5)正当性补充说。按照《德国基本法》第 20 条第 2 项的规定,国家机关的民主正当性原则上应来自全体国民。但除地方自治团体以及高等学校另有基本法保障外,其他公法社团的民主正当性仅来自其会员,而欠缺来自全体国民的民主正当性。通过强制会员制可以把各会员组成"部分国民",从而弥补公法社团民主正当性的欠缺。

我国律师行业的
发展和隐忧

　　我国《律师法》第 43 条第 1 款规定"律师协会是社会团体法人,是律师的自律性组织"。第 45 条规定:"律师、律师事务所应当加入所在地的地方律师协会。加入地方律师协会的律师、律师事务所,同时是全国律师协会的会员。律师协会会员享有律师协会章程规定的权利,履行律师协会章程规定的义务。"我国《律师执业行为规范(试行)》根据《律师法》的规定,专门对"律师与律师协会关系规范"进行了专章规定。其中第 98 条规定:"律师和律师事务所应当遵守律师协会制定的律师行业规范和规则。……"由此可知,在我国律师管理体制中,律师开展执业活动,除了需要取得律师执业证外,还要加入律师协会。换言之,取得律师执业证是律师执业的前提,加入律师协会则是律师执业的结果。在我国台湾地区,各专门职业公会对各种专门职业及技术人员的管理实行类似于德国的强制会员制管理制度。以律师职业为例,我国台湾地区"律师法"第 11 条规定:"律师非加入律师公会,不得执行职务;律师公会亦不得拒绝其加入。"

二、维护律师的执业权利

(一)维护律师执业权利的规范基础

　　联合国在《关于律师作用的基本原则》(Basic Principles on the Role of Lawyers)的前言中指出:"律师专业组织在维护职业标准和道德,在保护其成员免受迫害和不公正限制和侵犯权利,在向一切需要他们的人提供法律服务以及在与政府和其他机构合作进一步推进正义和公正利益的目标等方面起到极为重要作用。"第 24 条规定:"律师应有权成立和参加由自己管理的专业组织以代表其自身利益,促进其不断受到教育和培训,并保护其职业的完善。专业组织的执行机构应由其成员选举产生并应在不受外来干涉情况下行使职责。"第 25 条规定:"律师的专业组织应与政府合作以确保人人都能有效和平等地得到法律服务,并确保律师能在不受无理干涉情况下按法律和公认的职业标准和道德向其当事人提供意见，协助其委托人。"由此可知，律师协会的基本义务包括：（1）维护律师职业的整体利益，并保护个别成员的权利，使成员免受迫害和不公正限制，而得以在不受任何干涉情况下依法律和公认的职业标准和伦理向其委托人提供意见，协助委托人。（2）维护职业标准和伦理。律师协会为此应制定职业伦理规范，并对违反者实施职业纪律上的惩戒。（3）促进成员不断受到教育和培训。（4）与政府或其他机构合作实现维护人权、实现社会正义、促进民主法治等公益目标。

根据我国《律师法》第46条规定，律师协会应当履行下列职责：（1）保障律师依法执业，维护律师的合法权益；（2）总结、交流律师工作经验；（3）制定行业规范和惩戒规则；（4）组织律师业务培训和职业道德、执业纪律教育，对律师的执业活动进行考核；（5）组织管理申请律师执业人员的实习活动，对实习人员进行考核；（6）对律师、律师事务所实施奖励和惩戒；（7）受理对律师的投诉或者举报，调解律师执业活动中发生的纠纷，受理律师的申诉；（8）法律、行政法规、规章以及律师协会章程规定的其他职责。2015年9月，《最高人民法院、最高人民检察院、公安部、国家安全部、司法部关于依法保障律师执业权利的规定》明确指出，人民法院、人民检察院、公安机关、国家安全机关、司法行政机关应当尊重律师，健全律师执业权利保障制度，依照《刑事诉讼法》《民事诉讼法》《行政诉讼法》及《律师法》的规定，在各自职责范围内依法保障律师知情权、申请权、申诉权，以及会见、阅卷、收集证据和发问、质证、辩论等方面的执业权利，不得阻碍律师依法履行辩护、代理职责，不得侵害律师合法权利。人民法院、人民检察院、公安机关、国家安全机关、司法行政机关和律师协会应当建立健全律师执业权利救济机制。律师因依法执业受到侮辱、诽谤、威胁、报复、人身伤害的，有关机关应当及时制止并依法处理，必要时对律师采取保护措施。

此外，《律师执业行为规范（试行）》第98条规定，律师和律师事务所应当遵守律师协会制定的律师行业规范和规则。律师和律师事务所享有律师协会章程规定的权利，承担律师协会章程规定的义务。第99条规定，律师应当参加、完成律师协会组织的律师业务学习及考核。2017年3月，中华全国律师协会制定了《律师协会维护律师执业权利规则（试行）》，规定了律师协会保障律师依法执业，维护律师的合法权益应该遵守的基本规则。

（二）维护律师执业权利的基本原则

根据《律师协会维护律师执业权利规则（试行）》的规定，律师依法享有的执业权利受法律保护，任何组织和个人不得侵害律师的合法权利。律师协会维护律师执业权利，接受同级司法行政机关的监督、指导。律师协会在维护律师执业权利的过程中应该遵循以下基本原则：（1）律师协会应当坚持在个案中维护律师执业权利和维护律师行业整体权益相结合，切实改善律师执业环境。（2）律师协会应当充分履行维护律师执业权利的法定职责，依法、规范、及时、有效地开展维护律师执业权利工作。（3）律师协会应当健全完善维护律师执业权利工作制度，完善工作机制，规范工作流程，畅通维护律师执业权利渠道，形成维护律师执业权利的工作体系。（4）律师协会应当构建与司法机关、政府有关部门良性互动关系，加强与司法行政机关的协调配合，切实维护律师执业权利。（5）各律师协会应当相互配合、相互支持，协作互助，形成合力，共同推进维护律师执业权利工作。（6）律师协会应当设立维护律师执业权利工作专项经费，专款专用。

（三）维护律师执业权利的具体职责

根据《律师协会维护律师执业权利规则（试行）》的规定，中华全国律师协会维护律师执业权利工作主要职责包括：（1）研究制定维护律师执业权利的有关行业规范；（2）与司法部等有关机关建立健全维护律师执业权利的工作机制；（3）提出完善和保障律师执业权利的立法建议、政策建议；（4）负责办理司法部交办、督办，或者省、自治区、直辖市律师协会书面申请协调维护律师执业权利案件；（5）协调跨省、自治区、直辖市维护律师执业权利工作；（6）总结报告全国律师行业维护律师执业权利工作情况。

根据《律师协会维护律师执业权利规则（试行）》的规定，省、自治区、直辖市律师协会维护律师执业权利工作的主要职责包括：（1）研究制定本区域维护律师执业权利的行业规范；（2）与司法厅（局）等有关机关建立健全维护律师执业权利的工作机制；（3）提出完善和保障律师执业权利的立法建议、政策建议；（4）负责办理中华全国律师协会交办、督办，或者设区的市律师协会书面申请协调维护律师执业权利案件；（5）协助办理异地律师维护执业权利案件；（6）总结报告本省、自治区、直辖市律师行业维护律师执业权利工作情况。

根据《律师协会维护律师执业权利规则（试行）》的规定，设区的市律师协会维护律师执业权利工作的主要职责包括：（1）负责所属律师维护执业权利案件的受理、调查、处理和反馈；（2）与司法局等有关机关建立健全维护律师执业权利的工作机制；（3）负责办理省、自治区、直辖市律师协会交办、督办的维护律师执业权利案件；（4）提出完善和保障律师执业权利的立法建议、政策建议；（5）协助办理异地律师维护律师执业权利案件；（6）总结报告本地区律师行业维护律师执业权利工作情况。

（四）维护律师执业权利的组织机构

根据《律师协会维护律师执业权利规则（试行）》的规定，律师协会应当设立维护律师执业权利委员会，设立维护律师执业权利中心等专门工作机构。维护律师执业权利中心是律师协会维护律师执业权利委员会的日常工作机构，设在律师协会秘书处。

维护律师执业权利委员会由具有8年以上执业经历和相关工作经验，或者具有律师行业管理经验，熟悉律师行业情况的人员组成。根据工作需要，可以聘请相关领域专家担任顾问。维护律师执业权利委员会的主要职责包括：（1）研究起草维护律师执业权利制度和建议；（2）作出维护律师执业权利案件受理决定；（3）组织开展调查核实工作，形成调查报告和处理意见；（4）针对维护律师执业权利工作中存在的问题，开展调查研究，向有关机关提出意见、建议或者具体解决措施；（5）呼吁、配合、协调有关机关及时解决侵害律师执业权利案件；（6）依法为执业权利受到侵害的律师提供法律帮助和其他支持；（7）建立情况通报制度，及时向律师协会、有关机关反映情况；（8）定期召开维护律师执业权利委员会专门会议，总结交流工作经验，对具有典型的、普遍意义的案件进行研究，制定相应的工作措施。

维护律师执业权利中心由维护律师执业权利委员会委员和具有相关工作经验，或者具有律师行业管理经验，熟悉律师行业情况的人员组成。维护律师执业权利中心的主要职责包括：（1）参与起草维护律师执业权利相关规则和制度；（2）接待维护律师执业权利申请；（3）对维护律师执业权利申请进行初审，对于符合规定的申请提交维护律师执业权利委员会受理；（4）负责向维护律师执业权利委员会转交上一级律师协会交办、督办的案件；（5）负责向下一级律师协会转办、督办案件；（6）负责与相关办案机关、司法行政机关和律师协会间的组织协调有关工作，参与维护律师执业权利案件调查、处理、反馈工作；（7）对符合启动快速处置机制或者需要向联席会议报告的重要工作、案件，负责报告、沟通、协调工作；（8）定期开展对维护律师执业权利工作的汇总、归档、通报和回访；（9）研究起草维护律师执业权利工作报告；（10）其他应当由维权中心办理的工作。

律师协会维护律师执业权利专门机构及工作人员应当认真履行工作职责，遵循工作程序，遵守工作纪律。

（五）维护律师执业权利的主要内容

根据《律师协会维护律师执业权利规则（试行）》的规定，律师在执业过程中遇有以下情形，可以向所属的律师协会申请维护执业权利：（1）知情权、申请权、申诉权、控告权，以及会见、通信、阅卷、收集证据和发问、质证、辩论、提出法律意见等合法执业权利受到限制、阻碍、侵害、剥夺的；（2）受到侮辱、诽谤、威胁、报复、人身伤害的；（3）在法庭审理过程中，被违反规定打断或者制止按程序发言的；（4）被违反规定强行带出法庭的；（5）被非法关押、扣留、拘禁或者以其他方式限制人身自由的；（6）其他妨碍其依法履行辩护、代理职责，侵犯其执业权利的。

（六）维护律师执业权利的主要程序

根据《律师协会维护律师执业权利规则（试行）》的规定，律师协会维护律师执业权利的主要程序包括申请、受理、调查、处理和反馈。

1. 申请和受理

律师认为办案机关及其工作人员明显违反法律规定，阻碍律师依法履行辩护、代理职责，侵犯律师执业权利的，可以向办案机关或者其上一级机关投诉，向同级或者上一级人民检察院申诉、控告，向注册地的市级司法行政机关、所属设区的市律师协会申请维护执业权利。

律师向其他律师协会申请维护执业权利的，相关律师协会应当予以接待，并在24小时以内将其申请移交其所属的律师协会。情况紧急的，应当即时联系所属的律师协会，按有关规定及时处理。律师事务所执业权利受到侵犯的，可以按上述途径维护执业权利。与维护律师执业权利有直接关联的事实或者争议进入诉讼、仲裁程序或者其他法定救济机制的，律师协会应当待相关程序或机制结束后，再行决定是否开展维护律师执业权利工作。

律师可以采用电话、信函、电子邮件、来访等方式，申请维护执业权利。律师申请维护律师执业权利，应当提交申请书、相关证据材料等书面材料。采用电话、电子邮件申请的，在受理后应当补交相关书面材料。律师协会应当设立专门电话、专用邮箱和网上受理窗口等，畅通律师维护执业权利申请渠道。

维护律师执业权利中心接待律师维护执业权利申请，应当予以登记，记录申请人信息、申请事项、申请理由及所依据的事实等必要事项。必要时，接待人员可以录音、录像。维护律师执业权利中心接到律师维护执业权利申请或者司法行政机关、其他律师协会移交的申请后，应当即时进行初审，并提交维护律师执业权利委员会审查。属于受理范围的，应当及时受理；不属于受理范围的，应当及时告知申请人并说明理由。对已受理的维护律师执业权利申请，属于本律师协会处理范围的，律师协会应当于2个工作日以内将律师申请材料转交有关机关处理。情况紧急的，应当于24小时以内向有关机关反映；情况特别紧急，需要立即采取处理措施的，律师协会应当即时反映。

律师人身权利受到侵害，情况紧急的，律师协会应当启动快速处置机制，切实保障律师人身安全，必要时可以申请有关机关对律师采取保护措施。律师所属的律师协会接到异地执业律师维护执业权利申请后，应当根据不同情况，及时向行为发生地律师协会通报，请求予以协助。行为发生地律师协会接到律师所属的律师协会协助维护律师执业权利的请求后，应当给予协助，并按照工作程序和时限要求通报相关办案机关予以处理。律师所属的律师协会认为案情重大、复杂，或者需要省级以上有关机关依法处理的，可以在调查核实情况的基础上，书面申请上一级律师协会协调开展维护律师执业权利工作。

2. 调查

律师协会对已受理的维护执业权利申请应当及时组织调查核实，必要时，可委派 2 名以上维护律师执业权利委员会委员组成调查组进行调查。发现侵害律师执业权利行为与律师违法违规执业相互交织，或者情况复杂、存在争议的，律师协会可以提请同级司法行政机关等有关机关组成联合调查组，及时准确查明事实。调查人员应当及时、全面、客观、公正地调查核实有关情况。调查工作完成后应当形成调查报告，提出处理意见和建议。调查过程中，发现申请维护执业权利的律师涉嫌违法、违规执业的，应当及时转交律师协会惩戒机构处理。

3. 处理

经调查，发现存在侵害律师执业权利的，律师协会应当及时向有关机关提出依法纠正的书面建议。有关机关对律师协会提出的书面建议不答复或者不纠正的，律师协会可以向其主管部门或者有监督权的部门反映情况。律师协会在维护律师执业权利过程中遇到困难和问题，难以协调解决的，可以提请同级司法行政机关予以协调。

申请维护执业权利的律师，可以要求律师协会委派律师提供法律帮助。对于人身自由受到限制，或者基于其他特殊原因不能自行维护执业权利的律师，律师协会应当委派律师依法为其提供法律帮助。

维护律师执业权利委员会办理维护律师执业权利案件，应当向本级律师协会常务理事会或者理事会报告，对重大案件办理情况同时报上一级律师协会。律师协会在维护律师执业权利过程中，可以根据调查处理的实际情况，适时发声、表达关注，公布阶段性调查结果或者工作进展情况，必要时应当及时向社会披露调查处理结果。律师协会参与维护律师执业权利案件的工作人员及其他知悉情况的人员，不得擅自对外发布、透露维护律师执业权利案件的情况。

4. 反馈

律师协会应当及时就维护律师执业权利工作开展情况和处理结果向申请人和有关机关反馈。律师协会应当定期研究总结维护律师执业权利工作开展情况，根据需要，可以通过律师协会官方网站等平台予以通报。

三、惩戒律师的违规行为

（一）惩戒律师违规行为的法理基础

联合国在《关于律师作用的基本原则》中专门规定了"纪律诉讼"，明确指出，应由法律界通过有关机构或立法，按照本国法律和习惯以及公认的国际标准和准则，制定律师职业行为守则。第 27 条规定："对在职律师所提出的指控或控诉按适当程序迅速、公正地加以处理。律师应有受公正审讯的权利，包括有权得到其本人选定的一名律师的协助。"第28条规定："针对律师提出的纪律诉讼应提交由法律界建立的公正无私的纪律委员会处理或提交一个独立的法定机构或法院处理，并应接受独立的司法审查。"第29条规定："所有纪律诉讼都应按照职业行为守则和其他公认的准则和律师职业道德规范并参照本基本原则进行判决。"由此可知，对律师违规行为进行惩戒不仅是律师职业组织的一项权力，还是律师职业组织的一项义务。

为什么需要由律师协会对律师违规行为进行惩戒呢？美国学者德博拉·罗德等人认为，律师惩戒程序主要有三大功能：保护民众、维护司法正义以及维护公众对法律职业的信任。[①]综合国内外学者的研究成果，本书认为，由律师协会对律师违规行为进行惩戒具有以下合理性依据：

首先，从维护律师职业自主性的角度来看，维护律师的独立自主，必须集合律师团体的力量来运作，这是律师自律自治的依据。我国台湾地区学者林山田在谈到"法律人的社会角色"时曾指出，一般认为，律师属于自由职业，自由职业一个非常显著的特点就是自主性，然而这种自主性必须通过律师协会来运作，不是单打独斗而是整体的运作。

其次，从保护社会公众的角度来看，前文提到律师职业有一个非常显著的特征就是专业性，这种专业性意味着其对应的知识与技能并非一般人所具有的，这也是社会公众在遭遇法律难题时，需要律师介入的重要原因。然而，也正是专业性，导致律师与社会公众之间存在严重的信息不对等，社会公众无法对这种专业性进行检验，而律师同行之间则可谓知己知彼。因此，由律师职业组织对律师违规行为进行惩戒可以有效地保护社会公众的权益。

再次，从律师科责机制的角度来看，国家的所有科责机制应各安其位，目前在律师的科责机制中，律师除了对委托人负有民事责任外，若实施了侵害国家法秩序的行为，还需要承担行政责任甚至刑事责任，这三种科责机制已经基本满足当事人及国家不同主体的究责目的。前文提到律师之间的关系具有协同性，律师的行为并不仅仅关乎其个人，还与其他律师及整个律师行业息息相关，呈现一种"一荣俱荣，一损俱损"的关系。因此，从维护律师职业整体形象及信誉的角度，惩戒也应由律师职业组织依据自治自律精神，对违反纪律规定的律师予以纪律处分。

最后，从维护司法正义的角度来看，综观世界各国之律师角色，维护司法正义都是律师职业的应有之义。律师职业具有很强的公益性，法律服务是一种公共服务。律师制度已经深深嵌入每一个国家的司法制度中，不论是经济正义还是社会正义的实现都离不开律师的参与。在这种情况下，律师的执业行为对司法正义的实现就十分关键。因此，从维护司法正义的角度，由律师职业组织对律师的违规行为进行惩戒也是必要的，更是必需的。

我国《律师法》第46条规定，律师协会应当制定行业规范和惩戒规则，对律师、律师事务所实施奖励和惩戒，受理对律师的投诉或者举报，调解律师执业活动中发生的纠纷，受理律师的申诉。《中华全国律师协会章程》第7条秉承了《律师法》第46条的立法原意，对中华全国律师协会的职责进行了规定，其中就包括制定行业规范和惩戒规则，对律师、律师事

① [美]德博拉·罗德、戴维·鲁本：《法律伦理》（下），林利芝译，新学林出版股份有限公司2018年版，第555页。

务所实施奖励和惩戒，受理对律师的投诉或者举报，调解律师执业活动中发生的纠纷。《律师执业行为规范（试行）》第103条规定，律师应当妥善处理律师执业中发生的纠纷，履行经律师协会调解达成的调解协议。第104条规定，律师应当执行律师协会就律师执业纠纷作出的处理决定。律师应当履行律师协会依照法律、法规、规章及律师协会章程、规则作出的处分决定。此外，《律师执业行为规范（试行）》第101条还规定，律师和律师事务所因执业行为成为刑、民事被告，或者受到行政机关调查、处罚的，应当向律师协会书面报告。2017年1月，中华全国律师协会修订了《律师协会会员违规行为处分规则（试行）》，对律师协会就会员的违规行为实施纪律处分的基本规则进行了规定。

（二）惩戒律师违规行为的组织机构

根据《律师协会会员违规行为处分规则（试行）》的规定，中华全国律师协会设立惩戒委员会，负责律师行业处分相关规则的制定及对地方律师协会处分工作的指导与监督。各省、自治区、直辖市律师协会及设区的市律师协会设立惩戒委员会，负责对违规会员进行处分。

对会员涉嫌违规案件的调查和纪律处分，由涉嫌违规行为发生时该会员所属律师协会管辖；被调查的会员执业所在的行政区域未设立律师协会的，由该区域所属省、自治区、直辖市律师协会管辖。被调查的会员在涉嫌违规行为发生后，加入其他地方律师协会的，该地方律师协会应当协助其原属律师协会进行调查。违规行为持续期间，被调查的会员先后加入两个以上地方律师协会的，所涉及律师协会均有调查和纪律处分的管辖权，由最先立案的律师协会行使管辖权。

惩戒委员会由具有8年以上执业经历和相关工作经验，或者具有律师行业管理经验，熟悉律师行业情况的人员组成。根据工作需要，可以聘请相关领域专家担任顾问。惩戒委员会的主任、副主任由同级律师协会会长办公会提名，经常务理事会或者理事会决定产生，任期与理事会任期相同。惩戒委员会的委员由同级律师协会常务理事会或者理事会采取选举、推选、决定等方式产生，任期与理事会任期相同。惩戒委员会的组成人员名单应报上一级律师协会备案。惩戒委员会日常工作机构为设在律师协会秘书处的投诉受理查处中心，职责是：（1）参与起草投诉受理查处相关规则和制度；（2）接待投诉举报；（3）对投诉举报进行初审，对于符合规定的投诉提交惩戒委员会受理；（4）负责向惩戒委员会转交上一级律师协会交办、督办的案件；（5）负责向下一级律师协会转办、督办案件；（6）负责与相关办案机关、司法行政机关和律师协会间的组织协调有关工作，参与投诉案件调查、处置、反馈工作；（7）定期开展对投诉工作的汇总、归档、通报、信息披露和回访；（8）研究起草惩戒工作报告；（9）其他应当由投诉中心办理的工作。

（三）惩戒律师违规行为的具体种类

根据《律师协会会员违规行为处分规则（试行）》的规定，律师协会对会员的违规行为实施纪律处分的种类有：（1）训诫；（2）警告；（3）通报批评；（4）公开谴责；（5）中止会员权利1个月以上1年以下；（6）取消会员资格。

训诫，是一种警示性的纪律处分措施，是最轻微的惩戒方式，适用于会员初次因过失违规或者违规情节显著轻微的情形。训诫采取口头或者书面方式实施。采取口头训诫的，应当制作笔录存档。警告，是一种较轻的纪律处分措施，适用于会员的行为已经构成了违规，但情节较轻，应当予以及时纠正和警示的情形。通报批评、公开谴责适用于会员故意违规、违规情节严重，或者经警告、训诫后再次违规的行为。中止会员权利1个月以上1年以下，是指在会员权利中止期间，暂停会员享有律师协会章程规定的全部会员权利，但并不免除该会员的义务。取消会员资格是一种严厉的纪律处分措施，适用于会员实施的严重影响律师在从业过程中的信誉度和美誉度的严重违规行为。除口头训诫外，其他处分均需作出书面决定。

律师协会决定给予警告及以上处分的，可以同时责令违规会员接受专门培训或者限期整改。专门培训可以采取集中培训、增加常规培训课时或者律师协会认可的其他方式进行。限期整改是指要求违规会员依据律师协会的处分决定或者整改意见书履行特定义务，包括：（1）责令会员向委托人返还违规收取的律师服务费及其他费用；（2）责令会员因不尽职或者不称职服务而向委托人退还部分或者全部已收取的律师服务费；（3）责令会员返还违规占有的委托人提供的原始材料或者实物；（4）责令会员因利益冲突退出代理或者辞去委托；（5）责令会员向委托人开具合法票据，向委托人书面致歉或者当面赔礼道歉等；（6）责令就某类专项业务连续发生违规执业行为的律师事务所或者律师进行专项整改，未按要求完成整改的，另行给予单项处分；（7）律师协会认为必要的其他整改措施。

训诫、警告、通报批评、公开谴责、中止会员权利1个月以上1年以下的纪律处分由省、自治区、直辖市律师协会或者设区的市律师协会作出；取消会员资格的纪律处分由省、自治区、直辖市律师协会作出；设区的市律师协会可以建议省、自治区、直辖市律师协会依照规定给予会员取消会员资格的纪律处分。省、自治区、直辖市律师协会或者设区的市律师协会拟对违规会员作出中止会员权利1个月以上1年以下的纪律处分决定时，可以事先或者同时建议同级司法行政机关依法对该会员给予相应期限的停业整顿或者停止执业的行政处罚；会员被司法行政机关依法给予相应期限的停业整顿或者停止执业行政处罚的，该会员所在的律师协会应当直接对其作出中止会员权利相应期限的纪律处分决定；省、自治区、直辖市律师协会拟对违规会员作出取消会员资格的纪律处分决定时，应当事先建议同级司法行政机关依法吊销该会员的执业证书；会员被司法行政机关依法吊销执业证书的，该会员所在的省、自治区、直辖市律师协会应当直接对其作出取消会员资格的纪律处分决定。

会员有下列情形之一的，可以从轻、减轻或免予处分：（1）初次违规并且情节显著轻微或轻微的；（2）承认违规并作出诚恳书面反省的；（3）自觉改正不规范执业行为的；（4）及时采取有效措施，防止不良后果发生或减轻不良后果的。会员有下列情形之一的，应当从重处分：（1）违规行为造成严重后果的；（2）逃避、抵制和阻挠调查的；（3）对投诉人、证人和有关人员打击报复的；（4）曾因违规行为受过行业处分或受过司法行政机关行政处罚的。

（四）惩戒律师违规行为的具体事由

根据《律师协会会员违规行为处分规则（试行）》的规定，律师协会惩戒律师违规行为的具体事由包括利益冲突行为、代理不尽责行为、泄露秘密或者隐私的行为、违规收案或收费的行为、不正当竞争行为、妨碍司法公正的行为、以不正当方式影响依法办理案件的行为、违反司法行政管理或者行业管理的行为等。

1. 利益冲突行为

根据《律师协会会员违规行为处分规则（试行）》的规定，具有以下利益冲突行为之一的，给予训诫、警告或者通报批评的纪律处分；情节严重的，给予公开谴责、中止会员权利3个月以下的纪律处分：（1）律师在同一案件中为双方当事人担任代理人，或代理与本人或者其近亲属有利益冲突的法律事务的；（2）律师办理诉讼或者非诉讼业务，其近亲属是对方当事人的法定代表人或者代理人的；（3）曾经亲自处理或者审理过某一事项或者案件的行政机关工作人员、审判人员、检察人员、仲裁员，成为律师后又办理该事项或者案件的；（4）同一律师事务所的不同律师同时担任同一刑事案件的被害人的代理人和犯罪嫌疑人、被告人的辩护人，但在该县区域内只有一家律师事务所且事先征得当事人同意的除外；（5）在民事诉讼、行政诉讼、仲裁案件中，同一律师事务所的不同律师同时担任争议双方当事人的代理人，或者本所或其工作人员为一方当事人，本所其他律师担任对方当事人的代理人的；（6）在非诉讼业务中，除各方当事人共同委托外，同一律师事务所的律师同时担任彼此有利害关系的各方当事人的代理人的；（7）在委托关系终止后，同一律师事务所或同一律师在同一案件后续审理或者处理中又接受对方当事人委托的；（8）担任法律顾问期间，为顾问单位的对方当事人或者有利益冲突的当事人代理、辩护的；（9）曾经担任法官、检察官的律师从人民法院、人民检察院离任后，两年内以律师身份担任诉讼代理人或者辩护人的；（10）担任所在律师事务所其他律师任仲裁员的仲裁案件代理人的；（11）其他依据律师执业经验和行业常识能够判断为应当主动回避且不得办理的利益冲突情形。

根据《律师协会会员违规行为处分规则（试行）》的规定，未征得各方委托人的同意而从事以下代理行为之一的，给予训诫、警告或者通报批评的纪律处分：（1）接受民事诉讼、仲裁案件一方当事人的委托，而同所的其他律师是该案件对方当事人的近亲属的；（2）担任刑事案件犯罪嫌疑人、被告人的辩护人，而同所的其他律师是该案件被害人的近亲属的；（3）同一律师事务所接受正在代理的诉讼案件或者非诉讼业务当事人的对方当事人所委托的其他法律业务的；（4）律师事务所与委托人存在法律服务关系，在某一诉讼或仲裁案件中该委托人未要求该律师事务所律师担任其代理人，而该律师事务所律师担任该委托人对方当事人的代理人的；（5）在委托关系终止后1年内，律师又就同一法律事务接受与原委托人有利害关系的对方当事人的委托的；（6）与上述第（1）-（5）项情况相似，且依据律师执业经验和行业常识能够判断的其他情形。

2. 代理不尽责行为

根据《律师协会会员违规行为处分规则（试行）》的规定，提供法律服务不尽责，具有以下情形之一的，给予训诫、警告或者通报批评的纪律处分；情节严重的，给予公开谴责、中止会员权利3个月以上1年以下或者取消会员资格的纪律处分：（1）超越委托权限，从事代理活动的。（2）接受委托后，无正当理由，不向委托人提供约定的法律服务，拒绝辩护或者代理的。包括：不及时调查了解案情，不及时收集、申请保全证据材料；或者无故延误参与诉讼、申请执行，逾期行使撤销权、异议权等权利；或者逾期申请办理批准、登记、变更、披露、备案、公告等手续，给委托人造成损失的。（3）无正当理由拒绝接受律师事务所或者法律援助机构指派的法律援助案件的；或者接受指派后，拖延、懈怠履行或者擅自停止履行法律援助职责的；或者接受指派后，未经律师事务所或者法律援助机构同意，擅自将法律援助案件转交其他人员办理的。（4）因过错导致出具的法律意见书存在重大遗漏或者错误，给当事人或者第三人造成重大损失的；或者对社会公共利益造成危害的。

根据《律师协会会员违规行为处分规则（试行）》的规定，利用提供法律服务的便利，具有以下情形之一的，给予训诫、警告或者通报批评的纪律处分；情节严重的，给予公开谴责、中止会员权利 3 个月以上 1 年以下或者取消会员资格的纪律处分：（1）利用提供法律服务的便利牟取当事人利益；接受委托后，故意损害委托人利益的。（2）接受对方当事人的财物及其他利益，与对方当事人、第三人恶意串通，向对方当事人、第三人提供不利于委托人的信息、证据材料，侵害委托人的权益的。（3）为阻挠当事人解除委托关系，威胁、恐吓当事人或者扣留当事人提供的材料的。

3. 泄露秘密或者隐私的行为

《律师协会会员违规行为处分规则（试行）》第 24 条规定："泄漏当事人的商业秘密或者个人隐私的，给予警告、通报批评或者公开谴责的纪律处分；情节严重的，给予中止会员权利三个月以上六个月以下的纪律处分。"第 25 条规定："违反规定披露、散布不公开审理案件的信息、材料，或者本人、其他律师在办案过程中获悉的有关案件重要信息、证据材料的，给予通报批评、公开谴责或者中止会员权利六个月以上一年以下的纪律处分；情节严重的，给予取消会员资格的纪律处分。"第 26 条规定："泄漏国家秘密的，给予公开谴责、中止会员权利六个月以上一年以下的纪律处分；情节严重的，给予取消会员资格的纪律处分。"

4. 违规收案或收费的行为

根据《律师协会会员违规行为处分规则（试行）》的规定，违规收案、收费具有以下情形之一的，给予训诫、警告或者通报批评的纪律处分；情节严重的，给予公开谴责、中止会员权利 1 个月以上 1 年以下或者取消会员资格的纪律处分：（1）不按规定与委托人签订书面委托合同的。（2）不按规定统一接受委托、签订书面委托合同和收费合同，统一收取委托人支付的各项费用的；或者不按规定统一保管、使用律师服务专用文书、财务票据、业务档案的。（3）私自接受委托，私自向委托人收取费用，或者收取规定、约定之外的费用或者财物的；违反律师服务收费管理规定或者收费协议约定，擅自提高收费的。（4）执业期间以非律师身份从事有偿法律服务的。（5）不向委托人开具律师服务收费合法票据，或者不向委托人提交办案费用开支有效凭证的。（6）在实行政府指导价的业务领域违反规定标准收取费用，或者违反风险代理管理规定收取费用的。

假借法官、检察官、仲裁员以及其他工作人员的名义或者以联络、酬谢法官、检察官、仲裁员以及其他工作人员为由，向当事人索取财物或者其他利益的，给予公开谴责或者中止会员权利 3 个月以上 6 个月以下的纪律处分。

5. 不正当竞争行为

根据《律师协会会员违规行为处分规则（试行）》的规定，具有下列以不正当手段争揽业务的行为之一的，给予训诫、警告或者通报批评的纪律处分；情节严重的，给予公开谴责、中止会员权利 1 个月以上 1 年以下或者取消会员资格的纪律处分：（1）为争揽业务，向委托人作虚假承诺的；（2）向当事人明示或者暗示与办案机关、政府部门及其工作人员有特殊关系的；（3）利用媒体、广告或者其他方式进行不真实或者不适当宣传的；（4）以支付介绍费等不正当手段争揽业务的；（5）在事前和事后为承办案件的法官、检察官、仲裁员牟取物质的或非物质的利益，为了争揽案件事前和事后给予有关人员物质的或非物质的利益的；（6）在司法机关、监管场所周边通过违规设立办公场所、散发广告、举牌等不正当手段争揽业务的。

根据《律师协会会员违规行为处分规则（试行）》的规定，具有下列不正当竞争行为之一的，给予通报批评、公开谴责或者中止会员权利 1 个月以上 1 年以下的纪律处分；情节严重的，给予取消会员资格的纪律处分：（1）捏造、散布虚假事实，损害、诋毁其他律师、律师事务所声誉的；（2）哄骗、唆使当事人提起诉讼，制造、扩大矛盾，影响社会稳定的；（3）利用与司法机关、行政机关或其他具有社会管理职能组织的关系，进行不正当竞争的。

6. **妨碍司法公正的行为**

根据《律师协会会员违规行为处分规则（试行）》的规定，承办案件期间，基于不正当目的，在非工作期间、非工作场所，会见承办法官、检察官、仲裁员或者其他有关工作人员，或者违反规定单方面会见法官、检察官、仲裁员的，给予中止会员权利 6 个月以上 1 年以下的纪律处分；情节严重的给予取消会员资格的纪律处分。

利用与法官、检察官、仲裁员以及其他有关工作人员的特殊关系，打探办案机关内部对案件的办理意见，承办其介绍的案件，影响依法办理案件的，给予中止会员权利 6 个月以上 1 年以下的纪律处分；情节严重的，给予取消会员资格的纪律处分。向法官、检察官、仲裁员及其他有关工作人员行贿，许诺提供利益、介绍贿赂或者指使、诱导当事人行贿的，给予中止会员权利 6 个月以上 1 年以下的纪律处分；情节严重的，给予取消会员资格的纪律处分。

7. **以不正当方式影响依法办理案件的行为**

根据《律师协会会员违规行为处分规则（试行）》的规定，影响司法机关依法办理案件，具有以下情形之一的，给予中止会员权利 6 个月以上 1 年以下的纪律处分；情节严重的，给予取消会员资格的纪律处分：（1）未经当事人委托或者法律援助机构指派，以律师名义为当事人提供法律服务、介入案件，干扰依法办理案件的；（2）对本人或者其他律师正在办理的案件进行歪曲、有误导性的宣传和评论，恶意炒作案件的；（3）以串联组团、联署签名、发表公开信、组织网上聚集、声援等方式或者借个案研讨之名，制造舆论压力，攻击、诋毁司法机关和司法制度的；（4）煽动、教唆和组织当事人或者其他人员采取到司法机关或者其他国家机关静坐、举牌、打横幅、喊口号、声援、围观等扰乱公共秩序、危害公共安全的非法手段，聚众滋事，制造影响，向有关机关施加压力的；（5）发表、散布否定宪法确立的根本政治制度、基本原则和危害国家安全的言论，利用网络、媒体挑动对党和政府的不满，发起、参与危害国家安全的组织或者支持、参与、实施危害国家安全的活动的；（6）以歪曲事实真相、明显违背社会公序良俗等方式，发表恶意诽谤他人的言论，或者发表严重扰乱法庭秩序的言论的。

根据《律师协会会员违规行为处分规则（试行）》的规定，不遵守法庭、仲裁庭纪律和监管场所规定、行政处理规则，具有以下情形之一的，给予中止会员权利 6 个月以上 1 年以下的纪律处分；情节严重的给予取消会员资格的纪律处分：（1）会见在押犯罪嫌疑人、被告人时，违反有关规定，携带犯罪嫌疑人、被告人的近亲属或者其他利害关系人会见，将通信工具提供给在押犯罪嫌疑人、被告人使用，或者传递物品、文件；（2）无正当理由，拒不按照人民法院通知出庭参与诉讼，或者违反法庭规则，擅自退庭；（3）聚众哄闹、冲击法庭，侮辱、诽谤、威胁、殴打司法工作人员或者诉讼参与人，否定国家认定的邪教组织的性质，或者有其他严重扰乱法庭秩序的行为。

故意向司法机关、仲裁机构或者行政机关提供虚假证据或者威胁、利诱他人提供虚假证据，妨碍对方当事人合法取得证据的，给予中止会员权利 6 个月以上 1 年以下的纪律处分；

情节严重的给予取消会员资格的纪律处分。

8. 违反司法行政管理或者行业管理的行为

根据《律师协会会员违规行为处分规则（试行）》的规定，同时在两个律师事务所以上执业或同时在律师事务所和其他法律服务机构执业的，给予警告、通报批评或者公开谴责的纪律处分；情节严重的，给予中止会员权利1个月以上3个月以下的纪律处分。不服从司法行政管理或者行业管理，具有以下情形之一的，给予中止会员权利6个月以上1年以下的纪律处分；情节严重的给予取消会员资格的纪律处分：（1）向司法行政机关或者律师协会提供虚假材料、隐瞒重要事实或者有其他弄虚作假行为的；（2）在受到停止执业处罚期间，或者在律师事务所被停业整顿、注销后继续执业的；（3）因违纪行为受到行业处分后在规定的期限内拒不改正的。

根据《律师协会会员违规行为处分规则（试行）》的规定，律师事务所疏于管理，具有下列情形之一的，给予警告、通报批评或者公开谴责的纪律处分；情节严重的，给予中止会员权利1个月以上6个月以下的纪律处分；情节特别严重的，给予取消会员资格的纪律处分：（1）不按规定建立健全执业管理和其他各项内部管理制度，规范本所律师执业行为，履行监管职责，对本所律师遵守法律、法规、规章及行业规范，遵守职业道德和执业纪律的情况不予监督，发现问题未及时纠正的；（2）聘用律师或者其他工作人员，不按规定与应聘者签订聘用合同，不为其办理社会统筹保险的；（3）不依法纳税的；（4）受到停业整顿处罚后拒不改正，或者在停业整顿期间继续执业的；（5）允许或者默许受到停止执业处罚的本所律师继续执业的；（6）未经批准，擅自在住所以外的地方设立办公点、接待室，或者擅自设立分支机构的；（7）恶意逃避律师事务所及其分支机构债务的；（8）律师事务所无正当理由拒绝接受法律援助机构指派的法律援助案件；或者接受指派后，不按规定及时安排本所律师承办法律援助案件或者拒绝为法律援助案件的办理提供条件和便利的；（9）允许或者默许本所律师为承办案件的法官、检察官、仲裁员牟取物质的或非物质的利益的；允许或者默许给予有关人员物质的或非物质利益的。

根据《律师协会会员违规行为处分规则（试行）》的规定，律师事务所具有下列情形之一的，给予警告、通报批评或者公开谴责的纪律处分；情节严重的，给予中止会员权利1个月以上6个月以下的纪律处分；情节特别严重的，给予取消会员资格的纪律处分：（1）使用未经核定的律师事务所名称从事活动，或者擅自改变、出借律师事务所名称的；（2）变更名称、章程、负责人、合伙人、住所、合伙人协议等事项，未在规定的时间内办理变更登记的；（3）采取不正当手段阻挠合伙人、合作人、律师退所的；（4）将不符合规定条件的人员发展为合伙人或者推选为律师事务所负责人的；（5）以独资、与他人合资或者委托持股方式兴办企业，并委派律师担任企业法定代表人、总经理职务，或者从事与法律服务无关的中介服务和其他经营性活动的；（6）采用出具或者提供律师事务所介绍信、律师服务专用文书、收费票据等方式，为尚未取得律师执业证书的人员或者其他律师事务所的律师违法执业提供便利的；（7）为未取得律师执业证书的人员印制律师名片、标志或者出具其他有关律师身份证明，或者已知本所人员有上述行为而不制止的。

（五）惩戒律师违规行为的主要程序

根据《律师协会会员违规行为处分规则（试行）》的规定，律师协会对律师违规行为进行惩戒时需要遵守如下程序：

1. 受理与立案

根据《律师协会会员违规行为处分规则（试行）》的规定，投诉人可以采用信函、邮件和直接来访等方式投诉，也可以委托他人代为投诉。对于没有投诉人投诉的会员涉嫌违规行为，律师协会有权主动调查并作出处分决定。律师协会受理投诉时应当要求投诉人提供具体的事实和相关证据材料。律师协会应当制作接待投诉记录，填写投诉登记表，妥善保管投诉材料，建立会员诚信档案。

接待投诉的工作人员应当完成以下工作：（1）当面投诉的，应当认真作好笔录，必要时征得投诉人同意可以录音。投诉时，无关人员不得在场旁听和询问；对记录的主要内容须经投诉人确认无误后签字或者盖章。（2）信函投诉的，应当作好收发登记、转办和保管等工作。口头或者电话投诉的，要耐心接听，认真记录，并告知投诉人应当提交的书面材料。（3）对司法行政机关委托律师协会调查的投诉案件，应当办理移交手续。

惩戒委员会应当在接到投诉之日起10个工作日内对案件作出是否立案的决定。具有下列情形之一的，不予立案：（1）不属于本协会受理范围的；（2）不能提供相关证据材料或者证据材料不足的；（3）证据材料与投诉事实没有直接或者必然联系的；（4）匿名投诉或者投诉人身份无法核实，导致相关事实无法查清的；（5）超过处分时效的；（6）投诉人就被投诉会员的违规行为已提起诉讼、仲裁等司法程序案件的；（7）对律师协会已经处理过的违规行为，没有新的事由和证据而重复投诉的；（8）其他不应立案的情形。对不予立案的，律师协会应当在惩戒委员会决定作出之日起7个工作日内向投诉人书面说明不予立案的理由，但匿名投诉的除外。需由司法行政机关或者其他律师协会处理的投诉案件，律师协会应当制作转移处理书，随投诉资料一起移送有管辖权的部门，并告知投诉人。

律师协会惩戒委员会应当自立案之日起10个工作日内向投诉人、被调查会员发出书面立案通知。立案通知中应当载明立案的主要内容，有投诉人的，应当列明投诉人名称、投诉内容等事项；投诉人递交了书面投诉文件的，可以将投诉文件的副本与通知一并送达被调查会员；该通知应当要求被调查会员在20个工作日内作出书面申辩，并有义务在同一期限内提交业务档案等书面材料。送达立案通知时，同时告知本案调查组组成人员和日常工作机构工作人员名单，告知被调查会员有申请回避的权利。

2. 回避

根据《律师协会会员违规行为处分规则（试行）》的规定，惩戒委员会委员有下列情形之一的，应当自行回避，投诉人、被调查会员也有权向律师协会申请其回避：（1）本人与本案投诉人或者被调查的会员有近亲属关系的；（2）与本案被调查会员在同一律师事务所执业的；（3）被调查会员为本人所在的律师事务所；（4）其他可能影响案件公正处理的情形。上述规定，也适用于惩戒委员会日常工作机构工作人员。律师协会、惩戒委员会、日常工作机构等机构不属于被申请回避的主体，不适用回避。

惩戒委员会主任的回避由所在律师协会会长或者主管惩戒工作的副会长决定；副主任的回避由惩戒委员会主任决定。惩戒委员会委员的回避，由惩戒委员会主任或者副主任决定。被调查会员提出回避申请的，应当说明理由，并在申辩期限内提出。对提出的回避申请，律师协会或者惩戒委员会应当在申请提出的3个工作日内，以口头或者书面形式作出决定，并记录在案，此决定为终局决定。

3. 调查

根据《律师协会会员违规行为处分规则（试行）》的规定，惩戒委员会对决定立案调查的案件应当委派两名以上委员组成调查组进行调查，并出具调查函。重大、疑难、复杂案件可以成立由惩戒委员会委员和律师协会邀请的相关部门人员组成联合调查组进行共同调查。调查人员应当全面、客观、公正地调查案情。调查范围不受投诉内容的限制。调查发现投诉以外的违纪违规行为的，应当一并调查，无须另行立案。发现其他会员涉嫌与本案关联的违规行为的，律师协会可以依职权进行调查。

调查人员可以询问被调查会员，出示相关材料，并制作笔录。被调查会员拒绝提交业务档案、拒绝回答询问或者拒绝申辩的，视为逃避、抵制和阻挠调查，应当从重处分。调查人员可以通过电话、电子邮件或者直接与投诉人面对面调查等调查方式进行，有权要求投诉人提供相关证据材料。

调查人员应当按照所在省、自治区、直辖市律师协会规定的期限完成调查工作，并在调查、收集、整理、归纳、分析全部案卷调查材料的基础上，形成本案的调查终结报告，报告应当载明会员行为是否构成违规，是否建议给予相应的纪律处分。与案件有直接关联的事实或者争议进入诉讼、仲裁程序或者发生其他导致调查无法进行的情形的，经惩戒委员会主任及主管会长批准可以中止调查，待相关程序结束后或者相关情形消失后，再行决定是否恢复调查，中止期间不计入调查时限。

4. 作出决定

根据《律师协会会员违规行为处分规则（试行）》的规定，纪律处分的决定程序主要包括听证、评议、审核、送达等程序。

（1）听证。根据《律师协会会员违规行为处分规则（试行）》的规定，惩戒委员会在作出处分决定前，应当告知被调查会员有要求听证的权利。被调查会员要求听证的，应当在惩戒委员会告知后的7个工作日内提出书面听证申请；惩戒委员会认为有必要举行听证的，可以组成听证庭进行。决定举行听证的案件，律师协会应当在召开听证庭7个工作日前向被调查的会员送达《听证通知书》，告知其听证庭的时间、地点、听证庭组成人员名单及可以申请回避等事项，并通知案件相关人员。《听证通知书》除直接送达外，可以委托被调查会员所在律师事务所送达，也可以邮寄送达。被调查会员应当按期参加听证，有正当理由要求延期的，经批准可以延一次，未申请延期并且未按期参加听证的，视为放弃听证权利。被调查会员不陈述、不申辩或者不参加听证的视为放弃，不影响惩戒委员会作出决定。

听证庭成员由惩戒委员会3-5名委员担任，调查人员不得担任听证庭成员。听证庭依照以下程序进行：首先，询问被调查会员是否申请听证庭组成人员回避。其次，投诉人陈述投诉的事实、理由和投诉请求，投诉人未到庭的，不影响听证程序进行，由调查人员宣读投诉书；被调查会员有权进行申辩；调查人员陈述调查的事实，被调查会员、投诉人对调查的事实发表意见。再次，听证庭组成人员可以就案件有关事实向各方进行询问。最后，听证应当制作笔录，笔录应当交被调查会员、投诉人审核无误后签字或者盖章。听证庭根据查明的事实，在充分考虑各方意见基础上，拟定评议报告交惩戒委员会集体作出决定。

（2）评议。根据《律师协会会员违规行为处分规则（试行）》的规定，惩戒委员会应当在听取或者审阅听证庭评议报告或者调查终结报告后集体作出决定。会议应当有 2/3 以上的委员出席，决定由出席会议委员的 1/2 以上多数通过，如评议出现三种以上意见，且均不过半数时，将最不利于被调查会员的意见票数依次计入次不利于被调查会员的票数，直至超过半数为止。调查人员和应回避人员不参加表决，不计入出席会议委员基数。

惩戒委员会成员及其工作人员应当严格遵守工作纪律，对决定评议情况保密。惩戒委员会会议作出决定后，应当制作书面决定书，决定书应当载明下列事项：投诉人的基本信息；被调查会员的基本信息、律师执业证书号码、所在律师事务所；投诉的基本事实和诉求；被调查会员的答辩意见；惩戒委员会依据相关证据查明的事实；惩戒委员会对本案作出的决定及其依据；申请复查的权利、期限；作出决定的律师协会名称；作出决定的日期；其他应当载明的事项。

（3）审核。根据《律师协会会员违规行为处分规则（试行）》的规定，决定书经惩戒委员会主任审核后，由律师协会会长或者主管副会长签发。处分决定书应当在签发后的 15 个工作日内，由律师协会送达被调查会员，同时将决定书报上一级律师协会备案。惩戒委员会作出的撤销案件、不予处分决定书应当在签发后 10 个工作日内由律师协会日常工作机构人员送达投诉人、被调查会员。达成和解或者投诉人撤销投诉，但是涉嫌违规的行为应当予以处分的，可以继续进行处分程序，必要时应当依照《律师协会会员违规行为处分规则（试行）》第 44 条的规定启动调查程序。

（4）送达。根据《律师协会会员违规行为处分规则（试行）》的规定，决定书可以直接送达，也可以通过邮寄方式送达。决定书送达应当由受送达人在送达回证上注明收到日期并签名盖章，受送达人在送达回证上签收日期为送达日期。决定书采用邮寄方式送达的，以挂号回证上注明的收件日期为送达日期。

受送达人是个人会员的，可以由其所在律师事务所主任、行政主管或者其他合伙人签收；受送达人是团体会员的，可以交其律师事务所主任、行政主管或者合伙人签收。受送达人拒收时，可以由送达人邀请律师协会理事或者律师代表作为见证人到场，说明情况，在送达回证上记明拒收事由和日期，由送达人、见证人签名，把决定书留在受送达人的住所或者其所在律师事务所的住所，视为送达。

会员对惩戒委员会作出的处分决定未在规定的期限内申请复查的，或者申请复查后由复查委员会作出维持或者变更原处分决定的，原处分决定或变更后的处分决定为生效的处分决定。生效的处分决定由该决定书生效时直接管理被处分会员的律师协会执行。惩戒委员会认为会员的违规行为依法应当给予行政处罚的，应当及时移送有管辖权的司法行政机关，并向其提出处罚建议。同一个违法行为已被行政处罚的不再建议行政处罚。投诉的案件违反《律师法》《律师和律师事务所违法行为处罚办法》，可能构成刑事犯罪的，或有重大社会影响的，惩戒委员会应及时报告同级司法行政机关和上一级律师协会。

训诫、警告处分决定应当由作出决定的律师协会告知律师所属律师事务所。重大典型律师违法违规案件和律师受到通报批评处分决定生效的，应当在本地区律师行业内进行通报。公开谴责及以上处分决定生效的，应当向社会公开披露。因严重违法违规行为受到的吊销执业证书、取消会员资格等行政处罚、行业处分决定生效的，以及社会关注度较高的违法违规案件，可以通过官方网站、微博、微信、报刊、新闻发布会等形式向社会披露。

5. 复查

根据《律师协会会员违规行为处分规则（试行）》的规定，各省、自治区、直辖市律师协会应设立会员处分复查委员会，负责受理复查申请和作出复查决定。复查委员会应当由业内和业外人士组成。业内人士包括执业律师、律师协会及司法行政机关工作人员；业外人士包括法学界专家、教授，以及司法机关或者其他机关、组织的有关人员。复查委员会的主任、副主任由同级律师协会会长办公会提名，经常务理事会或者理事会决定产生，任期与理事会任期相同。复查委员会的委员由同级律师协会常务理事会或者理事会采取选举、推选、决定等方式产生，任期与理事会任期相同。

各省、自治区、直辖市律师协会和设区的市律师协会惩戒委员会委员不能同时成为复查委员会组成人员，不得参与其所在地方律师协会会员处分的复查案件。复查委员会应当履行下列职责：受理复查申请；审查申请复查事项；作出复查决定；其他职责。被调查会员对省、自治区、直辖市律师协会或者设区的市律师协会惩戒委员会作出的处分决定不服的，可以在决定书送达之次日起的 15 个工作日内向所在省、自治区、直辖市律师协会复查委员会申请复查。省、自治区、直辖市律师协会秘书长办公会议或者复查委员会主任、副主任集体认为本地区各律师协会惩戒委员会作出的处分决定可能存在事实认定不清，或者适用法律、法规、规范错误，或调查、作出决定的程序不当的，有权在该处分决定作出后 1 年内提请复查委员会启动复查程序。

申请复查的会员作为申请人应当具备以下条件：（1）所申请复查的决定应当是由本省、自治区、直辖市律师协会惩戒委员会或者设区的市律师协会惩戒委员会作出的；（2）复查申请应当包括具体的复查请求、事实和证据；（3）复查申请必须在规定的期限内提出。复查申请应当以书面形式提出，内容包括：申请人的姓名或者单位名称、地址、执业证书号码及电话等；作出原决定的律师协会惩戒委员会名称；复查申请的具体事实、理由、证据和要求等；提起复查申请的日期；惩戒委员会处分决定书。

第三节　律师与司法行政机关关系规范

一、律师与司法行政机关的关系

律师与司法行政机关的关系涉及律师管理体制。自我国律师制度建立以来，律师管理体制一直处于探索之中。我国《律师法》第 4 条规定："司法行政部门依照本法对律师、律师事务所和律师协会进行监督、指导。"第 43 条第 1 款规定："律师协会是社会团体法人，是律师的自律性组织。"此外，《律师法》在第六章"法律责任"中规定了司法行政机关对律师、律师事务所的行政处罚权。由此可见，对于律师的管理问题，我国《律师法》主要采纳了"司法行政机关与律师协会共同管理"的方法，简称"两结合"管理体制。不过对于司法行政机关与律师协会在律师管理中的地位，目前仍然存在很多问题，尤其是在职权划分上。按照齐延安教授的总结，从司法行政机关的单一管理体制，到司法行政机关绝对主导、律师协会从属辅助的管理体制，再到司法行政机关与律师协会"两结合"的管理体制，标志着我国对律师职业属性和律师工作规律的认识和把握更加深刻。[①]

二、监管律师执业

（一）司法行政机关对律师的管理

根据《律师法》的规定，司法行政机关对律师的管理主要体现在以下几个方面：

1. 组织法律职业资格考试

根据《律师法》第 5 条之规定，申请律师执业，应当具备下列条件：（1）拥护中华人民共和国宪法；（2）通过国家统一法律职业资格考试取得法律职业资格；（3）在律师事务所实习满 1 年；（4）品行良好。实行国家统一法律职业资格考试前取得的国家统一司法考试合格证书、律师资格凭证，与国家统一法律职业资格证书具有同等效力。由此可知，取得律师执业资格的前提条件之一是通过国家统一法律职业资格考试取得法律职业资格。根据《国家统一法律职业资格考试实施办法》的规定，国家统一法律职业资格考试由司法部负责实施。省、自治区、直辖市司法行政机关应当明确专门机构，按照有关规定承办国家统一法律职业资格考试的考务等工作。设区的市级或者直辖市的区（县）司法行政机关，应当在上级司法行政机关的监督指导下，承担本辖区内的国家统一法律职业资格考试的考务等工作。

2. 授予律师执业资格

根据《律师法》第 6 条之规定，申请律师执业，应当向设区的市级或者直辖市的区人民政府司法行政部门提出申请，并提交下列材料：（1）国家统一法律职业资格证书；（2）律师协会出具的申请人实习考核合格的材料；（3）申请人的身份证明；（4）律师事务所出具的同意接收申请人的证明。申请兼职律师执业的，还应当提交所在单位同意申请人兼职从事律师职业的证明。受理申请的部门应当自受理之日起 20 日内予以审查，并将审查意见和全部申请材料报送省、自治区、直辖市人民政府司法行政部门。省、自治区、直辖市人民政府司法行政部门应当自收到报送材料之日起 10 日内予以审核，作出是否准予执业的决定。准予执业的，向申请人颁发律师执业证书；不准予执业的，向申请人书面说明理由。

3. 律师专业职务评审

根据《律师职务试行条例》的规定，律师职务是根据律师工作的性质及其实际工作需要而设置的工作岗位。律师职务设一级律师、二级律师、三级律师、四级律师、律师助理。其中，一级律师、二级律师为高级职务，三级律师为中级职务，四级律师和律师助理为初级职务。司法部指导全国律师职务的评审、聘任工作。各级律师职务的任职资格，需经相应的律师职务评委会评审，初级律师职务评委会由县级司法局组建，负责评审律师助理、四级律师；中级律师职务评委会由地（市）级司法局组建，负责评审三级律师；高级律师职务评委会由省、自治区、直辖市司法厅（局）组建，负责评审一、二级律师。司法部律师职务评委会负责评审由其直接管理的律师事务所的律师职务任职资格。

4. 律师业务规章的制定

中央司法行政机关根据法律法规的授权以及律师职业的发展情况，适时制定了有关律师业务的规章。1991 年，司法部制定了《律师业务档案立卷归档办法》，专门对律师业务档案进

[①] 齐延安主编：《当代中国律师管理概论》，山东大学出版社 2014 年版，第 68 页。

行了规定。1995 年，司法部制定了《关于反对律师行业不正当竞争行为的若干规定》，目的是鼓励和保护律师、律师事务所之间的公平竞争，维护律师行业的正常执业秩序。2008 年，司法部制定了《律师执业管理办法》（2016 年修订），目的是规范律师执业许可，保障律师依法执业，加强对律师执业行为的监督和管理。2009 年，司法部制定了《律师和律师事务所执业证书管理办法》（2019 年修正），目的是规范和加强对律师执业证书和律师事务所执业许可证书的管理。2010 年，司法部制定了《律师和律师事务所违法行为处罚办法》，目的是加强对律师、律师事务所执业活动的监督，规范律师执业行为，维护正常的法律服务秩序。

（二）司法行政机关对律师事务所的管理

根据《律师法》的规定，司法行政机关对律师事务所的管理，主要体现在以下几个方面：

1. 授予律师事务所执业证书

根据《律师法》第 14 条、第 17 条之规定，律师事务所是律师的执业机构。设立律师事务所应当具备下列条件：（1）有自己的名称、住所和章程；（2）有符合本法规定的律师；（3）设立人应当是具有一定的执业经历，且 3 年内未受过停止执业处罚的律师；（4）有符合国务院司法行政部门规定数额的资产。申请设立律师事务所，应当提交下列材料：（1）申请书；（2）律师事务所的名称、章程；（3）律师的名单、简历、身份证明、律师执业证书；（4）住所证明；（5）资产证明。设立合伙律师事务所，还应当提交合伙协议。

设立律师事务所，应当向设区的市级或者直辖市的区人民政府司法行政部门提出申请，受理申请的部门应当自受理之日起 20 日内予以审查，并将审查意见和全部申请材料报送省、自治区、直辖市人民政府司法行政部门。省、自治区、直辖市人民政府司法行政部门应当自收到报送材料之日起 10 日内予以审核，作出是否准予设立的决定。准予设立的，向申请人颁发律师事务所执业证书；不准予设立的，向申请人书面说明理由。

2. 律师事务所年度检查

根据《律师法》第 24 条之规定，律师事务所应当于每年的年度考核后，向设区的市级或者直辖市的区人民政府司法行政部门提交本所的年度执业情况报告和律师执业考核结果。根据《律师事务所年度检查考核办法》的规定，律师事务所年度检查考核，是指司法行政机关定期对律师事务所上一年度的执业和管理情况进行检查考核，对其执业和管理状况作出评价。年度检查考核，应当引导律师事务所及其律师遵守宪法和法律，加强自律管理，依法、诚信、尽责执业，忠实履行中国特色社会主义法律工作者的职业使命，维护当事人合法权益，维护法律正确实施，维护社会公平和正义。

3. 律师事务所业务规章的制定

中央司法行政机关还专门针对律师事务所制定了许多业务规章。2004 年，司法部制定了《律师事务所收费程序规则》，目的是规范律师事务所的收费行为。2007 年，中国证监会、司法部制定了《律师事务所从事证券法律业务管理办法》，目的是加强对律师事务所从事证券法律业务活动的监督管理，规范律师在证券发行、上市和交易等活动中的执业行为，完善法律风险防范机制，维护证券市场秩序，保护投资者的合法权益。2008 年，司法部制定了《律师事务所管理办法》（后经 2012 年、2016 年、2018 年三次修改），目的是规范律师事务所的设立，加强对律师事务所的监督和管理。2010 年 1 月，司法部制定了《律师事务所名称管理办法》，目的是加强律师事务所名称管理，规范律师事务所名称使用。2010 年 4 月，司法部制定了《律师事务所年度检查考核办法》，目的是规范律师事务所年度检查考核工作，加强对律师事务所执业和管理活动的监督。2010 年 4 月，司法部制定了《律师和律师事务所违法行为处罚办法》，目的是加强对律师、律师事务所执业活动的监督，规范律师执业行为，维护正常的法律服务秩序。2023 年，中国证监会、司法部公布了修订后的《律师事务所从事证券法律业务管理办法》，2007 年《律师事务所从事证券法律业务管理办法》予以废止。

三、对律师和律师事务所的行政处罚

（一）司法行政机关对律师的处罚

司法行政机关对律师的处罚，在学理上，常常用"律师行政法律责任"予以替代。所谓"律师行政法律责任"，是指律师个人违反《律师法》，实施违法执业行为所应承担的行政法律后果。行政法律责任是一种常见的和适用面较为广泛且灵活的法律责任形式，也是《律师法》引入刑罚理论用以丰富和发展行政处罚的有益尝试。[①]

根据《律师法》第 47 条之规定，律师有下列行为之一的，由设区的市级或者直辖市的区人民政府司法行政部门给予警告，可以处 5000 元以下的罚款；有违法所得的，没收违法所得；情节严重的，给予停止执业 3 个月以下的处罚：（1）同时在两个以上律师事务所执业的；（2）以不正当手段承揽业务的；（3）在同一案件中为双方当事人担任代理人，或者代理与本人及其近亲属有利益冲突的法律事务的；（4）从人民法院、人民检察院离任后两年内担任诉讼代理人或者辩护人的；（5）拒绝履行法律援助义务的。

根据《律师法》第 48 条之规定，律师有下列行为之一的，由设区的市级或者直辖市的区人民政府司法行政部门给予警告，可以处 1 万元以下的罚款；有违法所得的，没收违法所得；情节严重的，给予停止执业 3 个月以上 6 个月以下的处罚：（1）私自接受委托、收取费用，接受委托人财物或者其他利益的；（2）接受委托后，无正当理由，拒绝辩护或者代理，不按时出庭参加诉讼或者仲裁的；（3）利用提供法律服务的便利牟取当事人争议的权益的；（4）泄露商业秘密或者个人隐私的。

根据《律师法》第 49 条之规定，律师有下列行为之一的，由设区的市级或者直辖市的区人民政府司法行政部门给予停止执业 6 个月以上 1 年以下的处罚，可以处 5 万元以下的罚款；有违法所得的，没收违法所得；情节严重的，由省、自治区、直辖市人民政府司法行政部门吊销其律师执业证书；构成犯罪的，依法追究刑事责任：（1）违反规定会见法官、检察官、仲裁员以及其他有关工作人员，或者以其他不正当方式影响依法办理案件的；（2）向法官、检察官、仲裁员以及其他有关工作人员行贿，介绍贿赂或者指使、诱导当事人行贿的；（3）向司法行政部门提供虚假材料或者有其他弄虚作假行为的；（4）故意提供虚假证据或者威胁、利诱他人提供虚假证据，妨碍对方当事人合法取得证据的；（5）接受对方当事人财物或者其他利益，与对方当事人或者第三人恶意串通，侵害委托人权益的；（6）扰乱法庭、仲裁庭秩序，干扰诉讼、仲裁活动的正常进行的；（7）煽动、教唆当事人采取扰乱公共秩序、危害公共安全等非法手段解决争议的；（8）发表危害国家安全、恶意诽谤他人、严重扰乱法庭秩序的言论的；（9）泄露国家秘密的。律师因故意犯罪受到刑事处罚的，由省、自治区、直辖市人民

[①]　周章金：《论律师执业的行政法律责任》，载《福建师范大学学报（哲学社会科学版）》2010 年第 2 期。

政府司法行政部门吊销其律师执业证书。

《律师和律师事务所违法行为处罚办法》对《律师法》第 47-49 条的规定进行了具体化规定，律师应予处罚的情形如下。

1. 同时在两个以上律师事务所执业的

有下列情形之一的，属于《律师法》第 47 条第 1 项规定的律师"同时在两个以上律师事务所执业的"违法行为：（1）在律师事务所执业的同时又在其他律师事务所或者社会法律服务机构执业的；（2）在获准变更执业机构前以拟变更律师事务所律师的名义承办业务，或者在获准变更后仍以原所在律师事务所律师的名义承办业务的。

2. 以不正当手段承揽业务的

有下列情形之一的，属于《律师法》第 47 条第 2 项规定的律师"以不正当手段承揽业务的"违法行为：（1）以误导、利诱、威胁或者作虚假承诺等方式承揽业务的；（2）以支付介绍费、给予回扣、许诺提供利益等方式承揽业务的；（3）以对本人及所在律师事务所进行不真实、不适当宣传或者诋毁其他律师、律师事务所声誉等方式承揽业务的；（4）在律师事务所住所以外设立办公室、接待室承揽业务的。

3. 在同一案件中为双方当事人担任代理人，或者代理与本人及其近亲属有利益冲突的法律事务的

有下列情形之一的，属于《律师法》第 47 条第 3 项规定的律师"在同一案件中为双方当事人担任代理人，或者代理与本人及其近亲属有利益冲突的法律事务的"违法行为：（1）在同一民事诉讼、行政诉讼或者非诉讼法律事务中同时为有利益冲突的当事人担任代理人或者提供相关法律服务的；（2）在同一刑事案件中同时为被告人和被害人担任辩护人、代理人，或者同时为 2 名以上的犯罪嫌疑人、被告人担任辩护人的；（3）担任法律顾问期间，为与顾问单位有利益冲突的当事人提供法律服务的；（4）曾担任法官、检察官的律师，以代理人、辩护人的身份承办原任职法院、检察院办理过的案件的；（5）曾经担任仲裁员或者仍在担任仲裁员的律师，以代理人身份承办本人原任职或者现任职的仲裁机构办理的案件的。

4. 从人民法院、人民检察院离任后 2 年内担任诉讼代理人或者辩护人的

曾经担任法官、检察官的律师，从人民法院、人民检察院离任后 2 年内，担任诉讼代理人、辩护人或者以其他方式参与所在律师事务所承办的诉讼法律事务的，属于《律师法》第 47 条第 4 项规定的"从人民法院、人民检察院离任后二年内担任诉讼代理人或者辩护人的"违法行为。

5. 拒绝履行法律援助义务的

有下列情形之一的，属于《律师法》第 47 条第 5 项规定的律师"拒绝履行法律援助义务的"违法行为：（1）无正当理由拒绝接受律师事务所或者法律援助机构指派的法律援助案件的；（2）接受指派后，懈怠履行或者擅自停止履行法律援助义务的。

6. 私自接受委托、收取费用，接受委托人财物或者其他利益的

有下列情形之一的，属于《律师法》第 48 条第 1 项规定的律师"私自接受委托、收取费用，接受委托人财物或者其他利益的"违法行为：（1）违反统一接受委托规定或者在被处以停止执业期间，私自接受委托，承办法律事务的；（2）违反收费管理规定，私自收取、使用、侵占律师服务费以及律师异地办案差旅费用的；（3）在律师事务所统一收费外又向委托人索

要其他费用、财物或者获取其他利益的；（4）向法律援助受援人索要费用或者接受受援人的财物或者其他利益的。

7. 接受委托后，无正当理由，拒绝辩护或者代理，不按时出庭参加诉讼或者仲裁的

律师接受委托后，除有下列情形之外，拒绝辩护或者代理，不按时出庭参加诉讼或者仲裁的，属于《律师法》第48条第2项规定的违法行为：（1）委托事项违法，或者委托人利用律师提供的法律服务从事违法活动的；（2）委托人故意隐瞒与案件有关的重要事实或者提供虚假、伪造的证据材料的；（3）委托人不履行委托合同约定义务的；（4）律师因患严重疾病或者受到停止执业以上行政处罚的；（5）其他依法可以拒绝辩护、代理的。

8. 利用提供法律服务的便利牟取当事人争议的权益的

有下列情形之一的，属于《律师法》第48条第3项规定的律师"利用提供法律服务的便利牟取当事人争议的权益的"违法行为：（1）采用诱导、欺骗、胁迫、敲诈等手段获取当事人与他人争议的财物、权益的；（2）指使、诱导当事人将争议的财物、权益转让、出售、租赁给他人，并从中获取利益的。

9. 泄露商业秘密或者个人隐私的

律师未经委托人或者其他当事人的授权或者同意，在承办案件的过程中或者结束后，擅自披露、散布在执业中知悉的委托人或者其他当事人的商业秘密、个人隐私或者其他不愿泄露的情况和信息的，属于《律师法》第48条第4项规定的"泄露商业秘密或者个人隐私的"违法行为。

10. 违反规定会见法官、检察官、仲裁员以及其他有关工作人员，或者以其他不正当方式影响依法办理案件的

有下列情形之一的，属于《律师法》第49条第1项规定的律师"违反规定会见法官、检察官、仲裁员以及其他有关工作人员，或者以其他不正当方式影响依法办理案件的"违法行为：（1）在承办代理、辩护业务期间，以影响案件办理结果为目的，在非工作时间、非工作场所会见法官、检察官、仲裁员或者其他有关工作人员的；（2）利用与法官、检察官、仲裁员或者其他有关工作人员的特殊关系，影响依法办理案件的；（3）以对案件进行歪曲、不实、有误导性的宣传或者诋毁有关办案机关和工作人员以及对方当事人声誉等方式，影响依法办理案件的。

11. 向法官、检察官、仲裁员以及其他有关工作人员行贿，介绍贿赂或者指使、诱导当事人行贿的

有下列情形之一的，属于《律师法》第49条第2项规定的律师"向法官、检察官、仲裁员以及其他有关工作人员行贿，介绍贿赂或者指使、诱导当事人行贿的"违法行为：（1）利用承办案件的法官、检察官、仲裁员以及其他工作人员或者其近亲属举办婚丧喜庆事宜等时机，以向其馈赠礼品、金钱、有价证券等方式行贿的；（2）以装修住宅、报销个人费用、资助旅游娱乐等方式向法官、检察官、仲裁员以及其他工作人员行贿的；（3）以提供交通工具、通信工具、住房或者其他物品等方式向法官、检察官、仲裁员以及其他工作人员行贿的；（4）以影响案件办理结果为目的，直接向法官、检察官、仲裁员以及其他工作人员行贿、介绍贿赂或者指使、诱导当事人行贿的。

12. 向司法行政部门提供虚假材料或者有其他弄虚作假行为的

有下列情形之一的，属于《律师法》第 49 条第 3 项规定的律师"向司法行政部门提供虚假材料或者有其他弄虚作假行为的"违法行为：（1）在司法行政机关实施检查、监督工作中，向其隐瞒真实情况，拒不提供或者提供不实、虚假材料，或者隐匿、毁灭、伪造证据材料的；（2）在参加律师执业年度考核、执业评价、评先创优活动中，提供不实、虚假、伪造的材料或者有其他弄虚作假行为的；（3）在申请变更执业机构、办理执业终止、注销等手续时，提供不实、虚假、伪造的材料的。

13. 故意提供虚假证据或者威胁、利诱他人提供虚假证据，妨碍对方当事人合法取得证据的

有下列情形之一的，属于《律师法》第 49 条第 4 项规定的律师"故意提供虚假证据或者威胁、利诱他人提供虚假证据，妨碍对方当事人合法取得证据的"违法行为：（1）故意向司法机关、行政机关或者仲裁机构提交虚假证据，或者指使、威胁、利诱他人提供虚假证据的；（2）指示或者帮助委托人或者他人伪造、隐匿、毁灭证据，指使或者帮助犯罪嫌疑人、被告人串供，威胁、利诱证人不作证或者作伪证的；（3）妨碍对方当事人及其代理人、辩护人合法取证的，或者阻止他人向案件承办机关或者对方当事人提供证据的。

14. 接受对方当事人财物或者其他利益，与对方当事人或者第三人恶意串通，侵害委托人权益的

有下列情形之一的，属于《律师法》第 49 条第 5 项规定的律师"接受对方当事人财物或者其他利益，与对方当事人或者第三人恶意串通，侵害委托人权益的"违法行为：（1）向对方当事人或者第三人提供不利于委托人的信息或者证据材料的；（2）与对方当事人或者第三人恶意串通、暗中配合，妨碍委托人合法行使权利的；（3）接受对方当事人财物或者其他利益，故意延误、懈怠或者不依法履行代理、辩护职责，给委托人及委托事项的办理造成不利影响和损失的。

15. 扰乱法庭、仲裁庭秩序，干扰诉讼、仲裁活动的正常进行的

有下列情形之一的，属于《律师法》第 49 条第 6 项规定的律师"扰乱法庭、仲裁庭秩序，干扰诉讼、仲裁活动的正常进行的"违法行为：（1）在法庭、仲裁庭上发表或者指使、诱导委托人发表扰乱诉讼、仲裁活动正常进行的言论的；（2）阻止委托人或者其他诉讼参与人出庭，致使诉讼、仲裁活动不能正常进行的；（3）煽动、教唆他人扰乱法庭、仲裁庭秩序的；（4）无正当理由，当庭拒绝辩护、代理，拒绝签收司法文书或者拒绝在有关诉讼文书上签署意见的。

16. 煽动、教唆当事人采取扰乱公共秩序、危害公共安全等非法手段解决争议的

有下列情形之一的，属于《律师法》第 49 条第 7 项规定的律师"煽动、教唆当事人采取扰乱公共秩序、危害公共安全等非法手段解决争议的"违法行为：（1）煽动、教唆当事人采取非法集会、游行示威，聚众扰乱公共场所秩序、交通秩序，围堵、冲击国家机关等非法手段表达诉求，妨害国家机关及其工作人员依法履行职责，抗拒执法活动或者判决执行的；（2）利用媒体或者其他方式，煽动、教唆当事人以扰乱公共秩序、危害公共安全等手段干扰诉讼、仲裁及行政执法活动正常进行的。

17. 发表危害国家安全、恶意诽谤他人、严重扰乱法庭秩序的言论的

有下列情形之一的，属于《律师法》第49条第8项规定的律师"发表危害国家安全、恶意诽谤他人、严重扰乱法庭秩序的言论的"违法行为：（1）在承办代理、辩护业务期间，发表、散布危害国家安全，恶意诽谤法官、检察官、仲裁员及对方当事人、第三人，严重扰乱法庭秩序的言论的；（2）在执业期间，发表、制作、传播危害国家安全的言论、信息、音像制品或者支持、参与、实施以危害国家安全为目的的活动的。

18. 泄露国家秘密的

律师违反保密义务规定，故意或者过失泄露在执业中知悉的国家秘密的，属于《律师法》第49条第9项规定的"泄露国家秘密的"违法行为。

（二）司法行政机关对律师事务所的处罚

根据《律师法》第50条之规定，律师事务所有下列行为之一的，由设区的市级或者直辖市的区人民政府司法行政部门视其情节给予警告、停业整顿1个月以上6个月以下的处罚，可以处10万元以下的罚款；有违法所得的，没收违法所得；情节特别严重的，由省、自治区、直辖市人民政府司法行政部门吊销律师事务所执业证书：（1）违反规定接受委托、收取费用的；（2）违反法定程序办理变更名称、负责人、章程、合伙协议、住所、合伙人等重大事项的；（3）从事法律服务以外的经营活动的；（4）以诋毁其他律师事务所、律师或者支付介绍费等不正当手段承揽业务的；（5）违反规定接受有利益冲突的案件的；（6）拒绝履行法律援助义务的；（7）向司法行政部门提供虚假材料或者有其他弄虚作假行为的；（8）对本所律师疏于管理，造成严重后果的。律师事务所因前款违法行为受到处罚的，对其负责人视情节轻重，给予警告或者处2万元以下的罚款。

《律师和律师事务所违法行为处罚办法》对《律师法》第50条进行了具体规定。根据该处罚办法，应对律师事务所予以处罚的情形具体如下。

1. 违反规定接受委托、收取费用的

有下列情形之一的，属于《律师法》第50条第1项规定的律师事务所"违反规定接受委托、收取费用的"违法行为：（1）违反规定不以律师事务所名义统一接受委托、统一收取律师服务费和律师异地办案差旅费，不向委托人出具有效收费凭证的；（2）向委托人索要或者接受规定、合同约定之外的费用、财物或者其他利益的；（3）纵容或者放任本所律师有《律师和律师事务所违法行为处罚办法》第10条规定的违法行为的。

2. 违反法定程序办理变更名称、负责人、章程、合伙协议、住所、合伙人等重大事项的

有下列情形之一的，属于《律师法》第50条第2项规定的律师事务所"违反法定程序办理变更名称、负责人、章程、合伙协议、住所、合伙人等重大事项的"违法行为：（1）不按规定程序办理律师事务所名称、负责人、章程、合伙协议、住所、合伙人、组织形式等事项变更报批或者备案的；（2）不按规定的条件和程序发展合伙人，办理合伙人退伙、除名或者推选律师事务所负责人的；（3）不按规定程序办理律师事务所分立、合并，设立分所，或者终止、清算、注销事宜的。

3. 从事法律服务以外的经营活动的

有下列情形之一的，属于《律师法》第50条第3项规定的律师事务所"从事法律服务以外的经营活动的"违法行为：（1）以独资、与他人合资或者委托持股方式兴办企业，并委派

律师担任企业法定代表人或者总经理职务的;(2)从事与法律服务无关的中介服务或者其他经营性活动的。

4. 以诋毁其他律师事务所、律师或者支付介绍费等不正当手段承揽业务的

律师事务所从事或者纵容、放任本所律师实施《律师和律师事务所违法行为处罚办法》第6条规定的违法行为的,属于《律师法》第50条第4项规定的律师事务所"以诋毁其他律师事务所、律师或者支付介绍费等不正当手段承揽业务的"违法行为。

5. 违反规定接受有利益冲突的案件的

有下列情形之一的,属于《律师法》第50条第5项规定的律师事务所"违反规定接受有利益冲突的案件的"违法行为:(1)指派本所律师担任同一诉讼案件的原告、被告代理人,或者同一刑事案件被告人辩护人、被害人代理人的;(2)未按规定对委托事项进行利益冲突审查,指派律师同时或者先后为有利益冲突的非诉讼法律事务各方当事人担任代理人或者提供相关法律服务的;(3)明知本所律师及其近亲属同委托事项有利益冲突,仍指派该律师担任代理人、辩护人或者提供相关法律服务的;(4)纵容或者放任本所律师有《律师和律师事务所违法行为处罚办法》第7条规定的违法行为的。

6. 拒绝履行法律援助义务的

有下列情形之一的,属于《律师法》第50条第6项规定的律师事务所"拒绝履行法律援助义务的"违法行为:(1)无正当理由拒绝接受法律援助机构指派的法律援助案件的;(2)接受指派后,不按规定及时安排本所律师承办法律援助案件或者拒绝为法律援助案件的办理提供条件和便利的;(3)纵容或者放任本所律师有《律师和律师事务所违法行为处罚办法》第9条规定的违法行为的。

7. 向司法行政部门提供虚假材料或者有其他弄虚作假行为的

有下列情形之一的,属于《律师法》第50条第7项规定的律师事务所"向司法行政部门提供虚假材料或者有其他弄虚作假行为的"违法行为:(1)在司法行政机关实施检查、监督工作时,故意隐瞒真实情况,拒不提供有关材料或者提供不实、虚假的材料,或者隐匿、毁灭、伪造证据材料的;(2)在参加律师事务所年度检查考核、执业评价、评先创优活动中,提供不实、虚假、伪造的材料或者有其他弄虚作假行为的;(3)在办理律师事务所重大事项变更、设立分所、分立、合并或者终止、清算、注销的过程中,提供不实、虚假、伪造的证明材料或者有其他弄虚作假行为的。

8. 对本所律师疏于管理,造成严重后果的

有下列情形之一,造成严重后果和恶劣影响,属于《律师法》第50条第8项规定的律师事务所"对本所律师疏于管理,造成严重后果的"违法行为:(1)不按规定建立健全内部管理制度,日常管理松懈、混乱,造成律师事务所无法正常运转的;(2)不按规定对律师执业活动实行有效监督,或者纵容、袒护、包庇本所律师从事违法违纪活动,造成严重后果的;(3)纵容或者放任律师在本所被处以停业整顿期间或者律师被处以停止执业期间继续执业的;(4)不按规定接受年度检查考核,或者经年度检查考核被评定为"不合格"的;(5)不按规定建立劳动合同制度,不依法为聘用律师和辅助人员办理失业、养老、医疗等社会保险的;(6)有其他违法违规行为,造成严重后果的。

【思考题】

1. 唐律师称自己"无正式职业",为其朋友刘某代理合同纠纷案件,没有收取任何费用。后遭对方当事人投诉。律师协会纪律委员会认为唐律师的行为构成执业期间以非律师身份从事法律服务,给予其训诫的行业纪律处分。

请问:律师协会纪律委员会的处分是否正确?

2. 某市律师协会对李律师作出公开谴责的纪律处分决定并对媒体发布。李律师认为市律师协会决定反映的内容严重失实,造成其名誉受到严重损害。所以请求法院判令市律师协会出具的处分决定书无效,并要求市律师协会在其网站首页及某律师杂志首页以正常字体刊登致歉信;赔偿因侵害名誉权给其造成的精神损失费 5 万元。

请问:法院应当如何判决?

3. 王某因盗窃罪被判有期徒刑 3 年,缓刑 5 年。缓刑期间,王某向张律师咨询如何上诉能够获得改判。在张律师的指点下,王某通过利诱手段从盗窃案被害人孙某处获得与孙某原陈述内容相反的证据,并交给张律师。张律师以王某盗窃案二审辩护人的身份将该证据递交给法院,同时继续做其他证人的工作。后张律师因涉嫌辩护人妨害作证罪被公安机关刑事拘留。张律师自愿认罪,法院判决张律师犯辩护人妨害作证罪,免予刑事处罚。

请问:司法行政部门是否应当吊销张律师的律师执业证书?

4. 朱某委托甲律师事务所张律师代理交通事故损害赔偿案件,朱某告知张律师自己是农村户口,但自 2022 年结婚后一直居住在市区。根据朱某农村户籍的情况,张律师按照 2023 年度农民家庭人均纯收入的标准,拟定赔偿明细表,经朱某签字确认后,向法院提起诉讼。后朱某接到法院判决书,得知根据自己在城镇居住的实际情况,可以按照城镇居民标准计算,而法院鉴于原告按照农民标准主张并不高于法律规定,判决支持原告主张的数额。按照两个不同计算标准,结合朱某伤残程度,中间差价 4 万元。朱某起诉甲律师事务所要求赔偿损失。

请问:法院是否应该支持朱某的诉讼请求?

5. 于律师代理的某银行涉及股权纠纷的案件胜诉后,得知甲地法院已将涉案公司财产执行,无法再查封股权。某银行向法院申请执行异议,此案由法官张某具体负责。在张某去甲地前,于律师特地到他家打招呼,并许诺一定会好好回报。张某到甲地后,将 1.3 亿元执行款划回。于律师所在律所获得 200 万元律师服务费。其后于律师在张某家中留下了一个装有 50 万元现金的电脑包。

请问:于律师应当承担何种责任?

第九章　律师社会责任

【本章导读】

　　近年来，随着我国经济的不断发展，人们对法律服务的需求与日俱增，律师业得到了迅速的发展。但与此同时，律师的职业伦理危机也随之产生，商业侵蚀下某些律师团体"向钱看"，对于本应承担的社会责任则视而不见或者以应付的态度完成，严重影响了律师行业的整体形象。作为法律职业人员，律师不仅是法律产品的交易一方，其服务亦应当被看作一种社会公共产品，需要承担更多的社会责任和道德目标。有鉴于此，有必要对律师的社会责任等问题给予一定的研究与回应。本章主要介绍了律师承担社会责任的依据和相关内容。

【本章知识结构图】

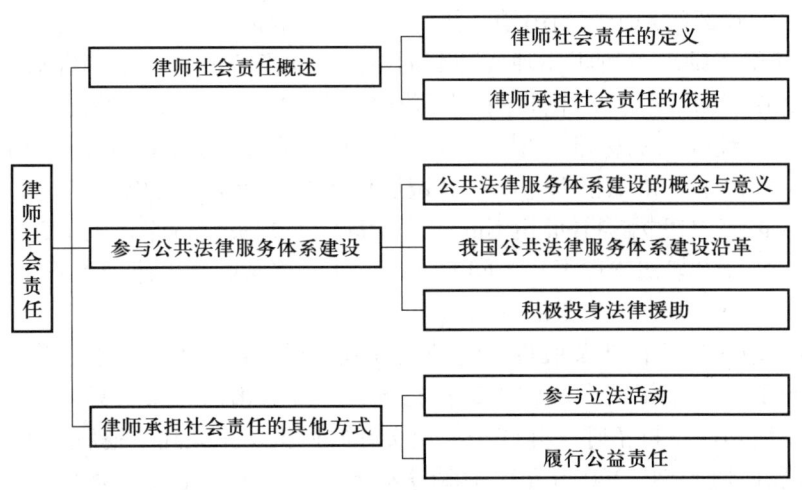

第一节　律师社会责任概述

一、律师社会责任的定义

　　"责任"一词在《现代汉语词典》中的解释是：（1）分内应做的事。（2）没有做好分内应做的事，因而应当承担的过失。从汉语意思上分析，责任应当包含两种含义：第一种是指应尽的义务，即分内应做的事，如家庭责任、岗位责任等。这种责任实际上是一种角色义务责任或者说是预期责任。第二种是因没有做好分内之事，即没有履行角色义务而应承担一定形式的不利后果或强制性义务。这种责任实际上是一种过去责任，如违约责任、侵权责任等。

可见，责任是一个完整的系统概念。从社会学领域理解，责任是指一个人不得不做的事或一个人必须承担的事情，可以分为社会责任、家庭责任和学习责任。可见，社会责任在社会学领域是一个重要的分支。

"社会责任"一词被普遍应用于社会学、法学、经济学等多个学科领域。其概念首先被应用于现代公司行业，但对于公司社会责任的界定在经济法学领域也是众说纷纭。一种较为普遍的观点是：公司社会责任是指公司不能仅仅以最大限度为股东们营利或赚钱作为自己的唯一存在目的，而应当最大限度地增进股东利益之外的其他所有社会利益。[①] 由此可以看出，社会责任是指一个组织对社会应负的责任。一个组织应以一种有利于社会的方式进行经营和管理。社会责任是组织承担的高于组织自己目标的社会义务。如果一个企业不仅承担了法律上和经济上的义务，还承担了追求对社会有利的长期目标的义务，我们就说该企业是有社会责任的。社会责任这个概念常常是与社会道德和公共利益紧密相连的。由于社会责任是一个复合概念，依据承担责任的社会主体的不同，对社会责任这个概念的界定必然会有所差异。在理解公司社会责任的基础上，我们可以从律师角色定位来进一步理解律师的社会责任。

对于律师社会责任的界定，不管是学术界还是律师群体都没有达成统一的意见。在学术界，学者论述的相关内容大多是关于律师应当履行哪些社会责任，而对究竟什么是律师社会责任却没有一个统一的认识。如顾永忠教授认为"律师在为当事人提供法律服务的过程中，还义不容辞地承担着维护社会公平和正义的社会责任"[②]。黄长江认为"律师社会责任是一种建立在'维护当事人合法权益'的基础之上的责任"[③]。章靖忠认为"律师的社会责任就是要以维护和实现当事人的合法权益为出发点和落脚点，以法律的正确实施为己任，以实现社会的公平和正义为终极目的"[④]。在律师界，许多律师也表达了他们自己对"律师社会责任"的理解，但均没有一个合理清晰的概念。综上所述，不论学术界还是律师界对"律师社会责任"这一概念的界定是极不统一且存在较大差异的。可见，律师社会责任所涵盖的内容是相当广泛的，要想下一个系统、准确的定义确实有一定的困难。本书认为，律师的社会责任就是以法律人的专业素养、以为人之师的道德操守，以维护当事人合法权益、维护法律正确实施、维护社会公平正义的特殊使命，为国家利益和民生利益、为社会和谐和社会稳定、为人类社会的历史进步和科学发展发挥特殊积极作用的自觉意识和无私行为。

二、律师承担社会责任的依据

（一）律师的职业定位

我国律师是向当事人提供专业服务的中国特色社会主义法治工作者，是中国特色社会主义事业建设者和捍卫者，是落实全面依法治国基本方略、建设社会主义法治国家的重要力量，是法律职业共同体的重要组成部分。

---

①　郑显芳、张平：《公司社会责任与我国和谐社会建设——兼论建立和完善公司社会责任法律体系》，载《西南民族大学学报（人文社会科学版）》2006 年第 7 期。

②　顾永忠：《论律师维护社会公平和正义的社会责任》，载《河南社会科学》2008 年第 1 期。

③　黄长江：《律师社会责任的再审视——以衡平委托人与委托人之外的社会公共利益冲突为视角》，载《法治研究》2009 年第 11 期。

④　章靖忠：《律师的社会责任》，载《中国律师》2008 年第 2 期。

现代律师职业价值最主要的决定因素是国家对律师的定位，或者说是其合法性来源。政治制度、经济发展水平、法治传统和文化、司法制度不同的国家，都存在不同的律师制度。律师能够做什么、可以做什么，首先取决于当时当地的相关规定。

新中国律师职业的定位是一个曲折的过程。1949 年 10 月，中华人民共和国宣告成立。但早在 1949 年 2 月，中共中央已发布《中共中央关于废除国民党的六法全书与确定解放区的司法原则的指示》，并随着全国的解放而逐步废除了旧的司法制度。同时，通过颁布法律建立新的司法制度。虽然在 1950 年 12 月中央人民政府司法部发出《关于取缔黑律师及讼棍事件的通报》，废止了旧中国的律师制度，但新中国通过 1950 年《人民法庭组织通则》和 1954 年《宪法》确立了辩护制度，计划筹建新的律师制度。1954 年《宪法》肯定了辩护权是我国公民的一项重要的民主权利，并允许律师依照法律规定参与诉讼活动。同时，在司法实践中律师制度逐步建立。例如，1953 年上海市人民法院设立"公设辩护人室"，帮助刑事被告人进行辩护；1954 年改为"公设律师室"，既帮助刑事被告人进行辩护，也为离婚妇女提供法律帮助。1954 年 7 月，司法部发出了《关于试验法院组织制度中几个问题的通知》，决定在北京、上海、天津、重庆、沈阳等城市试行开展律师工作。然而在 1957 年下半年，由于极左思潮的影响、反右斗争扩大化，律师执行职务被说成"丧失立场""为罪犯开脱"。律师队伍受到摧残，律师制度也就夭折了。在接下来的"文化大革命"时期，我国出现了一个没有律师和律师制度的特殊时期，这种情形一直持续到"文化大革命"结束。

1978 年，党的十一届三中全会确定了全党工作重点转移到社会主义经济建设上来；1978 年 3 月，第五届全国人民代表大会第一次会议通过了《中华人民共和国宪法》，重新恢复了辩护制度。随后颁布的一系列诉讼法律规定不断落实律师的辩护制度。1979 年下半年，新中国开始重建律师队伍。1980 年 8 月 26 日第五届全国人民代表大会常务委员会第十五次会议通过并颁布了《中华人民共和国律师暂行条例》，将"律师"定位为"国家的法律工作者"，"法律顾问处"是律师的工作机构，受国家司法行政机关的组织领导和业务监督。这一规定的进步意义在于"通过法律的形式确定了律师制度是国家法律制度中的一部分，律师与法官、检察官等一样，可以行使相应的国家权力。但同时这一规定将律师职业本来就该具有的权利能力变成了国家权力的派生物。一旦当事人的合法权益与国家利益发生冲突，律师以国家工作人员的身份，去实现保护当事人利益的初衷是很难的"。[①] 这对律师职业的发展是不利的。1988 年 3 月，我国对律师制度作出重大改革，开始推行合作制律师事务所。这种从过去纯粹官办到"合作"的变化，事实上打破了律师作为国家工作人员的身份特征。直到 1993 年，司法部向国务院提出律师制度改革方案，律师职业被视为第三产业，律师被定位为"社会主义市场经济的中介人员"。这一观念对于唤起律师的主体意识、确立律师"维护当事人合法权益"的职业特征都具有重要作用。但同时，这一观念过分强调了律师职业的经济性，没有突出律师职业与注册会计师、税务师等职业的区别，从而在事实上忽视了律师职业独特的社会属性和社会责任。

随着社会的发展，人们对律师的认识也在深化，认识到律师职业不仅具有市场经济的中介作用，更有它的社会责任与社会使命。1996 年《律师法》将律师直接定位为"社会法律工

---

① 李卫东：《中国近代律师职业群体与组织》，中国社会科学院法学研究所 2006 年博士后研究工作报告。

作者",同时还规定国家保护律师依法执业,这实际上承认了律师受国家法律保护的自由职业者身份,有利于律师职业的自治和社会责任的承担。这一定位,一直延续到2001年修正后的《律师法》。1996年和2001年修正的《律师法》并未明确律师的作用。2007年修订《律师法》时,将律师职业的定位修改为"接受委托或者指定,为当事人提供法律服务的执业人员",将律师职业的作用明确规定为"维护当事人合法权益,维护法律正确实施,维护社会公平和正义"。律师职业的功能、作用不断地被认识、挖掘,并不断地被赋予法律效力,使之合法化。党的十八大以来,党中央进一步明确了律师队伍的地位和作用,对律师工作和队伍建设提出了新的更高要求。2016年4月,中共中央办公厅、国务院办公厅印发了《关于深化律师制度改革的意见》,指出"律师队伍是落实依法治国基本方略、建设社会主义法治国家的重要力量,是社会主义法治工作队伍的重要组成部分"。

从律师职业定位的角度来说,我国律师作为给当事人提供专业服务的社会主义法治工作队伍的重要组成部分,兼具法律人、经济人与政治人三种属性,当仁不让地肩负三重社会责任。

首先,作为法律人的律师有建设法治社会、维护公平正义的理想。法律人不仅是以法律为业的人,还是通过对法律的长期学习和适用与法律本身实现了精神上共通的人。这种共通表现为法律的理念和价值与个人的伦理道德和精神追求实现了统一,从而成为法律的实践者、正义的守望者和智慧的思辨者。而现代社会的法律本身就是社会公众意志结合与妥协的产物,蕴含着社会公众获得稳定的生活、有序的发展、健康的社会合意。从这个角度来说,律师作为法律人对法治社会和公平正义的追求本质上来源于社会公众对法律的期待。律师的职业使命与理想承载着公众意志对秩序的追求。

其次,作为经济人的律师是社会生产活动的参与者。律师作为法律职业人员,是法律服务商品的提供者,是社会生产活动的生产者之一,其面向的消费者是整个社会公众。作为生产者,律师提供法律服务的目的在于从作为消费者的社会公众处获得经济利益。为了经济利益的最大化,律师应当以最高的效率提供高水平、高质量、能够让消费者满意的法律服务。同时由于法律服务的特殊性,律师对消费者需求的满足应当以合法为限度。

最后,作为政治人的律师是公众的代言者和保护者。社会治理与法律的关系密不可分,这决定了律师这一职业与生俱来的政治色彩。律师参与政治除了参与立法活动外,还包括参政议政、担任顾问等形式。无论以何种形式参与政治,律师都是社会公众的代言者和保护者,这是由律师作为法律人的性质决定的。律师相对于其他职业,往往更多地将目光停驻在社会的角落,对于社会公众最需要解决的问题和最难以应对的困难有着深入的了解,更能够认识到一项政治活动对社会公众生产生活的具体影响。因此,当律师走上政治舞台时,在法律人和政治人的双重身份下,有必要也有能力用专家的语言发出公众的心声,真正为社会公众代言,保护其合法权益。

(二)律师的职业使命

我国律师的职业使命是维护当事人的合法权益,维护社会的公平正义,保障法律的正确实施。执业律师要把维护社会稳定作为基本任务,把促进社会公平正义作为核心价值追求,把保障人民群众安居乐业作为根本目标,充分发挥律师在维护公民和法人合法权益方面的重要作用。《关于深化律师制度改革的意见》明确指出,充分发挥律师在服务和保障民生中的重要作用，推进覆盖城乡居民的公共法律服务体系建设，加强民生领域法律服务，完善便民服务机制，积极开展公益法律服务活动，发展公益法律服务机构和公益律师队伍，推动法律服务志愿者队伍建设，加强律师参与法律援助工作。

律师作为法律职业人员，首要承担的是与法律相关的工作。首先，律师的工作是在法庭上和市场生活中，通过释法、用法解决问题，使法律不再只是书本上的文字，而成为生活的准则。其次，律师为法律机构的高效率运作创造条件。具有共同的法律背景知识使其与各方的交流更顺畅，节省社会成本。此外，律师还可为法律机构提供创新的思路，同时进行内行人的监督。最后，律师参与法律活动，避免了国家对法律的垄断或者说司法专断，使当事人有机会与国家进行一种相对平等的对话。律师可以积极有效地承担起防止国家权力扩张的法律防线的角色。

法律职业本身对社会环境具有较高的依赖性，律师的法律职业使命更要求其对社会的公平正义承担相应的责任。《律师执业行为规范（试行）》第 11 条规定："律师协会倡导律师关注、支持、积极参加社会公益事业。"第 102 条规定，律师应当参加律师协会组织的公益活动。

首先，作为法律专家的律师有满足社会需求的义务。专家作为一个群体的出现得益于社会分工的专业化。随着生产力的发展和社会关系的日益复杂，社会逐渐依赖于专门的人才解决专门的问题。这种需求推动了专家的出现，而专家对社会发展的推动又进一步加深了社会对专家的依赖。律师作为解决法律问题的专家是应社会对解决法律问题的需要而产生的。社会创造了这个职业，赋予律师利用专业知识和技能获得更好的生存与发展条件的机会，相应地，律师有义务满足社会对解决法律问题的需求。哪里需要法律，律师就应该出现在哪里，这也是律师参与法律援助、立法活动和公益诉讼的根本原因。

其次，法律服务作为商品的特殊性需要律师兼顾社会公平。法律服务作为商品得以存在的必要前提是客观上存在一个公平公正的社会，以及社会公众对法律有足够的信赖。就社会公众对法律的信赖而言，由于法律服务本身具有一定的共通性和外部性，单独的一次法律服务就有可能影响社会公众对法律的信赖程度。当公众不再信任法律时，法律也就失去了存在的意义。因此，作为理性人的律师，从长远利益出发，应当不遗余力地避免上述情况的发生，维护社会的公平和稳定，建立良好的职业形象，树立法律权威，提高公众对法律服务的消费积极性。

第二节　参与公共法律服务体系建设

一、公共法律服务体系建设的概念与意义

根据司法部 2014 年发布的《司法部关于推进公共法律服务体系建设的意见》，公共法律服务是指由司法行政机关统筹提供，旨在保障公民基本权利，维护人民群众合法权益，实现社会公平正义和保障人民安居乐业所必需的法律服务，是公共服务的重要组成部分。具体包括：为全民提供法律知识普及教育和法治文化活动；为经济困难和特殊案件当事人提供法律援助；开展公益性法律顾问、法律咨询、辩护、代理、公证、司法鉴定等法律服务；预防和

化解民间纠纷的人民调解活动等。

建设公共法律服务体系，体现了社会主义制度的优越性，也是建设法治国家、法治社会的必然要求。改革开放以来，我国法律服务业取得了长足发展，法律服务门类逐步完善，法律服务领域日益拓展，法律服务队伍不断壮大，法律服务制度日益健全。党的十八大以来，习近平对司法行政工作指示、批示最多的就是公共法律服务工作。党的十八届四中全会从全面推进依法治国的战略高度，明确提出要建设完备的法律服务体系，并对推进覆盖城乡居民的公共法律服务体系建设作出部署。党的十九大作出完善公共服务体系、加快推进基本公共服务均等化的决策部署。党的二十大报告强调，建设覆盖城乡的现代公共法律服务体系，深入开展法治宣传教育，增强全民法治观念。

律师是推动社会进步、建设法治国家的重要力量，是建成法律服务体系的核心主体，是主力军，在建设公共法律服务体系中具有不可推卸的责任。回顾改革开放以来律师行业的发展，可以看到，伴随着法治国家和法治社会的建设，律师在参与建设公共法律服务体系进程中发挥着越来越重要的作用。

二、我国公共法律服务体系建设沿革

改革开放初期，百废待兴，律师制度刚刚恢复，一切都在"摸着石头过河"，属于摸索阶段。1996 年，以《律师法》的颁布为标志，具有中国特色的社会主义律师制度的框架基本形成，我国律师行业发展进入了新的阶段。《律师法》设专章确认了法律援助制度，规定了律师应尽的法律援助义务，第一次以法律的形式明确了律师是公共法律服务体系建设中不可或缺的一员。1999 年，司法部启动"148"法律服务专线建设工作，引导律师以此为平台，大力开展法律顾问工作，将律师业务引向群众，这是我国公共法律服务热线平台建设的开端。进入 21 世纪，随着律师行业自身发展的日趋成熟，律师更加深度、全面地参与到公共法律服务建设中，并且逐渐成了主力军。原来的"148"法律服务专线已经被现在的 12348 法律服务网所替代。目前，该服务网已经成为一个综合性公共法律服务平台，包含热线、网站、新媒体，全方位组织律师上网值班，运用智能化手段及时答疑解惑，群众足不出户就可以便捷地获得法律咨询、普法宣传和调解服务。部分地区组织律师进社区、进村庄，采取周末定期服务、适时预约服务、应急服务、热线服务等工作方式，为居（村）民提供法律咨询服务，开展法治宣传活动，协助调处复杂疑难纠纷，办理法律援助事务，指导和帮助社区（村）处理相关法律事务。

三、积极投身法律援助

（一）法律援助的概念

法律援助，英文为"legal aid"。中文译名不尽一致，有的译成"法律扶助"，有的译成"法律救助"，有的译成"法律援助"，其中以"法律援助"的译法较为普遍。一般认为，法律援助是指律师、法律援助机构的工作人员和社会团体、事业单位等社会组织所属人员，为刑事被告人、被害人等或者民事（或行政）诉讼原告提供法律帮助（资助、救助、扶助、救济、优惠等）的活动。①

法律援助制度源于西方，作为保障人权的一项基本制度，已被世界上许多国家和地区采用。其在中国这块古老的土地上扎根不久，却已显示出它的强大活力。1994年司法部首次公开提出建立法律援助制度的设想，并在北京、上海、广州、青岛等城市开始了法律援助制度的试点，进而在全国各地陆续展开。随着各地法律援助工作的蓬勃开展和对法律援助理论的广泛探讨，法律援助的立法工作也在加紧进行。1996年修正的《刑事诉讼法》和1996年通过的《律师法》正式规定了法律援助的有关内容，标志着这一制度在我国的真正确立。②

法律援助制度作为司法制度的一部分，涉及援助主体和受援主体。按照我国学者刘根菊的观点，从法律和制度层面上讲，我国法律援助制度的价值主要包括：（1）扶弱助困之价值。随着经济体制的转型和利益格局的调整，公民间因主客观条件的差异而产生的贫富差别日趋明显，一部分公民打不起官司，请不起律师，法律援助制度为这部分公民提供了获取法律服务的机会，有助于保障其合法权益，实现公平正义。（2）平衡控（起诉）、辩（应诉）力度之价值。无论是在刑事、民事诉讼还是行政诉讼中，诉讼双方均围绕系争事实进行诉讼，双方力求在法院的主持下，通过一系列法定审判程序使系争问题得到公开、公平、公正的解决。在上述控（起诉）、辩（应诉）方对抗的诉讼过程中，处于弱势、劣势的被告人或者当事人，通过法律援助得到法律上、诉讼技巧上、诉讼力量上的帮助，能实现控（起诉）、辩（应诉）力度上的平衡或者大体平衡，实现矛盾双方平等对抗之价值。（3）实现司法公正之价值。司法公正是诉讼追求的最高价值，也是终极目标。通过国家及有关人员的法律援助，弱者能够抗衡强者，劣势上升为均势或优势，促其充分行使自由、平等权利，以实现公正、正义的裁判。③

（二）法律援助的定位

根据《法律援助条例》第3条的规定，法律援助是政府的责任，县级以上人民政府应当采取积极措施推动法律援助工作，为法律援助提供财政支持，保障法律援助事业与经济、社会协调发展。法律援助经费应当专款专用，接受财政、审计部门的监督。《法律援助法》第4条规定，县级以上人民政府应当将法律援助工作纳入国民经济和社会发展规划、基本公共服务体系，保障法律援助事业与经济社会协调发展。县级以上人民政府应当健全法律援助保障体系，将法律援助相关经费列入本级政府预算，建立动态调整机制，保障法律援助工作需要，促进法律援助均衡发展。《法律援助条例》第6条规定，律师应当依照律师法和本条例的规定履行法律援助义务，为受援人提供符合标准的法律服务，依法维护受援人的合法权益，接受律师协会和司法行政部门的监督。《法律援助法》第7条规定，律师协会应当指导和支持律师事务所、律师参与法律援助工作。《法律援助法》第16条规定，律师事务所、基层法律服务所、律师、基层法律服务工作者负有依法提供法律援助的义务。律师事务所、基层法律服务所应当支持和保障本所律师、基层法律服务工作者履行法律援助义务。《律师法》第42条规定，律师、律师事务所应当按照国家规定履行法律援助义务，为受援人提供符合标准的法律

---

① 刘根菊：《我国法律援助之价值及其实现》，载《法学杂志》2003年第6期。

② 林凤章：《我国法律援助的困境分析》，载《福建师范大学学报（哲学社会科学版）》2002年第3期。

③ 刘根菊：《法律援助制度的几个问题》，载《政法论坛》2001年第1期。

服务，维护受援人的合法权益。由此可知，法律援助基本上可以界定为"政府责任"和"律师义务"。

关于"政府责任"的理解，不同学者观点不一。贺海仁教授认为，《法律援助条例》首次以法律的形式明确了法律援助是政府的责任。考虑到条例在性质上是行政法规，而不是法律，在法律援助的国家义务和政府的行政责任方面作出区分是有必要的。不过，行政责任属于法律责任的范畴，而法律责任的前提是法律义务，无义务则无责任。因此，政府对法律援助所负有的责任可被理解为一种法律义务。尽管如此，迄今为止，法律援助尚未被宣布为一种国家义务。政府责任大致可以体现为：（1）提供财政支持；（2）设立专门的法律援助机构；（3）支持、鼓励其他社会组织为经济困难的公民提供法律援助；（4）奖励对法律援助工作作出突出贡献的个人或团体，惩罚违法乱纪的个人或团体。[①] 程滔教授认为，政府责任并不等同于国家责任。由于我国《法律援助条例》是国务院颁布的，因此法律援助中政府的责任就理所当然地被理解为行政机关尤指司法行政机关的责任。国家责任比政府责任宽泛，法律援助被限定为政府责任，责任主体则被极大限缩。国家责任是由一个完整的国家系统所承担的责任，其责任主体是国家内设所有机构，是包括权力机构、执行机构、司法机构等在内的集合体。[②]

关于"律师义务"的理解，学者们也从不同角度进行了阐述。贺海仁教授认为，法律援助对律师而言，应当是一项职业伦理，它源于律师在法律实践中对司法正义的自觉追求。律师的职业伦理或职业道德，首先不能单纯地理解为律师作为普通人表现出来的对弱者的同情、怜悯或不忍，而是一种"天职"，一种"分内之事"。律师职业从其诞生之日起就带有较其他社会职业更为浓厚的公共性质。这种性质主要源于对作为公共产品的法律的适用和维护。在现实的意义上，立法者和决策者通过法律的强制性规定确定律师的法律援助义务或许是不得已而为之的策略。大量的法律援助案件单纯地依靠政府法律援助机构安排的人员去完成，显然是不可能的。不过，这并不意味着"政府责任和律师义务"的话语表达和运行机制具有长期可行性，在适当的时候，取消立法中对律师法律援助义务的强制性规定，导之以律师业的行业管理规范，倡导律师的职业伦理，则具有长远的意义。[③] 程滔教授也持类似的观点。她认为，我国《律师法》第42条和第50条规定，律师、律师事务所应当按照国家规定履行法律援助义务，律师如果不履行相应义务，应承担相应的法律责任。这种法定义务像司法行政机关的"摊派"，有律师说这是"政府请客，律师买单"，造成律师的抵触情绪。我国规定律师必须承担法律援助义务，主要是基于律师作为社会主义法律工作者，自身带有职业伦理的属性要求。但是该种职业伦理不足以成为规定律师援助义务的先决条件，也就是说强制规定律师援助义务是缺乏正当性的。那么，律师到底有无法律援助的义务或责任？义务是与权利相对应的概念，是指法律规定的对法律关系主体必须作出一定行为或不作一定行为的约束。它是根据国家制定的法律规范产生，并由国家强制力保障其履行的，这与基于道德或社会规范产生的义务不同。因此，程滔教授认为，律师承担法律援助属于后一种义务，表述为一种责

①　贺海仁：《法律援助：政府责任与律师义务》，载《环球法律评论》2005年第6期。

②　程滔：《法律援助的责任主体》，载《国家检察官学院学报》2018年第4期。

③　贺海仁：《法律援助：政府责任与律师义务》，载《环球法律评论》2005年第5期。

任或许更为确切。[①]

本书认为，在对法律援助进行准确定位时，需要考虑两个重要因素：一是法律服务的性质；二是律师的角色定位。事实上，在《法律援助条例》提出法律援助是"政府责任与律师义务"以及《律师法》规定律师的法律援助义务之前，实践中有很多律师都在参与法律援助。当时的有关规范也对"法律援助"进行了规定，但只规定了哪些对象能够免费获得法律服务，未对法律援助的责任主体进行规定。这在当时的背景下也是可以理解的。在我国律师制度建立之初，律师被定位为"国家法律工作者"，法律服务作为一种"公共服务"向社会大众提供，向贫弱群体提供免费的法律服务已经暗含在"国家法律工作者"和"公共服务"这两个概念中了。随着改革开放的推进，我国律师制度也随之改革，律师不再是"国家法律工作者"，而是"社会的法律工作者"，走出了"体制"。因此，在很多律师看来，"律师"已经成为一种"谋生手段"，法律服务不再是一种"公共服务"，而是一种"商品"。我国律师的文化传统积淀本就不足，再加上改革开放浪潮的冲击，很多律师以"营利者""商人"自居，法律服务的提供成了"你给我钱，我给你正义"。这样一种转变在当时的司法行政机关看来是难以接受的，也是很危险的。这从《律师法》的起草过程也能窥见一二。在《律师法》起草过程中，第一稿及第二稿草案中均没有涉及法律援助。最终1996年《律师法》第42条规定："律师必须按照国家规定承担法律援助义务，尽职尽责，为受援人提供法律服务。"因此，《律师法》规定法律援助是律师义务，从某种意义上说，是司法行政机关借助国家立法对"律师职业过度市场化"的一种平衡。

法律援助制度发展至今，逐渐形成一种模式，政府法律援助机构受理法律援助案件，然后指派到律师事务所，由律师事务所指派律师具体办理。一些地方甚至规定，每名律师每年必须办理1-2件法律援助案件。应该说，从制度运行的角度看，这种模式是具有一定成效的，既能解决老百姓的法律服务需求，也能监督律师参与法律援助。但是，这种"受理—指派"的模式也带来了许多弊端，如程滔教授提到的很多律师带有一种"抵触情绪"，认为这是政府强加的一种外在负担。可见当初的这种立法，并未实现通过强制律师履行法律援助义务，将法律援助融入律师的职业精神中，由一种"强制"变为"自愿"，由一种"法律义务"变为"职业习惯"的目标。本书认为，要改变这种困境，需要从"职业改造"的角度出发，重申法律援助作为律师职业的基础，作为律师职业精神的组成部分。用贺海仁教授的话说，法律援助作为一种"职业伦理"，需要从法学教育阶段就开始向未来律师灌输这样一种理念。另外，在强调法律援助作为律师的职业责任时，也不能忽视法律服务作为公共服务的定位，不能忽视国家在这里面应该发挥的作用。国家、律师协会应该从政策层面对律师履行法律援助这种职业责任进行激励与引导。

（三）律师参与法律援助的意义

律师队伍是落实全面依法治国基本方略、建设社会主义法治国家的重要力量，是我国法律援助事业的主体力量。近年来，广大律师积极投身法律援助事业，认真办理法律援助案件，依法履责，无私奉献，为保障困难群众合法权益、维护社会公平正义作出了积极贡献。推进律师开展法律援助工作，是贯彻全面依法治国、有效发挥律师在建设社会主义法治国家中的

---

① 程滔：《法律援助的责任主体》，载《国家检察官学院学报》2018年第4期。

作用的必然要求，是加大法律援助服务群众力度、提供优质高效法律援助服务的客观需要，是广大律师忠诚履行社会主义法律工作者职责使命、树立行业良好形象的重要体现。各级司法行政机关要充分认识律师开展法律援助工作的重要性，采取有效措施，加强指导监督，完善体制机制，强化工作保障，组织引导广大律师依法履行法定职责，牢固树立执业为民理念，自觉承担社会责任，切实增强开展法律援助工作的责任感和荣誉感，进一步做好服务群众工作，为全面依法治国、建设社会主义法治国家作出新贡献。

第三节　律师承担社会责任的其他方式

律师承担社会责任的根本原因在于律师与社会公众的关系。基于这种关系产生的律师职业使命、职业伦理和职业追求要求律师在维护社会公平正义、推动社会法治建设等方面，积极承担社会责任。上一节介绍的法律援助是律师承担社会责任的主要方式之一，本节继续介绍律师承担社会责任的其他方式，包括参与立法活动、履行公益责任等。

一、参与立法活动

律师参与立法活动有利于提高立法的民主性、公正性和科学性。首先，依照我国国情和现有制度，提高人民的立法参与度、提高立法的民主性的有效途径之一就是广泛吸纳人民群众之中熟悉法律法规和立法技术、有能力和意愿参与立法活动的群体参与立法活动——律师显然是适合的人选。其次，律师参与立法是避免主管部门在立法活动中滥用权力的一种有效途径。客观上来说，律师在身份上具有较高的独立性，除司法行政机关和律师协会的监督和指导外，不受任何单位和个人干预，具备维护立法公正的基本条件；主观上来说，由于律师职业的特点，律师经常代表不同当事人的利益，其本身具有一定的中立性，任何有偏袒性的法律都是与律师的长远利益相矛盾的。最后，律师在执业活动中必须立足现实，注重实践，反映在立法活动中则体现为立法内容针对性强、法条表述清楚明晰、可操作性强，在很大程度上可以弥补学者立法的不足。目前我国律师参与立法主要有以下途径。

（一）通过人大代表、政协委员身份直接参与立法，接受委托立法

律师直接参与立法的典型模式就是通过当选人大代表和政协委员直接参与立法。其中政治协商会议虽然不是立法机关，但是政协委员可以通过行使政治协商、民主监督、参政议政职能影响国家立法。随着律师行业的发展，律师职业的社会影响力逐渐增大，律师参与国家政治生活的热情越来越高涨，律师当选人大代表和政协委员的人数逐步增加，对立法的影响力越来越大。由于其法律专业优势和较强的参与立法意识，以及相对较高的参与能力和水平，律师代表不仅提案数量较多，质量也较高，被立法部门采纳的比例和可能性也较大。律师接受委托立法可以分为律师协会接受委托立法、律师事务所接受委托立法和律师个人接受委托立法三种。

（二）通过人大立法咨询委员、立法助理身份参与立法

由于人大代表大多非法律专业出身，欠缺立法所必需的法律知识和技术能力，因此有必要聘请人大立法咨询委员和立法助理以弥补其不足。2002 年深圳市人大常委会率先尝试法律助理制度，其后全国各地陆续进行了类似的尝试。全国人大常委会也聘请了一批律师担任立

法咨询委员。广大律师通过参与立法起草、立法论证或承接立法性研究课题等方式，深度参与到法律、法规、行政规章、司法解释的立法及修改过程中，发挥了律师独特的作用。

（三）律师通过行使合法性审查建议权和大众传媒等方式参与立法

《宪法》第 41 条第 1 款规定："中华人民共和国公民对于任何国家机关和国家工作人员，有提出批评和建议的权利……"《立法法》第 110 条第 2 款规定："前款规定以外的其他国家机关和社会团体、企业事业组织以及公民认为行政法规、地方性法规、自治条例和单行条例同宪法或者法律相抵触的，可以向全国人民代表大会常务委员会书面提出进行审查的建议……"已有不少律师通过行使这一建议权为立法工作建言献策。此外，律师还可以通过网络、电视、报纸等大众媒体参与立法。律师执业活动有时也可以视为广义的间接参与立法，如通过诉讼替委托人表达利益诉求，从而将意见向有关部门反馈等。

二、履行公益责任

（一）参加公益诉讼

公益诉讼，就是为"公共利益"而进行的诉讼。"公共利益"本身是一个难以界定的概念，我国相关法律、法规并未对"公共利益"作出明确界定，理论界的观点也各不相同。一般认为，公共利益是指为社会全部或多数成员所享有的，具有整体性和普遍性特点的，涉及不特定多数受益人的利益。我国规模化的公益诉讼活动开始于 20 世纪 90 年代，随着律师制度的恢复和法律援助制度的建立，公益诉讼也随之兴起。长期以来，在我国的诉讼制度中，与诉讼要求的权益无利害关系的主体没有诉讼资格，因而我国的律师公益诉讼都是由利害关系人委托律师起诉，或者公益律师有意使自己成为利害关系人以便提起诉讼。2012 年 8 月 31 日，第十一届全国人民代表大会常务委员会第二十八次会议表决通过了《关于修改〈中华人民共和国民事诉讼法〉的决定》，自 2013 年 1 月 1 日起施行的《民事诉讼法》第 55 条[①] 规定了民事公益诉讼制度："对污染环境、侵害众多消费者合法权益等损害社会公共利益的行为，法律规定的机关和有关组织可以向人民法院提起诉讼。"我国首次以立法的形式明文规定了公益诉讼制度。目前，我国公益诉讼在一大批优秀公益律师的推动下，逐渐打开了新的局面，在多个方面取得了令人瞩目的成绩。

1. 公益诉讼专业化

公益诉讼双方当事人之间的不平等表现在以下两个方面：首先，原告方多为普通公民，经济实力和社会地位一般，缺乏可以长期、大量投入诉讼的时间和精力。而被告方多为政府机关和大型企业，经济实力雄厚，社会影响力较大，有专门的法务人员应对诉讼事务。其次，诉讼内容较多涉及环境公害、消费者权益保护、不正当竞争、股东权益纠纷、重复性违法交易行为、政府采购、大型公共资金支出等。这些案件涉及面广，诉讼争议点分散且有时带有专业性，一般公民缺乏相应的专业知识，难以调查取证和有效地主张权利。针对这两个问题，我国公益律师通过建立专门性援助机构，带动了公益诉讼的专业化发展。目前，我国已有为数众多的民间专业性公益律师组织，分别针对未成年人、妇女、农民工等特定群体的权益保护，以及平等权与反歧视、受教育权、环境保护、消费者权利等专门问题发起了大量公益诉

---

① 即 2023 年《民事诉讼法》第 58 条第 1 款。

讼。专业化的公益律师们在各自擅长的领域一展所长，为公共利益的维护和我国公益诉讼的发展贡献自己的力量。

2. 公益诉讼集团化

公益诉讼的原告存在人数众多，具有集团性和扩散性的特征，这也导致被侵害的公共利益被"摊薄"的可能，即每个单独的受害者承受的实际损害都不大。这种情况又导致两种后果：一是微小的损害难以举证；二是单个原告即使胜诉，被告须作出的赔偿也是微不足道的。为了解决上述问题，不少公益律师选择将分散的受害者组织起来，以集团化维权的形式进行公益诉讼。有的律师选择共同诉讼的策略，一次性解决所有受害人的问题；有的律师采取典型性诉讼策略，通过一个典型判决迫使对方与其他受害人和解。两种形式各有所长，为我国公益诉讼开辟了新路。

（二）参与公益项目

公益项目即非营利的、具有社会效益的项目。广义的公益项目是指为社会大众或社会中某些群体的利益实施的项目，既包括政府部门发起实施的农业、环保、水利、教育、交通、法律服务等项目，也包括民间组织发起实施的扶贫、妇女儿童发展等项目。实践中，律师既可以法律专家的身份成为公益项目中的参谋、顾问，也可以法律服务者的身份成为公益项目的实施主体。目前我国律师广泛参与的公益项目主要有以下几类：

1. 提供公益法律服务

公益法律服务专门机构模式最早由地方司法行政部门支持下的律师事务所发起，主要解决农民工劳动合同签订率低、维权需求急、维权成本高、极端维权高发等现实困境，在及时、高效地维护权利和妥善化解矛盾方面发挥了独特的优势。公益法律服务专门机构模式以其专业能力与中立地位，一方面引导和帮助人民群众依法维权；另一方面协助政府依法办事，避免因采取简单、粗暴甚至违法手段导致矛盾激化。公益法律服务专门机构模式避免了传统指派模式下律师不能有效保障法律援助质量的局限，能够针对复杂的社会矛盾提供专业、高效的服务。其提供法律服务时，既具有专业性特点，又具有快捷的优势。

公共法律服务
向村居、社区
全覆盖

2. 法律服务进社区

律师进社区主要有三个任务，即法律服务、法律宣传和化解矛盾。其中化解矛盾最能体现社区法律服务的特点。近年来，随着工业化、城市化进程的加快和市场经济体制的逐步完善，一些深层次的矛盾如土地征收征用、建设拆迁、环境治理保护、企业重组改制和破产、社会保障等问题愈发凸显出来。广大律师坚持政策导向，通过社区法律服务，建立矛盾纠纷预防机制，成立社区调解委员会，构建专业化调解网络，将矛盾消除在萌芽状态。

3. 法律服务进农村

不论从我国城镇化建设的大背景，还是从中国农村发展的现状来看，法律服务进农村都是非常迫切的。2012 年，中华全国律师协会成立农村法律事务委员会，指导律师开展农村法律服务工作，一些省市律师协会已率先探索了法律服务进农村的试点模式。有的省市的大部分农村已经通过纯公益、政府补贴、市场化运作等模式聘请了法律顾问，实现了法律顾问全覆盖。

（三）参与其他公益活动

为响应全面依法治国基本方略，实现中华民族伟大复兴，我国律师队伍作为社会主义民主法治建设的重要力量，把"认同中国梦、践行中国梦、实现中国梦"作为自身的价值追求。除法律援助、参与立法活动、公益诉讼和公益项目外，律师还广泛参与其他公益活动。律师参与其他公益活动有利于促进社会公平，树立良好的职业形象，提高群众的法律意识，维护社会和谐稳定。目前我国律师参与的公益活动主要包括：

1. 开展普法宣传和培训讲座

律师针对普通百姓开展普法宣传，可以增加群众的法律知识，提高群众的法律意识。在重大节假日，各地律师协会都会组织一些大型普法咨询活动。例如，中华全国律师协会未成年人保护专业委员会组织了"百城千校律师普法进校园"等活动，受到各方高度关注，社会反响良好。各地律师协会针对公司管理者、企业员工、学校教职工、政府执法人员开展专业法治培训，提高重点群体的依法行政能力、司法专业水平及自我维权能力，对提高法治水平、预防权力滥用和纷争发生发挥了重要作用。

2. 慈善捐助

我国律师有着优良的慈善捐助传统，常常在助学、济困、赈灾等领域慷慨解囊，为困境中的人们送去温暖和关怀。除了专款捐助，很多律师、律师事务所、律师协会发起了常设性基金，如用于行业人才发展的青年律师成长基金、律师执业风险基金、律师事业发展基金等，用于资助开展更多公益法律服务的法律援助基金，以及用于资助教育的助学金或奖学金等。

3. 践行公民责任

我国律师不仅是负责任的职业群体，更是心中充满大爱的负责任的公民。如窦刚贵律师在搭乘的航班发生暴力劫机事件时，挺身而出，勇斗歹徒；又如优秀共产党员赵春芳律师，扎根山区 20 年，代理案件千余起，为当地百姓带去法律阳光。还有克服身体障碍、奋发向上的郭二玲律师，自幼失去双手，但丝毫没有影响她实现做律师的梦想，她作为志愿者远赴内蒙古，为贫困人群带去法律的关怀。这些律师不仅用自己的专业知识捍卫权利、守护安宁，也身体力行，成为负责任公民的表率。

【思考题】

1. 律师为什么要承担社会责任？

2. 相比其他法律工作者，律师在承担社会责任中有何不同或优势？

3. 律师积极承担社会责任不仅有利于自身职业发展，也对整个社会的发展有一定的裨益。我们应当从哪些方面促进更多的律师积极履行相应的社会责任？

第三编
其他法律职业人员的职业伦理

第十章　法官职业伦理

【本章导读】

在所有的司法活动中，审判活动居于核心地位。美国法学家德沃金（Dworkin）指出："一位法官的点头对人们带来的得失往往比国会或议会的任何一般性法案带来的得失更大。"审判伦理失效则是司法活动的最大失败。足球场上发生过"黑哨""假球"事件，如果说"假球"还可以通过公正的裁判补救，那么裁判"黑哨"应如何补救？司法中的裁判活动又何尝不是如此。

如果法官的裁判行为出了问题，即使代理活动、起诉活动乃至侦查活动都是合法的，整个案件也将被引入歧途，前功尽弃。其破坏的不仅是当事人和诉讼参与人的利益，更为重要的是破坏了国家的法治。英国哲学家培根有一句名言："一次不公正的裁判比多次不平的举动为祸尤烈。因为这些不平的举动不过弄脏了水流，而不公的裁判则把水源败坏了。"审判伦理在法律职业伦理中居于核心地位，对法官伦理上的要求要高于其他法律职业。裁判是否公正是衡量法官是否坚持和实现正义的基本尺度。为了保证法官裁判的公正，除了法律制度的设计外，还要求法官严格遵守职业伦理。本章主要就法官职业伦理的主要内容进行介绍。

【本章知识结构图】

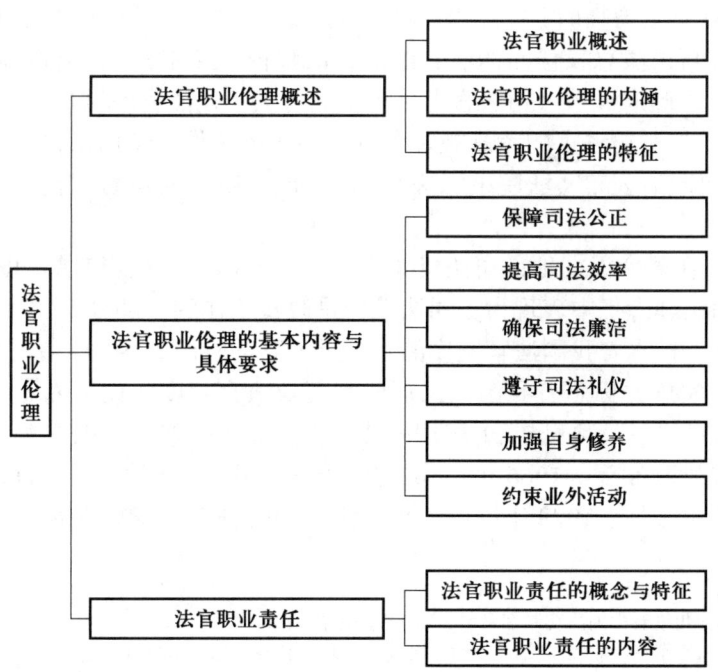

第一节　法官职业伦理概述

一、法官职业概述

（一）法官职业发展概况

在我国古代，法官并非如现代社会那样是一个独立的职业，虽然也有从事司法审判的官员，但是这些官员不具备最终裁判的职能，他们必须在皇权的意志下行事，可以说皇帝才是最大的法官。总体而言，我国古代法官制度的特点主要有：（1）皇权至上。皇帝是全国最高的法官。（2）司法与行政合一。古代中国没有像西方国家那样形成独立的司法制度和法官职业。特别是地方，行政机关和司法机关混同，行政长官又兼任司法官，司法断案正确与否成为评价一个地方官政绩的依据之一。（3）主管官员并非终身制。司法机关作为整体官僚体系的一个部分，其成员总是处于不停的职务变动和降级升迁之中，其主管官员并不实行终身制。（4）审判不独立。古代各级司法官员都受到来自上级或专门的监察机关的严密监视，没有独立可言。①

19世纪末，西方法律文化中的审判独立思想传入中国。1902年，清政府派沈家本等人负责参酌各国法律，修订大清律例。当时徐谦提出要使法律保护人民权益且不受行政干涉，首要工作就是确立审判机关独立地位，使司法与行政互相分离。1910年，清政府颁布了《法院编制法》，首次明确规定通过专门性的法律考试是选任法官的先决条件。其后所附的《法官考试任用暂行章程》详细规定了法官考试的具体办法，依照规定，法官须经两次考试，合格者始准任用。但是这部法律未及颁行，清朝就灭亡了。②

1912年的《中华民国临时约法》明确提出了法官独立审判的基本原则。第48-50条规定，法院由大总统与司法总长任命的法官组成，法院依法律审判民、刑事诉讼，法院审判须公开。1915年，北洋政府颁布《司法官考试令》和《关于司法官考试令第三条甄录规则》。其中，《司法官考试令》对司法官的考试规定了具体的年龄条件、学历条件以及考试程序。1932年10月，南京国民政府公布《法院组织法》，第六章第33条对法官、检察官的资格作出了规定。③

1949年之前，在革命根据地，司法机关已经初具雏形，但是当时的司法机关是完全隶属于革命政府的，司法理念集中表现为：司法工作是政权工作的一部分。1949年10月1日，中华人民共和国成立，标志着我国法官制度的发展进入新的阶段。1954年，《宪法》和《人民法院组织法》的颁布实施，标志着我国人民司法制度及法官制度建设进入了新的发展时期。从1957年下半年开始，"左"倾思想和法律虚无主义错误地批判了《宪法》《人民法院组织法》规定的一些司法原则和制度。1966年，"文化大革命"开始，随着公检法被"砸烂"，我国法官制度也遭到了严重破坏。1978年以后，我国法官制度进入了恢复发展时期，1979年重新制

---

① 李丽：《从历史角度看中国法官制度发展》，载《理论界》2011年第11期。
② 施玮：《法官制度近代化研究》，载《武汉科技大学学报（社会科学版）》2014年第2期。
③ 施玮：《法官制度近代化研究》，载《武汉科技大学学报（社会科学版）》2014年第2期。

定了《人民法院组织法》，对以往的经验教训进行了总结。1995年，《法官法》①颁布实施，对法官的职责、义务、权利，以及法官的条件、任免等内容作了比较详细的规定。此外，最高人民法院颁布了一系列规定和办法，采取了诸多措施，对促进我国法官的职业化发展发挥了重要的作用。

（二）法官的任职条件

根据我国《法官法》第2条，法官是依法行使国家审判权的审判人员，包括最高人民法院、地方各级人民法院和军事法院等专门人民法院的院长、副院长、审判委员会委员、庭长、副庭长和审判员。根据我国《法官法》第12条之规定，担任中华人民共和国法官需要具备以下条件：（1）具有中华人民共和国国籍。（2）拥护中华人民共和国宪法，拥护中国共产党领导和社会主义制度。（3）具有良好的政治、业务素质和道德品行。（4）具有正常履行职责的身体条件。（5）具备普通高等学校法学类本科学历并获得学士及以上学位；或者普通高等学校非法学类本科及以上学历并获得法律硕士、法学硕士及以上学位；或者普通高等学校非法学类本科及以上学历，获得其他相应学位，并具有法律专业知识。（6）从事法律工作满5年。其中获得法律硕士、法学硕士学位，或者获得法学博士学位的，从事法律工作的年限可以分别放宽至4年、3年。（7）初任法官应当通过国家统一法律职业资格考试取得法律职业资格。适用前款第5项规定的学历条件确有困难的地方，经最高人民法院审核确定，在一定期限内，可以将担任法官的学历条件放宽为高等学校本科毕业。此外，根据《法官法》第13条之规定，下列人员不得担任法官：（1）因犯罪受过刑事处罚的；（2）被开除公职的；（3）被吊销律师、公证员执业证书或者被仲裁委员会除名的；（4）有法律规定的其他情形的。

根据我国《法官法》之规定，法官职务的任免，依照宪法和法律规定的任免权限和程序办理：（1）最高人民法院院长由全国人民代表大会选举和罢免，副院长、审判委员会委员、庭长、副庭长和审判员，由院长提请全国人民代表大会常务委员会任免；（2）最高人民法院巡回法庭庭长、副庭长，由院长提请全国人民代表大会常务委员会任免；（3）地方各级人民法院院长由本级人民代表大会选举和罢免，副院长、审判委员会委员、庭长、副庭长和审判员，由院长提请本级人民代表大会常务委员会任免。（4）在省、自治区内按地区设立的和在直辖市内设立的中级人民法院的院长，由省、自治区、直辖市人民代表大会常务委员会根据主任会议的提名决定任免，副院长、审判委员会委员、庭长、副庭长和审判员，由高级人民法院院长提请省、自治区、直辖市人民代表大会常务委员会任免。（5）新疆生产建设兵团各级人民法院、专门人民法院的院长、副院长、审判委员会委员、庭长、副庭长和审判员，依照全国人民代表大会常务委员会的有关规定任免。（6）初任法官采用考试、考核的办法，按照德才兼备的标准，从具备法官条件的人员中择优提出人选。人民法院的院长应当具有法学专业知识和法律职业经历。副院长、审判委员会委员应当从法官、检察官或者其他具备法官条件的人员中产生。同时，人民法院可以根据审判工作需要，从律师或者法学教学、研究人员等从事法律职业的人员中公开选拔法官。除应当具备法官任职条件外，参加公开选拔的律师应当实际执业不少于5年，执业经验丰富，从业声誉良好；参加公开选拔的法学教学、研

---

① 该法后经多次修改，最新一次是2019年4月23日第十三届全国人民代表大会常务委员会第十次会议上进行的修订。

究人员应当具有中级以上职称，从事教学、研究工作 5 年以上，有突出研究能力和相应研究成果。省、自治区、直辖市设立法官遴选委员会，负责初任法官人选专业能力的审核。

（三）法官的职业属性

关于法官的职业属性，目前不同的学者有不同的观点，在此概述具有代表性的观点以引发思考。

有观点认为，法官的职业属性主要包括客观性、公正性、中立性、正当性、便利性。其中，客观性指的是法官在合法地审查全部证据和听取辩论之前，不能轻易作出判决。公正性指的是法官要平等对待诉讼当事人，不偏袒任何一方，对所有人平等适用法律。中立性指的是法官审理案件具有独立性格，法官既不能受诉讼当事人（包括律师）意志的支配，也不能受公众舆论的控制。正当性指的是正当的目的必须通过正当的手段来实现。便利性指的是司法程序应当方便人民群众实现诉权，保护实体权利，同时也要讲究诉讼效率。[①]

有观点认为，就司法职业属性而言，法官具有保守性、平等性和专业性。其中，保守性是法官的职业特色。在现代文明社会，司法权威越来越多地依赖于公众对司法的信任，因此，法官要严格约束自己的业务活动，尽量减少业务活动与司法职责的冲突，以最大限度地树立法律的权威，而这必然形成法官保守的职业风格。平等性是指法官之间的平等。法官之间不存在领导与被领导的关系，不存在地位高低、权力大小之分。法官之上不允许再有法官凌驾，法官有资格深浅之别，但并不意味着资深法官就可以命令资浅法官。专业性是法官职业的必然要求。法官的司法工作是一项专业性很强的工作，特别是随着社会的快速发展，纠纷数量越来越多，法律关系越来越复杂，势必要求法官更加强化和提升其专业技能。[②]

本书认为，法官作为法律职业的重要组成部分，其职业属性与法律职业本身的特征密切相关。因此，法官的职业属性主要体现为独立性与专业性。法官的独立性或独立地位在内容上可以归纳为如下两个问题：一是法官独立于什么？二是何种程度的独立？从严格意义上来讲，法官的独立性体现为法官享有独立的权利和法官负有保持独立的义务。[③] 具体而言，法官的独立性主要体现在法官的身份独立和法官的职业判断独立。法官的身份独立是指为了确保法官不受政府干涉，法官职位的条件及任期等应当有适当的保障；法官的职业判断独立是指法官在面对案件时应该根据自己的知识、技能、良知独立作出职业判断，不受其他干涉。法官的专业性来源于法律职业本身的专业性。法律职业不同于其他职业，法律职业人员区别于一般人的主要地方在于法律职业人员掌握特殊的职业技能，这种职业技能是一种"理性技术"，需要经过完整且系统的训练与学习才能掌握。[④]

二、法官职业伦理的内涵

所谓法官职业伦理，是指审判人员在履行其职责过程中所应具备的优良的道德品质，以及在调处各种社会关系时所应遵循的优良的道德规范的总和。法官职业伦理是为适应审判工

---

①　张朝华：《法官的角色定位和职业特性》，载《人民法院报》2011 年 1 月 28 日，第 3 版。

②　谭世贵等：《中国法官制度研究》，法律出版社 2009 年版，第 18-19 页。

③　孙笑侠主笔：《法律人之治——法律职业的中国思考》，中国政法大学出版社 2005 年版，第 113 页。

④　孙笑侠：《法律家的技能与伦理》，载《法学研究》2001 年第 4 期。

作需要而产生的一种特殊的社会意识和活动准则，是由审判工作的任务和性质决定的。法官职业伦理的内涵包括以下依次递进的三个层次：一是指法官职业共同体内在伦理秩序体系。从抽象意义上看，法官职业共同体是法官通过相对稳定的联系形成的职业群体或集体，具有特定的目标和司法功能，更具有独特的体制构造和规范气质，它通过法官的道德行为而真正成为一个伦理性的存在。二是指法官内在的道德秩序。法官的"外在道德"是指司法想要达成的目的或价值理想，主要包括公平、公正、公开、正义以及诚实等司法理念，这是法官道德与社会道德协调一致的一面。法官的"内在道德"是指法官自身具有的值得追求的价值属性，具体指有关司法伦理、法官道德规范的制定和实施等。三是指法官职业共同体作为"整个的个体"的道德精神。当法官未职业化时，司法伦理关注的道德主体仅仅是个体，忽略了法官职业共同体这样一个道德主体。虽然法官职业伦理指向的对象是法官个体，但是最重要的主体是法官群体。[①]

法官的道德责任，主要基于法官裁判的自由意志。法官道德责任的高阶性，则主要基于法官裁判时自由意志的发挥，自身即已蕴涵高阶的道德责任要求。其集中表现就是法官应该对法律命题作出最佳的道德证立。对法官外在行为责任的豁免，并不能免除法官基于自由意志而应承担的良心责任。而且，法官的这种责任是一种高阶的道德责任，需要法官为之终身负责。规范性道德标准以及法官的良心责任，并不会使得法官的责任变得虚幻难定。因为规范性道德标准可以部分转化为实证性道德标准，余下部分纯粹道德责任，也可以通过法官的充分说理义务，在司法文书的行文逻辑和论证脉络中加以评价和规范。这也推动了对法官责任的认定和规范，应当实现从法官责任向法官职业伦理的转变。[②]

法官职业伦理规范呈现给法官的是不与外部制裁相联系的规则和规范。法官违反职业伦理规范将由法律职业共同体以强制性手段进行制裁。也就是说，一般道德规范是非制度化的，而法官职业伦理规范是制度化的；一般道德规范是柔性的，是一种软约束，而法官职业伦理规范则是刚性的，是一种硬约束，司法不允许法官对法官职业伦理有任何违反，否则将予以惩戒。[③]

三、法官职业伦理的特征

法官职业群体的伦理精神既指法官个体的内在道德秩序和个体的道德精神，又包含个体与整体、实体相统一的"实体精神"，更强调法官职业共同体这一实体的道德意识与道德意志。法官职业伦理相对于其他的职业伦理，有一些比较突出的特性。

（一）特定的主体

按照法院内部的机构设置，法院内部除了职业法官之外，还设有书记员、司法警察、行政后勤人员等岗位。这些工作人员协助职业法官行使审判权，根据自己的职业行为规范和职业操守，与职业法官保持着紧密的联系。当然他们与法官的职业特性和职业任务还是有着本质区别的，因此两者之间的职业伦理要求也不相同。如法院的司法行政人员，像司法警察等，

---

① 王申：《法官的道德理性论》，法律出版社 2017 年版，第 53–54 页。

② 黄伟文：《从道德责任到职业伦理——法官责任的道德性》，载《广东社会科学》2017 年第 5 期。

③ 王申：《法官的道德理性论》，法律出版社 2017 年版，第 53 页。

要遵循上级服从下级的行为准则，服从领导。但法官基于公正裁判的需要，必须在审判活动中保持独立性，按照自己对法律的内心确信进行裁判。法官除了遵循法律外，不存在任何上级命令与指示。

法官职业伦理的主体是在法院专门行使审判权的职业法官，并不包括法院的其他组成人员。至于陪审员是否应该遵循法官职业伦理，成为其主体，应视情况而定。目前世界各国存在的陪审团制度大致可以分为两类：一类是英美法系国家实行的陪审团制度，另一类是大陆法系国家实行的陪审员制度（参审制）。在陪审团制度中，陪审团集体负责认定案件事实，审案法官则负责适用法律。陪审团存在的目的主要是依靠普通民众的良心和理性对案件事实进行一般判断，对法官的审判理性形成制约和影响。一般的陪审团成员基本上是普通公民，在此角度上陪审团成员不应成为法官职业伦理的主体。与此不同的是，在实行陪审员制度的国家，陪审员和法官共同审理案件，在裁判的过程中享有与法官相同的权力，而且一般要求陪审员尽可能熟悉法律知识和业务，从而补充法官对案件的判断。在这种情形下，陪审员实际上承担了部分裁判者的角色，可以被视为对法官的补充。因此，当陪审员在履行陪审职责的时候，也应当遵循法官职业伦理的要求。根据我国《人民陪审员法》第 2 条和第 3 条的规定，公民有依法担任人民陪审员的权利和义务。人民陪审员依照本法产生，依法参加人民法院的审判活动，除法律另有规定外，同法官有同等权利。人民陪审员依法享有参加审判活动、独立发表意见、获得履职保障等权利。人民陪审员应当忠实履行审判职责，保守审判秘密，注重司法礼仪，维护司法形象。根据最高人民法院《法官职业道德基本准则》第 27 条的规定，人民陪审员依法履行审判职责期间，应当遵守本准则。人民法院其他工作人员参照执行本准则。

（二）特定的对象

法官职业伦理规范的对象是法官职业行为及其各种社会活动。一般的职业伦理是社会各行业从业人员在职业活动中应当遵循的行为准则，是适应社会分工、职业分工的需要，在各自的职业实践活动中产生的，是与人的职业角色和职业行为相联系的一种高度社会化的伦理。

法官职业伦理是与法官职业紧密关联的，它产生于法官的职业活动，是对法官职业活动的行为规范和道德要求。因此，法官职业伦理首先调整的就是法官的职业行为。如公正的伦理义务要求法官在诉讼中自觉地遵守回避制度，在有可能影响案件公正审理的情况下主动回避。中立的伦理义务要求法官在诉讼中平等地对待双方当事人。在社会公众看来，法官是公平正义的符号和象征，是法律的代言人，因而法官的言行应体现法律的至公无私，对人们的思想、行为具有指导和参考作用，能够引导社会伦理风尚。与普通公民的职业伦理不同，法官的职业伦理具有更高的道德使命感和责任感，不仅体现在法官的职业活动中，也渗透进法官群体的日常生活中。法官不仅要在职业活动中严格遵守法官职业伦理，在社会生活中也应该成为公民的楷模。

（三）特定的内容

法官职业伦理的内容是特定的，其核心是公正司法。《法官职业道德基本准则》第 2 条规定，法官职业道德的核心是公正、廉洁、为民。为民是法官在政治上的使命，廉洁是对法官个人品质的要求，在某种意义上两者体现了法律职业伦理的共性。但法官职业伦理的特点在于，各种具体的法律职业伦理都是围绕着公正司法而言的。之所以如此，主要是基于法官职业的特殊性质和使命。法官作为一种特殊的社会职业，其任务是通过司法裁决，解决争端，服务社会。要使得法官的工作能够切实地有益于社会，必须保证法官的裁判能力与行为为整个社会所公认。要实现这一目的，司法上的强制力是必不可少的。当然，根本还在于当事人和社会公众认为其能够通过公正司法获得公平正义，从内心相信法官。在这个意义上，法官的裁判行为才能够称为公正司法。一方面，公正司法是整个司法制度赖以建立和维护的根本目的和标准；另一方面，公正司法是法官、当事人和社会相互之间共同信奉的精神依靠。而法官职业伦理为法官职业确立标尺的主要目的，是要确保法院在审理案件的过程中做到公正无私，确立诉讼参与人及社会公众对法院司法公正的信心，使公正司法成为法官职业行为所追求的最崇高的目标，成为法官职业伦理的核心内容。

第二节　法官职业伦理的基本内容与具体要求

一、保障司法公正

"公正"一词包含了公平、正义的内涵，是整个人类社会共同的价值目标。司法活动作为一种社会控制方式，是用来消除矛盾、定分止争的工具，承担着守护社会良心的作用。司法活动本身必须是公正的。因此，公正是一切司法工作的本质特征和生命线，也是法官必须遵循的基本准则。司法公正是法官职业伦理的第一准则。《法官职业道德基本准则》第8-14条规定的就是这一准则。具体来说，保障司法公正主要包括以下内容。

（一）独立行使审判权

我国宪法和法律规定人民法院独立行使审判权，不受任何行政机关、社会团体和个人干涉。法官在具体的司法实践活动中应当严格地依照法律规定，忠于宪法和法律，坚决维护独立行使审判权的权力。《法官职业道德基本准则》第2条规定，法官职业道德的核心是公正、廉洁、为民。基本要求是忠诚司法事业、保证司法公正、确保司法廉洁、坚持司法为民、维护司法形象。同时，法官也应注意避免受到来自法院系统内部的影响和压力。第14条规定，尊重其他法官对审判职权的依法行使，除履行工作职责或者通过正当程序外，不过问、不干预、不评论其他法官正在审理的案件。第26条规定，法官退休后应当遵守国家相关规定，不利用自己的原有身份和便利条件过问、干预执法办案。具体而言，除非基于履行审判职责或者通过适当的程序，不得对其他法官正在审理的案件发表评论，不得对与自己有利害关系的案件提出处理建议和意见；不得擅自过问或者干预下级人民法院正在审理的案件；不得向上级人民法院就二审案件提出个人的处理建议和意见。当然，依法独立行使审判权，最主要还是取决于法官自觉。《法官职业道德基本准则》第8条明确规定，法官在审判活动中，应当独立思考、自主判断，敢于坚持原则，不受任何行政机关、社会团体和个人的干涉，不受权势、人情等因素的影响。法官在裁判过程中，应当有独立判断的意识，运用自己的法律专业知识和技能作出正确的判断，排除各种不利的影响和干扰，坚持观点，坚守职责。

（二）中立裁决纠纷

法官、检察官、律师等法律职业人员在司法实践活动中扮演着各自的角色，承担着不同的任务。基于法官职业的特殊性质，法官在审判活动中应当保持中立，不偏不倚，维护司法公正的形象。只有裁判中立，以控、辩、裁为基础的现代诉讼制度才能得以存续并运行良好。因此，无论在刑事诉讼，还是在民事诉讼，抑或在行政诉讼中，法官中立裁决纠纷都是一项基本的诉讼要求。《法官职业道德基本准则》第 13 条规定，法官应自觉遵守司法回避制度，审理案件保持中立公正的立场，平等对待当事人和其他诉讼参与人，不偏袒或歧视任何一方当事人，不私自单独会见当事人及其代理人、辩护人。在与一方当事人接触时，应当保持公平，避免他方当事人对法官的中立性产生合理怀疑。法官应当抵制当事人及其代理人、辩护人或者案外人利用各种社会关系的说情。《法官行为规范》第 40 条和第 42 条规定，在调解过程中与当事人接触，应当征询各方当事人的调解意愿，当事人坚持不愿调解的，不得强迫调解。根据《人民法院组织法》等法律的规定，法官还应充分注意到由于当事人和其他诉讼参与人的民族、种族、性别、职业、宗教信仰、教育程度、健康状况和居住地等因素而可能产生的差别，切实采取措施保障诉讼各方的诉讼地位，保障他们充分行使诉讼权利和维护好实体权利。法官也不得在宣判前通过言语、表情、行为等流露出自己对裁判结果的观点或态度。《法官职业道德基本准则》第 17 条明确规定，法官不得从事或者参与营利性的经营活动，不在企业及其他营利性组织中兼任法律顾问等职务，不得就未决案件或者再审案件给当事人及其他诉讼参与人提供咨询意见。

（三）恪守公开原则

公正以公开为前提，司法活动的公正在很大程度上在于其能够以人们看得见的方式来实现正义。《法官职业道德基本准则》第 12 条规定，法官应认真贯彻司法公开原则，尊重人民群众的知情权，自觉接受法律监督和社会监督，同时避免司法审判受到外界的不当影响。公开原则要求法官在履行职责过程中，除了法律规定不应该公开或可以不公开的情况以外，其他司法活动都应当以公开的方式进行。公开的内容和范围应当在法律规定的范围之内。向当事人和社会公开的案件，法官应当允许公民旁听，允许新闻媒体采访，只要公众接触案件的方式符合法律规定，法官都应当对其行为给予适当的尊重。法官在司法裁判活动中应当避免主观擅断、滥用法官职权和枉法裁判等行为。对涉案当事人诉讼权利的限制应当依法说明原因，避免出现因主观臆断而武断地得出结论。公开原则是诉讼活动中的一项基本诉讼原则，是确保司法公正的重要方式，还体现在司法裁判的说理过程中。司法裁判本身就包含着一定的推理过程，对法律观念和法律价值的选择对于案件的裁断是必要的，对其进行科学合理的阐释有助于公众正确地理解国家的司法活动和由衷地接受司法裁判的结果，同时还有利于司法权威的加强。《法官行为规范》第 51 条第 3 项规定，法官应对证明责任、证据的证明力以及证明标准等问题进行合理解释。诉讼过程中的诉讼文书是法律运用于实践的典范，法官应当将法律允许公开的司法文书公之于众，接受公众对司法裁判活动的监督和普通民众正义观念的检验，真正做到以理服人。

（四）坚守司法公正

司法公正是司法工作的良心和底线，也是法官从事司法实践工作努力达到的目标。法官应当以维护司法公正为己任，认真履行法官职责。根据《法官职业道德基本准则》第 9 条的规定，法官应坚持以事实为根据，以法律为准绳，努力查明案件事实，准确把握法律精神，正确适用法律，合理行使裁量权，避免主观臆断、超越职权、滥用职权，确保案件裁判结果公平公正。在具体的案件审理上，法官不仅要坚持实体公正，程序公正也是法官职业伦理的重要目标。《法官职业道德基本准则》第 10 条规定，法官应牢固树立程序意识，坚持实体公正与程序公正并重，严格按照法定程序执法办案，充分保障当事人和其他诉讼参与人的诉讼权利，避免执法办案中的随意行为。实体公正是程序公正的目的，程序公正是实体公正的保障。《法官职业道德基本准则》将程序公正独立出来的价值在于法治更多的是程序 / 规则之治。程序公正和实体公正是法官司法活动的基本要求，除此之外，法官职业伦理还要求法官在司法实践中做到形象公正。法官在裁决案件过程中，应尽量做到客观中立，避免公众对司法公正产生合理的怀疑，这既是裁判中立的要求，也是司法公正的要求。法官的行为代表司法职业的形象，法官的言行体现了国家公职的严肃和庄重，形象公正能够产生程序公正和实体公正所不具有的作用，能够强化司法的权威和公信力。《法官职业道德基本准则》第 3 条规定，法官应当自觉遵守法官职业道德，在本职工作和业外活动中严格要求自己，维护人民法院形象和司法公信力。

二、提高司法效率

"迟来的正义非正义"，这句西方法谚揭示出一个道理，即司法裁决要保持一定的效率，才能实现其定分止争的社会功效。换言之，司法公正以效率为存在的基础，离开效率，公正也就无从谈起。在当前的社会转型期，诉讼大量涌现，法官职业伦理要求法官重视司法效率的提高，发挥其在司法实践中的主观能动性，迅速、便捷地履行好司法职责。司法效率在法官职业伦理中占据着重要的地位，主要体现在以下三个方面。

（一）勤勉敬业

法官的工作作风、能力以及待人接物的态度与法官的工作态度直接相关，只有勤勉敬业的法官才能优质、高效地履行司法职责。根据《法官行为规范》第 7 条的规定，敬业奉献是法官应具备的基本精神。法官应热爱人民司法事业，增强职业使命感和荣誉感，加强业务学习，提高司法能力，恪尽职守，任劳任怨，无私奉献，不得麻痹懈怠、玩忽职守。在日常的业务实践和学习中，法官应当增强责任感和使命感，忠于职守，勤恳工作，尽职尽责，树立良好的工作作风，端正工作态度，遵守工作要求的各项纪律，努力掌握和熟悉法律知识和司法实务技能。转型期的司法改革对法官的勤勉敬业提出了更高的要求，新的改革举措的出台，新的法律实务技能的学习等，都要求我国的法官要勇于创新，积极进取，不断地在实践中完善各项司法制度，提升法院整体的司法水平。

（二）守时

在规定审限内审结案件，以及在法定时间内完成特定司法文书的制作和执行，这些都是提高司法效率、实现司法公正的重要保障。三大诉讼法以及最高人民法院的各种司法解释对案件的审限问题进行了明确的规定。法官一方面在司法活动中要严格地遵守审限的规定，在法定期限内尽快立案、审理、判决、执行，认真、及时、有效地完成本职工作；另一方面也要有效地监督诉讼参与人在诉讼活动中严格地遵守诉讼期间。《法官职业道德基本准则》第 11 条规定，法官应当严格遵守法定办案时限，提高审判执行效率，及时化解纠纷，注重节约司法资源，杜绝玩忽职守、拖延办案等行为。因此，法官应当合理安排各项审判事务，提高诉讼效率，重视各项司法职责的履行，保证投入足够的、合理的时间、精力在自己承办的案件中，注重实践中团队合作的有效性。

（三）注重效率和效果

法官除了要勤勉敬业、守时之外，还要注重效率和效果。《法官行为规范》第 3 条规定了法官要高效办案。法官应树立效率意识，科学合理安排工作，在法定期限内及时履行职责，努力提高办案效率，不得无故拖延、贻误工作、浪费司法资源。《法官职业道德基本准则》第 20 条规定，法官应注重发挥司法的能动作用，积极寻求有利于案结事了的纠纷解决办法，努力实现法律效果与社会效果的统一。《法官行为规范》第 2 条也规定，法官应努力实现办案法律效果和社会效果的有机统一，不得滥用职权、枉法裁判。可见，在保证效率的基础上，法官的司法活动还要追求法律效果和社会效果的统一。这就意味着，作为一项法律职业伦理的要求，法官为了保证裁决结果的实现，应当努力避免只管判决不管执行的现象。对于一些特殊情况的案件应综合考虑，比如可以先予执行的案件，在审理过程中就应考虑执行的问题；对于一些明显没有执行能力的案件，法官可以进行调解，尽量做到法律效果和社会效果的统一。

三、确保司法廉洁

作为一个合格的法官，其在物质生活和精神生活上都要保持纯洁和清廉，能够合理恰当地处理好公职与私利之间的关系，自觉抵制外部不正当利益的诱惑，不直接或间接利用职位和地位谋取不正当利益，在生活上保持简朴的本色，积极维护司法形象和司法公信力。《法官职业道德基本准则》第 15 条规定，法官应树立正确的权力观、地位观、利益观，坚持自重、自省、自警、自励，坚守廉洁底线，依法正确行使审判权、执行权，杜绝以权谋私、贪赃枉法行为。在我国，司法腐败虽然只是少数，但是已经对法官职业群体的声誉造成了极其恶劣的影响，极大地破坏了司法权威。因此，清正廉洁作为法官职业伦理的要求之一，任何法官都必须在以下几个方面高度重视道德操守的保持。

（一）禁止获取不正当利益

法官在司法活动中，不得直接或间接地利用其职务和地位谋取任何不正当利益。《法官行为规范》第 4 条规定，法官应遵守各项廉政规定，不得利用法官职务和身份谋取不正当利益，不得为当事人介绍代理人、辩护人以及中介机构，不得为律师、其他人员介绍案源或者给予其他不当协助。当然法官除了薪酬之外，也可以有自己正当合法的业外收入，如合法投资、稿酬、遗产继承等，但是法官不得获得可能影响司法公正与廉洁的收入，更不得取得法律禁止取得的收入。法官只有遵守法官职业伦理，严于律己，对不正当利益，不论大小，一律拒绝，才能做到清正廉洁。

（二）限制法官从事业外活动

世界各国大多对法官从事业外活动作出了限制性规定，以免影响其公正廉洁的形象和削弱司法权威，如法官不得兼任律师、代理人、辩护人等。《法官职业道德基本准则》第 17 条规定，法官不得从事或参与营利性的经营活动，不在企业及其他营利性组织中兼任法律顾问等职务，不就未决案件或者再审案件给当事人及其他诉讼参与人提供咨询意见。法官只有在从事业外活动方面受到限制，才能保证其在司法活动中处于中立的地位，既有利于裁决案件，也有利于保护自己，维护自己职业的尊严与社会关系的稳定。职业法官在履行法官职责的时候，禁止为律师介绍案件并从中获利，或者充当案件的诉讼代理人、辩护人；并且在离职后的一定年限内也禁止从事上述活动。

（三）保持正当的生活方式

法官是国家的公务人员，代表着国家公务人员的形象和尊严。法官应当保证消费水平和生活方式与自己的合法收入水平相一致。如果法官经常出入高档奢华的消费场所，生活腐化堕落，公众就会对法官收入的来源和其职业的公信力产生怀疑。因此，《法官职业道德基本准则》第25条规定，法官应加强自身修养，培育高尚道德操守和健康生活情趣，杜绝与法官职业形象不相称、与法官职业道德相违背的不良嗜好和行为，遵守社会公德和家庭美德，维护良好的个人声誉。

（四）约束家庭成员的行为

《法官职业道德基本准则》第18条规定，法官应妥善处理个人和家庭事务，不利用法官身份寻求特殊利益。按规定如实报告个人有关事项，教育督促家庭成员不利用法官的职权、地位谋取不正当利益。按照该条规定，法官必须告知其家庭成员有关法官的行为规范和职业伦理要求，并监督其家庭成员遵守规定，不得违反。在一般的司法实践中，少数法官家属或多或少地利用法官的影响，从事律师或其他职业，给法官正常的司法工作带来不少问题。因此，最高人民法院和地方法院相继出台了一些规定，限制法官家属从事司法活动或与此有关的活动。这些规定的目的在于防止法官家属利用法官的职位和身份获取不正当利益，影响司法公正和法官形象。

四、遵守司法礼仪

所谓司法礼仪，是指司法活动的主体（包括法官、检察官、律师、当事人、其他诉讼参与人以及其他参与司法活动的官员、旁听人员等）在司法活动中应当遵守的礼节、仪式。《法官职业道德基本准则》第24条规定，法官应坚持文明司法，遵守司法礼仪，在履行职责过程中行为规范、着装得体、语言文明、态度平和，保持良好的职业修养和司法作风。良好的司法礼仪不仅能维护法庭上的正常活动秩序和法官的形象，更重要的是它为司法的文明和权威提供了保证。具体而言，法官职业伦理要求法官遵守以下司法礼仪。

（一）保持适当的仪表

法官在法庭和日常生活中应当注意保持与自身职位和身份相符合的礼仪和形象。在与国家权力相关的职业中，法官是公众期望值最高的职业之一。法官群体被称为"运送正义的使者"，法官本人也应具有极强的道德荣誉感，应时刻注意自身的仪表举止，不得做出与法官职业伦理和业务要求不相协调的举动。根据《法官职业道德基本准则》第23条规定，法官应坚持学习，精研业务，忠于职守，秉公办案，惩恶扬善，弘扬正义，保持昂扬的精神状态和良好的职业操守。

（二）遵守法庭礼仪

法官的司法活动主要发生在法庭之内，这里也是最能体现法官礼仪的地方。根据《法官行为规范》第29条规定，法官应做到：（1）准时出庭，不迟到，不早退，不缺席；（2）在进入法庭前必须更换好法官服或者法袍，并保持整洁和庄重，严禁着便装出庭，合议庭成员出庭的着装应当保持统一；（3）设立法官通道的，应当走法官通道；（4）一般在当事人、代理人、辩护人、公诉人等入庭后进入法庭，但前述人员迟到、拒不到庭的除外；（5）不得与诉讼各方随意打招呼，不得与一方有特别亲密的行为；（6）严禁酒后出庭。以上只是在庭审前法官需要遵守的礼仪。更详细的法庭礼仪见《法官行为规范》"庭审"一节，此不赘述。

（三）对相关人员以礼相待

这里的相关人员主要是指当事人和其他诉讼参与人。法官应当尊重当事人和其他诉讼参与人，以礼貌、文明、善意的态度对待他们以及旁听人员，为其正常、顺利地参与庭审提供良好的条件。《法官职业道德基本准则》第21条规定，法官应认真执行司法便民规定，努力为当事人和其他诉讼参与人提供必要的诉讼便利，尽可能降低其诉讼成本。第22条规定，法官应尊重当事人和其他诉讼参与人的人格尊严，避免盛气凌人、"冷硬横推"等不良作风；尊重律师，依法保障律师参与诉讼活动的权利。《法官行为规范》第5条明确了"一心为民"的法官职业规范，法官应落实司法为民的各项规定和要求，做到听民声、察民情、知民意，坚持能动司法，树立服务意识，做好诉讼指导、风险提示、法律释明等便民服务，避免"冷硬横推"等不良作风。《法官行为规范》还规定了法官在不同情况下对待当事人和其他诉讼参与人、旁听者等的态度和行为规范。

五、加强自身修养

在我国，法官是一个高度专业化的职业群体，其入职门槛较普通职业高。在英美法系国家，法官被认为是有学识和修养的人，有着较高的社会地位。法官裁决纠纷，要保证裁决的公正合理，要确保裁判文书的权威性得到公众的认可，就必须拥有丰富的法律知识、敏锐的观察力和分析能力，要能够准确精练地发现事实、分析问题，并适用法律解决问题。时代在发展，新形势下的法官必然会面临一个不断变化的司法环境。要成为一名称职的法官，为国家和人民作出自己的贡献，就要不断加强自身修养，不断提高自身综合素质。《法官职业道德基本准则》第25条规定，法官应加强自身修养，培育高尚道德操守和健康生活情趣，杜绝与法官职业形象不相称、与法官职业道德相违背的不良嗜好和行为，遵守社会公德和家庭美德，维护良好的个人声誉。根据《法官职业道德基本准则》，法官应当在以下三个方面加强自身修养。

（一）良好的政治素质

良好的政治素质是法官恪尽职守、公正司法的先决条件。作为人民法院的法官，履职时要一心为民，有坚定的政治信念、坚定的政治立场，准确地把握司法改革的动向，在大是大非面前，有着坚定的政治操守，不断提高政治水平。关注党和国家政策的制定和变动，不断提升自己对政治情势的分析和思考的能力。

（二）良好的业务素质

法官职业水平和裁判的质量直接与业务素质相关，良好的业务素质是国家审判权发挥作用的保障。法官在任职期间，必须不断地补充法律知识，掌握法律技能，熟悉新颁布的法律法规和司法解释，研习法理，提高庭审和制作裁判文书的能力。我国《法官法》第五章、第六章详细地规定了法官进行理论培训和业务培训的方式、原则、主体和成绩考核的办法。《法官行为规范》第7条明确规定，法官应加强业务学习，提高司法能力。

（三）良好的个人品行

法官作为国家公职人员，首先是该国的公民，应具备一个普通人的道德品行。一个合格的法官，在个人品质上肯定也严于律己，十分注意自己的言行，具有崇高的道德操守，遵守社会公德和家庭美德。我国台湾地区法学家史尚宽先生曾经说过："虽有完美的保障审判独立之制度，有彻底的法学之研究，然若受外界之引诱，物欲之蒙蔽，舞文弄墨，徇私枉法，则反而以其法学知识为其作奸犯科之工具，有如为虎傅翼，助纣为虐，是以法学修养虽为切要，而品格修养尤为重要。"[①] 法官应具有丰富的社会经验，忠于职守，刚正不阿，惩恶扬善，弘扬正义，正直善良，谦虚谨慎，在社会生活中拥有良好的个人声誉。

六、约束业外活动

我国《法官法》第 22 条规定，法官不得兼任人民代表大会常务委员会的组成人员，不得兼任行政机关、监察机关、检察机关的职务，不得兼任企业或者其他营利性组织、事业单位的职务，不得兼任律师、仲裁员和公证员。第 46 条规定，法官不得参与营利性活动，否则将承担相应的责任。这些规定都是对法官业外活动的限制。法官的行为中有很大一部分是业外活动，在一定程度上业外活动与法官的职业能力、个人素养、工作态度和司法职责等相关。如果要树立法官公正无私、独立中立的形象，就要尽量减少法官个人利益与社会公益相冲突的机会，而严格限制法官的业外活动是一个重要的手段。《法官行为规范》专门规定了"业外活动"，共 10 个条文。具体而言，法官应从以下四个方面约束自己的业外活动。

（一）严格遵守保密义务

保密义务既是法官的道德义务，也是法官的法律义务。在法官的审判活动中，不可避免地要接触到国家机密、商业秘密、个人隐私和其他不能公开的信息。这既是法官职业所必需的，也是国家法律所允许的。但是在工作过程中接触到的这些不能公开的信息，法官不能有意或者无意地公开，否则就不能很好地维护国家利益和当事人的合法权益。《法官法》第 10 条规定，法官应保守国家秘密和审判工作秘密；对履行职责中知悉的商业秘密和个人隐私予以保密。法官在写作、授课过程中，应当避免对具体案件和当事人进行评论，不披露或者使用在工作中获得的国家秘密、商业秘密、个人隐私及其他非公开信息。法官需要经过组织安排或者批准，才能接受新闻媒体对与法院工作有关的采访。在接受采访时，法官不得发表有损司法公正的言论，不对正在审理的案件和有关当事人进行评论，不披露在工作中获得的国家秘密、商业秘密、个人隐私及其他非公开信息。

（二）培养健康的爱好和习惯

法官的职业伦理对法官的个人行为有着强烈的指导作用，法官应培养健康的爱好和习惯。法官不得接受有违清正廉洁要求的吃请、礼品和礼金。在本人或者亲友与他人发生矛盾时，法官应保持冷静、克制，通过正当、合法途径解决。法官不得利用法官身份寻求特殊照顾，不得妨碍有关部门解决问题。健康良好的生活习惯和个人爱好，对于培养高尚的情操也至关重要。奢侈浪费、虚荣自私的个人品行不可能培养出公正无私、秉公执法的法官。法官应严格按照法官职业伦理行事，不得参加邪教组织或者封建迷信活动，应向家人和朋友宣传科学，引导他们相信科学，反对封建迷信；同时对利用封建迷信活动进行违法犯罪的，应当立即向有关组织和公安部门反映。

---

① 史尚宽：《宪法论丛》，荣泰印书馆 1973 年版，第 336 页。

（三）谨慎参加社会活动

法官参加社会活动应当谨慎，要自觉维护法官形象，既不能脱离社会，也不能完全无原则地融入社会。法官在受到邀请参加座谈、研讨活动时，对与案件有利害关系的机关、企事业单位、律师事务所、中介机构等的邀请应当拒绝；对与案件无利害关系的党、政、军机关或学术团体、群众组织的邀请，经向单位请示批准后方可参加。法官确需参加在各级民政部门登记注册的社团组织的，应及时报告并由所在法院按照法官管理权限审批。法官在业务时间从事写作授课，应以不影响审判工作为前提；对于参加司法职务外活动获得的合法报酬，应当依法纳税。法官不得乘警车、穿制服出入营业性娱乐场所进行娱乐、休闲活动。法官因私出国探亲、旅游，应如实向组织申报所去的国家、地区及返回的时间，经组织同意后方可出行，应准时返回工作岗位；应遵守当地法律，尊重当地民风民俗和宗教习惯。

（四）退休后自我约束

法官在履职期间，基于职责所系，当然要约束自己的行为；在离职之后，基于法律职业伦理和法律规定，在一定时期内，也不得从事与法律相关的职业。根据《法官职业道德基本准则》第26条的规定，法官退休后应当遵守国家相关规定，不利用自己的原有身份和便利条件过问、干预执法办案，避免因个人不当言行对法官职业形象造成不良影响。

第三节　法官职业责任

一、法官职业责任的概念与特征

（一）法官职业责任的概念

通常法官在法治国家都享有崇高的地位和威望，例如，布莱克斯通（Blackstone）把英国法官誉为"法律的保管者""活着的圣谕"。在如此盛誉之下，很多国家的法官都被赋予了高度的信任，其行为不得轻易加以追究，也就是说其行为的法律责任被压到了最低的限度。[①]例如，德国在基本法第97条规定："法官独立并服从法律。"德国《法官法》第26条第1款也明确规定："法官只在不影响其独立的范围内接受职务监督。"当然，这并不意味着法官的责任被完全抛弃，各个国家在赋予法官宽泛的免责权的同时，也为法官责任的承担设计了相应的制度。法官的责任可以分为法官的职业责任和法官的个人责任，本书主要探讨法官的职业责任。所谓法官职业责任，是指法官因违反法官职业伦理而违反了国家公务员管理纪律或者法律法规的规定，从而应承担的不利后果。

（二）法官职业责任的特征

科学合理地界定法官职业责任，是当下司法改革的重要目标之一。法官职业责任具有以下特点：

1. 责任客体的特定内容

法官因违反法官职业伦理而应承担的责任，要区分两种情况。第一种情况，法官因业务水平、能力和经验的局限，在事实和法律上对负责的案件发生错误判断，一般会将这种情形

[①]　胡铭等：《转型中国法治进路的选择》，知识产权出版社2007年版，第103页。

排除在法官职业责任之外；第二种情况，法官确实由于不当行为违反了法官职业伦理，触犯了组织纪律或法律规定的，需要受到处罚。比较而言，第二种情况下产生的法官职业责任在我国更为普遍。当然，法官需要承担法官职业责任的行为是特定的，一般要根据各国的司法传统、文化背景和法治建设的程度等而定。我国的法官需要承担法官职业责任的 7 类行为规定在《人民法院工作人员处分条例》第二章中，后面会详细阐述。本书认为，基于我国法治的现状和法官职业的特殊性，对于法官职业责任适用的范围应该严格控制。

2. 责任追究的特定主体

人民法院独立行使审判权，法官的独立地位是受法律保障的。对于法官在履职过程或者在离职后产生的各种不当行为的追究理应由特殊的主体来进行，以摆脱各种社会团体和个人的干涉，避免司法为舆论、为公众所操纵。特殊的责任追究主体一般是熟悉法律知识的司法公务人员或资深律师，他们精通法律业务和司法活动规律，能够更好地就法官违反法官职业伦理和法律的不当行为进行区分、调查，乃至确立其职业责任。

3. 责任确定的特定程序

基于司法形象的庄严和神圣，世界各国一般在追究法官职业责任时都是非常慎重的，对追究程序的规定往往是十分细致和严格的。对法官职业责任的追究，无论是弹劾程序还是惩戒程序，都必须遵循程序正义和实体正义的基本要求，尽量做到公开、公平、公正，保证涉案法官享有正当程序的保障。《人民法院工作人员处分条例》第 3 条规定，人民法院工作人员依法履行职务的行为受法律保护。非因法定事由、非经法定程序，不受处分。

二、法官职业责任的内容

（一）法官承担职业责任的具体事由

我国《法官法》在第 46 条中对法官的禁止行为作了规定，即法官不得有下列行为：（1）贪污受贿、徇私舞弊、枉法裁判的；（2）隐瞒、伪造、变造、故意损毁证据、案件材料的；（3）泄露国家秘密、审判工作秘密、商业秘密或者个人隐私的；（4）故意违反法律法规办理案件的；（5）因重大过失导致裁判结果错误并造成严重后果的；（6）拖延办案，贻误工作的；（7）利用职权为自己或者他人谋取私利的；（8）接受当事人及其代理人利益输送，或者违反有关规定会见当事人及其代理人的；（9）违反有关规定从事或者参与营利性活动，在企业或者其他营利性组织中兼任职务的；（10）有其他违纪违法行为的。法官的处分按照有关规定办理。

如果说上述规定较为笼统的话，《人民法院工作人员处分条例》则规定得较为具体。在"分则"一章，《人民法院工作人员处分条例》列举了 7 大类 85 种禁止行为。

1. 违反政治纪律的行为

一般而言，违反政治纪律的行为主要包括以下几种：（1）散布有损国家声誉的言论，参加旨在反对国家的集会、游行、示威等活动；（2）参加非法组织或者参加罢工；（3）违反国家的民族宗教政策，造成不良后果；（4）在对外交往中损害国家荣誉和利益；（5）非法出境，或者违反规定滞留境外不归；（6）未经批准获取境外永久居留资格，或者取得外国国籍；（7）有其他违反政治纪律的行为。

2. 违反办案纪律的行为

根据《人民法院工作人员处分条例》第二章第二节的规定，违反办案纪律的行为共有 26 种，按照案件的进展程度，大致可以分为：（1）立案过程中的行为。主要是违反法律关于立案的规定、给司法活动制造障碍、妨害司法形象和司法权威的行为。（2）庭审过程中的行为。主要是指违反回避规定，或违反规定与当事人联系，不遵守证据规定、保密规定等行为。（3）诉讼调解中的行为。主要是指违背当事人意愿，违反法律关于调解的规定的行为。（4）文书制作中的不当行为。主要是指违反法律关于文书制作的规定，妨碍法院司法审判和执行的行为。（5）执行过程中的不当行为。主要是指违反执行纪律，给当事人或其他相关人员造成不良后果的行为。

3. 违反廉政纪律的行为

该行为主要是指法官违反了清正廉洁的法官职业伦理，利用自己职权或职务之便，为自己或他人牟利的行为。《人民法院工作人员处分条例》在第二章第三节对违反廉政纪律的行为作了列举，共 11 种表现形式。其中需要注意的是对单位或者以单位名义违反廉政纪律行为的处罚。

4. 违反组织人事纪律的行为

该行为主要是指不按照国家或单位集体制定的章程或程序，违反组织人事纪律，给人事关系和人事制度的管理带来不良后果的行为。主要表现为：违反议事规则，个人或少数人决定重大事项，或者改变集体作出的重大决定，造成决策错误；故意拖延或者拒不执行上级依法作出的决定、决议；对职责范围内发生的违纪违法问题隐瞒不报、压案不查、包庇祖护，或者对上级交办的违纪违法案件故意拖延或者拒不办理；压制批评，打击报复、扣压、销毁举报信件，或者向被举报人透露举报情况；在人员录用等工作中徇私舞弊、弄虚作假；弄虚作假，骗取荣誉，或者谎报学历、学位、职称；等等。《人民法院工作人员处分条例》第二章第四节列举了 11 种违反组织人事纪律行为的表现形式。

5. 违反财经纪律的行为

该行为主要是指利用自己经手财务的便利，违反规定牟利或浪费、违反国家财经管理纪律的行为。《人民法院工作人员处分条例》第二章第五节列举了 5 种表现形式，主要包括：违反规定进行物资采购或者工程项目招投标，造成不良后果；违反规定擅自开设银行账户或者私设"小金库"；伪造、变造、隐匿、毁弃财务账册、会计凭证、财务会计报告；违反规定挥霍浪费国家资财；其他违反财经纪律的行为。

6. 失职行为

法官的失职行为主要是指法官在履职过程中出现失误、影响司法过程的顺利进行、造成不良或严重后果的行为。《人民法院工作人员处分条例》第二章第六节列举了 9 种表现形式，主要是：因过失导致依法应当受理的案件未予受理，或者不应当受理的案件被违法受理；因过失导致错误裁判、错误采取财产保全措施、强制措施、执行措施，或者应当采取而未采取，造成不良后果；因过失导致所办案件严重超出规定办理期限，造成严重后果；因过失导致被羁押人员脱逃、自伤、自杀或者行凶伤人；因过失导致诉讼、执行文书内容错误，造成严重后果；等等。

7. 违反管理秩序和社会道德的行为

该行为主要是指法官因故意或过失违反国家的管理规定、扰乱社会管理秩序、败坏社会公序良俗的不当行为。《人民法院工作人员处分条例》第二章第七节列举了 16 种表现形式，主要包括：因工作作风懈怠、工作态度恶劣，造成不良后果；故意泄露国家秘密、工作秘密，或者故意泄露因履行职责而掌握的非公开信息；参与赌博；吸食、注射毒品或者参与嫖娼、卖淫、色情淫乱活动；等等。

（二）法官承担职业责任的主要形式

法官承担法官职业责任的形式基本上是两种：纪律责任和刑事责任。根据《人民法院工作人员处分条例》规定，法官因违反法律、法规或者本条例规定，应当承担纪律责任的，依照本条例给予处分。人民法院法官违纪违法涉嫌犯罪的，应当移送司法机关处理。

1. 纪律责任

法官违反法官职业伦理，其行为尚未构成犯罪，情节较轻且没有危害后果的，要给予诫勉谈话和批评教育；构成违纪的，根据人民法院有关纪律处分的规定进行处理。根据我国《法官法》和《人民法院工作人员处分条例》的规定，纪律处分的种类分为警告、记过、记大过、降级、撤职、开除。警告的期间为 6 个月，记过的期间为 12 个月，记大过的期间为 18 个月，降级、撤职的期间为 24 个月。受处分期间不得晋升职务、级别。其中，受记过、记大过、降级、撤职处分的，不得晋升工资档次；受撤职处分的，应当按照规定降低级别；受到开除处分的，自处分决定生效之日起，解除与人民法院的人事关系，不得再担任公务员职务。《人民法院工作人员处分条例》具体还规定了两种以上处分的合并执行、二人以上共同违纪行为的处理，以及在法定幅度范围内从重、从轻、减轻和免除的情形。关于纪律责任和刑事责任的竞合问题，该条例也作了非常详细的规定。在人民法院作出处分决定前，已经被依法判处刑罚、罢免、免职或者已经辞去领导职务的法院工作人员，确实需要给予处分的，应当根据其违纪违法事实给予处分。被依法判处刑罚的，一律给予开除处分。该条例还在第一章第三节详细规定了"处分的解除、变更和撤销"。从总体上说，根据我国《公务员法》和《法官法》制定的《人民法院工作人员处分条例》中的纪律处分是行政处分，相关人员承担的是行政责任。《人民法院工作人员处分条例》第二章"分则"对 7 类 85 种禁止行为的表现形式都规定了相应的纪律处分。《最高人民法院关于违反"五个严禁"规定的处理办法》规定，人民法院纪检监察部门要按照管辖权限及时对违反"五个严禁"规定的线索进行检查。一经核实，需要调离审判、执行岗位的，应当及时提出处理意见报院党组决定。人民法院政工部门根据院党组的决定，对违反"五个严禁"规定的人员履行组织处理手续。

美国联邦法官的
弹劾制度

2. 刑事责任

法官因违反法官职业伦理而触犯刑律的，就需要承担相应刑事责任，由纪检监察部门负责移送相关部门。根据刑事司法相关法律，法官触犯的罪名可以分为两类：一类是普通主体都能构成的犯罪，如杀人罪、抢劫罪等；另一类是特殊主体的职务犯罪。特殊主体的职务犯罪主要是我国《刑法》第八章、第九章规定的以下罪名：贪污罪；贿赂罪；滥用职权罪；玩忽职守罪；故意泄露国家秘密罪、过失泄露国家秘密罪；徇私枉法罪；枉法裁判罪；徇私舞弊减刑、假释、暂予监外执行罪。这一类犯罪主体都需要具有特定身份。对于法官来说，一般是其在履行职务过程中，利用职务便利实施的犯罪。只要法官触犯刑律，构成犯罪，就应该追究其刑事责任。

【思考题】

1. 在网络化时代，社会舆论有了更多的表达渠道，微博、微信等公共平台更是在社会中有着巨大的影响力。其积极作用是使案件的办理过程更加透明和公开，消极作用则在于社会舆论给法官的职业行为带来很大压力。那么法官应当如何应对网络化时代可能对其独立性带来的影响？

2. 周法官出席大学同学私人投资的公司开业典礼，并在被公开介绍法官身份后登台致贺词。

请问：周法官的行为是否适当？

3. 法官王某在审理一起涉及国家秘密的案件时，恰逢同学聚会。王某为炫耀，将自己因审理而获知的国家秘密向同学和盘托出，其同学答应守口如瓶，后来该案顺利审结。

请问：王某违反了哪些职业伦理？又应当承担何种纪律处分？为什么？

第十一章　检察官职业伦理

【本章导读】

　　检察官职业伦理是检察官在履行职责过程中应遵循的行为规范，也称检察官职业道德。检察官职业伦理是世界各国检察界共同关注的问题。中外检察官制度名称虽同，但性质有别。在我国，检察官是从事检察事务即法律监督事务的国家官员。检察官职业的这一特殊性决定了检察官职业伦理的内容有别于其他法律职业伦理。

【本章知识结构图】

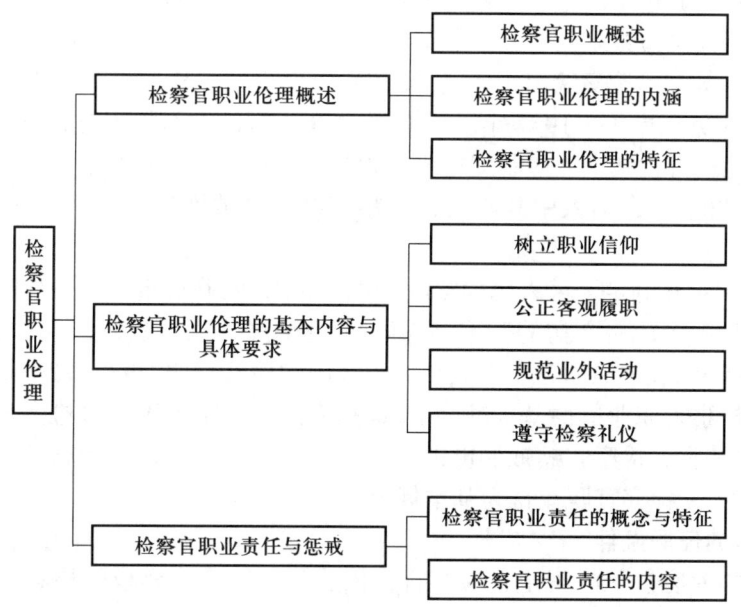

第一节　检察官职业伦理概述

一、检察官职业概述

（一）检察官的发展概况

　　在我国古代，自周至清一直存在着一项十分重要而独特的政治法律制度——御史制度，该制度具有纠察百官、监督制约权力的特点，与现代检察制度有一定的文化传承关系。1906年年底，清政府颁布《大理院审判编制法》，规定新的审判机构采用四级三审制，各级审判厅附设检察局，各检察局设置检察长一人，负责刑事案件的公诉、监督审判和监视判决的执行。1907年颁布了《高等以下各级审判厅试办章程》，对检察制度作了进一步的规定：除法律规定必须亲告案件外，凡刑事案件，无论因被害者告诉、他人告发、警察的移送或检察官自行发觉，都由检察官提起公诉，并明确规定了检察官的具体职权。此外，1909年清政府颁布了《法院编制法》，1910年颁布了《检察厅调度司法警察章程》，这些都为检察制度的发展奠定了基础。辛亥革命推翻清政府的统治后建立了南京临时政府，南京临时政府基本沿用了晚清改制后的司法体制。北洋政府时期，也基本沿用清末的司法体制，实行四级三审制，后来又改为三级二审制，在各级审判厅辖区内单独设立检察厅。同时改了一些旧的称谓：总检察厅首长由厅丞改为检察长，各级检察厅的典簿、录事改为书记官长、书记官。①

1949年，第一届中国人民政治协商会议召开，通过了《中央人民政府组织法》。该法明确规定："最高人民检察署对政府机关、公务人员和全国国民之严格遵守法律，负最高的检察责任。"1951年，中央人民政府通过了《最高人民检察署暂行组织条例》和《各级地方人民检察署组织通则》，各级人民检察机关相继建立。1954年9月，第一届全国人民代表大会第一次全体会议召开，制定并通过了《中华人民共和国宪法》。该法第81—84条对我国检察制度作了规定，其中包括最高人民检察院的职权、领导关系和检察长的任期，并且规定了垂直领导原则。这次会议还通过了《人民检察院组织法》，比较系统地规定了检察机关的设置、职权、组织原则，检察人员的任免程序等。1957年，反右派斗争开始，进而扩大化，法律虚无主义泛滥，检察制度被错误地进行批判，一些制度也没有得到很好的实施。1966年，"文化大革命"开始，检察制度被彻底"砸烂"，陷入中断阶段，检察官群体也被推到边缘，直到1978年粉碎"四人帮"。②

1979年，我国重新制定了《人民检察院组织法》③，明确规定了人民检察院为国家法律监督机关，恢复了新中国成立之初的双重领导体制，确立了人民检察院在我国政治体制中的独立法律地位。1995年，《检察官法》④颁布，为我国的检察官职业发展带来了新气象。目前配套的规定还有《检察官职业道德基本准则》《最高人民检察院关于完善检察官权力清单的指导意见》《关于建立法官、检察官惩戒制度的意见（试行）》《关于人民检察院全面准确落实司法责任制的若干意见》《检察官职业行为基本规范（试行）》等。

（二）检察官的任职条件

根据我国《检察官法》的规定，检察官是依法行使国家检察权的检察人员，包括最高人民检察院、地方各级人民检察院和军事检察院等专门人民检察院的检察长、副检察长、检察委员会委员和检察员。检察官必须忠实执行宪法和法律，全心全意为人民服务。检察官依法履行职责，受法律保护。根据《检察官法》第12条之规定，担任检察官必须具备下列条件：（1）具有中华人民共和国国籍；（2）拥护中华人民共和国宪法，拥护中国共产党领导和社会主义制度；（3）具有良好的政治、业务素质和道德品行；（4）具有正常履行职责的身体条件；

---

① 孙谦主编：《中国特色社会主义检察制度》，中国检察出版社2015年版，第89—90页。
② 张思卿主编：《中华人民共和国检察业务全书》，吉林人民出版社1991年版，第5页。
③ 该法后经多次修改，最近一次是2018年10月26日第十三届全国人大常委会第六次会议进行的修订。
④ 该法后经多次修改，最近一次是2019年4月23日第十三届全国人大常委会第十次会议进行的修订。

（5）具备普通高等学校法学类本科学历并获得学士及以上学位；或者普通高等学校非法学类本科及以上学历并获得法律硕士、法学硕士及以上学位；或者普通高等学校非法学类本科及以上学历，获得其他相应学位，并具有法律专业知识；（6）从事法律工作满5年，其中获得法律硕士、法学硕士学位，或者获得法学博士学位的，从事法律工作的年限可以分别放宽至4年、3年；（7）初任检察官应当通过国家统一法律职业资格考试取得法律职业资格。适用前款第5项规定的学历条件确有困难的地方，经最高人民检察院审核确定，在一定期限内，可以将担任检察官的学历条件放宽为高等学校本科毕业。此外，《检察官法》第13条还规定，下列人员不得担任检察官：（1）因犯罪受过刑事处罚的；（2）被开除公职的；（3）被吊销律师、公证员执业证书或者被仲裁委员会除名的；（4）有法律规定的其他情形的。

根据《检察官法》第18条之规定，检察官的任免，依照宪法和法律规定的任免权限和程序办理。最高人民检察院检察长由全国人民代表大会选举和罢免，副检察长、检察委员会委员和检察员，由检察长提请全国人民代表大会常务委员会任免。地方各级人民检察院检察长由本级人民代表大会选举和罢免，副检察长、检察委员会委员和检察员，由检察长提请本级人民代表大会常务委员会任免。地方各级人民检察院检察长的任免，须报上一级人民检察院检察长提请本级人民代表大会常务委员会批准。省、自治区、直辖市人民检察院分院检察长、副检察长、检察委员会委员和检察员，由省、自治区、直辖市人民检察院检察长提请本级人民代表大会常务委员会任免。省级人民检察院和设区的市级人民检察院依法设立作为派出机构的人民检察院的检察长、副检察长、检察委员会委员和检察员，由派出的人民检察院检察长提请本级人民代表大会常务委员会任免。新疆生产建设兵团各级人民检察院、专门人民检察院的检察长、副检察长、检察委员会委员和检察员，依照全国人民代表大会常务委员会的有关规定任免。

根据《检察官法》第14-16条规定，初任检察官采用考试、考核的办法，按照德才兼备的标准，从具备检察官条件的人员中择优提出人选。人民检察院的检察长应当具有法学专业知识和法律职业经历。副检察长、检察委员会委员应当从检察官、法官或者其他具备检察官条件的人员中产生。同时，人民检察院可以根据检察工作需要，从律师或者法学教学、研究人员等从事法律职业的人员中公开选拔检察官。除应当具备检察官任职条件外，参加公开选拔的律师应当实际执业不少于5年，执业经验丰富，从业声誉良好；参加公开选拔的法学教学、研究人员应当具有中级以上职称，从事教学、研究工作5年以上，有突出研究能力和相应研究成果。省、自治区、直辖市设立检察官遴选委员会，负责初任检察官人选专业能力的审核。检察官在依照法定程序产生后，在就职时应当公开进行宪法宣誓。

（三）检察官的角色定位与职业属性

1. 检察官的角色定位

检察官的角色定位，一般是指检察官在国家公职人员中的性质与地位。由于各国的司法体制不尽相同，检察官的定位也存在差别。对此，我国台湾地区学者林钰雄认为，自欧洲大陆创建检察制度以来，检察官就一直处在法官与警察两大山谷的"谷间带"，检察官不愿意成为"侏儒法官"，也不愿成为"司法警察"，如何定位检察官一直是各国检察制度的难题。[①]

---

① 林钰雄：《谈检察官之双重定位》，载《刑事法杂志》1998年第12期。

　　龙宗智教授认为，在学说上，关于检察官的定位，一直存在两种相互对立的观点，即"行政官说"和"司法官说"。"行政官说"认为检察官系行政官，主要有两方面的理由：（1）根据检察机关的组织体制和组织原则，即"检察一体制"，检察机关上下形成一个整体。具体体现于四项制度：① "阶层式建构"和上级的"指令权"。各国检察机关普遍仿效行政机关的"阶层式建构"，上级检察机关对下级检察机关有指挥监督的"指令权"，而下级检察机关则有服从义务。② 职务收取和职务转移制。上级检察官有权亲自处理属于下属检察官承办的案件和事项，同时上级检察官有权将下属检察官承办的案件和事项转交其他下属检察官承办。③ 官员代换制。参与诉讼、出席法庭的检察官中途被替换的，对案件在诉讼法上的效果并无影响。④ 首长代理制。各级检察机关所属检察官在对外行使职权时，系检察首长的代理人。（2）国家法（宪法）上的权力划分。立法、行政、司法的"三权鼎立"与制衡，是西方政治制度的基本结构。在这一构造中，检察官不隶属于立法机关，也不属于法官，而是受上级指令约束的公务员，是代表第二权（行政）对第三权实施监督制衡的人员。只有这种类别划分，才能实现司法结构的合理性与国家基本结构的"同构性"。"司法官说"认为检察官是与法官具有"等同性"的司法官。"司法官说"的基本论据，是检察官与法官的"近似性"及检察权与审判权的"接近度"。对这种特性，几乎达成了"共识"。"司法官说"最重要的理由，是防范行政不当干预刑事司法。由于现代检察官制度是资产阶级革命的产物，因此防止作为"革命之子"的检察官制度成为行政的工具，是创设该制度以来的基本要求。[①]

　　谢佑平教授和宋远升教授认为，检察官的角色具有多重性，司法活动中的检察官可以同时是精神伦理中的道德人、法律制度中的法律人、社会制度中的社会人以及自然意义上的自然人。同一个主体承担了如此众多的角色，冲突是不可避免的，问题是在现代司法中应该如何对检察官进行准确定位。谢佑平教授和宋远升教授认为，作为一个独立、中立、公正以及理性的法律人，是检察官最为恰当的身份选择。[②]

　　前述观点主要是对一般意义之检察官的角色定位进行分析。关于我国检察官的具体定位，理论界也存在不同的观点。

　　有观点认为，应当立足于我国的政治体制和现行法律规定。我国检察机关独立于行政机关和审判机关，是国家法律监督机关，检察机关行使的检察权实质上是一种法律监督权。因此，在我国，检察官作为国家机关工作人员，具有独立性，既不是行政官，也不是法官。其基本定位应当是护法官，即法律监督官员，是专门维护法律统一和正确实施的官员。这一定位意味着：（1）检察官是国家官员，是行使一定国家权力的人，这一身份使得检察官区别于一般公民；（2）检察官是国家法律官员，是使用检察权处理法律案件的人，这一身份使得检察官区别于行政官员、立法官员；（3）检察官为维护法律实施，以积极的行动方式（侦查和提起诉讼）适用法律，是法律监督者，这一身份使得检察官不同于法官。法官是以消极的方式（不告不理）运用法律裁决纠纷的人，是裁判官。[③]

　　有观点认为，在我国，检察官是依法在检察机关行使国家检察权的法律职业人员。从检

　　① 龙宗智：《试论检察官的定位——兼评主诉检察官制度》，载《人民检察》1999 年第 7 期。

　　② 谢佑平、宋远升：《检察官角色的冲突衡平与定位》，载《国家检察官学院学报》2010 年第 4 期。

　　③ 李瑜青主编：《法律社会学理论与应用》，上海大学出版社 2007 年版，第 260–261 页。

察官的职责来看，我国检察官属于专事国家法律监督职责的官员，其核心职责是进行法律监督，目的是维护国家法律的统一和正确实施。基于此，检察官的角色定位具体表现为：（1）检察官是法律秩序的积极守护者。法官、检察官、律师都同样担负着对法律秩序的维护职能，但基于法官的裁判角色定位，法官维护法律秩序是被动的；律师也需要基于当事人的请求，通过维护当事人合法权益来实现对法律秩序的维护；检察官并不是基于当事人的请求，而是积极主动地监督法律的正确实施。（2）检察官是司法公正的忠实捍卫者。公正是检察机关司法属性和法律监督属性的必然要求。（3）检察官是国家和人民权益的客观代表。检察官为了发现真实情况，不应站在当事人的立场上，而应站在客观的立场上进行活动。检察官必须以事实为依据，以法律为准绳，秉公执法，不得徇私枉法，既要注意对犯罪嫌疑人不利的情况，也要注意对其有利的情况。[①]

有观点认为，无论基于检察官理想品格的形成还是检察实践的要求，我国检察改革的重心都在于检察官司法官化。检察官、法律监督官和司法官名异实同。我国应坚持"大司法"框架下的检察官司法官化道路，实现我国检察官角色定位的司法回归：公正、客观、理性、独立。从宪法规定来看，检察官是法律监督官，我国《宪法》第 134 条将人民检察院定位为国家的法律监督机关。从法律、法规、规章等规定来看，检察官是司法官，我国《刑法》条文中有 17 处涉及了"司法"的概念，具体包括何谓司法、司法机关、司法工作人员等。该法第 94 条特别规定："本法所称司法工作人员，是指有侦查、检察、审判、监管职责的工作人员。"我国《刑事诉讼法》条文中有 6 处、《治安管理处罚法》条文中有 1 处、《行政处罚法》条文中有 4 处涉及了"司法"的概念，其他法律、法规、规章中也多有涉及。该观点进一步认为，检察官职能内容上的共性是检察官的本质特征，而综观当今世界上绝大多数法治国家，尽管具体职能的内容边界、行使方式、行使机关的设立形式等存在不同程度的差别，但公诉、职务犯罪侦查和司法行为监督都是检察官的三大基本职能。我国检察官的法律监督职能也是通过上述三大职能的行使实现的，即我国检察官与其他国家的检察官在基本职能上没有本质区别。从这个意义上讲，检察官与法律监督官抑或法律守护官（人）只是称谓不同。而各国所谓的行政监督官、准司法官、行政官、公益代表人等类型，也只是给检察官披上了不同的角色"外衣"。将检察官称为司法官，是在广义的司法概念下的定位，表现出检察官与法官的职能行使和品格有着共同的要求。可以说，检察官司法官化，是对穿着不同角色"外衣"的检察官的共同最高要求。[②]

还有观点认为，从应然的角度看，我国检察官的角色，应当是诉讼当事人、法律守护人和公益代表人。在刑事诉讼中，检察官（机关）首先是诉讼一方当事人。检察官通过侦查、公诉、监督及刑罚执行等职能的行使，维护法律权威和尊严，维护社会公平正义，尊重保障人权。在现代社会，检察官以维护公共利益为自己的崇高使命。[③]

上述研究者的不同观点存在共性，也存在差别。对于检察官的角色定位，基本上使用一种"倒推式"论证进路，即通过检察权的性质来倒推检察官角色定位，通过检察机关的性质

---

① 胡尹庐、胡卫列主编：《检察官职业素养教程》，中国检察出版社 2015 年版，第 122–123 页。

② 刘万丽、黄在国：《我国检察官角色定位问题研究》，载《中州学刊》2013 年第 11 期。

③ 段明学：《检察改革论略》，中国检察出版社 2016 年版，第 137–140 页。

来倒推检察官角色定位，或者通过法定职责来倒推检察官角色定位。本书认为，无论对检察官作何种角色定位，有一个基本前提是确定的，即检察官属于法律职业人员，属于法律职业共同体的组成部分。因此，从这个角度看，可以选择一种"语境式"或"情境式"界定模式，即把检察官放在具体的情境中，进而确定其准确的角色定位。在此基础上，对于检察官应该遵循的职业伦理也更有针对性。对法律职业人员而言，最主要的职业行为就是法律服务行为；对检察官来说，最重要的就是参与诉讼。在诉讼中，检察官是一方诉讼当事人，只不过其所代表的或要维护的是公共利益、国家利益。

2. 检察官的职业属性

对检察官的角色定位不同，得出的职业属性也会有所差别，在此介绍主要观点，以供思考。

有观点认为，检察官是以积极的方式行使职权，以维护法律实施和保护公益为目的的国家法律官员。检察官职业具有以下特点：（1）法律性。检察官职业的法律性，不在于法律对检察官职业的规范，而在于检察官职业"工作"内容本身的法律性。在法治国家，任何一种职业均或多或少地受到法律的规范，完全超越于法律之外的职业是不存在的。检察官作为一种独立的、专门化的职业，从其产生之日起，就以特定方式运作法律为天职。（2）公益性。检察官职业的价值取向是公益，检察官从公益角度出发，处理检察业务。公益即公共利益，是指作为有机体的公众共同享有的权益、福利和价值，其构成要素一般包括公共秩序、公共道德、公共财产、公共安全和普遍人权等。检察官以公益代表的身份参与诉讼活动，在刑事诉讼中，检察官担当公诉人的身份充分说明了其职业价值取向。在涉及国家利益、社会利益的民事、行政案件中，在具体权利人不确定的情况下，检察官应当以公益人代表的身份提起诉讼。（3）主动性与被动性。检察官在适用法律时，都是基于案件或法律纠纷的存在，即法律在实施过程中遇到了障碍，发生了违法犯罪行为或遇到法律纠纷，因而在此意义上，检察官运用法律、实施法律，具有一定的被动性。但是一旦遇到国家公职人员的犯罪活动或涉及公共利益的特定民事与行政案件，以及针对司法机关与司法行政机关的法律监督，检察官则会主动以公诉人或公益人代表或法律监督者的身份介入相应的司法诉讼活动。[①]

有观点认为，检察官的职业属性主要体现为司法性、独立性与客观性。从职业品格上着眼，检察官的司法属性占主导地位。无论强调法官、检察官的同质性，将二者比作一枚硬币的两面、一辆车子的两轮，还是将检察官视为在司法领域与法官共同履行司法职责的行政官，都要肯定检察官有别于行政官亦有别于法官的独特性。在这种独特性中，司法官属性占据主导色彩。从检察实践来观察，检察官的客观性、独立性是关键内容。在独立性方面，欧陆普遍认同案件的真实性及公正性，必须由各主其事的个人，依理性和良知个别判断，不得对检察官施以强制，命其违反自己的信念行事。在客观性方面，检察官的倾心所求正是力图做到"事实上确实如此"。[②]

最高人民检察院政治部认为，作为法律职业，检察官与法官、律师等一样，具有法律职业的共性，即受过系统的法律职业教育和训练，有着以权利义务为中心概念的参照系，有以

---

① 李瑜青主编：《法律社会学理论与应用》，上海大学出版社 2007 年版，第 261-262 页。
② 刘万丽：《再论检察官的角色定位》，载《河南师范大学学报（哲学社会科学版）》2014 年第 2 期。

理性的、专业的话语和独特的推理方法去实现法律的确定性，有以维护社会正义和自由、维护法律权威为价值追求的职业意识。但是检察官基于其角色特点又具有诸多有别于法官、律师的职业特性。从我国检察官的法律监督角色看，检察官职业具有以下特性：

（1）主动性。检察官是法秩序的积极守护者。法治对检察官的角色定位要求检察官代表国家而非基于当事人的请求，主动对违反法秩序的犯罪行为进行追诉，并对诉讼中的其他违法行为进行纠正。从检察官独具的主动追诉的职能看，检察官是法秩序的积极守护者。

美国检察系统简介

（2）客观性。检察官适用法律要恪守客观性义务。检察官不仅代表国家对犯罪行为进行追诉，维护法律秩序，还负有保护人权之责。这就使检察官负有客观性义务。检察官为了发现真实情况，不应站在当事人的立场上，而应站在客观的立场上进行活动，检察官不是也不应是片面追求打击犯罪的"诉狂"，而是依法而言、客观公正的守护人。①

二、检察官职业伦理的内涵

检察官职业伦理，是指检察官在职务内和职务外行为时需遵循的准则。从理论上讲，检察官职业伦理，可以进一步分为检察官的外部伦理和内部伦理。所谓检察官的外部伦理，是指检察官基于职务行使及其特殊身份而在对外联系中需遵循的行为准则；所谓检察官的内部伦理，则是指检察官在检察机关内部工作中应当遵循的行为准则。区分检察官外部伦理和内部伦理的主要依据在于：前者旨在约束检察官的对外行为，包括检察官在职务行使过程中应当恪守的行为准则和检察官基于其特殊身份而在私人活动和社交活动中应当恪守的行为准则；而后者旨在约束检察官在检察机关内部的行为，包括检察官与上级检察首长的行为关系准则，以及检察官与同事的行为关系准则。②

在结构意义上，检察官职业伦理是检察官与其职业相关主体之间的一种客观交往关系。检察官职业伦理并不是单个因素的结构，包括作为职业伦理主体的检察官、检察官职业伦理关系、检察官职业伦理规范以及检察官职业伦理秩序四种构成要素。在功能意义上，检察官职业伦理产生于检察官职位本身，同时又对检察官个体具有濡化作用。检察官自身可能并没有感知到这种濡化作用，但这种濡化过程实在地发挥着作用。因此，检察官职业伦理可以在很大程度上优化检察官职业的内在结构，将检察官职业巩固为一种稳定的关系，并使得检察官职业共同体成员由法律认同感提升至伦理认同感，从而保证检察官职业群体的有效互动及效能发挥。③

三、检察官职业伦理的特征

基于检察业务的特殊性，检察官职业伦理与普通的职业伦理相比，有着比较突出的特性。

---

① 最高人民检察院政治部编写组：《中国特色社会主义检察制度学习材料》，中国检察出版社 2006 年版，第 155–156 页。

② 万毅：《检察官职业伦理的划分》，载《国家检察官学院学报》2014 年第 1 期。

③ 宋远升：《论检察官职业伦理的构成及建构》，载《法学评论》2014 年第 3 期。

（一）特定的主体

检察官职业伦理的主体是检察官。按照检察院内部的机构设置，除了职业检察官，检察院内部还设有书记员、内勤等行政人员等岗位。这些工作人员虽然不是职业检察官，但是他们的任务是协助职业检察官行使检察权，根据自己的职业行为规范来工作，与职业检察官的司法活动有着极为密切的联系。但他们毕竟不是职业检察官，两者之间的职业差异是本质上的。基于此，两者之间的职业伦理要求也大不相同。如检察院内部的聘任制书记员，作为检察工作的辅助人员，其不具有检察官在刑事诉讼中的职权，自然不用承担检察官的义务，只需要遵守基本的司法行政人员的职业伦理即可。因此，检察官职业伦理的主体只能是在检察院专门行使检察权的职业检察官，并不包括检察院的其他组成人员。

（二）特定的对象

检察官职业伦理规范的对象也是特定的，主要指向检察官的职业行为及其各种社会活动。检察官职业伦理首先调整的是检察官的职业行为。如"忠诚"的职业伦理要求检察官忠于党、忠于国家、忠于人民，忠于事实和法律，忠于人民检察事业，恪尽职守，勇于奉献；"公正"的职业伦理要求检察官树立"正义"的理念，独立行使检察权，坚持法律面前人人平等，自觉维护程序公正和实体公正；"严明"的职业伦理要求检察官在执法活动中要"严格执法，文明办案，刚正不阿，敢于监督，勇于纠错，捍卫宪法和法律的尊严"；等等。这些职业伦理相较于普通的职业伦理，要求更高，规范得更严格。检察官是社会正气的表率，代表着法律公正无私的形象。因此，检察官的一言一行必须要谨慎，不管是在检察官自己日常的职业活动中，还是在业外活动中，检察官均应模范地遵守法律职业伦理，尤其是检察官职业伦理，成为公民行为的道德楷模。

（三）特定的内容

检察官职业伦理的内容也是特定的，其核心是公正。《检察官职业道德基本准则》第4条规定，坚持公正理念，维护法制统一。检察官的一切司法活动都是围绕着公正司法展开的。作为一种特殊的法律职业，检察官的任务是通过行使检察权，追究犯罪嫌疑人的违法犯罪活动，保护人民群众的生命、财产和健康安全，保障公民的人身权利、民主权利和其他权利，维护正常的社会秩序。同时，检察官还应通过自己的司法实践，教育公民自觉地遵守宪法和法律，积极同违法犯罪行为作斗争。这说明，检察官的职业伦理具有两方面的内容：一是规范检察官的职业行为；二是培养高尚的生活情操和道德水平。检察官只是法律职业中的一种，因而检察官职业伦理约束的也只是检察人员的职业行为和社会活动。

第二节　检察官职业伦理的基本内容与具体要求

一、树立职业信仰

（一）职业信仰的内涵

在古代汉语中，"信仰"并没有作为一个固定词语出现，《说文解字》从字面意义上将"信仰"解释为："信，诚也"，"仰，举也"。在英文中，"信仰"也用了一个很庄严的词来表示，即 faith。也有学者认为，英文中与"信"或"信仰"相对应的动词是 believe，其含义为

"信任、相信、以为、信仰"等；英文中与信仰对应的名词是 belief，其含义为信念、信仰等。《现代汉语词典》将"信仰"定义为："动词，对某人或某种主张、主义、宗教极度相信和尊重，拿来作为自己行动的榜样或指南；名词，相信并奉为准则或指南的某种主张、主义、宗教等。"①《哲学大辞典》对"信仰"的解释为："信仰是对某种理论、思想、学说的心悦诚服，并从内心以此作为自己的行动指南。有盲目的信仰与科学信仰之分。"②《社会历史观大辞典》将"信仰"解释为：信仰是人们对某种学说、主义的信服和崇拜，并用来作为自己的精神寄托和行为指南。信仰来源于社会实践，又包含着人的心理过程，渗透着意志力，是认识和情感的结合物，信仰有科学的信仰和非科学的信仰之分。③

综上所述，得到普遍认可的信仰概念可以简洁地表述为：对某人或某种主张、主义、宗教的极度相信和尊崇，并把它奉为自己的行为准则。其内涵包括以下几层意思：（1）信仰是一种"极度"相信的心理状态；（2）信仰的对象可以是特定的人或事物，也可以是宗教或者抽象的思想学说；（3）信仰的行为特征主要是极度地相信；（4）信仰过程注重整体性思维与行为实践的结合，信仰是知、情、意、行的高度统一。④

职业信仰是这样一种情感体验和精神追求，即职业者在职业形成过程中，对于其所从事职业的意义、规律、原则的极度信服和尊崇，并奉之为自己的行为准则和活动指南。职业信仰是一个人信仰的集中体现，它使一个人的信仰与自己的职业联系在了一起，从而在职业中自觉地追求利己、利人和利群的高度统一。⑤检察官职业信仰是检察官执行职务活动时内在的最高道德标准，是检察官个体对于检察官职业的意义、规律、原则的极度信服和尊崇，并将其作为自己行为和活动的指南。

（二）职业信仰的功能

职业信仰是一个人信仰的集中体现，它不仅是职业伦理的重要内容，更是职业伦理的最高要求，是期许检察官努力实现的理想目标。职业信仰具有以下几个方面的功能：

1. 凝聚整合功能

检察官职业是由众多检察官个体组成的检察官群体，职业信仰具有整体性，它不仅是个人的价值追求，也是检察官职业的价值追求，只有依靠每一个检察官个体的信仰和追求才能实现。职业信仰向检察官个人提供了一条与他人、与社会进行精神和心灵沟通的渠道，从而为检察官提供了一条职业联系的纽带，将具有共同信仰者凝聚整合起来，为了实现共同的理想而奋斗。

2. 人格塑造功能

信仰决定人格，不同的信仰塑造不同类型的人格，信仰对人格的塑造，本质上是一种价值观的塑造，不同的信仰就有不同的价值追求。⑥职业信仰作为信仰之一种，同样具有人格塑造功能。检察官个体作为职业信仰的信奉者，在情感态度上信服并忠实实践职业信仰所提倡

---

① 中国社会科学院语言研究所词典编辑室编：《现代汉语词典》（第6版），商务印书馆2012年版，第1453页。

② 冯契主编：《哲学大辞典》，上海辞书出版社1992年版，第1214页。

③ 周隆宾主编：《社会历史观大辞典》，山东人民出版社1993年版，第466页。

④ 廖永红：《信仰的力量》，中国社会出版社2016年版，第3-4页。

⑤ 任者春：《敬业：从道德规范到精神信仰》，载《山东师范大学学报（人文社会科学版）》2009年第5期。

⑥ 张国臣等：《理想　信念　信仰》，中国社会出版社2016年版，第8页。

的核心价值观，并把实现这些价值观作为自己的价值理想，内化为自己的奋斗目标，并从中汲取人格发展的动力。

3. 传统维系功能

职业信仰是对职业形成过程中一些最核心价值观的提炼与升华，与职业实践的"前世今生"密切相关。对于检察官职业信仰而言，它是在检察官职业形成过程中，通过不断累积、不断优化、不断提炼得来的，是对检察官职业传统的一种高度总结。因此，对于刚刚加入检察官职业的年轻检察官而言，了解并尊崇检察官的职业信仰，也是连接自己与整个检察官职业传统的重要途径，这也是职业信仰维系传统功能的体现。

（三）职业信仰的内容

根据《检察官法》《检察官职业道德基本准则》以及《检察官职业行为基本规范（试行）》的规定，检察官职业信仰包括如下内容。

1. 坚定信念

检察机关是国家的法律监督机关，检察官是行使国家检察权的检察人员，是中国特色社会主义事业的建设者、捍卫者，是社会公平正义的守护者和公共利益的代表。因此，检察官职业信仰的重要内容之一就是坚定信念。信念是信仰的起点，信仰由信念发展而来。[1] 根据《检察官职业行为基本规范（试行）》的规定，坚定信念主要体现在以下几个方面：（1）坚定政治信念，认真学习中国特色社会主义理论体系，建设和捍卫中国特色社会主义事业。（2）热爱祖国，维护国家安全、荣誉和利益，维护国家统一和民族团结，同一切危害国家的言行作斗争。（3）坚持中国共产党领导，坚持党的事业至上，始终与党中央保持高度一致，自觉维护党中央权威。（4）坚持服务大局，围绕党和国家中心工作履行法律监督职责，为改革开放和社会经济科学发展营造良好法治环境。当然，还必须指出的是，只拥有坚定的信念还不够，将信念转化为实际行动才是最终目标，否则所有的理论都会变得毫无价值。

2. 执法为民

执法为民是宪法原则的具体体现，我国《宪法》第2条第1款明确规定："中华人民共和国的一切权力属于人民。"与这一宪法原则相呼应，《宪法》第27条明确要求，一切国家机关和国家工作人员必须"努力为人民服务"。检察机关是国家机关的组成部分，检察官是国家工作人员的组成部分，因此，执法为民是其对宪法原则的具体实践。执法为民是保障人权的要求，人权是现代法最基本的价值之一，尊重和保障人权既是人类文明的标志，也是一切追求进步的法的基本特征，是现代法区别于传统法的基本标志。[2] 一般认为，人权的国内法保护主要包括宪法保障、立法保护、行政保护、司法救济四个方面，其中司法救济是人权法律保护体系中的重要环节，是人权法律保护的最后一道防线。[3] 根据《检察官职业行为基本规范（试行）》第4条的规定，执法为民主要体现在：坚持执法为民，坚持人民利益至上，密切联系群众，倾听群众呼声，妥善处理群众诉求，维护群众合法权益，全心全意为人民服务。

---

① 陈新汉：《核心价值体系论导论》，上海大学出版社2016年版，第214页。

② 徐显明主编：《法理学》，中国政法大学出版社2007年版，第225页。

③ 张文显主编：《法理学》（第2版），高等教育出版社2003年版，第386—387页。

3. 维护法治

检察官在法治国家担任着重要的角色，代表国家追诉犯罪，维护国家、公民的利益和权利，监督违法，保障国家法律统一和正确实施。法治思维是检察官履行法律监督职责的底线思维。[1] 此外，维护法治还需要检察官树立牢固的法律信仰，检察官的法律信仰是指检察官在执行法律和履行法律监督职责过程中认可和自觉运用法律，最终在思维价值指向方面形成对法律的高度崇尚。[2] 根据《检察官职业行为基本规范（试行）》第 5 条的规定，维护法治主要体现在：坚持依法治国基本方略，坚持宪法法律至上，维护宪法和法律的统一、尊严和权威，致力于社会主义法治事业的发展进步。

4. 追求正义

什么是正义？古今中外有很多与之相关的论述，但仍旧充满分歧。正如美国学者博登海默（Bodenheimer）所言："正义有着一张普洛透斯似的脸，变幻无常、随时可呈不同形状，并具有极其不同的面貌。当我们仔细查看这张脸并试图揭开隐藏其表面之后的秘密时，我们往往会深感迷惑。"[3] 一般认为，美国哲学家罗尔斯（Rawls）和庞德（Pound）所提出的社会正义（即社会基本结构的正义）具有决定意义，可以说是正义之正义。社会基本结构的正义包括两个层面：一是社会各种资源、利益以及负担分配上的正义；二是社会利益冲突之解决上的正义。前者可谓"实体正义"，后者可谓"形式正义"或"诉讼正义"。[4] 至于如何实现正义？一般认为，法是实现正义的手段，法的价值之一在于实现正义。法律对正义的实现作用，总体上体现为：（1）分配权利以确立正义；（2）惩罚罪恶以伸张正义；（3）补偿损失以恢复正义。[5] 检察官有责任确保适当的人因适当的罪行而被检控，并在可能的情况下将违法者绳之以法。根据《检察官职业行为基本规范（试行）》第 6 条的规定，追求正义主要体现为：维护公平正义，忠实履行检察官职责，促进司法公正，提高检察机关执法公信力。

二、公正客观履职

（一）职务行为的内涵

一般认为，职务行为是指具有某种职权或者职责的公务人员，依据职权实施的行为或履行职责的行为。职务行为基于其履行职务的正当性而具有正当性，不因其本质是否加害行为或者是否造成加害后果而产生法律责任或其他责任。[6] 根据《检察官法》第 7 条之规定，检察官的职责包括：（1）对法律规定由人民检察院直接受理的刑事案件进行侦查；（2）对刑事案件进行审查逮捕、审查起诉，代表国家进行公诉；（3）开展公益诉讼工作；（4）开展对刑事诉讼、民事诉讼、行政诉讼活动的监督工作；（5）法律规定的其他职责。检察官对其职权范围内就案件作出的决定负责。

由此可知，检察官的职务行为主要体现为履行职责的行为，如法律监督行为、提起公

---

① 石少侠、胡卫列主编：《初任检察官培训专题讲义》，中国检察出版社 2014 年版，第 38 页。

② 杨乐：《法律信仰的内涵与培养》，载《人民检察》2017 年第 19 期。

③ ［美］E. 博登海默：《法理学：法律哲学与法律方法》，邓正来译，中国政法大学出版社 1999 年版，第 252 页。

④ 张文显主编：《法理学》（第 2 版），高等教育出版社 2003 年版，第 255 页。

⑤ 张文显主编：《法理学》（第 2 版），高等教育出版社 2003 年版，第 257 页。

⑥ 曾龙跃主编：《中国检察百科辞典》，黑龙江人民出版社 1993 年版，第 108 页。

诉行为等。为了丰富检察官对自身职务行为之认知，《检察官职业行为基本规范（试行）》第11-15条对此作了进一步规定，要求检察官要做到以下几点：（1）坚持打击与保护相统一，依法追诉犯罪，尊重和保护诉讼参与人和其他公民、法人及社会组织的合法权益，使无罪的人不受刑事追究。（2）坚持实体与程序相统一，严格遵循法定程序，维护程序正义，以程序公正保障实体公正。（3）坚持惩治与预防相统一，依法惩治犯罪，立足检察职能开展犯罪预防，积极参与社会治安综合治理，预防和减少犯罪。（4）坚持执行法律与执行政策相统一，正确把握办案力度、质量、效率、效果的关系，实现执法办案法律效果、社会效果、政治效果的有机统一。（5）坚持强化审判监督与维护裁判稳定相统一，依法监督纠正裁判错误和审判活动违法，维护生效裁判既判力，保障司法公正和司法权威。

（二）职务行为的基本规则

检察官职务行为是否符合职业伦理之规范要求，是各国职业伦理规范之重点，我国也不例外。根据《检察官职业行为基本规范（试行）》之规定，检察官在履行职务行为时，需要遵守如下基本规则。

1. 树立正确执法理念

理念是一种认识和信念或价值观，属于意识形态范畴。执法理念是执法人员对法律的功能、作用和法律实施所持有的态度和观念，具有稳定性，对执法活动及执法效果具有决定性的影响。任何法律都包含理念和制度两个层面，两者相辅相成。理念是推动法治社会进步的内在的、隐性的、巨大的动力。法治社会在一定意义上首先是一个观念共同体，其依赖于某些共同观念的维系、滋养和支撑。理念是构成一个国家法律文化的精髓，它贯穿整个法律实践过程，潜移默化地影响、传承于后人，并培育着一个国家的法治传统和法律精神。[①] 根据《检察官职业行为基本规范（试行）》第17-20条之规定，检察官在将执法理念外化为职务行为时，应该遵循以下基本规则：（1）坚持理性执法，把握执法规律，全面分析情况，辩证解决问题，理智处理案件。（2）坚持平和执法，平等对待诉讼参与人，和谐处理各类法律关系，稳慎处理每一起案件。（3）坚持文明执法，树立文明理念，改进办案方式，把文明办案要求体现在执法全过程。（4）坚持规范执法，严格依法办案，遵守办案规则和业务流程。

2. 依法履行职务行为

"依法"就是指依从、按照宪法和法律、法规的规定。任何公权力都是特定的，是受约束和受限制。检察官作为行使检察权的国家工作人员，其行为正当性具备宪法及法律基础，不受行政机关、社会团体和个人的干涉，但也应该严格按照规定的权限和程序认真履行职责。我国《宪法》第136条规定："人民检察院依照法律规定独立行使检察权，不受行政机关、社会团体和个人的干涉。"《检察官法》第6条规定："检察官依法履行职责，受法律保护，……"第10条规定，检察官应当履行"严格遵守宪法和法律"的义务。《检察官职业行为基本规范（试行）》第9条进一步规定，坚持依法履行职责，严格按照法定职责权限、标准和程序执法办案，不受行政机关、社会团体和个人干涉，自觉抵制权势、金钱、人情、关系等因素干扰。

---

① 张耕主编：《检察文化初论》，中国检察出版社2014年版，第182-183页。

3. 保持公正性

何为公正呢？按照《现代汉语词典》的解释，"公正"的意思是"公平正直，没有偏私"。[①] 公正的词义来源于人们对现存社会生活观念的反映，实质上是一种学理性的阐释。总体而言，就基本价值理念和基本行为准则的"公正"，在我国学界形成了三种不同的理解：第一种观点认为，公正是人类社会的基本价值，是调节人与人之间关系的最基本的道德规范和利益准则，是指社会成员在社会生活各个领域的权利享有和义务分配的合理性。[②] 第二种观点认为，公正是在一定历史条件下，不同社会主体对自身权益在一定活动范围内得到合理满足、平等实现的价值理念，及其通过不同社会主体之间的现实博弈所确立的一种规则体系和可以验证的实际状态的总和。[③] 第三种观点认为，公正是一个规则体系，是一个由对人的基本尊严和基本权利予以保证的规则、机会平等的规则、按照贡献进行分配的规则以及社会调剂等共同组成的规则体系。[④] 综合国内学者的研究成果，一般认为，公正是指"从一定原则和准则出发对人们的行为和作用所作的相应评价，也指一种平等的社会状况，即按同一原则和标准对待相同的情况的人和事"。[⑤] 司法公信力的确立与提高，有赖于每一位司法者的公正，需要在每一具体的案件中去实践与体现。我国《检察官法》第 5 条规定，检察官履行职责，应当以事实为根据，以法律为准绳，秉持客观公正的立场。检察官办理刑事案件，应当严格坚持罪刑法定原则，尊重和保障人权，既要追诉犯罪，也要保障无罪的人不受刑事追究。《检察官职业行为基本规范（试行）》第 10 条进一步规定，坚持客观公正，忠于事实真相，严格执法，秉公办案，不偏不倚，不枉不纵，使所办案件经得起法律和历史检验。

4. 履行客观义务

关于检察官承担"客观义务"的规定，创设于 19 世纪中后期的德国，随后传播到了欧洲以及亚洲其他大陆法系国家。[⑥] 日本学者松本一郎认为，检察官的"客观义务"是指"检察官为了发现真实情况，不应站在当事人的立场上，而应站在客观的立场进行活动"。[⑦] 松本一郎的论述对我国学者产生了很大的影响，国内有关检察官"客观义务"的很多论述都体现了松本一郎的核心观点。例如，龙宗智教授认为，检察官的客观义务，是指检察官为了发现案件真实，不应站在当事人的立场，而应站在客观的立场上进行活动。龙宗智教授进一步认为，中国检察制度有必要确立检察官客观义务这一概念，并作出相应的制度安排，主要理由是：（1）中国检察权行使的司法制度框架以及检察权的权能内容具有比较法上的类同性，因此，同样需要设定检察官的客观义务。（2）中国刑事司法制度的国家主义（职权主义）特征，加强了检察官的客观义务。（3）中国检察制度的特殊性质与内容，并不消解客观义务，反而要求强化这一义务。此外，从现实情况出发，龙宗智教授认为，强化检察官客观义务具有现实理由：（1）检察活动中仍然存在某种偏向，为此需呼吁客观义务。（2）当前国家司法制度

①　中国社会科学院语言研究所词典编辑室编：《现代汉语词典》（第 6 版），商务印书馆 2012 年版，第 452 页。

②　李梅：《公正思想演变探析》，载《华南农业大学学报（社会科学版）》2004 年第 4 期。

③　师泽生、王冠群：《社会公正与政府责任》，载《政治学研究》2006 年第 4 期。

④　吴忠民：《社会公正论》，山东人民出版社 2004 年版，第 62 页。

⑤　《辞海》，上海辞书出版社 1999 年版，第 770 页。

⑥　林钰雄：《检察官论》，法律出版社 2008 年版，第 21 页。

⑦　［日］松本一郎：《检察官的客观义务》，郭布、罗润麒译，载《环球法律评论》1980 年第 2 期。

的改革方向，要求强化检察官的客观义务。[①] 我国《检察官法》在 2019 年修改中确定了这一义务。《检察官法》第 5 条规定，检察官履行职责，应当以事实为根据，以法律为准绳，秉持客观公正的立场。检察官办理刑事案件，应当严格坚持罪刑法定原则，尊重和保障人权，既要追诉犯罪，也要保障无罪的人不受刑事追究。《检察官职业行为基本规范（试行）》第 16 条进一步规定，坚持重证据，重调查研究，依法全面客观地收集、审查和使用证据，坚决杜绝非法取证，依法排除非法证据。

5. 保守职业秘密

和律师、医生、心理师等一样，检察官在履行职务的过程中也会获得国家秘密、商业秘密以及个人隐私，这些信息在广义上可以统称为检察官的"职业秘密"。各国检察官职业伦理都要求检察官保守职业秘密，我国也不例外。我国《检察官法》第 10 条规定，检察官应当履行的义务包括"保守国家秘密和检察工作秘密"。所谓国家秘密，是关系国家安全和利益，依照法定程序确定，在一定时间内只限一定范围的人员知悉的事项。保守国家秘密关系到国家安全和人民根本利益，因此，我国《宪法》第 53 条将"保守国家秘密"作为公民的一项基本义务进行了规定。此外，为了保守国家秘密，维护国家安全和利益，保障改革开放和社会主义建设事业的顺利进行，国家还制定了《保守国家秘密法》，该法第 5 条规定："国家秘密受法律保护。一切国家机关和武装力量、各政党和各人民团体、企业事业组织和其他社会组织以及公民都有保密的义务。任何危害国家秘密安全的行为，都必须受到法律追究。"检察官作为国家工作人员，因其工作原因，接触国家秘密的可能性较大。因此，检察官必须遵守国家法律的规定，保守国家秘密。这不仅是职业伦理的要求，也是宪法及法律的要求。此外，与国家秘密相比，对于检察官在履行职务过程中获得的诸如商业秘密、个人隐私等，虽然没有系统的立法规定，但也散见在诸多法律条文中，检察官同样负有保守秘密的义务。例如，依据我国《刑法》的规定，不正当地获取、披露和使用商业秘密的，构成侵犯商业秘密罪；根据我国《民法典》的规定，自然人的个人信息受法律保护。

6. 提升职业素质

一般认为，检察官的职业素质与检察官能否履行好职务密切相关。检察官的职业素质包括：（1）新形势下群众工作能力。要始终把人民放在心中最高位置，坚持在感情上贴近群众，在作风上深入群众、在工作上依靠群众。（2）维护社会公平正义能力。要坚持严格执法、公正司法，从实体、程序和时效上充分体现维护社会公平正义的要求。（3）新媒体时代舆论引导能力。要牢固树立舆情就是险情的理念，既要切实加强对新形势下检察工作规律特点的研究，又要着力加强对现代新闻传播规律的把握。（4）科技信息应用能力。要加强科学技术的培养与运用。（5）拒腐防变能力。要保持检察工作的廉洁性，严格约束自身的行为。[②] 如何将这些能力体现在检察官履行职务的过程中，是每一位检察官需要认真思考的问题。《检察官职业行为基本规范（试行）》对此也作出了规定：（1）重视群众工作，了解群众疾苦，熟悉群众工作方法，增进与群众的感情，善于用群众信服的方式执法办案。（2）重视化解矛盾纠纷，加强办案风险评估，妥善应对和处置突发事件，深入排查和有效调处矛盾纠纷，注重释法说

[①]　龙宗智：《中国法语境中的检察官客观义务》，载《法学研究》2009 年第 4 期。

[②]　张耕主编：《检察文化初论》，中国检察出版社 2014 年版，第 197 页。

理，努力做到案结、事了、人和，促进社会和谐稳定。（3）重视舆情应对引导，把握正确舆论导向，遵守舆情处置要求，避免和防止恶意炒作。（4）精研法律政策，充实办案所需知识，保持专业水准，秉持专业操守，维护职业信誉和职业尊严。

7. 自觉接受监督

检察官既是法律的维护者，又是法律的执行者，同样要接受法律的监督。根据我国宪法和法律的规定，各级人民检察院都由本级人民代表大会产生，对它负责，受它监督。这说明，人民检察院接受国家权力机关的监督是由法律规定的，同时，这种监督应该是严格依法进行的。权力机关主要监督检察机关及其工作人员是否独立行使职权，依法办案。权力机关有权对检察官的违法活动提出批评和质询，并有权罢免和撤换不称职的检察官。检察官接受法律监督，是职务上的义务，不得违反。检察官自觉接受群众监督，目的是严格依法办事，更好地惩治违法犯罪，保护人民合法权益。[①] 我国《检察官法》第10条规定，检察官应当履行的义务包括"接受法律监督和人民群众监督"。《检察官职业行为基本规范（试行）》第24条进一步规定，自觉接受监督，接受其他政法机关的工作制约，执行检务公开规定，提高执法透明度。

三、规范业外活动

（一）规范检察官业外活动的必要性

检察官作为特定的法律人群，其职业工作之外的个人活动同样被社会关注并被寄予较高的期望。例如，检察官的人际交往、婚姻家庭、出入的场所以及工作之余的活动，都会被新闻媒体等关注或曝光，并作为评判检察官及其执法行为是否值得社会信赖的重要指标。检察官的业外活动虽然是个人的事情，但和检察工作、司法行为也是联系在一起的。对于一个经常出入高档豪华娱乐场所、与律师或当事人"称兄道弟"的检察官，人们有理由怀疑其能否做到公正司法和清正廉洁。事实上，检察官的业外活动在一定程度上也直接或间接反映了检察官的司法良知和职业素养。如不加以正确引导和约束，必然会引起人们对检察官、检察机关的不信任，甚至会引起社会公众对整个司法制度的怀疑，进而影响社会稳定与和谐。[②]

（二）我国有关检察官业外活动之规范

检察官为执行职务，不可避免地会与职务有关联之人接触，在非执行职务期间，也会与各式各样的人往来。但社会对于检察官之一言一行常常采取高标准要求，如果涉及检察官的操守，更会成为社会关注的热点。检察官的言行受到他人指摘，甚至产生职业伦理问题，常起源于检察官与他人的不当社会交往。[③] 因此，几乎所有检察官职业伦理规范都对检察官的业外活动进行严格规范。在我国，检察官因属于国家公务员，社会活动同时受到《公务员法》《检察官法》《检察官职业行为基本规范（试行）》的规范。

1. 慎重社会交往

根据《检察官职业行为基本规范（试行）》第45条之规定，检察官应慎重社会交往，约束自身行为，不参加与检察官身份不符的活动。从事教学、写作、科研或参加座谈、联谊等

---

① 胡康生主编：《中华人民共和国检察官法释义》，法律出版社2001年版，第36页。

② 张耕主编：《检察文化初论》，中国检察出版社2014年版，第200页。

③ 蔡碧玉等：《检察官伦理规范释论》，中国检察出版社2016年版，第151页。

活动，不违反法律规定、不妨碍司法公正、不影响正常工作。由此可知，检察官在进行社会交往时需要注意以下几点：（1）社交活动谨慎。检察官正常的社会交往活动本无可厚非，但是一旦检察官参与的社会活动将影响公众对检察官公正性的信任，检察官就应该拒绝参与此类社会活动。因为维持和加强公众对检察官及司法制度的信任，是检察官的职业义务。（2）交往对象要慎选。检察官因身份特殊，往往成为外界人士想要结交的对象，为了避免此等交往引发外界对检察官职权行使公正性的质疑，检察官在选择社会交往对象时需要小心谨慎。（3）不影响司法公正。检察官可以参加符合法律规定的不妨碍公正和司法权威、不影响检察工作的学术研究和其他社会活动；检察官可以写作与法律有关的或其他方面的作品，但是主题应该积极向上，能够产生正向引导，并且在内容上要把握好度，不要泄露国家秘密和检察秘密。

2. 谨慎发表言论

根据《检察官职业行为基本规范（试行）》第46条之规定，检察官应谨慎发表言论，避免因不当言论对检察机关造成负面影响。遵守检察新闻采访纪律，就检察工作接受采访应当报经主管部门批准。由此可知，检察官的公开言论也是业外活动中应该慎重对待的问题。一般情况下，就"谨慎发表言论"而言，检察官需要遵守如下规则：（1）保守国家秘密和检察秘密，不披露履职过程中获得的商业秘密和个人隐私。（2）不评论其他司法人员经办的案件。（3）避免发表对检察机关的公信力产生不良影响的言论。当然，检察官还负有加强和促进社会公众对司法制度信赖之义务，而"以案释法"常常是一种非常有效的方式。检察官在"以案释法"的过程中同样需要遵循相关的职业伦理。根据《最高人民检察院关于实行检察官以案释法制度的规定》第2、4条之规定，检察官以案释法，是指检察官对所办理案件的事实认定、法律适用和办案程序等问题进行答疑解惑、释法说理，开展法治宣传教育的活动。检察官以案释法应当遵循四项原则：（1）合法规范原则；（2）及时有效原则；（3）协同配合原则；（4）保守秘密原则。

此外，在网络化时代，检察官还要注意处理好与各种社交媒体之间的关系，严格约束自己在社交媒体上的言论，做到"谨言慎行"。例如，加拿大检察官职业伦理就明确规定检察官不能对下列事项进行推测或发表个人观点：（1）联邦或省政策、程序或立法的明智性或有效性；（2）提起控告的可能性；（3）在审判活动中刑事起诉方和辩护方的强或弱；（4）法官指导陪审团的恰当性、特殊的规则，陪审团的裁决，法官作出的量刑或任何评论；（5）是否会作出上诉或不上诉的决定（但可以解释考虑是否上诉的程序）；（6）被告有罪还是无辜。[①] 上述规则虽然并不能完全适用于我国，但是其所要达到的维护司法公正之目的与我国是一致的，检察官个人可以将其作为审视自己言行的参考标准。

3. 保持健康生活方式

检察官保持生活充实、身心健康、个人与社会和谐的健康生活方式，是检察官职业伦理的要求，也是培养自身高尚情操的重要条件。根据《检察官职业行为基本规范（试行）》第49条之规定，检察官要培养健康情趣，坚持终身学习，崇尚科学，反对迷信，追求高尚，抵制低俗。保持健康生活方式也是检察官业外活动中应该予以重视的，主要体现在以下几个方面：（1）培养健康情趣。每个人在工作之余，都有自己的兴趣爱好，不同的人有着不同的情趣，

---

① 何家弘主编：《检察制度比较研究》，中国检察出版社2008年版，第113—114页。

而不同的情趣又反映着不同的思想修养和人生追求，又有高低之别、雅俗之分。检察官因为身份特殊，在培养自身的兴趣爱好时应该注意这种兴趣爱好应该有助于提高自身素养，丰富精神世界，不能导致公众基于此而对检察官的公正性产生怀疑。（2）坚持终身学习。当今世界科技迅猛发展，知识不断更新。不断学习新的知识、技能以适应生存和职业生涯发展的需要成为新时代赋予人们的新课题。终身学习已成为人们生活方式的一部分。对于检察官而言，前期的职业训练只是检察官职业的开始而非终点。现实社会是复杂而多变的，检察官面对的法律问题也具有很多不确定性，这就要求检察官必须与时俱进，除了要了解法律的最新发展，还要对整个社会知识的更新有一定的了解。

4. 严格约束近亲属

在实践中，无论从以往检察机关反腐败、查处贪污受贿等职务犯罪案件来看，还是从检察机关内部一些检察人员的违法违纪案件来看，有不少问题出在检察官近亲属或其他关系密切的人员身上。我国《刑法》第388条之一第1款规定："国家工作人员的近亲属或者其他与该国家工作人员关系密切的人，通过该国家工作人员职务上的行为，或者利用该国家工作人员职权或者地位形成的便利条件，通过其他国家工作人员职务上的行为，为请托人谋取不正当利益，索取请托人财物或者收受请托人财物，数额较大或者有其他较重情节的，处三年以下有期徒刑或者拘役，并处罚金；数额巨大或者有其他严重情节的，处三年以上七年以下有期徒刑，并处罚金；数额特别巨大或者有其他特别严重情节的，处七年以上有期徒刑，并处罚金或者没收财产。"因此，向近亲属或其他关系密切的人告知检察官职业伦理的要求，教育近亲属等人模范执行有关清正廉洁的规定，对他们严格要求，是检察官保持自身廉洁的重要保障，也是检察官对其近亲属等人的关心、爱护、负责任的表现。[①]

5. 离职后继续保持良好操守

前文提到检察官作为履行法律监督职责的国家工作人员，其行为也受《公务员法》的调控。关于公务员辞职或退休后一定期限内规避原权力的内容，《公务员法》规定：（1）不得到与原工作业务直接相关的企业或者其他营利性组织任职；（2）不得从事与原工作业务直接相关的营利性活动。关于公务员规避原权力的具体时间，领导成员是3年，其他公务员是两年。现实中公务员辞职或退休后从事与原工作业务直接相关工作的现象十分普遍。如法院的法官、检察院的检察官辞职做律师，或多或少会利用自己的办案经验，以及与原职业的各种关系，一旦处理不好，就很容易产生不当行为。我国《检察官法》第37条规定："检察官从人民检察院离任后两年内，不得以律师身份担任诉讼代理人或者辩护人。检察官从人民检察院离任后，不得担任原任职检察院办理案件的诉讼代理人或者辩护人，但是作为当事人的监护人或者近亲属代理诉讼或者进行辩护的除外。检察官被开除后，不得担任诉讼代理人或者辩护人，但是作为当事人的监护人或者近亲属代理诉讼或者进行辩护的除外。"此外，根据我国《刑法》的规定，离职的检察官或者其近亲属以及其他与其关系密切的人员，利用离职的检察官原职权或者地位形成的便利条件，实施影响力受贿行为的，要承担法律责任。因此，检察官在离职后，依然要谨慎、适度、守法，继续保持良好操守，维护其良好形象和检察官职业的公信力。

---

① 最高人民检察院政治部编：《检察官职业道德读本》，中国检察出版社2010年版，第58页。

四、遵守检察礼仪

（一）检察礼仪的内涵

何为礼仪呢？按照《现代汉语词典》的解释，礼仪是指"礼节和仪式"。[①]一般认为，礼仪是指人们在一定的社会交往场合，为表示相互尊重、友好而约定俗成的、共同遵循的行为规范和交往程序。礼仪的具体表现方式包括礼貌、礼节、仪表、仪式等。其中，礼貌是指人们在交往时，通过语言、动作向交往对象表示谦虚、恭敬和友好的行为规范；礼节是礼貌的具体表现，通常指人们在交往场合，表示相互尊重、友好的惯用形式；仪表是指人的外表，包括容貌、姿态、风度、服饰及个人卫生等；仪式则是指特定场合举行的专门化、规范化的活动。礼仪一般具有以下几个特征：（1）规范性，即标准化的要求。（2）限定性，即主要适用于特定场合。（3）技巧性，即在一些具体场合使用何种礼仪具有一定的不确定性，需要根据具体情形判断。（4）传承性，即礼仪通常是交往活动中一些文明习惯的积累和固定。（5）发展性，即礼仪也会随着社会的进步而不断发展变化。[②]

在现代社会，礼仪作为一种文化遗产，体现着社会的进步和文明程度，越来越引起人们的重视。司法活动作为一种特殊的社会活动，必然要求符合司法规律的礼仪准则。因此，司法人员除了遵守普通公民普遍遵守的礼仪规范，还应当遵守其特殊职业身份所要求的司法礼仪。检察官的检察礼仪是司法礼仪中的一种具体职业礼仪，它是指检察机关及其工作人员在检察活动及各种场合下应当遵守的体现检察文明、维护检察形象的职业形象设计与行为准则。[③]

（二）检察礼仪的作用

一般认为，礼仪的主要功能包括以下几个方面：（1）提高个人道德修养。一个人内在的道德修养是不能脱离外在的形式而存在的，它总要通过一定形式表现出来，这种形式就是礼仪。所以，在人际交往中，礼仪是衡量一个人道德修养、文明程度的准绳。换言之，道德是内在的，礼仪是外在的，是表现人的美德的一种具体形式。学习礼仪、运用礼仪对于提高个人内在修养有着重要的意义。（2）塑造良好形象，这里包括个人形象和组织形象。实际上，通常说个人形象代表个人不是绝对的，很多时候个人形象是作为组织形象的一部分而存在的。（3）改善人际关系。礼仪是协调人际关系的调节器，可以解决人际关系中出现的障碍；礼仪是人际关系的推进器，能够使人们的交往气氛更加愉快，使人们的交往更成功。[④]

检察礼仪作为礼仪的一种类型，自然具有礼仪的一般作用，又因其本身的特殊性，也具有一些特殊的作用。一般认为，检察礼仪具有如下作用：（1）塑造司法权威，增强司法公信度。通过严格遵守比一般礼仪要求更高的司法礼仪，增强司法活动的神秘感，使司法活动超然于一般的社会活动，会引发社会公众对法律的神往和司法激情，从而尊重法律和司法活动，在接受司法礼仪的同时也对司法礼让三分，使司法精神和司法文明得到充分体现。（2）彰显司法公正，维护社会公平正义。根据公正的核心价值目标所设计的司法礼仪被较好地遵守，被视为司法最为直观、最初层次的要求。所以司法人员必须严格遵守司法礼仪以约束自己的

---

① 中国社会科学院语言研究所词典编辑室编：《现代汉语词典》（第 6 版），商务印书馆 2012 年版，第 793 页。
② 郑强国、宋常桐主编：《公共关系与现代礼仪》（第 4 版），清华大学出版社 2016 年版，第 143–145 页。
③ 张坤明主编：《人民检察礼仪引论》，中国检察出版社 2014 年版，第 33 页。
④ 韦克俭主编：《现代礼仪教程》（第 2 版），清华大学出版社 2016 年版，第 13 页。

言行，做到公平地对待当事人。（3）提升司法效率，传播司法亲和力。司法人员如果能够很好地遵守司法礼仪，就具有亲和力，可以平复当事人的情绪，让当事人产生依赖感，相信司法人员对自己是公平公正的，从而自觉服从、遵守法官所作出的裁判，使得纠纷易于解决。（4）强化职业伦理，促进检察官职业化。检察礼仪是一整套的形象设计与行为规范，遵守检察礼仪对外会形成统一的检察职业专业、严肃、权威的良好形象，对内使检察官形成对检察职业的认同感。[①]

（三）检察礼仪的内容

检察官应当遵守各项检察礼仪规范，注重检察职业礼仪的约束。根据《检察官职业行为基本规范（试行）》的规定，检察礼仪的内容主要包括以下几个部分。

1. 职务行为中的礼仪

根据《检察官职业行为基本规范（试行）》第41–43条之规定，检察官在执行职务过程中，应该遵守如下礼仪规范：（1）遵守工作礼仪，团结、关心和帮助同事，爱护工作环境，营造干事创业、宽松和谐、风清气正的工作氛围。（2）遵守着装礼仪，按规定着检察制服、佩戴检察徽标；着便装大方得体。（3）遵守接待和语言礼仪，对人热情周到，亲切和蔼，耐心细致，平等相待，一视同仁，举止庄重，精神振作，礼节规范；使用文明礼貌用语，表达准确，用语规范，不说粗话、脏话。

2. 职务外活动中的礼仪

职务外活动，关系到检察机关和检察官的外在形象。检察官在职务外活动中，应当注重职业荣誉，约束自己的言行，不使用有损检察职业形象的语言，不做有损检察官身份的事情，不着检察制服、佩戴检察徽标到营业性娱乐场所进行娱乐、休闲活动或者在公共场所饮酒，不参与赌博、色情、封建迷信活动以及其他不健康、不文明的活动。避免公众对检察官公正执法和清正廉洁执法产生合理怀疑，避免对履行职责产生负面作用，避免对检察机关的公信力产生不良影响。[②]此外，根据《检察官职业行为基本规范（试行）》第44条之规定，检察官应该遵守外事礼仪，遵守国际惯例，尊重国格人格和风俗习惯，平等交往，热情大方，不卑不亢，维护国家形象。

第三节　检察官职业责任与惩戒

一、检察官职业责任的概念与特征

（一）检察官职业责任的概念

检察官职业责任，是指检察官因为违反检察官职业伦理进而违反了国家公务员管理纪律或者法律法规规定，从而应承担的不利后果。明确检察官职业责任，有助于督促检察官队伍的自身建设，使其不受干扰地独立行使检察权。因此，科学合理地界定检察官职业责任，是检察制度改革的重要任务。

[①] 张坤明主编：《人民检察礼仪引论》，中国检察出版社2014年版，第37–41页。
[②] 最高人民检察院政治部编：《检察官职业道德读本》，中国检察出版社2010年版，第73页。

（二）检察官职业责任的特征

1. 特定的客体

检察官因违反检察官职业伦理而承担职业责任的情况主要有两种。第一种情况是，检察官因为业务水平、能力和经验的局限难以对案件在事实和法律上进行正确的判断，从而发生工作上的失误。在这种情况下，检察官在主观和客观上都不存在过错，不需要承担职业责任。第二种情况是，检察官确实实施了违背检察官职业伦理的行为，触犯了组织纪律或者法律法规，因而需要受到处罚。在目前的司法实务中，第二种情况要普遍一些。至于检察官承担职业责任的行为以及承担职业责任的方式，由各国根据其司法传统、文化背景和法治建设而定。我国《检察官法》第47条列举了检察官不得有的10项行为；我国《检察人员纪律处分条例》分别对检察人员违反政治纪律行为、组织纪律行为、办案纪律行为、廉洁纪律行为、群众纪律行为、工作纪律行为、生活纪律行为的纪律处分进行了规定。

2. 特定的主体

检察院独立行使检察权，检察官的地位受法律保护；检察官在履职过程中或离职后发生的不当行为应该由特定的主体来追究其职业责任，以摆脱各种社会团体和个人的干涉，避免检察业务为舆论和公众所操纵。特定的主体指的是检察机关内部负责检察官考核的监督部门。该部门的工作人员一般是熟悉法律知识的司法公职人员或资深律师，他们精通法律业务和司法活动的规律，能够更好地就检察官违反检察官职业伦理和法律的不当行为进行区分、调查，乃至确立其职业责任。

3. 特定的程序

检察官代表国家法律监督机关监督法律的实施和执行，因此对于检察官职业责任的追究往往都是严肃慎重的，对追究程序也规定得十分细致和严格。总体来说，对检察官职业责任的追究，应遵循程序正义和实体正义的基本要求，尽量做到公开、公平和公正，保证涉案检察官享有基本的人权保障。根据《检察人员纪律处分条例》第2、5条的规定，检察机关的纪律处分工作，应当坚持全面从严治检、实事求是、纪律面前一律平等、处分与违纪行为相适应、惩戒与教育相结合的原则。检察人员依法履行职责和其他合法权益受法律保护，非因法定事由、非经法定程序，不受纪律处分。

二、检察官职业责任的内容

（一）检察官惩戒的具体事由

检察官惩戒制度，是指国家或者检察机关根据《检察官法》或者其他有关规定，依照法定条件和程序，对检察工作中违反法律、违背职业伦理或者职业纪律的检察官，给予精神或物质处罚的一种制度。该制度旨在通过设定禁止性行为规范及惩处措施，促使检察官遵守纪律、公正执法、恪尽职守，依法行使检察权；通过对检察官违背职责或职业伦理行为的否定性评价和法律制裁，规范、约束检察官行为，提高检察官遵纪守法的自觉性，警示检察官严格依法办事。[①]

我国《检察官法》第47条规定了检察官的行为禁止。根据该规定，检察官不得有下列行

---

① 邓思清：《中国检察制度概览》，中国检察出版社2016年版，第65页。

为：（1）贪污受贿、徇私枉法、刑讯逼供的；（2）隐瞒、伪造、变造、故意损毁证据、案件材料的；（3）泄露国家秘密、检察工作秘密、商业秘密或者个人隐私的；（4）故意违反法律法规办理案件的；（5）因重大过失导致案件错误并造成严重后果的；（6）拖延办案，贻误工作的；（7）利用职权为自己或者他人谋取私利的；（8）接受当事人及其代理人利益输送，或者违反有关规定会见当事人及其代理人的；（9）违反有关规定从事或者参与营利性活动，在企业或者其他营利性组织中兼任职务的；（10）有其他违纪违法行为的。

为了严肃检察纪律，规范检察官行为，保证检察官依法履行职责，确保公正廉洁司法，最高人民检察院根据《人民检察院组织法》《公务员法》《检察官法》等法律法规，参照《中国共产党纪律处分条例》等党内法规，结合检察机关的实际，制定了《检察人员纪律处分条例》。

1. **违反政治纪律行为**

政治纪律是指有关党组织和党员的政治行动和政治言论的规范。根据《检察人员纪律处分条例》第二章第一节的规定，下列行为属于检察人员[①]违反政治纪律行为：（1）通过信息网络、广播、电视、报刊、书籍、讲座、论坛、报告会、座谈会等方式，公开发表坚持资产阶级自由化立场、反对四项基本原则，反对党的改革开放决策的文章、演说、宣言、声明等的；（2）制作、贩卖、传播包括坚持资产阶级自由化立场、反对四项基本原则等内容的书刊、音像制品、电子读物、网络音视频资料等的；（3）组织、参加反对党的基本理论、基本路线、基本纲领、基本经验、基本要求或者重大方针政策的集会、游行、示威等活动的，或者以组织讲座、论坛、报告会、座谈会等方式，反对党的基本理论、基本路线、基本纲领、基本经验、基本要求或者重大方针政策，造成严重不良影响的；（4）组织、参加旨在反对党的领导、反对社会主义制度或者敌视政府等组织的；（5）组织、参加会道门或者邪教组织的；（6）搞团团伙伙、结党营私、拉帮结派、培植私人势力或者通过搞利益交换、为自己营造声势等活动捞取政治资本的；（7）挑拨民族关系制造事端或者参加民族分裂活动的；（8）组织、利用宗教活动反对党的路线、方针、政策和决议，破坏民族团结的；（9）组织、利用宗族势力对抗党和政府，妨碍党和国家的方针政策以及决策部署的实施，或者破坏党的基层组织建设的；（10）组织、参加迷信活动的；（11）在国（境）外、外国驻华使（领）馆申请政治避难，或者违纪后逃往国（境）外、外国驻华使（领）馆的；（12）在涉外活动中，其言行在政治上造成恶劣影响，损害党和国家尊严、利益的；（13）领导干部对违反政治纪律和政治规矩等错误思想和行为放任不管，搞无原则一团和气，造成不良影响的；（14）有其他违反政治纪律和政治规矩行为的。

2. **违反组织纪律行为**

组织纪律是处理各级党组织之间以及党组织同党员个人之间关系的纪律。根据《检察人员纪律处分条例》第二章第二节的规定，下列行为属于检察人员违反组织纪律行为：（1）违反民主集中制原则，拒不执行或者擅自改变组织作出的重大决定，或者违反议事规则，个人或者少数人决定重大问题的；（2）下级检察机关拒不执行或者擅自改变上级检察机关决定的；

---

① 因不同法律法规对"检察官""检察人员"称谓不同，为与相关规定表述保持一致，本部分将同时使用"检察官""检察人员"的称谓。

（3）拒不执行组织的分配、调动、交流等决定的；（4）离任、辞职或者被辞退时，拒不办理公务交接手续或者拒不接受审计的；（5）不按照有关规定或者工作要求，向组织请示报告重大问题、重要事项的；（6）违反个人有关事项报告规定，不报告、不如实报告的；（7）在组织进行谈话、函询时，不如实向组织说明问题的；（8）不如实填报个人档案资料的；（9）领导干部违反有关规定组织、参加自发成立的老乡会、校友会、战友会等的；（10）诬告陷害他人意在使他人受纪律追究的；（11）对检察人员的批评、检举、控告进行阻挠、压制，或者将批评、检举、控告材料私自扣压、销毁，或者故意将其泄露给他人的；（12）对检察人员的申辩、辩护、作证等进行压制，造成不良后果的；（13）压制检察人员申诉，造成不良后果的，或者不按照有关规定处理检察人员申诉的；（14）有其他违反组织纪律行为的。

3. 违反办案纪律行为

办案纪律是指检察官在履行法律职务过程中必须遵守的行为规范。根据《检察人员纪律处分条例》第二章第三节的规定，下列行为属于检察人员违反办案纪律行为：（1）故意伪造、隐匿、损毁举报、控告、申诉材料，包庇被举报人、被控告人，或者对举报人、控告人、申诉人、批评人打击报复的；（2）泄露案件秘密，或者为案件当事人及其近亲属、辩护人、诉讼代理人、利害关系人等打探案情、通风报信的；（3）擅自处置案件线索、随意初查或者在初查中对被调查对象采取限制人身自由强制性措施的；（4）违反有关规定搜查他人身体、住宅，或者侵入他人住宅的；（5）违反有关规定采取、变更、解除、撤销强制措施的；（6）违反有关规定限制、剥夺诉讼参与人人身自由、诉讼权利的；（7）违反职务犯罪侦查全程同步录音录像有关规定的；（8）殴打、体罚虐待、侮辱犯罪嫌疑人、被告人及其他人员的；（9）采用刑讯逼供等非法方法收集犯罪嫌疑人、被告人供述，或者采用暴力、威胁等非法方法收集证人证言、被害人陈述的；（10）故意违背案件事实作出勘验、检查、鉴定意见的；（11）违反有关规定阻碍律师依法行使会见权、阅卷权、申请收集调取证据等执业权利的；（12）违反有关规定应当回避而故意不回避，或者拒不服从回避决定，或者对符合回避条件的申请故意不作出回避决定的；（13）私自会见案件当事人及其近亲属、辩护人、诉讼代理人、利害关系人、中介组织，或者接受上述人员提供的礼品、礼金、消费卡等财物，以及宴请、娱乐、健身、旅游等活动的；（14）有其他违反办案纪律行为的。

4. 违反廉洁纪律行为

廉洁纪律是党的各级组织和全体党员为确保清正廉洁在从事公务活动或者其他活动中应当遵守的廉洁用权的行为规则。根据《检察人员纪律处分条例》第二章第四节的规定，下列行为属于检察人员违反廉洁纪律行为：（1）利用职权或者职务上的影响为他人谋取利益，本人的配偶、子女及其配偶等亲属和其他特定关系人收受对方财物的；（2）相互利用职权或者职务上的影响为对方及其配偶、子女及其配偶等亲属、身边工作人员和其他特定关系人谋取利益搞权权交易的；（3）纵容、默许配偶、子女及其配偶等亲属和身边工作人员利用本人职权或者职务上的影响谋取私利的；（4）向从事公务的人员及其配偶、子女及其配偶等亲属和其他特定关系人赠送明显超出正常礼尚往来的礼品、礼金、消费卡等的；（5）利用职权或者职务上的影响操办婚丧喜庆事宜，在社会上造成不良影响的；（6）接受可能影响公正执行公务的宴请或者旅游、健身、娱乐等活动安排的；（7）违反有关规定取得、持有、实际使用运动健身卡、会所和俱乐部会员卡、高尔夫球卡等各种消费卡，或者违反有关规定出入私人会所、夜总会的；（8）经商办企业的；（9）拥有非上市公司（企业）的股份或者证券的；（10）买卖股票或者进行其他证券投资的；（11）兼任律师、法律顾问、仲裁员等职务，以及从事其他有偿中介活动的；（12）在国（境）外注册公司或者投资入股的；（13）违反有关规定滥发津贴、补贴、奖金等的；（14）有其他违反廉洁纪律行为的。

5. 违反群众纪律行为

群众纪律是指有关党的各级组织和全体党员处理与人民群众之间关系的行为规范。根据《检察人员纪律处分条例》第二章第五节的规定，下列行为属于检察人员违反群众纪律行为：（1）在检察工作中违反有关规定向群众收取、摊派费用的；（2）在从事涉及群众事务的工作中，刁难群众、吃拿卡要的；（3）对群众合法诉求消极应付、推诿扯皮，损害检察机关形象的；（4）对待群众态度恶劣、简单粗暴，造成不良影响的；（5）遇到国家财产和人民群众生命财产受到严重威胁时，能救而不救的；（6）不按照规定公开检察事务，侵犯群众知情权的；（7）有其他违反群众纪律行为的。

6. 违反工作纪律行为

工作纪律是指党的各级组织和全体党员在党的各项具体工作中必须遵守的行为准则。根据《检察人员纪律处分条例》第二章第六节的规定，下列行为属于检察人员违反工作纪律行为：（1）因工作不负责任致使所管理的人员叛逃的；（2）在上级单位检查、视察工作或者向上级单位汇报、报告工作时对应当报告的事项不报告或者不如实报告的；（3）干预和插手建设工程项目承发包、土地使用权出让、政府采购、房地产开发与经营、矿产资源开发利用、中介机构服务等活动的；（4）干预和插手国有企业重组改制、兼并、破产、产权交易、清产核资、资产评估、资产转让、重大项目投资以及其他重大经营活动等事项的；（5）违反有关规定干预和插手执纪执法活动，向有关地方或者部门打招呼、说情，或者以其他方式对执纪执法活动施加影响的；（6）泄露、扩散、窃取关于干部选拔任用、纪律审查等尚未公开事项或者其他应当保密的信息的；（7）在考试、录取工作中，有泄露试题、考场舞弊、涂改考卷、违规录取等违反有关规定行为的；（8）有其他违反工作纪律行为的。

7. 违反生活纪律行为

生活纪律是指全体党员在日常生活和社会交往中应当遵守的行为准则。根据《检察人员纪律处分条例》第二章第七节的规定，下列行为属于检察人员违反生活纪律行为：（1）生活奢靡、贪图享乐、追求低级趣味，造成不良影响的；（2）与他人发生不正当性关系，造成不良影响的；（3）违背社会公序良俗，在公共场所有不当行为，造成不良影响的；（4）实施、参与或者支持卖淫、嫖娼、色情淫乱活动的；（5）实施、参与或者支持吸食、注射毒品的；（6）参与赌博或者为赌博活动提供场所或者其他方便条件的；（7）有其他严重违反职业道德、社会公德、家庭美德行为的。

（二）检察官惩戒的主要形式

检察官承担职业责任的形式基本上有三种：执法过错责任、纪律处分和刑事责任。根据《检察官职业行为基本规范（试行）》第50条之规定，检察官违反职业行为基本规范，情节轻微的，予以批评教育；构成违纪的，依据检察人员纪律处分条例予以惩戒；构成犯罪的，依法追究刑事责任。根据《检察人员执法过错责任追究条例》第2条第2款之规定，对具有执法过错的检察人员，应当依照本条例和有关法律、纪律规定追究执法过错责任。

1. 执法过错责任

执法过错是指检察官在执法办案活动中故意违反法律和有关规定，或者工作严重不负责任，导致案件出现实体错误、程序违法以及其他严重后果或者恶劣影响的行为。根据《检察人员执法过错责任追究条例》第 3 条之规定，追究执法过错责任，应当遵循实事求是、主观过错与客观行为相一致、责任与处罚相适应、惩戒与教育相结合的原则。此外，根据《检察人员执法过错责任追究条例》第 4 条之规定，追究执法过错责任，应当根据执法过错责任人的过错事实、情节、后果及态度，作出如下处理：（1）批评教育。包括责令检查、诫勉谈话、通报批评、到上级人民检察院检讨责任。（2）组织处理。包括暂停执行职务、调离执法岗位、延期晋级晋职、责令辞职、免职、调离检察机关、辞退。（3）纪律处分和刑事处理。执法过错构成违纪的，应当依照检察纪律的规定给予纪律处分；构成犯罪的，应当依法追究刑事责任。以上方式可以单独适用，也可以同时适用。

2. 纪律处分

纪律处分是指检察官违反相关纪律行为，根据其错误性质和情节的轻重，按照纪律处分条例的有关规定作出的处罚。《检察人员纪律处分条例》第 8 条对纪律处分的期间进行了规定：警告，6 个月；记过，12 个月；记大过，18 个月；降级、撤职，24 个月。此外，《检察人员纪律处分条例》对纪律处分的权限与程序进行了具体规定。根据《检察人员纪律处分条例》第 4 条之规定，检察机关及其所属机构、单位、办案组织集体作出违纪决定或者实施违纪行为，对负有直接责任和领导责任的检察人员，依照该条例给予纪律处分。

3. 刑事责任

刑事责任是检察官承担的最严重的责任形式。检察官承担刑事责任的前提是其触犯刑法，构成了犯罪，一般而言，主要包括两种情况：（1）检察官实施了与职务有关的犯罪行为，如刑讯逼供、暴力取证、虐待被监管人、报复陷害、贪污、受贿、挪用公款、巨额财产来源不明、滥用职权、玩忽职守、私放在押人员等。（2）检察官实施了普通自然人也能实施的犯罪行为，如抢劫、盗窃、故意杀人、危险驾驶等。

检察官职业责任意义上的刑事责任主要是指第一种情况。根据我国《检察官法》第 47 条之规定，检察官有下列行为之一，构成犯罪的，依法追究刑事责任：（1）贪污受贿、徇私枉法、刑讯逼供的；（2）隐瞒、伪造、变造、故意损毁证据、案件材料的；（3）泄露国家秘密、检察工作秘密、商业秘密或者个人隐私的；（4）故意违反法律法规办理案件的；（5）因重大过失导致案件错误并造成严重后果的；（6）拖延办案，贻误工作的；（7）利用职权为自己或者他人谋取私利的；（8）接受当事人及其代理人利益输送，或者违反有关规定会见当事人及其代理人的；（9）违反有关规定从事或者参与营利性活动，在企业或者其他营利性组织中兼任职务的；（10）有其他违纪违法行为的。

（三）检察官惩戒的基本程序

检察官属于公务员，因此对其进行纪律处分的权限和程序也应该按照有关公务员处分的规定进行。根据我国《公务员法》和《行政机关公务员处分条例》等的规定，对检察官的处分，应当事实清楚、证据确凿、定性准确、处理恰当、程序合法、手续完备。检察官违纪的，应当由处分决定机关决定对检察官违纪的情况进行调查，并将调查认定的事实及拟给予处分的依据告知检察官本人。检察官有权进行陈述和申辩。处分决定机关认为应当对检察官给予处分的，应当在规定的期限内，按照管理权限和规定的程序作出处分决定。处分决定应当以书面形式通知检察官本人。根据《人民检察院检务督察工作条例》规定，人民检察院检务督察部门是检察机关专司内部监督的综合业务部门，通过执法督察、巡视巡察、内部审计、追责惩戒，开展内部监督。最高人民检察院设检务督察局。省级人民检察院和设区的市级人民检察院设检务督察部门。未设检务督察部门的基层人民检察院应当有专人负责检务督察工作。设区的市级以上人民检察院检务督察部门与巡视（巡察）工作领导小组办公室合署办公。最高人民检察院和省级人民检察院检务督察部门承担本级检察官惩戒委员会的日常工作。检务督察部门履行下列职责：（1）督察检察机关、检察人员执行法律、法规以及最高人民检察院和上级人民检察院规定、决定情况；（2）承担司法责任追究和检察官惩戒相关工作；（3）承担内部审计工作；（4）承担党组巡视（巡察）工作领导小组的日常工作；（5）指导司法办案廉政风险防控工作；（6）有关法律法规、文件规定的其他职责。

1. 追究的权限及工作流程

根据《人民检察院检务督察工作条例》的规定，对检察官职业责任的追究程序如下：

（1）发现违纪事实。检务督察部门统一受理通过以下五种途径发现的涉嫌违反检察职责线索：人民检察院内设机构、派驻派出机构、直属单位和下级人民检察院移送的；统一业务应用系统信息反映的；开展内部监督工作发现的；检察人员有关工作记录报告的；检察长和上级人民检察院检务督察部门交办的。

（2）案件调查。检务督察部门开展执法督察、追责惩戒办案工作，一般应当按照受理、初核、立案、调查、处理等程序进行。对检察官故意违反法律法规办理案件、因重大过失导致案件错误并造成严重后果的，按照检察官惩戒工作程序办理。检务督察部门对线索的初核，应当报请检察长批准。检务督察部门初核后认为需要立案调查的，应当报请检察长批准后，组成调查组开展工作。调查组对查核认定的问题应当提出处理建议，报检务督察部门主要负责人审核后，提请检察长办公会审议决定。

（3）调查取证。检务督察部门可以采取的调查取证的方式一共有八种：参加或者列席与督察事项有关的会议；听取被督察单位、部门的汇报；听取有关单位及人民群众的意见和建议；查阅、调取、复制与督察事项有关的材料、案卷、档案、电子数据等；与被督察对象谈话、函询；向有关知情人询问情况；现场督察或者视情开展暗访；其他合法合规的工作方式。

（4）案件审理及处理。对被督察的单位、部门、办案组织的处理方式包括以下两种：对履行职责不力，情节较轻的，责令其作出书面检查；对履行职责不力，情节较重的，在一定范围内通报批评。对被督察的检察人员的处理方式包括以下四种：一是批评教育。对失职失责，情节轻微的，批评教育并责令检讨。二是诫勉。对失职失责，情节较轻的，以谈话或者书面方式进行诫勉。三是组织调整或者组织处理。对失职失责，情节较重的，视情采取停职检查、调整职务、调离司法办案岗位、延期晋职晋级、责令辞职、降职、降低等级、免职、退出检察官员额等组织措施。四是移送纪检监察机构处理。对失职失责应当给予纪律处分的，由检务督察部门移送纪检监察机构处理。上述处理经检察长办公会研究决定后，由检务督察或政工部门依职能承办。如果被督察对象能够主动说明情况，及时挽回损失，未造成严重后果的，可以从宽处理。如果被督察对象不如实报告情况，不配合调查工作，甚至干扰对抗调查的，应当从严处理。若被督察对象尽到了注意义务，没有故意或者重大过失的，不承担责任；被督察对象虽有过错，但情节显著轻微，未造成不良后果的，可以免除责任。

2. 申诉和控告

根据我国《检察官法》第51、52、65、66条的规定，当事检察官对审查意见有异议的，可以向惩戒委员会提出，惩戒委员会应当对异议及其理由进行审查，作出决定。检察官惩戒委员会审议惩戒事项的具体程序，由最高人民检察院商有关部门确定。对于国家机关及其工作人员侵犯《检察官法》第11条规定的检察官权利的行为，检察官有权提出控告。对检察官处分或者人事处理错误的，应当及时予以纠正；造成名誉损害的，应当恢复名誉、消除影响、赔礼道歉；造成经济损失的，应当赔偿。对打击报复的直接责任人员，应当依法追究其责任。

3. 处分的变更和解除

处分影响期满，由受处分人提出申请，经所在单位或部门提出意见后报原作出处分决定的单位作出解除处分的决定。解除处分决定应当在1个月内书面通知受处分人，并在有关范围内宣布。解除处分决定应当在解除处分决定作出后的2个月内，由干部人事管理部门归入受处分人档案。受处分人在处分影响期内获得一等功以上奖励的，可以缩短处分影响期，但缩短后的期限不得少于原处分影响期的1/2。在处分决定作出后发现受处分人另有应当受到纪律处分的同一性质的错误，或者受处分人在处分影响期内又犯应当受到纪律处分的同一性质的错误的，应当根据新犯错误的事实、情节和应受到的处分，决定延长原处分影响期或者重新作出处分决定。解除降级、撤职处分的，不恢复原职务、级别，但以后晋升职务、级别和工资档次不受原处分的影响。

【思考题】

1. 甲检察官接受A的邀请，在KTV内调处B、C两人之间因赌博之债而发生的冲突。

请问：甲的行为是否违反检察官职业伦理？

2. 检察官万某与检察官杨某是大学同学，毕业后考入同一家检察院工作。某次万某承办一起疑难案件，辛苦数月进展甚微，终日压力巨大。杨某见状，出于关心私下向万某打听此案情况及目前状况。万某大吐苦水，向杨某说了案情的全部情况。杨某建议当晚和万某去某夜店潇洒一晚，放松放松，万某同意，当晚两人喝得酩酊大醉。

请问：两位检察官的行为是否违反检察官职业伦理？

3. 检察官李某明确拒绝了犯罪嫌疑人家属的贿赂请求。但案件审判结果出来后，犯罪嫌疑人家属仍然认为是李某的"帮忙"才让犯罪嫌疑人获得比预想要轻的判决结果。于是，犯罪嫌疑人家属将一笔数目不小的款项以"还债"的名义趁李某不在家的时候送到李某家里。李某之妻不明所以就收下了这笔钱。

请问：李某应怎样做？

4. 在我国目前制度框架内，谁有权监督检察官的廉洁性？我国对检察官廉洁性的监督机制存在哪些不足？有哪些需要改进的地方？

第十二章 公证员职业伦理

【本章导读】

公证员职业伦理是指公证员在职务活动中遵循的伦理准则，也可以称为公证伦理或公证员职业道德。《中华人民共和国公证法》由第十届全国人民代表大会常务委员会第十七次会议于 2005 年 8 月 28 日通过，自 2006 年 3 月 1 日起施行。该法律的颁布对于完善我国公证制度，规范公证员的职业伦理，促进公证事业的健康发展，具有十分重要的作用。本章主要结合现行的公证制度介绍我国公证员的职业伦理规则。

【本章知识结构图】

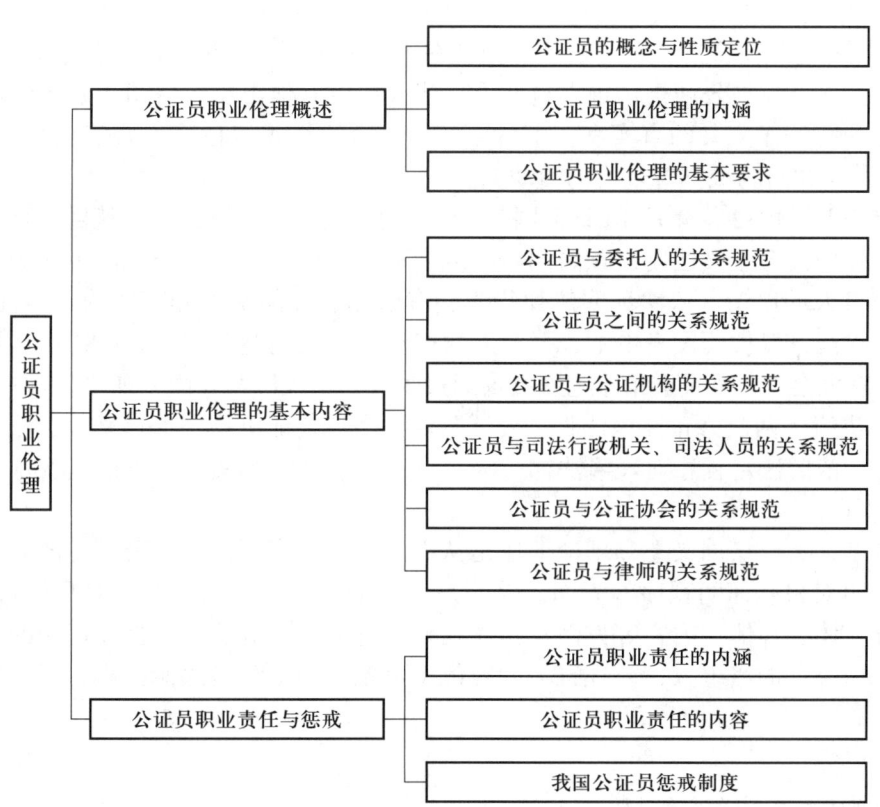

第一节　公证员职业伦理概述

一、公证员的概念与性质定位

（一）公证的概念

"公证"（notary）一词来源于拉丁语 "nota"，意为抄写文书并取其要领；备案存查。[①]《现代汉语词典》将"公证"解释为："动词，被授以权力的机关（如公证处）根据当事人的申请，依照法定程序对某一法律行为或具有法律意义的事实、文件确认其真实性和合法性的活动。"[②]《中国大百科全书·法学》将"公证"解释为："国家公证机关按照公民、机关、团体、企事业单位的申请，对法律行为或者有法律意义的文书、事实，证明它的真实性与合法性的非诉活动。公证是国家司法制度的组成部分，是国家预防纠纷、维护法制、巩固法律秩序的一种司法行政手段。"[③]

在理论上，有观点认为，公证是指公证组织根据当事人的申请，依法证明法律行为、具有法律意义的文书和法律事实真实性、合法性的一种非诉活动。[④] 也有观点认为，公证是同时含有静态证明和包括申证、认证、出证和拒证在内的一系列动态证明的一种公立证明活动。[⑤] 还有观点认为，公证是公证机构根据自然人、法人或者其他组织的申请，依照法定程序对民事法律行为、有法律意义的事实和文书的真实性、合法性予以证明，并依法赋予其证明力、执行力以及使法律行为成立等效力的活动。[⑥]

在实定法上，1982 年 4 月 13 日，国务院发布了《公证暂行条例》。其目的是健全国家公证制度，以维护社会主义法制，预防纠纷，减少诉讼。该条例将"公证"定义为"国家公证机关根据当事人的申请，依法证明法律行为、有法律意义的文书和事实的真实性、合法性，以保护公共财产，保护公民身份上、财产上的权利和合法利益"。2005 年 8 月 28 日，第十届全国人民代表大会常务委员会第十七次会议通过了《中华人民共和国公证法》，并分别于 2015 年、2017 年进行了两次修正。该法将"公证"定义为"公证机构根据自然人、法人或者其他组织的申请，依照法定程序对民事法律行为、有法律意义的事实和文书的真实性、合法性予以证明的活动"。

由此可见，无论从词义上、理论上还是从立法上，主流观点对"公证"的界定，都集中在功能、证明对象、证明程序等方面，核心是证明活动和非诉讼行为。对具体行为的理解，一般离不开主体、客体、内容等方面。具体到公证行为，一般认为，公证行为的主体包括公证机构和申请公证的当事人；公证行为的客体（对象）则主要是法律行为、法律实施和有法

① 吕乔松：《公证法释论》（增订版），台湾三民书局 1984 年版，第 1 页。
② 中国社会科学院语言研究所词典编辑室编：《现代汉语词典》（第 6 版），商务印书馆 2012 年版，第 452 页。
③《中国大百科全书·法学》，中国大百科全书出版社 1984 年版，第 168 页。
④ 江伟主编：《公证法学》，法律出版社 1996 年版，第 1 页。
⑤ 齐树洁主编：《民事程序法》，厦门大学出版社 2003 年版，第 581 页。
⑥ 马宏俊主编：《公证法学》，北京大学出版社 2013 年版，第 2 页。

律意义的文书；公证的内容则是证明客体的真实性与合法性。① 因此，也可以将公证简单概括为"提供真实性、合法性证明的一种非诉程序"。

（二）公证的特征

关于公证的特征，不同的学者根据不同的定义给出了不同的表述，在此介绍代表性观点，以供思考。

有观点认为，公证一般具有以下六个特征：（1）公证是由国家专门设立的公证机构和专职法律人员进行的一种特殊的证明活动。（2）公证机构依照法律规定的程序进行证明活动。（3）公证证明的对象是法律行为、有法律意义的文书和事实。（4）公证活动的中心内容是确认公证对象的真实性与合法性。（5）公证的证明活动具有特殊的法律效力。（6）公证活动是一种非诉讼活动。②

也有观点认为，公证主要具有以下四个特征：（1）公证是公证机关的证明活动，所以，公证证明的效力高于一般个人、法人或有关组织对同一事实所作证明的效力。（2）公证主体具有单一性，即公证事项的当事人是单一的，而不是双方或几方的争议当事者。（3）公证的对象是法律行为以及具有法律意义的文书和事实，对于法律行为以外的行为以及不具有法律意义的事实和文书进行公证，是不具有法律效力的。（4）公证是依法进行的证明活动，违反法律规定程序的公证则不具有法律效力，这与其他个人、法人或组织的证明是不同的。③

还有观点认为，公证的特征主要体现在以下五个方面：（1）公证是非诉讼活动，这主要是针对民事诉讼活动而言的。（2）公证是公证机构独立行使公证职能的活动，而非行政活动。（3）公证是一种特殊的证明活动。（4）公证证明具有特殊的法律效力。（5）公证不同于认证、鉴证及签证。④

此外，有观点认为公证主要具有以下四个特征：（1）公证活动具有专属性。这种专属性主要体现为：一是公证证明主体的专属性，即公证机构是唯一专职行使公证证明的机构；二是公证效力的专属性，即公证书是唯一具有法律规定效力的证明。（2）公证活动具有独立性。这里的独立性主要体现在：一是公证机构按照法律规定独立行使职权，不受行政机关、社会团体和个人的干涉；二是公证机构以自己的财产对外承担责任。（3）公证是一种特殊的证明活动。这种特殊性主要体现在：公证对象必须是没有争议的法律行为和有法律意义的事实、文书；公证证明活动具有特定的程序和规则；公证证明结果具有特定的法律效力。（4）公证具有公益性、非营利性。公证机构从事公证行为是不以营利为目的的，这区别于社会上一般的商业服务，因而公证具有公益性与非营利性。⑤

通过对上述观点的梳理，可以发现不同观点之间大部分内容表述存在一致性，基本上都认为公证是一种非诉活动，是一种特殊的证明活动。本书基本上赞同最后一种观点，即认为公证具有专属性、独立性、特殊性、公益性。此外，本书认为，公证还具有一种特征，即专业性。公证的专业性主要体现在两个方面：一方面，从事公证的公证员（公证人）拥有法律

① 江伟主编：《公证法学》，法律出版社 1996 年版，第 1-2 页。

② 齐书学、赵瑞恒主编：《公证律师辞海》，黑龙江人民出版社 2003 年版，第 145 页。

③ 邓建民主编：《律师法学与公证法学》，四川大学出版社 2004 年版，第 240-241 页。

④ 陈宜、王进喜主编：《律师公证制度与实务》（第 2 版），中国政法大学出版社 2014 年版，第 260-262 页。

⑤ 马宏俊主编：《公证法学》，北京大学出版社 2013 年版，第 4-5 页。

知识和处理公证事宜方面的特殊信息和技术，从事公证员职业，需要通过国家法律职业资格考试，还需要相当时间的实习以积累经验；另一方面，公证员依据法学教育和实践所形成的独特思考方式，将抽象的、普遍性的法律规范与当事人的公证事项相结合，作出审慎的判断，最终形成公证结果。

（三）公证员的性质与角色定位

我国《公证法》第 16 条规定："公证员是符合本法规定的条件，在公证机构从事公证业务的执业人员。"由此可知，公证员必须符合《公证法》规定的条件，并在公证机构从事公证业务。这从法律上确定了公证员的职业化，即公证员是从事公证业务的法律工作者。[①] 不过从我国的实践来看，目前我国公证机构的性质具有多元性，因此，公证员的身份也是多元的，在不同性质的公证机构执业的公证员的身份并不相同。在具有行政性质的公证机构中，公证员的身份类似于公务员；在具有事业单位法人性质的公证机构中，又有全额拨款、自收自支之分；合作制公证机构中，公证员的身份则类似于私营企业职工。[②]

（四）公证员的任职条件

《公证法》第 18 条规定，担任公证员，应当具备下列条件：（1）具有中华人民共和国国籍；（2）年龄 25 周岁以上 65 周岁以下；（3）公道正派，遵纪守法，品行良好；（4）通过国家统一法律职业资格考试取得法律职业资格；（5）在公证机构实习 2 年以上或者具有 3 年以上其他法律职业经历并在公证机构实习 1 年以上，经考核合格。此外，根据《公证法》第 19 条之规定，从事法学教学、研究工作，具有高级职称的人员，或者具有本科以上学历，从事审判、检察、法制工作、法律服务满 10 年的公务员、律师，已经离开原工作岗位，经考核合格的，可以担任公证员。第 20 条规定，有下列情形之一的，不得担任公证员：（1）无民事行为能力或者限制民事行为能力的；（2）因故意犯罪或者职务过失犯罪受过刑事处罚的；（3）被开除公职的；（4）被吊销公证员、律师执业证书的。

二、公证员职业伦理的内涵

公证员职业伦理，是指在公证活动中，公证人员从思想到具体事务的处理应遵循的行为规范和基本准则。就适用对象而言，不仅指依法取得资格的执业公证员，也包括办理公证业务的辅助人员和其他工作人员；从道德规范调整的内容看，既包括办理公证业务的行为，也包括办理公证业务人员的思想意识。公证人员职业伦理建设对公证业的发展具有重大意义，高尚的职业道德情操是公证员提供高效优质法律服务并赢得社会信赖的根本保障，也是发展高素质公证员队伍的重要途径。

加强公证员职业伦理建设必须牢固树立德才兼备的思想，建立和完善公证员职业伦理规范体系，提高公证员的思想认识，实现自我约束、自我管理的功能；加强对公证机构的管理，完善内部管理制度；提高公证员的主人翁意识，建立奖惩制度；弘扬传统美德和奉献精神，急当事人之所急，想当事人之所想，全心全意为人民服务；杜绝私情，惩治腐败，一切服从法律，以国家利益和社会公共利益为第一需要，保质保量地完成公证法律服务事项。

---

① 关今华主编：《律师与公证》，厦门大学出版社 2007 年版，第 370 页。

② 马宏俊主编：《公证法学》，北京大学出版社 2013 年版，第 38–39 页。

三、公证员职业伦理的基本要求

我国《公证法》第22条第1款规定，公证员应当遵纪守法，恪守职业道德，依法履行公证职责，保守执业秘密。中国公证协会专门制定了《公证员职业道德基本准则》，对公证员的职业伦理提出了基本要求。一般认为，公证人员的职业伦理建设主要包括以下内容：（1）坚定的政治方向和远大的奋斗目标；（2）高度的事业心和强烈的责任感；（3）勤奋好学的作风与苦干实干的精神；（4）忠于事实真相，忠于宪法和法律；（5）主持公道，伸张正义；（6）忠于职守，严守职务秘密；（7）率先垂范，严于律己；（8）清正廉洁，一尘不染；（9）严肃认真，一丝不苟；（10）勇于同各种违法违纪行为作斗争。

公证员作为法律职业共同体的组成部分，应当和法官、检察官、律师在法律意识和道德意识上具有相同的标准，忠于宪法和法律，坚持以事实为根据，以法律为准绳，按照真实合法的原则和法定的程序办理公证事务。[①] 公证员的核心任务就是通过对法律行为、有法律意义的事实或文书的真实性、合法性进行证明，来维护当事人的合法权益，稳定市场经济秩序和社会秩序，实现公平正义。从行使国家证明权的角度来说，公证员的业务活动具有国家属性，其证明的法律效力高于一般的私证，受到法律的特殊保护。

公证员必须按照法定程序办理公证事项，用法律的标准衡量申办事项是否达到真实、合法的标准。在对真实性、合法性进行判定上，公证员的道德水准和法官一样，必须中立而公正，应当恪守独立、公正、客观的原则，不受客观事实和法律之外因素的影响，忠实地维护法律的尊严，切实保障法律的正确实施和公众权利的平等实现。[②] 要按照法定程序去判明申办事项真实与否，而不能简单地凭借直觉。现代社会的发展，使得表面上看起来很简单的事务在内部关系上具有复杂性和隐蔽性，正因为如此，市场经济条件下的社会公众才对公证活动寄予厚望，希望公证能够成为识别真假的锐利武器，成为保护公民合法权益的一道重要防线。

人们对公证作用的认识与期盼，会随着司法改革的深入、证据法则的严谨、市场经济体制的改革而更加强烈。从公证活动的后果来看，主要是申办公证的当事人得到益处，与国家及社会公共利益没有直接的联系，所以，公证活动的成本不应由国家来承担。如果国家因为公证的国家属性来支付公证费用，就意味着直接受益的当事人没有对其受益支付代价，反而将其以国家支出的方式分摊给所有纳税人，这显然是不公平的。所以，世界各国在确立公证法律制度时，都规定公证费用由公证当事人来承担，因为这是私权的范畴，不应由国家来承担费用。这一特点也同时反映出公证员自由职业的属性，公证员办理公证事项，完全凭借其个人的知识和技能，并非国家意志的体现，这一点又与律师的职业特点相似。但关键的不同在于公证员办理公证事务时，并不是站在公证当事人的立场上维护其合法权益，并非当事人的代理人，而是以中立的第三人身份作出证明，收费也不能改变其中立立场。这使得公证员的职业伦理规范，既有与法官、检察官的共性，又有与律师的共性，还有自身的特点。

---

① 李本森：《法律职业伦理》，北京大学出版社2005年版，第198页。
② 马宏俊：《法律人的职业行为规则》，中国法制出版社2003年版，第99页。

第二节　公证员职业伦理的基本内容

一、公证员与委托人的关系规范

（一）公证员的保密义务

《公证员职业道德基本准则》第5条规定："公证员应当自觉履行执业保密义务，不得泄露在执业中知悉的国家秘密、商业秘密或个人隐私，更不得利用知悉的秘密为自己或他人谋取利益。"公证员在办理公证事务中，不可避免地会涉及当事人不愿让他人知道的信息，如遗嘱、收养、婚前财产公证等事项中涉及的一些内容，公证员对此负有保密的义务，这种保密义务意味着公证员不得向办理公证事务之外的任何人（包括公证员的亲属、同事）泄露，也不得利用通过办理公证事项所知晓的秘密为自己或他人谋取利益。随着公证业务范围的不断开拓，公证员在办理公证事务中会接触到很多有可能给自己或亲友带来利益的信息，如开奖公证、拍卖公证、合同公证、证据保全公证等，公证员必须牢记职业伦理规范，不能为一己私利毁了公证员的信誉，要公私分清，利益面前不动摇，不利用公证员的职务为自己或他人谋取利益。

保密义务对公证员来说非常重要，不仅体现在不能随便跟他人谈及这些秘密，还体现在其他方面。例如，在公证员著书立说及进行科学研讨中，难免会以自己办理的公证事项进行举例说明，此时必须对所引事项进行加工处理，不能让相关人士对号入座，猜到某些内容，从中牟利，或损害当事人的利益。在一些会议及宣传活动中，也要注意对相关信息的保密，在涉及公证书的内容需要出庭作证时，可就有关情况先向法官通报说明，在公开审判的场合应当注意表达方式。总之，公证员保守职务秘密既是法律规定的义务，也是职业伦理的要求。

（二）公证员的告知义务

《公证员职业道德基本准则》第8条规定："公证员在履行职责时，应当告知当事人、代理人和参与人的权利和义务，并就权利和义务的真实意思和可能产生的法律后果做出明确解释，避免形式上的简单告知。"公证员是法律职业人员，精通法律知识和程序，而其所接触的当事人可能对相关法律一无所知。公证员应当耐心地将有关规定和当事人依法享有的权利义务一一告知，还要将有关法律概念讲解清楚，使得当事人在办理公证过程中能够很好地行使权利、承担义务，配合公证员顺利办理好公证事项。

对于不同民族、种族、国籍和宗教信仰的当事人，公证员应当注意语言和宗教信仰的差异，选择适当的语言和表达方式，使其真正了解依法享有的权利和承担的义务；对于老年人及健康状况较差的当事人，不仅要明确告知法律的相关规定，还要用通俗的语言作出解释，使其了解法律规定的内涵，在理解法律的基础上，真实地反映自己的思想意识；对于行动不便的当事人，公证员还应当到当事人的住所办理公证事项，讲解有关法律。在执行职务时，公证员要特别注意自己的语言、语气和表达方法、态度，满腔热情地对待当事人，体现出服务意识，避免在思想交流上产生误解，切实办好公证事项。

（三）公证员的职业礼仪

《公证员职业道德基本准则》第11条规定："公证员应当注重礼仪，做到着装规范、举止文明，维护职业形象。现场宣读公证词时，应当语言规范、吐字清晰，避免使用可能引起他人反感的语言表达方式。"公证员作为法律职业人员，行使的是国家证明权，必须树立良好的职业形象，维护公证行业的声誉。在执行职务时，应当注重礼仪，着装整洁规范，举止文明大方；接待会谈，调查访问，查阅材料及制作笔录，应表现出法律职业人员的儒雅风范；现场宣读公证词时，应当庄重、严肃，在形体动作上反映出法律的至高无上和威严，用清晰流畅、有节奏的规范语言表达公证词的内容，使现场人员感到法律的神圣与公正，增强合法性和安全感，使人有一种庄重而不疏远、亲切而又有距离的感觉，充分发挥现场公证的作用。

（四）公证员的勤勉义务

《公证员职业道德基本准则》第 7 条规定："公证员应当珍惜职业荣誉，强化服务意识，勤勉敬业、恪尽职守，为当事人提供优质高效的公证法律服务。"第 10 条规定："公证员应当严格按照规定的程序和期限办理公证事项，注重提高办证质量和效率，杜绝疏忽大意、敷衍塞责和延误办证的行为。"第 15 条规定："公证员应当道德高尚、诚实信用、谦虚谨慎，具有良好的个人修养和品行。"第 18 条规定："公证员应当不断提高自身的业务能力和职业素养，保证自己的执业品质和专业技能满足正确履行职责的需要。"公证职业的社会作用在于预防纠纷、减少诉讼，是防患于未然的一项系统工程，需要高素质的人经过不懈的努力才能完成，并非像有些人所说的盖一个橡皮图章就完事儿，要知道这颗图章背后是国家证明权的行使，是对真实性、合法性的确认。具有强制执行效力的债权文书公证，还会产生既判力的效果，没有高水平的法律专业素质和一定实践经验的公证员是无法履行其职责的。

公证员应当树立为当事人服务的良好意识，一切为当事人着想，让自己的个人利益服从为当事人办证的需要，按照规定的程序和期限办理公证事务。对于紧急事项，要特事特办，即使是加班加点，也要把时间抢出来，及时受理、审查、公证，不能因为公证员个人的原因和其他主观因素拖延推诿，耽误时间而使当事人的利益受损。需要注意的是，加快办证的时间，只能是为了提高工作效率，而不能在审查工作上打折扣，不能以损失真实性、合法性的代价来换取时间上的节省，既要抓紧时间，又要保证不出错。

公证员是一个理性的职业，并非完全程序性操作的熟练工种，很多公证事项都需要公证员进行理性的思考，还要把思考判断的过程反映在公证书上，让人看到公证书能够接受其结论。要素式公证书就充分体现了公证员这一职业特点，缺乏法律知识和技能的人很难胜任公证员的工作。公证员职业是艰苦而高尚的，只有较高的业务素质，没有高尚的道德情操，难以适应公证员职业的需要。公证员的执业过程，本身就是去粗取精、去伪存真、由表及里的过程，完成这个过程需要艰苦的努力，要不怕困难，勇于吃苦，积极收集相关证据材料，并在此基础上认真分析、独立思考、自主判断，要敢于坚持正确意见，只服从法律，排除一切干扰。公证员是在用自己的良知和品行开展工作，高尚的道德情操和高超的法律专业技能是公证员办理公证事项的基本条件，并要不断学习、提高，以适应社会发展的需要。

（五）公证员的清正廉洁

《公证员职业道德基本准则》第 20 条规定："公证员应当树立廉洁自律意识，遵守职业道德和执业纪律，不得从事有报酬的其他职业和与公证员职务、身份不相符的活动。"第 21 条规定："公证员应当妥善处理个人事务，不得利用公证员的身份和职务为自己、亲属或他人谋取利益。"第 22 条规定："公证员不得索取或接受当事人及其代理人、利害关系人的答谢款待、馈赠财物或其他利益。"公证员也是法律工作者，其职务活动导致公证书的产生。公证书可以在诉讼活动中直接作为证据来使用，如果没有足以推翻公证书的相关证据，人民法院就会将其直接作为定案依据；公证书也可以用作法院强制执行的根据，可以不经审判直接进入执行程序，与生效裁判产生同样的法律后果；公证书还可以引导社会行为，在市场经济条件下可以帮助人们识别真假，具有较高的社会地位。公证员虽然不是国家机关工作人员，也不是司法官员，但是其对国家证明权的行使，以及其在司法活动和社会活动中的地位，依然能够体现其社会公共管理的职能。

公证员中立公正的职业特点也进一步印证了其公共管理职能的属性。因此，公证员必须保持清正廉洁的职业伦理，不被物质利益所诱惑，不得接受当事人及其代理人、利害关系人的请客送礼，不拿法律做交易，严格按照法律规定审查申办事项，维护公证书的权威性，维护公证员的良好声誉。基于公证员行使的是国家证明权，因而不得再从事其他与公证员职务、身份不相符的活动。例如，不得担任法官、检察官，不得从事其他商业活动。因为审判职能、法律监督职能与证明职能在诉讼活动中不能集于一身来行使。从理论上，公证员也不得担任行政职务。虽然在某些特殊情况下，行政官员可以行使一部分公证职能，但这是公证活动的特例，并不意味着公证员可以兼作行政官员。

在英美法系，律师也可以兼作公证员，公证员被纳入律师的管理体系。在英国，公证处、审判机关和行政机关都有办理公证业务的权力。在美国，公证人可以由律师或其他职业者担任，公证证明只对文书上的签名、盖章的真实性负责，而不对文书内容的真实性负责。在拉丁美洲的一些国家，大学的法学教授可以兼任公证员，公证员也可以兼任大学教授。我国法律规定公证员都是专职的，不能兼职做其他工作，公证员职务必须通过公证处来履行。我国律师制度目前允许高等法律院校（系）及科研机构的教学科研人员担任兼职律师，开创了兼职律师制度的先例，在实践中取得了较好的效果。一方面积累了实践经验，理论联系实际，促进了法学教育与科研工作；同时，兼职律师都是具有高学历、高职称，理论功底深厚的教学科研人员，也提高了律师的整体水平，促进了律师队伍的发展。那么，公证制度为什么不能借鉴律师制度的成功经验和拉丁美洲国家成熟完善的公证法律制度，允许存在兼职公证员呢？这是一个非常值得探讨的问题。大学教授兼任公证员，与现行的职业伦理规范和法律制度并不矛盾。

公证员办理的公证事务渗透到社会生活的各个方面，尤其是经济领域，绝大部分都涉及财产权益。公证员在办理公证事务时，必须妥善处理好个人事务，不能利用公证员的身份和职务为自己、家属或他人谋取私人利益。我国的公证法律制度尚不完善，法律上的监督制约机制也不够，主要靠公证员的职业伦理来调整，公证法律制度对此应予完善。

二、公证员之间的关系规范

我国的公证处相互之间没有隶属关系，公证员虽然实行专业技术职务制度，但公证员都是平等的，所出具的公证书具有同等的法律效力，公证处与公证处之间、公证员与公证员之间都是公平竞争的平等关系。在市场经济条件下，特别是在没有国家财政拨款支持的情况下，创设公平竞争机制、加强职业伦理建设就显得特别重要了。

（一）不干涉他人办证原则

《公证员职业道德基本准则》第24条规定："公证员不得以不正当方式或途径对其他公证员正在办理的公证事项进行干预或施加影响。"公证员在同一个公证处内，应当互相尊重，各自对依法受理的公证事项认真履行职责，不得干涉他人的正常工作，不得为当事人说情送礼，也不得将公证员的住宅电话和其他私人信息披露给当事人，不得向正在办理公证事务的公证人员打听办证情况，也不得了解相关内容。对于其他公证员正在办理的公证事项或者处理结果，除非在正常的讨论程序或审批程序中，不得发表有可能影响公证员独立自主判断的不同意见。对于有充分理由的不同意见，如不发表有可能导致错证发生的，可以按管理权限向公证处的相关负责人汇报，并充分阐述不同意见之理由，通过审批程序来维护正常的办证秩序。

（二）维护公证书权威的原则

《公证员职业道德基本准则》第12条规定："公证员如果发现已生效的公证文书存在问题或其他公证员有违法、违规行为，应当及时向有关部门反映。"第13条规定："公证员不得利用媒体或采用其他方式，对正在办理或已办结的公证事项发表不当评论，更不得发表有损公证严肃性和权威性的言论。"任何一个公证员都要自觉地维护每一份公证书的严肃性和权威性，对于办理公证事项的不同看法，允许各自保留，在出具公证书时要尊重主办公证员和审批者的意见。如果确认是错证，可以按照法定程序予以纠正，依法向公证处领导和司法行政机关反映；对于学术上不同观点的争议和讨论，要选择适当的场合及方式进行研究探讨，但不得干涉他人依法出具公证书，更不得出于泄私愤的目的，不负责任地发表言论，也不得在公众场合或新闻媒体上发表不适当的言论，使公证书的严肃性和权威性受到影响。

（三）尊重同行，公平竞争

《公证员职业道德基本准则》第23条规定："公证员应当相互尊重，与同行保持良好的合作关系，公平竞争，同业互助，共谋发展。"公证是竞争的行业，也是充满理性的行业，公证员都是受过良好法律教育的人。在这样的职业群体中，尊重同行，遵守公平竞争的职业伦理规范是不言而喻的。只有互相尊重，公平竞争，才能找到差距，提高水平；才能携手并进，共谋发展。尊重是最基本的道德水准，公平是竞争的规则，互助是良好的风尚，发展才是目的。公证职业的发展取决于公证员这支队伍的建设，不懂得尊重他人就无法发展，公证员的威信和名誉要靠自己来维护。

公证员的职业伦理要求公证员不得利用新闻媒体或其他手段炫耀自己，贬低他人，排斥同行，为自己招揽业务。公证业的广告宣传，目前还缺乏相应的规范来约束，公证业的特点决定了其不适宜宣传自己。关于公证管辖的法律规定已经划出了各公证处的业务领域，只在直辖市、省辖市和设区的市存在个别公证处之间的业务竞争，但这并不具有普遍意义，可以通过调整公证辖区和公证处的整合来解决。而对于公证员的不恰当宣传，则应当限制，应当以相关法律来规范。公证员不得利用与行政机关、社会团体、经济组织的特殊关系进行业务垄断。公证员的业务垄断极有可能与腐败联系在一起，并有可能导致公证员队伍的两极分化、畸形发展，这不仅损害了其他公证员的利益，也损害了公证当事人的利益，破坏了公证法律服务秩序，对公证员的声誉及整个社会的良性循环造成极坏的影响。

三、公证员与公证机构的关系规范

根据我国《公证法》第 6 条之规定，公证机构是依法设立，不以营利为目的，依法独立行使公证职能、承担民事责任的证明机构。《公证法》第 8 条规定，设立公证机构应当具备下列条件：（1）有自己的名称；（2）有固定的场所；（3）有 2 名以上公证员；（4）有开展公证业务所必需的资金。关于公证机构的业务范围，《公证法》第 11 条规定，根据自然人、法人或者其他组织的申请，公证机构办理下列公证事项：（1）合同；（2）继承；（3）委托、声明、赠与、遗嘱；（4）财产分割；（5）招标投标、拍卖；（6）婚姻状况、亲属关系、收养关系；（7）出生、生存、死亡、身份、经历、学历、学位、职务、职称、有无违法犯罪记录；（8）公司章程；（9）保全证据；（10）文书上的签名、印鉴、日期，文书的副本、影印本与原本相符；（11）自然人、法人或者其他组织自愿申请办理的其他公证事项。法律、行政法规规定应当公证的事项，有关自然人、法人或者其他组织应当向公证机构申请办理公证。

关于公证员与公证机构之间的关系，《公证法》明确规定公证员是"在公证机构从事公证业务的执业人员"。此外，根据《公证法》第 14 条之规定，公证机构应当建立业务、财务、资产等管理制度，对公证员的执业行为进行监督，建立执业过错责任追究制度。由此可知，公证机构享有对公证员进行监督管理的权力。《公证员执业管理办法》对此作了进一步规定。根据《公证员执业管理办法》第 22 条之规定，公证机构应当按照规定建立、完善各项内部管理制度，对公证员的执业行为进行监督，建立公证员执业过错责任追究制度，建立公证员执业年度考核制度。公证机构应当为公证员依法执业提供便利和条件，保障其在任职期间依法享有的合法权益。

四、公证员与司法行政机关、司法人员的关系规范

（一）公证员与司法行政机关的关系规范

我国《公证法》第 5 条规定："司法行政部门依照本法规定对公证机构、公证员和公证协会进行监督、指导。"由此可知，司法行政机关是人民政府负责司法行政事务的部门，代表国家实施对司法行政事务的行政管理权。司法部制定的《公证员执业管理办法》进一步规定了司法行政机关与公证员之间的关系规范。

1. 公证员任职程序管理

根据《公证员执业管理办法》第 10 条之规定，符合《公证员执业管理办法》第 7 条规定条件的人员，由本人提出申请，经需要选配公证员的公证机构推荐，由所在地司法行政机关出具审查意见，逐级报请省、自治区、直辖市司法行政机关审核。报请审核，应当提交下列材料：（1）担任公证员申请书；（2）公证机构推荐书；（3）申请人的居民身份证复印件和个人简历，具有 3 年以上其他法律职业经历的，应当同时提交相应的经历证明；（4）申请人的法律职业资格证书复印件；（5）公证机构出具的申请人实习鉴定和所在地司法行政机关出具的实习考核合格意见；（6）所在地司法行政机关对申请人的审查意见；（7）其他需要提交的材料。

根据《公证员执业管理办法》第 11 条之规定，符合《公证员执业管理办法》第 8 条规定条件的人员，由本人提出申请，经需要选配公证员的公证机构推荐，由所在地司法行政机

关出具考核意见，逐级报请省、自治区、直辖市司法行政机关审核。报请审核，应当提交下列材料：（1）担任公证员申请书；（2）公证机构推荐书；（3）申请人的居民身份证复印件和个人简历；（4）从事法学教学、研究工作并具有高级职称的证明，或者具有本科以上学历的证明和从事审判、检察、法制工作、法律服务满 10 年的经历及职务证明；（5）申请人已经离开原工作岗位的证明；（6）所在地司法行政机关对申请人的考核意见；（7）其他需要提交的材料。

根据《公证员执业管理办法》第 12-14 条之规定，省、自治区、直辖市司法行政机关应当自收到报审材料之日起 20 日内完成审核。对符合规定条件和公证员配备方案的，作出同意申请人担任公证员的审核意见，填制公证员任职报审表，报请司法部任命；对不符合规定条件或者公证员配备方案的，作出不同意申请人担任公证员的决定，并书面通知申请人和所在地司法行政机关。司法部应当自收到省、自治区、直辖市司法行政机关报请任命公证员的材料之日起 20 日内，制作并下达公证员任命决定。司法部对报请任命材料有疑义或者收到相关投诉、举报的，可以要求报请任命机关重新审核。省、自治区、直辖市司法行政机关应当自收到司法部下达的公证员任命决定之日起 10 日内，向申请人颁发公证员执业证书，并书面通知其所在地司法行政机关。

此外，根据《公证员执业管理办法》第 15 条之规定，公证员变更执业机构，应当经所在公证机构同意和拟任用该公证员的公证机构推荐，报所在地司法行政机关同意后，报省、自治区、直辖市司法行政机关办理变更核准手续。公证员跨省、自治区、直辖市变更执业机构的，经所在的省、自治区、直辖市司法行政机关核准后，由拟任用该公证员的公证机构所在的省、自治区、直辖市司法行政机关办理变更核准手续。

2. 公证员执业证书管理

根据《公证员执业管理办法》第 18-20 条之规定，公证员执业证书是公证员履行法定任职程序后在公证机构从事公证执业活动的有效证件。公证员执业证书由司法部统一制作。证书编号办法由司法部制定。公证员执业证书由公证员本人持有和使用，不得涂改、抵押、出借或者转让。公证员执业证书损毁或者遗失的，由本人提出申请，所在公证机构予以证明，提请所在地司法行政机关报省、自治区、直辖市司法行政机关申请换发或者补发。执业证书遗失的，由所在公证机构在省级报刊上声明作废。公证员变更执业机构的，经省、自治区、直辖市司法行政机关核准，予以换发公证员执业证书。公证员受到停止执业处罚的，停止执业期间，应当将其公证员执业证书缴存所在地司法行政机关。公证员受到吊销公证员执业证书处罚或者因其他法定事由予以免职的，应当收缴其公证员执业证书，由省、自治区、直辖市司法行政机关予以注销。

3. 公证员执业监督检查

根据《公证员执业管理办法》第 21、26 条之规定，司法行政机关应当依法建立健全行政监督管理制度，公证协会应当依据章程建立健全行业自律制度，加强对公证员执业活动的监督，依法维护公证员的执业权利。司法行政机关实施监督检查，可以对公证员办理公证业务的情况进行检查，要求公证员及其所在公证机构说明有关情况，调阅相关材料和公证档案，向相关单位和人员调查、核实有关情况。公证员及其所在公证机构不得拒绝司法行政机关依法实施的监督检查，不得谎报、隐匿、伪造、销毁相关证据材料。

根据《公证员执业管理办法》第 30 条之规定，司法行政机关对公证员实施行政处罚，应当根据有关法律、法规和司法部有关行政处罚程序的规定进行。司法行政机关查处公证员的违法行为，可以委托公证协会对公证员的违法行为进行调查、核实。

（二）公证员与法官的关系规范

公证员与法官的关系主要体现在公证员以证人的身份出席法庭审判，履行作证的职责。在法庭上，公证员主要是对所出具公证书的真实性、合法性作出解释和说明，回答法官、检察官及其他诉讼参与人就所出具的公证书提出的有关问题。当公证处被公证当事人因公证事项起诉到法院时，公证员可以作为公证处的诉讼代理人出席法庭，参加诉讼，依法就原告的指控进行答辩，陈述办理公证的程序与依据的事实，运用相关法律与原告辩论，维护公证处的合法权益，行使当事人的权利并承担诉讼义务。公证员对司法行政机关的行政处罚不服而向人民法院起诉时，公证员是行政诉讼的原告，通过庭审活动，请求法官支持原告的诉讼请求，依法撤销行政处罚决定书。

（三）公证员与检察官的关系规范

在我国《关于深化公证工作改革的方案》实施前，公证处是国家行政机关，公证员是国家干部，必须接受检察官对其履行职务的法律监督。该方案实施后，公证处和公证员都在性质上发生了变化。主体身份发生这种变化后应否继续接受检察监督？这在法律上没有明确的规定，理论上有继续研究的必要，特别是还在试点中的合作制公证处，使这个问题更加复杂化。从公证的社会公共管理职能和行使国家证明权的职业特点来看，检察官的法律监督还是必要的，但和对国家机关工作人员的监督略有不同，某些基于国家机关工作人员身份的罪名，由于公证员不具备主体要件，不能受到相应指控，而其履行职务的行为应当与公务员一样受到检察官的法律监督。在审判监督程序中，公证员也可以当事人身份请求检察官抗诉。

五、公证员与公证协会的关系规范

我国《公证法》第 4 条第 2 款规定，公证协会是公证业的自律性组织，依据章程开展活动，对公证机构、公证员的执业活动进行监督。根据《公证法》的规定，全国设立中国公证协会，省、自治区、直辖市设立地方公证协会。中国公证协会和地方公证协会是社会团体法人。中国公证协会章程由会员代表大会制定，报国务院司法行政部门备案。

根据《中国公证协会章程》第 6 条之规定，中国公证协会的职责包括以下内容：（1）协助司法部管理、指导全国公证工作，依照本章程对公证机构和公证员的执业活动进行监督；（2）指导地方公证协会工作；（3）制定行业规范；（4）维护会员的合法权益，保障会员依法履行职责；（5）依法举办会员福利事业；（6）对会员进行职业道德、执业纪律教育，对会员的违纪行为实施行业处分，协助司法行政机关查处会员的违法行为；（7）负责会员的培训，组织会员开展学术研讨和工作经验交流，根据有关规定对公证机构、公证员实施奖励；（8）组织开展公证行业信息化建设；（9）负责全国公证赔偿基金的使用管理工作，对地方公证协会管理使用的公证赔偿基金进行指导和监督；（10）负责公证宣传工作，主办公证刊物，对外提供公证法律咨询等服务；（11）负责与国外和港、澳、台地区开展有关公证事宜的研讨、交流与合作活动；（12）负责海峡两岸公证书的查证和公证书副本的寄送工作；（13）负责公证专用纸的联系生产、调配，协助司法部作好管理工作；（14）履行法律法规规定的其他职责，完成司法部委托的事务。由此可知，作为全国性公证行业组织，中国公证协会对整个公证职业的发展具有重要的管理指导作用。作为公证员个人也应该遵守中国公证协会制定的职业伦理、行业纪律。《公证员执业管理办法》也规定，公证协会应当依据章程建立健全行业自律制度，加强对公证员执业活动的监督，依法维护公证员的执业权利。

六、公证员与律师的关系规范

公证职业与律师职业本来没有什么内在的必然联系。在普通法系国家，律师业的蓬勃发展，使其触角延伸到社会的各个层面，加之法律制度比较完备，以及判例法的特点，离开了律师就寸步难行；公证的职能并非公证员专属，律师也可以开展公证业务，从而使得本来在社会舞台上就非常活跃的律师更加光彩耀眼，而公证职业则显得有些黯然失色。在大陆法系国家，特别是法国，公证员的社会地位极高，属于国家公务员，由共和国总统任命，非争议性的法律事务几乎都通过公证来解决，形成了独立的公证法律制度，公证与审判的密切联系也提高了其社会地位。欧洲列强的殖民统治，使宗主国的法律制度对殖民地产生了深刻的影响，拉丁美洲国家的公证制度也逐步发展起来，构成了公证业与律师业并行的格局。

在我国，律师事务所、公证处都被界定为市场中介组织，这就是它们最大的共性。公证业与律师业同属法律服务业，公证员和律师都是凭借自身的法律知识和技能为委托人提供法律服务，从委托人那里收取费用。公证员与律师都曾是国家的法律工作者，都经历了从国家机构中分离的过程，都由政府的司法行政机关管理，而且共同由一个职能部门行使管理权，都是法律专业人员。不同的是，律师制度的恢复、发展虽然与公证制度相同，但在步伐上总是比公证早一个节拍，也为公证制度的发展提供了宝贵的经验和教训。律师的执业特点是站在委托人的立场上为其提供法律服务，委托人的合法权益是第一位的，是通过辩护、代理（含非诉讼法律事务的代理）、法律咨询和代书来完成法律赋予的任务；公证员行使的是国家证明权，属于国家权力的一部分，通过法律的授权或确认而取得，以出具公证书的形式实现法律预期的功能。律师的法律服务主要是为了解决纠纷，一部分非诉讼法律服务是为了避免纠纷，追求的都是维护委托人的合法权益；公证是为了预防纠纷、减少诉讼，追求的是真实、合法。律师出庭要积极地运用一切合法手段说服法官，使其接受自己的意见，实现诉讼的目的；公证员出席法庭，仅仅是为了说明出具公证书的理由，维护的是公证书的权威性、合法性、真实性。律师的业务量没有止境，法律越细化、越完备，人们对律师的依赖也就越多，律师队伍的发展取决于市场的发展；而公证业务比较固定，一般不会有太大的波动，公证员的数量与公证管辖区域的人口应当保持一定比例，公证员队伍不能突破比例而盲目发展。

近年来，我国公证出现了迅速发展的势头，公证法律制度也进行了较大幅度的改革，改变了公证处的体制，使其从行政机构转变为事业单位法人组织。公证员也改变了国家干部的身份，公证员队伍从数量和质量上都有了很大的发展，公证业务拓展很快。同时存在一些问题需要进一步研究，其中突出的是公证业务与律师业务的划分问题，这不仅是一个法律问题，也需要从职业伦理层面加以解决。此外，公证员的发展、公证处的设置及合作制公证处等问题也应引起重视。

第三节   公证员职业责任与惩戒

一、公证员职业责任的内涵

公证员职业责任一般是指公证员在履行职务过程中违反有关法律、法规和规章的规定，给国家、单位和个人造成损害应该承担的法律责任。[①] 随着我国《公证法》的颁布实施，我国的公证法律体系不断完善，有关公证员职业责任的规定也越来越规范。

从世界各国公证员职业发展来看，各国都非常重视对公证员职业责任的构建。一般而言，建立公证员职业责任制度的重要意义主要体现在以下几个方面：（1）确保公证当事人及有关利害关系人的合法权益。公证员和公证机构必须严肃认真地对待公证工作，不得因疏忽大意或玩忽职守出错证而损害当事人的合法权益。公证责任制度可以为其提供保障。（2）有利于公证事业的健康有序发展。公证员职业责任制度的建立是为了保障公证工作的规范进行，为了保障公证执业秩序，以利于公证事业的健康有序发展。（3）有利于提高公证的质量和效益。实行公证员职业责任制度，可以促使公证机构和公证员注重工作质量和效益，避免出错证而承担赔偿责任，避免给本机构或公证员本人带来经济损失。（4）有利于提高公证机构的社会公信力。公证员职业责任制度的实施有利于加强公证员的事业心和责任感，有利于公证质量和公证效益的提高，这一切都有助于提高公证机构的社会公信力。

二、公证员职业责任的内容

一般认为，公证员职业责任包括民事责任、行政责任和刑事责任。

（一）公证员的民事责任

公证员的民事责任，也称为公证机构的民事赔偿责任，是指公证机构及其公证员基于故意或过失使公证文书发生错误，给当事人、公证事项的利害关系人造成损失的，公证机构依据过错的程度，向当事人、公证事项的利害关系人承担的经济赔偿责任。根据我国《公证法》第43条之规定，公证机构及其公证员因过错给当事人、公证事项的利害关系人造成损失的，由公证机构承担相应的赔偿责任；公证机构赔偿后，可以向有故意或者重大过失的公证员追偿。当事人、公证事项的利害关系人与公证机构因赔偿发生争议的，可以向人民法院提起民事诉讼。

公证员承担民事责任必须符合以下条件：（1）有公证机构或者公证员的过错行为。出错证如果不是公证员的过错，而是当事人的过错导致的，公证机构就不应当对此承担责任。如果出错证既有当事人的责任又有公证员的责任，责任应由双方分担。（2）公证机构或公证员的过错行为属违法行为。公证员出错证，是由于其行为违反法律、法规或法律规范的规定，未按照有关规范行事。公证员有违法的行为才承担责任，如果公证员的行为属于法律未规定的，即根据法律规定其行为无过错，则不承担法律责任。（3）当事人或公证事项利害关系人有损害后果发生。公证机构承担法律责任，必须以当事人或公证事项利害关系人确有损害为

---

① 李本森主编：《法律职业道德概论》，高等教育出版社2003年版，第226页。

前提。如果仅有公证员的违法行为，却无损害后果，则不承担民事赔偿责任。（4）公证机构或公证员的过错与当事人或公证事项的利害关系人的损害后果有必然联系。公证机构承担赔偿责任还应当具备这样的前提，即公证机构或公证员的过错是造成当事人或公证事项的利害关系人损害后果的原因，这一原因与后果之间有直接、必然的联系。

（二）公证员的行政责任

公证员的行政责任，是指公证员在从事公证行为过程中违反行政法律、法规，依法应当承担的法律责任。根据我国《公证法》第41条之规定，公证员有下列行为之一的，由省、自治区、直辖市或者设区的市人民政府司法行政部门给予警告；情节严重的，对公证机构处1万元以上5万元以下罚款，对公证员处1000元以上5000元以下罚款，并可以给予3个月以上6个月以下停止执业的处罚；有违法所得的，没收违法所得：（1）以诋毁其他公证机构、公证员或者支付回扣、佣金等不正当手段争揽公证业务的；（2）违反规定的收费标准收取公证费的；（3）同时在2个以上公证机构执业的；（4）从事有报酬的其他职业的；（5）为本人及近亲属办理公证或者办理与本人及近亲属有利害关系的公证的；（6）依照法律、行政法规的规定，应当给予处罚的其他行为。

此外，我国《公证法》第42条规定，公证员有下列行为之一的，由省、自治区、直辖市或者设区的市人民政府司法行政部门对公证机构给予警告，并处2万元以上10万元以下罚款，并可以给予1个月以上3个月以下停业整顿的处罚；对公证员给予警告，并处2000元以上1万元以下罚款，并可以给予3个月以上12个月以下停止执业的处罚；有违法所得的，没收违法所得；情节严重的，由省、自治区、直辖市人民政府司法行政部门吊销公证员执业证书：（1）私自出具公证书的；（2）为不真实、不合法的事项出具公证书的；（3）侵占、挪用公证费或者侵占、盗窃公证专用物品的；（4）毁损、篡改公证文书或者公证档案的；（5）泄露在执业活动中知悉的国家秘密、商业秘密或者个人隐私的；（6）依照法律、行政法规的规定，应当给予处罚的其他行为。

司法行政机关在对公证员作出行政处罚时必须遵守正当法律程序。根据我国《公证员执业管理办法》第30条之规定，司法行政机关对公证员实施行政处罚，应当根据有关法律、法规和司法部有关行政处罚程序的规定进行。司法行政机关查处公证员的违法行为，可以委托公证协会对公证员的违法行为进行调查、核实。在司法行政机关作出行政处罚的过程中，公证员也享有一定的权利，对于行政处罚结果不服的，也可以获得救济。根据我国《公证员执业管理办法》第31条之规定，司法行政机关在对公证员作出行政处罚决定之前，应当告知查明的违法行为事实、处罚的理由及依据，并告知其依法享有的权利。口头告知的，应当制作笔录。公证员有权进行陈述和申辩，有权依法申请听证。公证员对行政处罚决定不服的，可以依法申请行政复议或者提起行政诉讼。

（三）公证员的刑事责任

公证员的刑事责任是指公证员在从事公证行为的过程中违反了刑事法律，依法应当承担的法律责任。根据我国《公证法》第42条之规定，公证员有下列行为之一，构成犯罪的，依法追究刑事责任：（1）私自出具公证书的；（2）为不真实、不合法的事项出具公证书的；（3）侵占、挪用公证费或者侵占、盗窃公证专用物品的；（4）毁损、篡改公证文书或者公证档案的；（5）泄露在执业活动中知悉的国家秘密、商业秘密或者个人隐私的；（6）依照法律、行政法规的规定，应当给予处罚的其他行为。

因故意犯罪或者职务过失犯罪受刑事处罚的，应当吊销公证员执业证书。被吊销公证员执业证书的，不得担任辩护人、诉讼代理人，但系刑事诉讼、民事诉讼、行政诉讼当事人的监护人、近亲属的除外。

三、我国公证员惩戒制度

公证员惩戒制度是指公证协会对违反执业纪律和职业伦理的公证员作出对其不利处分的制度。有学者将这种"不利处分"称为"非法律惩罚"，并认为，非法律惩罚是社会自治团体进行有效自治不可或缺的制度设计。行业协会采用大量非法律惩罚措施的原因是：（1）行业协会是一种关系网络，在关系网络中，非法律惩罚比法律惩罚更有效。（2）行业协会非法律惩罚更具有专业性和针对性。（3）行业协会建构有效的非法律惩罚机制更有助于行业协会实行自治。[①] 还有学者认为，惩戒制度的核心是职业协会的惩戒权，这种"权力"可以为"善"，也可以为"恶"，因此，需要从主体、客体、程序等方面加以控制。[②] 中国公证协会作为公证员职业的自律组织，负有对公证员职业伦理的监督与引导之责任。根据《公证员执业管理办法》第 32 条之规定，公证协会依据章程和有关行业规范，对公证员违反职业道德和执业纪律的行为，视其情节轻重，给予相应的行业处分。公证协会在查处公证员违反职业道德和执业纪律行为的过程中，发现有依据《公证法》的规定应当给予行政处罚情形的，应当提交有管辖权的司法行政机关处理。

2018 年 9 月 7 日，中国公证协会八届四次常务理事会审议通过《公证执业违规行为惩戒规则（试行）》，正式取代了自 2004 年 4 月 1 日起实施的《公证员惩戒规则（试行）》，这对继续发挥行业自律作用，规范对公证员的惩戒工作，加强公证队伍的职业伦理和执业纪律建设，维护公证行业执业秩序具有重要意义。根据《公证执业违规行为惩戒规则（试行）》第 2-4 条的规定，地方公证协会对公证员的违规行为应当适用《公证执业违规行为惩戒规则（试行）》。实施行业惩戒，应当以事实为依据，以法律为准绳，遵循客观、公正、公开的原则，坚持教育与惩戒相结合。地方公证协会依据本规则作出的惩戒决定对会员其有拘束力，地方公证协会及会员均有义务执行。地方公证协会的惩戒决定，由被惩戒人现执业所在地的地方公证协会负责执行。

（一）惩戒委员会

根据《公证执业违规行为惩戒规则（试行）》第 5、6、8、12、13 条的规定，中国公证协会设立惩戒委员会，在协会常务理事会的领导下，负责制定和修订公证行业相关惩戒规则，对地方公证协会的惩戒工作进行指导与监督。地方公证协会设立惩戒委员会，在地方公证协会常务理事会或理事会的领导下，负责对会员的违规行为进行惩戒。惩戒委员会由下列人员组成：（1）具有公证行业管理经验、熟悉公证行业情况的管理人员和公证员；（2）协会聘请的其他相关人员。惩戒委员会设主任委员一名、副主任委员两名，由公证协会会长办公会提

---

①　鲁篱：《论非法律惩罚——以行业协会为中心展开的研究》，载《河北大学学报（哲学社会科学版）》2004 年第 5 期。

②　谭九生：《职业协会惩戒权边界之界定》，载《法学评论》2011 年第 4 期。

名，经常务理事会或者理事会决定产生，任期与理事会任期相同。设委员若干名，由主任委员提名，经常务理事会或者理事会决定产生，任期与理事会任期相同。

根据《公证执业违规行为惩戒规则（试行）》第9、11条的规定，惩戒委员会的组成人员应具备以下条件：（1）公证员应当具有5年以上执业经历；（2）具有强烈的政治责任心、公证行业责任感和奉献精神；（3）公道正派，清正廉洁，自觉接受监督；（4）无违法违纪行为和不良执业记录，在专业领域有较深造诣。惩戒委员会的委员，应当按照本规则的规定勤勉履职。协会常务理事会或理事会可对怠于履职或不正当履职的委员予以解聘。

根据《公证执业违规行为惩戒规则（试行）》第15条的规定，惩戒委员会负责以下工作：（1）受理惩戒案件，包括投诉人直接向地方公证协会投诉的案件、相关部门移送建议予以惩戒的案件和委员会依职权自行查办的案件；（2）对惩戒案件的证据材料进行审查，决定是否立案；（3）对惩戒案件的情况进行调查，必要时组织听证；（4）作出惩戒决定；（5）监督检查惩戒决定的执行情况；（6）其他有关工作。

（二）惩戒措施与惩戒事由

根据《公证执业违规行为惩戒规则（试行）》第19条的规定，对违规行为可以作出的惩戒措施种类有：（1）训诫；（2）警告；（3）通报批评；（4）公开谴责；（5）中止会员权利；（6）取消会员资格。中止会员权利的期限为1个月以上1年以下。给予上款规定的第（5）项惩戒时，可同时给予第（2）-（4）项惩戒。

1. 训诫的具体事由

根据《公证执业违规行为惩戒规则（试行）》第27条的规定，会员有下列情形之一的，予以训诫；情节严重的予以警告或通报批评：（1）无正当理由拒绝受理公证申请的；（2）服务态度恶劣，造成不良影响的；（3）无正当理由，不按期出具公证书的；（4）不予受理、不予办理或终止办理公证的决定未按规定通知当事人，造成不良影响的；（5）违反执业区域管理规定受理公证业务的；（6）不执行公证行业信息平台录入和查询规定的。

2. 警告的具体事由

根据《公证执业违规行为惩戒规则（试行）》第28条的规定，会员有下列情形之一的，予以警告；情节严重的，予以通报批评或公开谴责：（1）在媒体上或者利用其他手段对本机构或本人进行虚假宣传，误导当事人、社会公众或社会舆论，造成不良影响的；（2）故意诋毁、贬损其他公证机构或者公证人员声誉的；（3）故意干扰其他公证机构或者其他公证人员正常办理公证业务的；（4）不按规定缴纳会费、公证赔偿基金，不参加公证执业责任保险的；（5）上报的统计数据存在瞒报、夸大等造假行为的；（6）不按规定履行复查义务的。

3. 通报批评的具体事由

根据《公证执业违规行为惩戒规则（试行）》第29条的规定，会员有下列情形之一的，予以通报批评，情节严重的，予以公开谴责或中止会员权利：（1）不按法定程序出具公证书的；（2）同时在两个以上公证机构执业的；（3）同时从事有报酬的其他职业的；（4）严重违反复查处理程序或复查处理结果违法，造成不良影响的；（5）遗失丢失公证文书或者公证档案，情节严重的。

4. 公开谴责的具体事由

根据《公证执业违规行为惩戒规则（试行）》第30条的规定，会员有下列情形之一的，予以公开谴责；情节严重的，予以中止会员权利：（1）通过压价、支付佣金、支付回扣等不正当方式争揽公证业务的；（2）在公证收费之外，直接或变相收取当事人财物的；（3）利用执业便利为自己或者他人牟取、收受不正当利益的；（4）拒不执行地方公证协会复查争议投诉处理意见的；（5）擅自减免、提高公证收费或不向当事人开具收费凭证的；（6）尚未取得公证员执业证的人员直接或变相独立办理《公证法》第11条规定的公证事项的；（7）泄露在执业活动中知悉的国家秘密、商业秘密或者个人隐私的；（8）对投诉人或相关人员进行打击报复的；（9）拒不履行惩戒决定的。

5. 中止会员资格的具体事由

根据《公证执业违规行为惩戒规则（试行）》第31条的规定，会员有下列情形之一的，予以中止会员权利，情节严重的，取消会员资格：（1）私自出具公证书的；（2）故意为不真实、不合法的事项出具公证书的；（3）因重大过失为不真实、不合法的事项出具公证书，造成重大损失的或者造成恶劣社会影响的；（4）泄露在执业活动中知悉的国家秘密、商业秘密或者个人隐私，造成重大损失或恶劣社会影响的；（5）毁损、篡改、遗弃公证文书或者公证档案，情节严重的；（6）侵占、挪用公证费或者侵占、盗窃公证专用物品的；（7）发生重大公证质量事故，限期整改仍未改正的；（8）受到司法行政机关停止执业或停业整顿行政处罚期间，继续执业或变相执业的；（9）其他严重违反公证法律法规或者职业道德和执业纪律的行为，造成严重不良影响的。

（三）惩戒程序

根据《公证执业违规行为惩戒规则（试行）》之规定，对公证员的违规行为进行惩戒主要包括投诉与受理、调查、作出决定、申诉复查等程序。

1. 投诉与受理

根据《公证执业违规行为惩戒规则（试行）》第35-40条的规定，投诉人可以自行或委托他人直接来访投诉，也可以信函和邮件形式投诉，并按要求提交个人身份证明、证据材料和书面诉求材料。投诉人认为公证机构或者公证员的行为应当受到惩戒的，自知道或者应当知道之日起1年内向公证协会提出投诉，能够证明自己不知道的除外。提出投诉的期限自该行为发生之日起最长不超过20年。投诉人在投诉中对公证书有异议的，应当首先依照《公证程序规则》关于公证争议处理程序的规定，就公证书向公证机构提出复查或者向公证协会提出复查争议投诉。对于没有投诉人投诉的会员的涉嫌违规行为，地方公证协会有权主动调查并作出惩戒决定。地方公证协会受理投诉时应当要求投诉人提供具体的事实和相关证据材料，必要时可以要求投诉人接受当面询问。地方公证协会应当制作接待投诉记录，填写投诉登记表，妥善保管投诉材料。接待投诉的工作人员应当完成以下工作：（1）直接投诉的，应当认真作好笔录，并可以录音录像；（2）非直接投诉的，应当作好收发登记、转办、告知和保管等工作；（3）对司法行政机关移交或委托地方公证协会调查的投诉案件，以及相关部门移送或披露的投诉案件，应当办理登记手续。

根据《公证执业违规行为惩戒规则（试行）》第41-44条的规定，惩戒委员会应当在接到投诉之日起10个工作日内作出是否立案的决定。地方公证协会应当自立案之日起5个工作日内向投诉人、被投诉会员发出书面立案通知。投诉人递交了书面投诉文件的，应当将投诉文件的副本与通知一并送达被投诉会员。被投诉会员收到立案通知后，应自行对案件进行复核，在 10 个工作日内向惩戒委员会提交复核报告、答辩意见和惩戒委员会要求提供的其他材料。

具有下列情形之一的，不予立案：（1）不属于本协会受理范围的；（2）代理他人投诉，但未提交合法的授权文件的；（3）不能提供相关证据材料或者证据材料不足的；（4）提交的证据材料与投诉事实没有关联性的；（5）匿名投诉或者投诉人身份无法核实的；（6）投诉人拒绝直接来访，地方公证协会认为无须主动调查的；（7）超过投诉期限的；（8）被投诉人的会员资格已终止的；（9）对地方公证协会已经处理过的违规行为，没有新的事由和证据而重复投诉的；（10）投诉人在公证机构完成复查程序或者公证协会完成复查争议投诉程序之前，以公证书不真实、不合法为由提起投诉的；（11）其他不应立案的情形。对不予立案的，应当在惩戒委员会决定作出之日起 7 个工作日内向投诉人书面说明不予立案的理由，但匿名投诉的除外。需由其他地方公证协会或其他机构处理的案件，地方公证协会应当制作转移处理书，随投诉资料移送有管辖权的机构，并告知投诉人。

2. 调查

根据《公证执业违规行为惩戒规则（试行）》第 48-50 条的规定，惩戒委员会对决定立案调查的案件应当委派两名以上委员组成调查组进行调查，必要时可邀请相关部门人员参加。与案件有直接关联的事实或者争议进入诉讼、仲裁程序或者发生其他导致调查无法进行的情形的，经惩戒委员会主任批准可以中止调查，待相关程序结束或者相关情形消失后，再行决定是否恢复调查，中止期间不计入调查时限。调查结束后，调查组应当制作调查报告。

3. 作出决定

根据《公证执业违规行为惩戒规则（试行）》第 51-55 条的规定，惩戒委员会应当自立案之日起 60 日内作出惩戒决定，应当有 2/3 以上的委员参与表决，并由参与表决的委员过半数通过。惩戒委员会认为需要补充调查的，可以延长投诉处理期限 15 个工作日，补充调查以一次为限。惩戒委员会应根据不同情况，作出如下决定：（1）不属于地方公证协会受理范围的，作出撤销案件的决定；（2）投诉所称的事实不存在或证据不充分的，作出不予惩戒决定；（3）确有应予以惩戒情形的，作出予以相应惩戒的决定。

惩戒委员会作出决定后，应当制作书面决定书，决定书应当载明事实和证据、决定及依据、申诉的权利与期限等内容。决定书经惩戒委员会主任审核后，由地方公证协会会长签发。决定书应当在签发后的 5 个工作日内，送达被投诉会员，并在决定书生效后将处理结果告知投诉人。

4. 申诉复查

根据《公证执业违规行为惩戒规则（试行）》第 57-58 条的规定，被投诉会员对惩戒委员会的决定不服的，可以在收到惩戒决定书之日起 10 个工作日内向作出决定的地方公证协会提出申诉。被投诉会员逾期未提起申诉的，惩戒决定书自申诉期满后发生效力。申诉应当以书面形式提出，并载明申诉人的基本情况、申诉的具体事实、理由、证据等内容。

根据《公证执业违规行为惩戒规则（试行）》第 59-62 条的规定，地方公证协会在受理申诉后，由常务理事会或理事会对案件进行复查。复查时应当对原决定所依据的事实、证据等进行全面审查。常务理事会或理事会可成立专门或临时机构负责上述复查工作。地方公证协会应在受理申诉之日起 30 个工作日内，根据不同情况作出如下复查决定：（1）认为原决定认定事实清楚，适用依据正确，程序符合规定的，维持原决定；（2）认为原决定在认定事实、适用依据或履行程序方面存在错误的，要求惩戒委员会重新作出决定或直接另行作出决定。复查决定应当有 2/3 以上的常务理事或理事参加表决，由参与表决的过半数通过。地方公证协会要求惩戒委员会重新作出决定的，惩戒委员会不得以相同的事实和理由作出相同的决定。

依照《公证执业违规行为惩戒规则（试行）》申诉程序作出的惩戒决定为最终决定。申诉惩戒决定由地方公证协会会长签发，自签发之日起生效，并于生效之日起 5 个工作日内送达被投诉会员。地方公证协会应将本地区的惩戒决定报中国公证协会备案。训诫处分由作出决定的地方公证协会实施，并告知所在公证机构负责人；警告处分由作出决定的地方公证协会书面送达所在公证机构；通报批评处分决定生效的，应当在本地区公证行业内进行通报；公开谴责及以上处分决定生效的，应当向社会公开披露。

【思考题】

1.（1）张某是公证员，下班以后，经常出入夜店。

（2）刘某是某市公证员，将自己的存款放在自己朋友那里，放高利贷。

（3）杨某应某当事人请求，在周末为其加班办理公证业务，但是和当事人说因为在休息日办理业务，加收 1/3 的公证费。

（4）陈某在自己的微博上发表言论，暗示同辖区的另一公证事务所有打折等不正当竞争事宜。

请问：上述行为，哪些违反公证员职业伦理要求？

2. 公证员某甲与商人某乙是好朋友。一日某乙找到某甲希望为其签订的一份合同办理公证。经由某甲介绍，其所在的公证机构为某乙办理了公证手续，并由某甲在公证书上签字。后来发现某乙所提供的合同系生意对象某丙伪造的，因为该伪造合同某乙损失 50 万元。

请问：对于某乙的损失，应该如何承担责任？

3. 某公证处依甲某申请作出了确认乙某放弃继承权的公证书。乙某认为，公证处作出上述公证书，是在他患急性脑出血住院治疗期间由另一继承人甲某持他的签名申请办理的，故请求法院判决撤销公证书。

请问：该公证处出具的公证书是否有效？该公证处违反了公证员职业伦理的哪些内容？

4. 某公证处指派甲公证员一人对该市福利彩票开奖进行了现场公证。同时，在人手不够的情况下仅指派了乙公证员一人对申某的遗嘱公证申请进行了公证，乙公证员办理公证的时候邀请了一名见证人参与。

请问：该公证处的做法是否适当？

第十三章　仲裁员职业伦理

【本章导读】

仲裁（arbitration）是指当事人双方在争议发生前或争议发生后达成协议，自愿将争议交给第三者作出裁决，从而使纠纷得到解决。仲裁员是指有权接受当事人的选定或者仲裁机构的指定，具体审理、裁决案件的人员。仲裁活动和法官的审判活动非常近似，但是由于仲裁具有民间性质，因此仲裁员在仲裁活动中遵循的伦理规范与法官并不完全相同。研究仲裁伦理规律，探究仲裁员的伦理规则对于保障仲裁活动的公正具有十分重要的意义。本章主要就仲裁员的职业伦理要求与惩戒进行介绍。

【本章知识结构图】

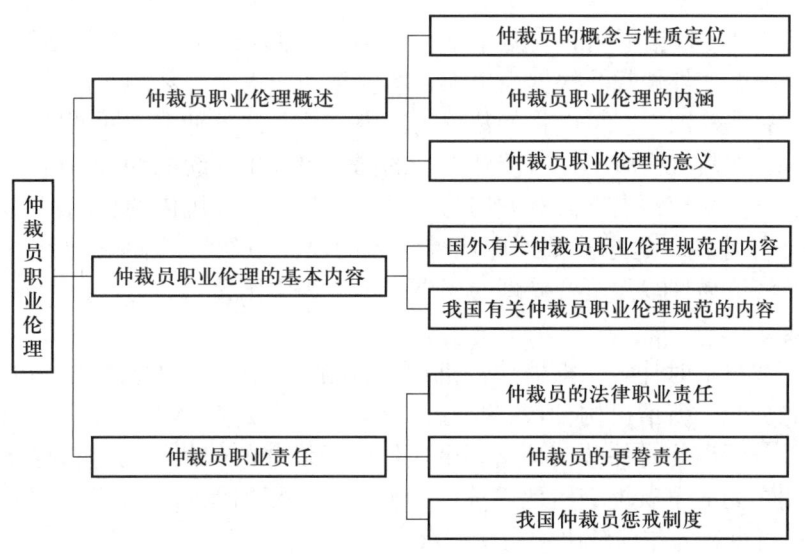

第一节　仲裁员职业伦理概述

一、仲裁员的概念与性质定位

（一）仲裁的含义与分类

1. 仲裁的含义

何为"仲裁"呢？从辞源来看，古代中国无"仲裁"一词，相应的汉语词组为"公断"。

从字面含义讲，"公断"一词不能恰如其分地涵盖仲裁之意。现代通用的"仲裁"一词来自日语。① 《现代汉语词典》将"仲裁"解释为："动词，争执双方同意的第三者对争执事项作出决定，如国家仲裁、海事仲裁、劳动仲裁等。"② 在英语中，其对应的词是 arbitration，基本含义也是居中裁决。《元照英美法词典》将"仲裁"解释为"争议双方当事人将其争议提交给中立的第三方（即仲裁员）来审理并作出裁决的争议解决方法。它不同于到法院通过诉讼途径来解决争议，且与之相比，仲裁程序更为简便、迅速，费用较低"。

在理论上，不同的学者对"仲裁"作出了不同的界定。有观点认为，仲裁就是指纠纷当事人在自愿的基础上达成协议，将纠纷提交非司法机构的第三者审理，第三者就纠纷居中评判是非，并作出对争议各方均有拘束力的裁决的一种纠纷解决制度、方法或方式。③ 还有观点认为，仲裁是指发生争议的双方当事人，根据其在争议发生之前或争议发生之后所达成的协议，自愿将该争议提交中立的第三者进行裁判的争议解决制度和方式。④

基于上述定义，一般认为，仲裁具有如下要素：（1）各方当事人自愿采用仲裁方式解决相互间的争议；（2）当事人选择解决争议的第三者是非司法机构；（3）第三者为解决争议所作出的裁决，对各方当事人都具有法律上的拘束力。⑤

2. 仲裁的分类

将仲裁进行分类，对于当事人双方正确选择仲裁机构以及仲裁机构正确运用法律和仲裁规则，具有重要意义。根据不同的分类标准，可以将仲裁划分为不同的类型⑥：

（1）国内仲裁与涉外仲裁。根据当事人、所发生纠纷提交仲裁的法律关系等要素是否含有涉外因素，可以将仲裁分为国内仲裁与涉外仲裁。所谓国内仲裁，是指本国仲裁机构对不具有涉外因素的国内民商事纠纷的仲裁。例如，北京仲裁委员会受理的当事人双方均为中国公民且发生在国内的合同纠纷仲裁。所谓涉外仲裁，是指涉及外国或外法域的民商事纠纷的仲裁。例如，中国国际经济贸易仲裁委员会受理的当事人一方为中国公司、另一方为外国公司的仲裁。

仲裁机构的种类

（2）机构仲裁与临时仲裁。根据仲裁机构是否为常设的专门仲裁机构，可以将仲裁分为机构仲裁与临时仲裁。所谓机构仲裁，是指当事人协商一致选择常设性的仲裁机构解决其民商事纠纷的仲裁。所谓临时仲裁，是指不由任何已经设立的仲裁机构进行程序管理，而由当事人双方将他们之间的争议提交给他们选定的仲裁员，根据他们自己设计的或选定的仲裁规则，由仲裁员进行审理并作出裁决的商事仲裁。

（3）依法仲裁与友好仲裁。根据作出仲裁裁决所依据的实体规范的不同，可以将仲裁分为依法仲裁与友好仲裁。所谓依法仲裁，是指在民商事仲裁中，仲裁庭严格依据一定的实体法律规范对当事人之间的纠纷进行裁决。所谓友好仲裁，是指依据双方当事人的授权，仲裁

---

① 王斐弘：《仲裁概念考》，载《中国对外贸易》2002 年第 12 期。

② 中国社会科学院语言研究所词典编辑室编：《现代汉语词典》（第 6 版），商务印书馆 2012 年版，第 1690 页。

③ 黄进、宋连斌、徐前权：《仲裁法学》，中国政法大学出版社 2008 年版，第 1-2 页。

④ 江伟主编：《仲裁法》（第 2 版），中国人民大学出版社 2012 年版，第 12 页。

⑤ 黄进、宋连斌、徐前权：《仲裁法学》，中国政法大学出版社 2008 年版，第 2 页。

⑥ 江伟主编：《仲裁法》（第 2 版），中国人民大学出版社 2012 年版，第 21-24 页。

庭不以严格的法律规范为依据，而以其所认为的公平的标准作出对当事人具有拘束力的裁决。

在实践中，我国现有的仲裁类型主要可以分为国内仲裁和涉外仲裁两大类，我国《仲裁法》第七章专门对涉外仲裁进行了规定。就国内仲裁的内容而言，则主要以合同仲裁为主，以涉及财产权益的侵权性纠纷仲裁为辅。

（二）仲裁的特征

仲裁作为一种重要的争议解决方式，与其他争议解决方式特别是司法诉讼相比较，具有十分鲜明的特征。一般认为，仲裁主要具有以下特点。

1. 自愿性

当事人的自愿性是仲裁最突出的特点，当事人可以自愿决定是否采用仲裁方式解决纠纷、以仲裁方式解决他们之间的哪些纠纷，以及由哪个仲裁机构、哪些仲裁员仲裁他们之间的纠纷，甚至自愿决定仲裁适用的法律。我国《仲裁法》第4条规定，当事人采用仲裁方式解决纠纷，应当双方自愿，达成仲裁协议。没有仲裁协议，一方申请仲裁的，仲裁委员会不予受理。

2. 专业性

仲裁的专业性主要体现在两个方面：一方面，仲裁所处理的事务都是比较复杂的经济、法律事务，涉及很多专业知识与技能。我国《仲裁法》第2条规定，平等主体的公民、法人和其他组织之间发生的合同纠纷和其他财产权益纠纷，可以仲裁。另一方面，参与仲裁的仲裁员必须经过系统的专业学习，并取得一定的执业资格。我国《仲裁法》第13条第2款规定，仲裁员应当符合下列条件之一：（1）通过国家统一法律职业资格考试取得法律职业资格，从事仲裁工作满8年的；（2）从事律师工作满8年的；（3）曾任法官满8年的；（4）从事法律研究、教学工作并具有高级职称的；（5）具有法律知识、从事经济贸易等专业工作并具有高级职称或者具有同等专业水平的。

3. 保密性

对于司法诉讼而言，公开是原则，不公开是例外。仲裁不一样，仲裁是不公开进行的，这就是仲裁保密性的一种体现。我国《仲裁法》第40条规定，仲裁不公开进行。当事人协议公开的，可以公开进行，但涉及国家秘密的除外。此外，任何一方当事人及仲裁参与人负有仲裁保密义务，不得将仲裁文件、案件实体情况及审理过程对外披露。

4. 独立性

仲裁的独立性主要体现在两个方面：一方面，仲裁过程的独立性，即仲裁员在仲裁过程中不受行政机关、社会团体和个人的干涉，依据法律和事实，凭借自己的良心独立进行职业判断。我国《仲裁法》第8条规定，仲裁依法独立进行，不受行政机关、社会团体和个人的干涉。另一方面，仲裁机构的独立性，即仲裁机构作为中立第三方对当事人的争议进行处理，不受其他因素的干涉。我国《仲裁法》第14条规定，仲裁委员会独立于行政机关，与行政机关没有隶属关系。仲裁委员会之间也没有隶属关系。

（三）仲裁员的性质与法律地位

仲裁员在整个仲裁过程中居于核心地位。在实定法上，我国《仲裁法》并未对仲裁员的概念进行明确界定。在理论上，一般认为，仲裁员有广义和狭义之分。广义的仲裁员是指符合法定任职资格，为仲裁机构聘任，并列入仲裁员名册的人。狭义的仲裁员是指被当事人选定或被依法指定，对具体案件进行审理并作出裁决的人。

仲裁员的权利来自当事人的授权，所以明确仲裁员与当事人之间的法律关系，有助于确定仲裁员责任。关于仲裁员与当事人之间的法律关系，存在以下几种学说：一是准契约关系说（quasi contract）；二是契约关系说；三是特定身份关系说（status approach）。以下简要介绍上述几种学说。[①]

1. 准契约关系说

该说认为虽然仲裁人与当事人之间因无要约、承诺等成立要件，导致无正式契约关系存在，但当事人选任仲裁员时，无论是自己选任之第一仲裁人，或由第一仲裁人推选第三仲裁人，或申请仲裁机构代为选任，均明示要求仲裁人能够提供仲裁服务，而仲裁人接受仲裁任务时，亦预期该服务有报酬，构成准契约之成立要件"偿还请求权"（restitutory remedies）。因此，应该依准契约关系规范仲裁人与当事人之间的权利义务。

2. 契约关系说

传统理论认为，仲裁员与当事人之间存在合同关系：仲裁人接受当事人之选定，提供专业知识解决争端，并于作出仲裁裁决后接受报酬，系一种劳务契约，如当事人不给付报酬，仲裁人可依法向当事人请求；若仲裁人怠于执行职务或有侵害当事人权益之不当行为，则当事人可依契约不履行或侵权行为诉请仲裁人赔偿。

3. 特定身份关系说

英国学者主张，仲裁人一旦接受选任，即立于"准司法官"之地位行使职权，影响当事人甚巨，非经依法撤换、回避，其仲裁人身份将持续至程序终结，且因当事人系基于对特定仲裁人事业能力、人格操守之信任而加以选任，故该职权除被选任仲裁人本人外，不得由他人代为行使，此与委任契约得为复委任之规定亦有不同。故学者主张，仲裁人与当事人间之法律关系，乃基于一种特殊"既定身份"（permanent status）而定，易言之，是一种特定身份之法律关系。当事人在选定仲裁人后即负有依仲裁人指示进行仲裁程序与遵守仲裁人仲裁判断之义务，且不得以当事人身份，指挥、影响仲裁人执行职务。仲裁人接受委任后，即享有此特定身份，有权独立进行仲裁程序，所作判断不受当事人指挥、影响，无须像委任契约中受任人那样承担遵循委任人指示之义务。特定身份关系说弥补了契约关系说理论上不周延之缺点。

从上述学说可以看出，仲裁人与申请仲裁的当事人之间的法律关系，是确定仲裁人在仲裁活动中权利和义务关系的基本根据，也是仲裁伦理的依据。随着社会的进步和仲裁活动空间的扩展，关于仲裁人与当事人之间的法律关系，传统的仲裁人法律地位的理论已经不能满足时代的需要。时代的发展、社会利益的冲突呼唤仲裁制度的出现。在任何社会中，社会主体基于自身的需要对不同权益的欲求，使得各个社会主体根据自己的意思自愿为各自不同的社会行为，在此过程中，不可避免地会在不同的利益主体之间产生各种社会冲突。社会冲突的经常、大量出现，不仅破坏了整个社会秩序的稳定与社会主体之间的祥和，而且使社会主体自身利益的实现受到极大的阻碍，因而，解决社会冲突便成为社会控制乃至维持人类存续的重要方面。

[①] 郭寿康、赵秀文主编：《国际经济贸易仲裁法》，中国法制出版社 1999 年版，第 193 页。

（四）仲裁员的任职条件

根据我国《仲裁法》的规定，仲裁员的任职条件主要体现在两个方面，即道德条件和专业条件。

1. 道德条件

道德产生于人类社会生活的需要，它是一种"应该"，是一种"价值"。仲裁作为一种纠纷解决方式，其所具有的公信力体现在仲裁员的仲裁行为上。如果一个不诚实、贪得无厌、臭名昭著的人作为仲裁员参与仲裁，人们势必会对该仲裁裁决的公正性产生怀疑。因此，社会对于仲裁员提出了高于一般人的道德标准。换言之，作为仲裁员，既要具有良好的公共道德素养，还要具有严谨的职业伦理素养。我国《仲裁法》第 13 条第 1 款规定："仲裁委员会应当从公道正派的人员中聘任仲裁员。"

2. 专业条件

仲裁之所以成为让人信服的纠纷解决方式之一，不仅在于其保密性、灵活性、自愿性、经济性等诸多优势，更重要的是其权威性，这种权威性更多地体现为专业性。仲裁专业性就是通过仲裁员自身的专业素养来体现的。根据我国《仲裁法》第 13 条第 2 款之规定，仲裁员应当符合下列条件之一：（1）通过国家统一法律职业资格考试取得法律职业资格，从事仲裁工作满 8 年的；（2）从事律师工作满 8 年的；（3）曾任法官满 8 年的；（4）从事法律研究、教学工作并具有高级职称的；（5）具有法律知识、从事经济贸易等专业工作并具有高级职称或者具有同等专业水平的。

二、仲裁员职业伦理的内涵

仲裁员职业伦理是仲裁员在长期的仲裁实践中形成的职业认知与行为规范。有观点认为，仲裁员与法官不同，法官是国家各级审判机关的工作人员，而仲裁员则不是一种专门职业，他可能是商人、教授、会计师、技术专家等。[①] 而职业伦理一般与职业的形成密切相关，既然仲裁员不属于专门职业人员，自然也就不存在职业伦理了。事实上，这种观点值得商榷。

从各国仲裁制度的发展来看，基本都已经形成了一套独有的仲裁规则，对于仲裁员的资格条件、行为规范也提出了特定的要求。前述观点否认仲裁员作为专门职业人员的逻辑起点是仲裁员基本都是来自其他各行各业的人。事实上，就来源而言，仲裁员一般分为专任仲裁员与兼任仲裁员。兼任仲裁员主要是从其他各个领域选择的专业人士，以应对各种复杂的仲裁事务，但并不能据此认定仲裁员不属于一种专门职业。正如在法院审判中，也引入了陪审员制度，陪审员虽不是专门的法官，但依然要遵守法官职业伦理。此外，根据《国家统一法律职业资格考试实施办法》的规定，国家统一法律职业资格考试是国家统一组织的选拔合格法律职业人才的国家考试。初次担任法律类仲裁员应当通过国家统一法律职业资格考试，取得法律职业资格。这些都说明，仲裁员具备作为一种专门职业的现实基础，因而也需要专门的职业伦理规范。

目前，我国有关仲裁员的职业伦理规范主要包括两大类：一类是全国性仲裁委员会制定的仲裁员职业伦理规范，如《中国国际经济贸易仲裁委员会、中国海事仲裁委员会仲裁员守

---

① 黄进、宋连斌、徐前权：《仲裁法学》，中国政法大学出版社 2008 年版，第 51 页。

则》；另一类是地方仲裁委员会制定的仲裁员职业伦理规范，如《北京仲裁委员会仲裁员守则》《上海仲裁委员会仲裁员守则》《珠海仲裁委员会仲裁员守则》等。由此可见，我国目前尚未制定全国统一的仲裁员职业伦理规范。根据我国《仲裁法》第 15 条第 2 款之规定，中国仲裁协会是仲裁委员会的自律性组织，根据章程对仲裁委员会及其组成人员、仲裁员的违纪行为进行监督。因此，有观点认为，我国应该对已有的各类仲裁员守则进行总结，由中国仲裁协会制定全国性的仲裁员职业伦理规范，这不仅是仲裁员行业发展的需求，也具有很重要的现实意义与法律意义。[①] 本书基本赞同前述观点，也主张应该由中国仲裁协会制定全国性仲裁员职业伦理规范。事实上，在我国台湾地区，仲裁员职业伦理规范也包括两个部分：一部分是各个专业性的仲裁协会制定的仲裁员职业伦理规范，如台湾营建仲裁协会制定的"仲裁人伦理规范"；另一部分就是由台湾地区仲裁协会制定的"仲裁人伦理规范"。

三、仲裁员职业伦理的意义

仲裁不仅是工商业发达国家极为重视的制度，也是解决国际贸易纠纷的利器。仲裁员是整个仲裁制度有效运作的根本，其行为是否符合伦理要求，直接关系到仲裁制度的公信力大小。因此，建构仲裁员职业伦理具有十分重要的现实意义。

（一）有利于提高人们对仲裁员的信任度

仲裁员能否达到社会与公众期许的较高的道德水准，要看仲裁员能否自觉地遵守职业伦理规范。仲裁员只有严守职业伦理规范，才能在处理案件的过程中获得社会的公信与尊重。仲裁员与法官不同，其权利并非来源于法律的授予，而来源于当事人的信任和授权。只有"好的仲裁员"才可能被当事人信任，从而被选择承担解决问题的重任。否则，仲裁员的公信度就会大打折扣。仲裁员自身也要自觉遵守职业伦理规范，努力增强公众对仲裁的信心。

（二）有利于提高案件的质量

瑞士学者拉立夫（Lalive）曾言"仲裁的质量只取决于仲裁员"，也即通常所说的"有什么样的仲裁员，就有什么样的仲裁"。仲裁员恪守职业伦理规范，坚持公正办案，使案件得到正确的处理，也提高了案件的质量。案件能否得到公正的处理，不仅取决于办案人员的学识，还取决于办案人员能否站在中立的立场，秉公办案，不偏袒任何一方，这一切都有赖于仲裁员用自己行业的职业伦理规范约束自己。

（三）有利于提高仲裁员的素质，保证仲裁员队伍的纯洁性

规定仲裁员职业伦理规范，告诉仲裁员应当做什么，不应当做什么，有利于仲裁员自我教育、自我约束，从而提高仲裁员的素质。仲裁员职业伦理规范是以仲裁员自觉遵守和服从为前提的。一般来说，仲裁员在办理案件中的行为是免责的，但仲裁员有私自会见当事人、代理人或者接受当事人、代理人的请客送礼，以及索贿受贿、徇私舞弊、枉法裁决等行为的，需承担法律责任，并且不能再担任仲裁员。

---

① 张聪聪：《论我国仲裁员职业规范的现状及改进》，载《呼伦贝尔学院学报》2015 年第 1 期。

第二节 仲裁员职业伦理的基本内容

一、国外有关仲裁员职业伦理规范的内容

美国仲裁协会与美国律师协会《商事争议中仲裁员的行为道德规范》以及国际仲裁员协会《国际仲裁员行为准则》主要规定了如下行为准则。

（一）仲裁员应维护仲裁程序的廉正和公平

仲裁员不应自己谋求指定。只有在有足够的时间、精力和能力的前提下，才能接受指定或任命。一经担任仲裁员，应避免与当事人建立金钱、商业、职业、家庭或社交联系，或谋求金钱或私利，也不得接受当事人的礼物和实质性款待。仲裁员不应超越也不应缩小当事人的协议授权，并应按仲裁规则的要求进行仲裁。《国际仲裁员行为准则》还要求，接受仲裁指定应通晓仲裁语言，否则不宜接受。

（二）披露可能影响公正或可能造成不公平或偏袒印象的任何利害关系或亲属关系

仲裁员应当尽力了解并持续向当事人和其他仲裁员披露现存的或以往的与当事人或重要证人之间的金钱、商业、职业、家庭或社交方面的关系，以及与仲裁结果直接或间接的金钱或个人利害关系。披露之后，除非当事人同意，不宜担任本案仲裁员。若全体当事人要求某仲裁员回避，即应回避。《商事争议中仲裁员的行为道德规范》规定，非全体当事人要求某仲裁员回避的，一般也应回避，但该仲裁员仔细考虑事实后，认为回避理由不充分，他能担此任并能无私、公平地裁决案件，而回避会造成另一方当事人不恰当或不合理的花费或将违反公平待遇原则时，仍可继续担任仲裁员。《国际仲裁员行为准则》还规定，若当事人就其是否有资格担任仲裁员的有关事项进行查询，该仲裁员也应予以答复，以往曾被本案当事人指定为仲裁员的情况也应披露。

（三）不应与当事人私下接触

除非讨论是否愿意接受指定的问题，仲裁员不得与另一方当事人庭外讨论案件。即使讨论的问题不涉及实体问题而纯为程序问题，也应适时通告对方，在给予对方表示意见的机会后才作出最后决定。《国际仲裁员行为准则》还规定，若一仲裁员在仲裁过程中与一方当事人有不正当接触，其他仲裁员有权经协商采取一定行动，如要求其停止该种接触等。若仍不停止，可告知一方当事人在极端情况下提出质询，或采取其他措施。

（四）给当事人平等待遇，并勤勉地实施仲裁程序

仲裁员应平等公允且耐心有礼地对待当事人，仲裁员之间应彼此给予充分参与程序的机会，相互礼遇并促使当事人效仿；应给予当事人亲自出庭或委托代理人陈述的充分机会和自由；在案情需要时，积极调查；应尽力防止当事人拖延、纠缠或扰乱；除非能保证已给缺席当事人适当通知，否则不应过早作出缺席裁决。另外，仲裁员应建议但不逼迫当事人和解。

（五）独立、公正、审慎地作出裁决

仲裁员不应慑于外界压力而摇摆不定，影响决断。仲裁员不应把作出裁决的职责托付给他人。

（六）仲裁员应忠实于职责的信托关系，应当为当事人保密

仲裁员不应利用在仲裁中了解的情况牟取私利或损害他人权益。仲裁员应保守仲裁程序和决定的秘密。裁决宣布前不应透露讨论情况和案件结果。除非法律要求，不得在裁决后程序中给予协助。不应就报酬问题与当事人讨价还价或与当事人单方面接触。《国际仲裁员行为准则》规定，虽应保密，但发现其他仲裁员有重大过失或欺诈，认为有责任披露的，可披露该类情况。

（七）非中立仲裁员的例外

在国际商事仲裁中，有些国家要求仲裁员必须是中立的，不代表任何一方当事人的利益；而有些国家却规定经当事人约定，仲裁员可以为非中立仲裁员，在仲裁过程中可以偏向于指定他的一方当事人。这就导致仲裁员行为准则的具体内容彼此之间存在差异。《商事争议中仲裁员的行为道德规范》与《国际仲裁员行为准则》就代表了两种不同的类型，具有典型意义。不过，无论在哪一种情形下，仲裁庭作为一个整体都应毫不例外地保持公正、独立，仲裁程序的公正性、裁决的公平合法性均不得有半点疑问。这是任一仲裁制度存在和得到承认的基础和先决条件。

非中立仲裁员机制是这样的：一方当事人指定的仲裁员偏向这一方，另一方当事人指定的仲裁员则偏向另一方，且数量上要保持平衡。一方当事人要求另一方当事人指定的仲裁员回避的，不必回避。双方指定的仲裁员若达成一致意见，即形成裁决意见定案；若达不成一致意见，则交由第三名仲裁员裁断。第三名仲裁员是中立的，所以整个程序仍然是公平的，仲裁结果自然也能保持公正。非中立仲裁员的出现，必然有一定的渊源——或经当事人约定，或依惯例。但不管怎样，都必须符合准据法的要求，否则裁决将没有执行力。

《商事争议中仲裁员的行为道德规范》准许当事人指定的仲裁员为非中立仲裁员，与中立仲裁员分别遵循不同的规范。但《国际仲裁员行为准则》，如其导言所述，"采取坚决措施，不管采用什么指定方式，所有仲裁员均须遵守同一行为准则"。《国际仲裁员行为准则》是一个中立仲裁员的行为准则。

《商事争议中仲裁员的行为道德规范》虽然规定仲裁员可为非中立，但作为前提条件，应使有关人士从一开始就明白其不是中立的仲裁员。根据该规范，除非双方当事人均告知所有仲裁员，或合同、仲裁规则或管辖法律要求所有仲裁员为中立仲裁员，否则，当事人指定的仲裁员为非中立仲裁员。非中立仲裁员在如下几个方面与中立仲裁员遵循不同的规范：（1）在接受指定后或担任仲裁员期间，中立仲裁员不得与当事人建立金钱、商业、职业、家庭或社会联系，或谋求金钱或私利；非中立仲裁员不受此限。（2）非中立仲裁员也应向当事人和其他仲裁员披露有关关系和私利，以便他们了解现存的或显然会发生的倾向，然而只需披露这种关系和私利的性质和范围；而中立仲裁员的披露更为详尽。（3）非中立仲裁员在非指定方当事人一方要求其回避时，可不回避；而中立仲裁员一般应当回避。（4）非中立仲裁员可与指定方当事人商讨第三名仲裁员人选；而中立仲裁员不能这样做。（5）非中立仲裁员在通知其他当事人和仲裁员后便可就任何问题与指定方当事人接触，且只需通知将就某类事项接触的意图，在此后接触中便无须逐次披露；而这对中立仲裁员是严格禁止的。（6）非中立仲裁员就规范准许事项与指定方当事人书面联络时，无须通告；而中立仲裁员恰恰相反。（7）非中立仲裁员可与当事人商定报酬，可倾向于作出有利于指定方当事人的裁决；而中立仲裁员不

得如此行事。

虽然非中立仲裁员可在上述方面不受规范的约束，但在其他各方面均须遵守规范的要求。特别是，非中立仲裁员不得卷入任一方当事人或证人的拖延策略和干扰仲裁的行为，也不应向其他仲裁员作不真实的或使人误入歧途的报告，这是规范明文禁止的。

二、我国有关仲裁员职业伦理规范的内容

本书以《北京仲裁委员会仲裁员守则》（简称《仲裁员守则》）为例，对我国仲裁员职业伦理规范的相关内容予以介绍。

（一）诚实信用

仲裁员作为纠纷的裁决者，判定当事人之间的权利与义务关系，应当秉承善意，恪守诚信。如果仲裁员缺乏诚信，快捷、公正、保密的仲裁程序就无从谈起。《仲裁员守则》规定了"诚实信用"的道德义务，让仲裁员从诚信的高度约束自己的行为，即仲裁员一旦接受选定或指定，就应付出相应的时间、精力，尽职尽责、毫不延迟地审结案件。针对实践中存在着少数仲裁员不论是否有相应的时间、精力与能力，随意接受案件、隐瞒应披露的事项以及不遵守保密规定的现象，《仲裁员守则》规定，仲裁员只有确信自己具备下列条件，方可接受当事人的选定或北京仲裁委员会主任的指定：

1. 能够毫不偏袒地履行职责

只有不偏袒地处理案件，案件才能得到公正的审理。仲裁员无论是由哪一方当事人选任的，都不代表任何一方当事人的利益，而要在双方当事人之间保持中立，平等地对待双方当事人。

2. 具有解决案件所需的知识、经验和能力

仲裁是专业性、实践性很强的工作，仲裁员需要具备解决争议所需的知识、经验和能力。如果被选定的仲裁员不具备某方面的学识与经验，不要勉强，不能为了面子而办理自己不能胜任的案件。仲裁员必须确信自己具有足够的知识和经验处理该案，才能接受选定或指定，否则就不能在仲裁中正常发挥作用，进而影响仲裁的质量。拒绝接受自己不熟悉专业领域的案件，也是对当事人、对仲裁委员会负责的表现。

3. 能够付出相应的时间、精力，并按照有关法律法规要求的期限审理案件

仲裁员在接受指定或选定时，应首先考虑自己是否有足够的时间和精力办理案件。仲裁员很多都是兼职，工作忙或个人事务多，可以不接受选定或指定，一旦接受选定或指定，就不能再以工作忙为由耽误案件审理。否则，不仅拖延了审理，也会使自己和仲裁庭的信誉受损。

4. 参与审理且尚未审结的案件以不满 10 件为宜

人的精力有限，手中案件太多难免顾此失彼，影响办案质量。而且，仲裁员办案不仅涉及自己的时间，也牵扯其他仲裁员的时间，手中的案件多了，会与其他仲裁员在时间安排上发生冲突，因此，若仲裁员正在审理的案件太多，就应拒绝选任或指定。

（二）公正

公正是指仲裁员审理案件时要公平合理，不徇私偏袒。公正是仲裁的灵魂和生命。为了保证公正地审理案件，仲裁员要做到以下几点：

1. 廉洁

廉洁是公正的保证。《仲裁员守则》规定，仲裁员不得以任何直接或间接方式接受当事人或其他代理人的请客、馈赠或提供的其他利益，亦不得代人向仲裁员请客送礼或提供其他好处和利益。对仲裁员提出这样的要求，也是国际商事仲裁的通例。如英国皇家御准仲裁员学会的《仲裁员道德行为规范》规定，"非有另一方仲裁当事人在场或经双方同意，仲裁员不得以直接或间接方式接受任一方礼物或实质性款待"。美国仲裁协会与美国律师协会《商事争议中仲裁员的行为道德规范》之1（D）款规定，仲裁员在"接受指定后或担任仲裁员期间，人们应当避免建立金钱、商业、职业、家庭或社交联系，或谋求金钱或私利……在案件裁决后的相当一段时间，担任仲裁员的人们应当避免建立上述关系"。作为仲裁员，要有良好的道德修养，不得利用仲裁权谋取个人私利，贪取钱财。目前，有的当事人受不正之风的影响，为赢得仲裁，愿意花钱。在这种情况下，仲裁员更应保持清醒头脑，自觉抵制金钱、物质的诱惑，不吃请，不收礼。

2. 独立

与廉洁一样，独立也是公正的保障。《仲裁员守则》规定，仲裁员应当独立地审理案件，不因任何私利、外界压力而影响裁决的公正性。没有独立的仲裁，就不是真正的仲裁。仲裁员在法律和仲裁规则的范围内，依其特有的专业知识、经验依法独立地审理案件，一方面不受仲裁委员会的干预。仲裁委员会依照法律规定的条件并结合实际情况聘任仲裁员，依法对违法的仲裁员予以除名，依法决定是否受理案件，根据当事人的委托或者依法指定仲裁员，以及从事其他有关仲裁的管理和实务性工作。一旦仲裁庭组成直至作出仲裁裁决，仲裁委员会即不再介入仲裁审理和裁决的实质性工作，对案件的审理与裁决完全由仲裁庭独立进行。另一方面，也不受行政机关、社会团体和个人的干涉，尤其行政机关不得对案件的审理与裁决施加影响。此外，仲裁庭还要独立于法院，虽然法律授予法院对裁决必要的监督权，但这并不等于仲裁附属于审判。只有这样，才能为仲裁的公正性、权威性创造良好的外部环境与条件。

3. 披露的义务

仲裁员披露是一项被普遍接受的保证仲裁权主体公正性的原则。它是指仲裁员主动披露其与当事人或代理人之间的某种关系，以便当事人和仲裁机构考虑此种关系是否会影响该仲裁员的独立性和公正性。仲裁员披露不仅被规定在仲裁员行为规范中，在仲裁法及仲裁规则中也有明确规定。北京仲裁委员会《仲裁规则》采用了国际通行的仲裁员信息披露制度，明确信息披露是仲裁员的重要义务，规定"仲裁员接受选定或指定时，有义务书面披露可能引起当事人对其公正性或独立性产生合理怀疑的任何事由"，并且这种披露义务贯穿整个仲裁过程。仲裁员的披露将由仲裁机构转交双方当事人并允许当事人提出书面意见。这样规定既增强了对仲裁员的约束力，也为当事人申请回避提供了必要的信息，保障了当事人的知情权。仲裁员与当事人应当保持足够的距离，与当事人应当没有利害关系，应当绝对居间中立，不存在任何倾向性。仲裁员在履行职责期间应当避免与当事人产生金钱的、商业的、职业的、家庭的、社会的、个人的关系，因为这些关系可能会导致仲裁员的不公正或偏见。由于仲裁员一般不是专职人员，其来源也呈现多元性，所以仲裁员与当事人的关系远比法官同当事人的关系复杂。有的仲裁员是桃李满天下的教授，有的是专家型行政干部，有的是律师，有的是商界人士，因此会有仲裁员与其学生、下属或同业竞争者出现在同一案件的情况。即使仲裁员具备极为高尚的品德，不会为这些关系所影响，也难免招致社会的不信任。

《仲裁员守则》规定，仲裁员接受选定或指定时，有义务书面披露可能引起当事人对其公正性或独立性产生合理怀疑的任何事由，包括但不限于：（1）是本案的当事人、代理人或当事人、代理人的近亲属的；（2）与本案结果有利害关系的；（3）对于本案事先提供过咨询的；（4）私自与当事人、代理人讨论案件情况，或者接受当事人、代理人请客、馈赠或提供的其他利益的；（5）在本案为当事人推荐、介绍代理人的；（6）担任过本案或与本案有关联的案件的证人、鉴定人、勘验人、辩护人、代理人的；（7）与当事人或代理人有同事、代理、雇佣、顾问关系的；（8）与当事人或代理人为共同权利人、共同义务人或有其他共同利益的；（9）与当事人或代理人在同时期审理的其他仲裁案件中同为仲裁庭的组成人员，或者首席仲裁员两年内曾在其他仲裁案件中被一方当事人指定为仲裁员的；（10）与当事人或代理人有较为密切的交谊或嫌怨关系的；（11）其他可能影响公正仲裁的情形。

《仲裁员守则》对持续披露作了规定，即在仲裁过程中，如果发生可能引起此类怀疑的新情况，仲裁员应继续履行披露义务；未履行披露义务的，将视为该仲裁员违反本守则，即使未予披露的事由本身并不构成不宜担任仲裁员的情形。这样规定使仲裁员披露制度与国际商事仲裁的普遍实践比较接近。

4. 不得代理本会的案件

《仲裁员守则》第9条规定，仲裁员不得在本会的仲裁案件中担任代理人。这主要是考虑到我国实行的是机构仲裁，当事人只能从机构的仲裁员名册中选择仲裁员，而仲裁机构的仲裁人数有限，范围较窄，加上仲裁员之间合作共事、经验交流日益频繁，很可能产生在此案担任代理人、在他案中又与此案仲裁员同为仲裁庭组成人员的情况。仲裁员"既坐台上又坐台下"（既担任仲裁员又代理本会案件）的特殊身份难免会导致当事人对仲裁公正性产生疑虑。虽然多年的工作经验表明，仲裁庭能否公正审理取决于仲裁庭成员的自身素质，而不是代理人是否仲裁员，而且随着仲裁员披露制度的实行，这种情况可通过仲裁员回避等措施来避免，但是，因仲裁员担任代理人导致仲裁庭组成人员的回避，延缓了案件审理进程，这对回避的仲裁员以及当事人来说很不公平，在一定程度上降低了当事人对仲裁程序公正与仲裁裁决的认同度。因此从维护当事人的合法权益出发，明确禁止仲裁员代理本会的仲裁案件（包括代理执行与撤销本会仲裁裁决的案件）。此外，牺牲自身利益，对容易引发当事人合理怀疑的行为进行规避，对维护仲裁委员会的公信力和仲裁员队伍的整体形象也具有重要的意义。

5. 平等、公允地对待双方当事人

仲裁员必须站在客观公正的立场，考虑案件的全部情况，查清事实，分清是非，超脱各种利益和人情关系，本着自己的良知和对法律精神的理解，合法、公正地作出裁决，维护当事人双方的合法权益。绝对不能偏袒任何一方当事人，更不得作为任何一方代理人。仲裁员如果将自己视作当事人一方的代表，只考虑当事人一方的情况，只维护当事人一方的利益，就难免产生倾向性，出现歧视或偏袒，影响裁决的公正性。例如，在开庭审理时，仲裁员应注意提问和表达意见的方式，不得出现倾向性；本着查证事实的目的提问，避免偏向或诱导性的提问；给予双方同等的辩论机会。

6. 与当事人的接触准则

《仲裁员守则》第4条规定："仲裁员为谋求选定而与当事人接触的，属于不符合仲裁员道德规范的行为。"仲裁员为谋求选定而与当事人进行接触的行为，使仲裁员处于"有求于人"之境地，有违仲裁员的独立性和公正性。

《仲裁员守则》第8条规定，仲裁员在仲裁期间不得私自会见一方当事人、代理人，接受其提供的证据材料；不得以任何直接或间接方式（包括但不限于谈话、电话、信件、传真、电传、电子邮件等方式）单独同一方当事人、代理人谈论有关仲裁案件的情况。在调解过程中，仲裁庭应慎重决定由一名仲裁员单独会见一方当事人或其代理人；如果仲裁庭决定委派一名仲裁员单独会见一方当事人或其代理人，应当有秘书人员在场，并告知对方当事人。仲裁庭除了在履行职责期间应当避免与当事人产生各种关系之外，有的仲裁机构还要求仲裁员在仲裁案件结束后避嫌。如美国仲裁员协会颁布的《仲裁员守则》规定，仲裁员在仲裁案件完成之后的一段合理时间内，同样应当避免与当事人产生上述关系，否则人们可能会认为在仲裁过程中仲裁员已经受到这些关系的影响。

（三）勤勉高效

仲裁员要有高度的责任感，应把当事人的授权，视作病人将治病的权利交给医生，认认真真对待每一起案件，一丝不苟，认真核实证据，查明事实，正确适用法律，公平、公正地解决争议，不辜负当事人的信任与期望。

仲裁员不仅应勤勉，还要守时。仲裁的一大优势就是简便与快捷，当事人对仲裁最大的要求，就是公正、及时地解决争议。如果仲裁员不严格遵守期间规定，不积极地推进仲裁，尽快结案，就会加重当事人在时间、精力、财力上的负担和损失，甚至会使仲裁失去意义。"迟来的正义非正义"。当事人选择了仲裁，有偿请求仲裁员尽快解决他们之间的纠纷，仲裁员接受指定后若不积极作为，便实际上造成了当事人利益的损害。有些国家的法律对此有严格的规定，例如，当发现仲裁员不适当地拖延履行职责时，当事人可以提出仲裁员回避请求；仲裁庭超出法律规定或当事人约定的期限作出裁决，因此造成裁决书被宣告无效的，仲裁庭应负赔偿责任。英美法系国家虽然通常持"仲裁员责任豁免理论"，但是美国法院仍有判例判定仲裁员应对没有及时裁决负民事责任，认为不公正的延迟裁决不是司法行为，应当承担责任。仲裁员如果不能迅速处理纠纷，应该在开始就拒绝接受案件。《北京仲裁委员会关于提高仲裁效率的若干规定》（以下简称《若干规定》）从提高仲裁效率着眼，作了如下规定：

1. 提前预防仲裁员因无法保证办案时间而导致案件超审限

《若干规定》第3条规定："仲裁员在组庭后连续满20天不能参加案件审理的，应及时告知本会，并视情况决定是否接受选定或指定，或者退出案件审理；仲裁员在审理期限内连续满60天不能参加案件审理的，应拒绝接受选定或指定，或者退出案件审理。"这样规定可以有效防止某些仲裁员因无法保证办案时间而导致的审理超期限。

2. 对开庭审理与裁决书制作时间予以明确规定

要求每一个环节均按时间要求进行，以保证整个程序高效、顺畅地开展。从仲裁程序各阶段入手，对仲裁庭每个仲裁阶段的审理时间，包括首次开庭时间、每次开庭之间的时间间隔以及裁决书制作时间等，作了详细的规定。同时还规定在"仲裁庭未经合议或经合议对裁决未达成基本共识"的情况下拟定裁决书的方法以及时间要求。其目的是在保证审理质量与裁决质量的前提下，每一步骤连接紧凑，避免延迟，从而保证仲裁庭在规定期限内尽快结案，确保仲裁制度优越性的发挥。

3. 仲裁员应在规定期限内提供制作裁决的书面意见

《若干规定》第 9 条第 2 款规定，"仲裁庭未经合议或经合议对裁决未达成基本共识的，仲裁员应自审理终结之日或合议之日起 5 日内，就案件事实、证据、定性、责任、适用法律、裁决意见和理由等提出制作裁决的书面意见，由首席仲裁员或其指定的仲裁员进行汇总，拟定裁决书草稿。之所以这样规定，是因为：（1）制作裁决是仲裁庭成员的共同责任和义务。在国际上，仲裁裁决都是由仲裁员制作的，除了负责起草裁决的仲裁员，其他仲裁员也会将自己对案件事实、证据、定性、责任、适用法律、裁决意见和理由的意见，通过书面形式提供给负责起草裁决的仲裁员。《若干规定》提出这样的要求，是为了增强仲裁员的责任感，制约不阅卷、不提供制作裁决意见的不负责任行为。（2）仲裁员提供裁决制作意见（首席仲裁员指定其他仲裁员起草仲裁裁决时，亦应提供自己的制作裁决的意见），有利于仲裁员研究案情，提高裁决质量。（3）有利于尽快并充分反映不同意见，集思广益，提高仲裁效率。

4. 增加规定仲裁员迟延情况下仲裁委员会予以更换的权力

根据《若干规定》第 12 条第 4 项，仲裁员迟延致使案件超审限，情节严重的，北京仲裁委员会有权在征得当事人同意后予以更换。这样规定一方面可以保证当事人获得及时的救济；另一方面也增强了仲裁员的危机意识，有利于督促仲裁员按照规定的时间要求推进仲裁程序。

（四）保密

仲裁员要忠实地履行保密义务。保密义务包括两个方面：一是仲裁员不得向当事人或外界透露本人的看法和合议庭合议的情况，对涉及仲裁程序、仲裁裁决的事项应保守秘密。二是仲裁员还要为当事人保密，尤其是要保护当事人的商业秘密不泄露。这是由仲裁程序的不公开审理原则决定的，因此，仲裁员应有保密意识。仲裁员如果泄露仲裁秘密，不论有意还是无意，都是违反仲裁员职业伦理的行为，不仅不利于裁决的作出，还会给当事人造成重大损失，影响其商业前景。

（五）相互尊重

相互尊重主要是指仲裁员之间的相互配合与支持。仲裁员应该尊重其他仲裁员对案件发表意见的权利，以宽容的态度理解和接受分歧，在互敬的基础上，自由地探讨，真诚地交流。但这不是指违背公正原则的妥协与迁就，而是指仲裁庭成员在时间安排上的体谅与配合。在审理和制作裁决过程中，仲裁庭成员应共同努力、共尽义务，不仅要提出问题，更要提出解决问题的方案和办法。

第三节　仲裁员职业责任

一、仲裁员的法律职业责任

法律职业责任是法律职业人员违反有关法律和道德规范所应承担的法律责任和道德责任的总和。法律职业责任涉及的要素和关系非常复杂，研究法律职业伦理不能抽象地研究一般伦理道德规范，还必须结合职业责任来考虑如何实施职业伦理规范。如果把法律伦理规范看做实体规范，法律职业责任规范就是保证法律职业伦理规范实施的程序规范。伦理规范和法律规范存在错综的关系，使得法律职业责任规范显得相对复杂。由于不同的法律职业人员有着不同的伦理规范，因此职业责任规范也存在较大的差别。

仲裁员是仲裁案件的裁决者，尽管各国对仲裁员资格的规定不尽相同，但对仲裁员的根本要求都是一样的，那就是仲裁员必须公道正派，在审理案件过程中保持公正与独立。为了保证仲裁员在审理案件过程中的公正与独立，各国仲裁法除规定一定的预防性措施，如规定仲裁员的资格条件、回避制度等外，还规定相应的惩罚性措施，即一旦仲裁员在仲裁过程中出现了违法行为，就必须承担一定的法律责任。

根据我国《仲裁法》的规定，仲裁员私自会见当事人、代理人或者接受当事人、代理人的请客送礼，情节严重的，或仲裁员在仲裁该案时有索贿受贿、徇私舞弊、枉法裁决行为的，应当依法承担法律责任，仲裁委员会应当将其除名。

从上述规定可以看出，根据仲裁法中仲裁员要承担法律责任的两种情形的性质来看，仲裁员要承担的法律责任主要是刑事责任。关于仲裁员是否应当承担民事责任，理论界尚存分歧，各国立法规定也各不相同。如奥地利和荷兰规定在特定条件下，仲裁员可能因其行为不当而对当事人遭受的损失承担责任。[①] 但在另外一些国家，尤其是在英美法等国家，则认为应当免除仲裁员的民事责任。目前我国尚未在仲裁立法中规定仲裁员的民事责任。

二、仲裁员的更替责任

仲裁员的更替，是指组成仲裁庭的仲裁员因回避或者其他原因不能履行其职责时，由当事人重新选定仲裁员或者由仲裁机构重新指定仲裁员，组成仲裁庭负责案件的审理。

许多国家的仲裁立法都规定，仲裁员因被申请回避或者其他原因，不能继续履行职责时，需依法更替仲裁员，重新组成仲裁庭审理有关争议。如瑞士联邦《仲裁协约》第23条规定，仲裁员死亡、回避、解职或辞职时，应当按照选定或任命该仲裁员的程序，予以替换。我国《仲裁法》第37条规定，仲裁员因回避或者其他原因不能履行职责时，应当依照该法规定重新选定或者指定仲裁员。可见，在以下两种情况下会发生仲裁员的更替：（1）仲裁员的回避。即符合法定情形的仲裁员自行退出案件的审理或由当事人申请其退出案件的审理。（2）其他原因。通常指仲裁员死亡、辞职或成为无行为能力人等情况。一般来说，选定或指定新仲裁员的方式与选定或指定原仲裁员的方式相同。各国仲裁立法对此的规定大体相同。我国《仲裁法》只是规定，应当依照该法重新选定或指定仲裁员，但是否与选择原仲裁员的程序相同，法律没有明确的要求。

对于仲裁员发生更替是否会导致仲裁程序重新进行的问题，各国规定不大一致。有的规定如果是独任仲裁员或者首席仲裁员被更替，以前进行的任何程序都应当重新进行；如果是其他仲裁员被更替，程序是否重新进行，由仲裁庭自行决定，如《联合国国际贸易法委员会仲裁规则》中的规定。

---

① 张立平：《论首席仲裁员之职业道德》，载《北京仲裁》（第60辑），中国法制出版社2007年版。

三、我国仲裁员惩戒制度

（一）仲裁员惩戒的内涵

仲裁员惩戒是指当仲裁员违反职业伦理规范时，由监管机构对仲裁员的不当行为作出不利处分。我国《仲裁法》第 15 条第 1、2 款规定："中国仲裁协会是社会团体法人。仲裁委员会是中国仲裁协会的会员。中国仲裁协会的章程由全国会员大会制定。中国仲裁协会是仲裁委员会的自律性组织，根据章程对仲裁委员会及其组成人员、仲裁员的违纪行为进行监督。"由此可知，中国仲裁协会对仲裁员的违纪行为具有监督权。

从任何一个职业的发展历史来看，完善的惩戒制度都是促进该职业健康有序发展的重要保障。然而，我国理论界与实务界未就仲裁员惩戒进行深入的讨论，目前也并无太多研究成果。不过，在理论界有关中国仲裁协会的讨论中，有部分学者在对中国仲裁协会的职能进行构建时"一笔带过"地提到了仲裁员惩戒这一问题，但也存在分歧。

首先是仲裁员是否属于仲裁协会的会员。有观点认为，中国仲裁协会的会员是仲裁委员会，换言之，仲裁员不是仲裁协会的会员。仲裁协会的监督对象应当是其会员，对属于第三人的仲裁员进行监督是没有理论依据的。同时，仲裁委员会的组成人员包括行政秘书、办公室主任等，对这些人员的赏罚应当由仲裁委员会自身决定，而按照《仲裁法》的精神，仲裁协会同样享有监督权。[①] 还有观点认为，将仲裁协会的会员扩大到个人是十分必要的，这对于维护仲裁员的合法权益，促进仲裁制度的发展是具有重要意义的。[②]

其次是谁来惩戒仲裁员。有观点认为，从仲裁委员会的职责来看，仲裁委员会有权决定仲裁员的聘任、解聘和除名。因此，对于仲裁员的惩戒，仲裁委员会具有天然的优势，只需要进行完善，比如制定仲裁惩戒规制、设立仲裁惩戒机构。随着案件的增多，加上社会上一些不良习气的影响，仲裁员不能秉公办案甚至枉法裁决的可能性增大，仲裁员惩戒机构的设立成为必要。[③] 还有观点认为，就仲裁协会与仲裁机构的关系而言，两者不应相互隶属，而是一种指导与被指导、服务与被服务、监督与被监督的关系。仲裁协会的职能大致包括如下几项：（1）根据协会章程依法对各仲裁委员会、各仲裁委员会的组成人员、各仲裁委员会的仲裁员进行监督、保护、管理、服务；（2）协调仲裁工作，总结仲裁经验，开展仲裁国际、国内交流，培训仲裁员队伍，奖励优秀仲裁员和惩戒违纪仲裁员，组织仲裁活动的区域协作，推动仲裁理论与实践研讨；（3）制定并公布仲裁规则的示范文本，供各仲裁机构根据自己的实际情况酌情采用；（4）维护仲裁机构及仲裁员的合法权益。[④]

从外观上看，仲裁员的发展与我国律师、公证员等职业群体的发展类似，但对于其能否也采用职业协会进行惩戒的方式值得进一步思考。关于仲裁员惩戒制度的主体问题，涉及仲裁协会的性质、职能以及其与仲裁机构、仲裁员之间的关系问题。不过可以确定的是，各国立法例中很少看到有关仲裁员惩戒之规定，基本都由仲裁规则确立。换言之，对于仲裁员之惩戒具有很强的自律性。因此，无论是由仲裁委员会行使惩戒权，还是由仲裁协会行使惩戒

---

① 詹礼愿：《中国内地与中国港澳台地区仲裁制度比较研究》，武汉大学出版社 2006 年版，第 80 页。

② 江伟主编：《仲裁法》（第 2 版），中国人民大学出版社 2012 年版，第 123 页。

③ 任永安、卢显洋：《中国特色司法行政制度新论》，中国政法大学出版社 2014 年版，第 435 页。

④ 周江：《也谈仲裁机构的民间性》，载《北京仲裁》（第 62 辑），中国法制出版社 2007 年版。

权,都需要依据明确的惩戒规范、具体的惩戒程序,既要保证当事人的合法权益,也要保证仲裁员应该享有的权利,维护仲裁制度的公信力。如果确实需要在二者之间进行选择,可以考虑由仲裁机构进行具体的监督管理,而对于仲裁员的惩戒则由仲裁协会负责。这样,一方面可以避免仲裁机构的"内部寻租"行为,另一方面也有利于统一仲裁员职业行为标准,加强仲裁员的职业认同。

(二)仲裁员惩戒的现状

尽管目前我国尚未建立完善的仲裁员惩戒制度,但是在实践中,对于仲裁员的违纪行为,还是有一些具体的应对办法的。

根据中国国际经济贸易仲裁委员会《仲裁员行为考察规定》第10条之规定,仲裁员存在下列违反《仲裁员守则》和仲裁员管理规范的情形,影响当事人对本会的信任或损害本会形象,但不宜回避、更换、取消仲裁员资格的,根据情节严重程度,本会将采取提醒、警示、约谈、扣减仲裁员报酬、暂停仲裁员办案资格等监督管理措施:(1)存在应予披露情形而未予披露的;(2)无正当理由拖延案件审理或裁决进度,造成案件程序严重拖延的;(3)违反审慎义务,导致程序或裁决书出现错误,造成不良影响或后果的;(4)无正当理由随意变更开庭时间或者未预留足够开庭时间以致案件不得不再次开庭的,无正当理由不参加开庭、合议、调查或者开庭迟到的;(5)庭审中随意接打电话、收发短信微信、随意离庭、着装不得体或者与当事人发生严重争执对峙行为的;(6)办案过程中表现出偏袒倾向,包括代替或变相代替一方向另一方质证、辩论、提出请求或明显具有诱导性问题;(7)未经本会同意,私自带助理开庭或将案件审理与裁决职责委托仲裁庭成员以外的其他人员;(8)违反保密义务,疑似向当事人透漏仲裁员个人意见、仲裁庭合议意见或仲裁庭咨询专家意见等,或未经本会同意,擅自对外发表案件有关信息的;(9)无正当理由不按规定参加仲裁员培训或未完成最低培训量的;(10)其他影响当事人对本会的信任或损害本会形象的情形。

根据中国国际经济贸易仲裁委员会《仲裁员行为考察规定》第11条之规定,仲裁员在聘期内有下列情形之一的,本会有权结合实际情况取消其仲裁员资格:(1)对本会《章程》《仲裁规则》认同度不高,公开反对或消极抵制本会《章程》《仲裁规则》实施,或者故意做出有损本会声誉行为的;(2)因违法行为受到刑事处罚或严重行政处罚的,或者近5年受到严重警告级别以上(含)党纪政务处分的;(3)私自会见当事人(含其利益相关方)或其代理人,接受当事人(含其利益相关方)或其代理人请客、馈赠或提供的其他不当利益的;(4)因聘期内存在不当行为受到警示级别以上(含)监督管理措施超过三次(含)且情节严重的;(5)故意隐瞒应当回避的事实,导致严重后果的;(6)存在故意或者重大过失行为,导致仲裁裁决被撤销或者不予执行的;(7)根据考核评价情况集中反映,明显无法胜任仲裁员工作的;(8)私下联络同案仲裁员,不顾事实和法律,人为制造多数意见,为当事人谋求不当利益的;(9)被其他仲裁机构解聘,经核实确实存在不宜担任仲裁员情形的;(10)严重违反社会公德、家庭美德、职业道德、个人私德,经查实或被新闻媒体曝光造成重大社会影响,对本会声誉造成严重损害的;(11)代人打听案件情况、请客送礼、提供好处和不当利益的;(12)在仲裁员聘期内,从未与本会有过工作联系的,包括但不限于:从未参加任何仲裁员业务培训,也未在《仲裁与法律》等指定刊物上发表文章,且从未按要求宣传推广本会,从不关心、不参与本会任何活动的;(13)严重违反本会《仲裁规则》及仲裁员管理规范,造成严重后果的；（14）其他不宜继续担任仲裁员的情形。

我国台湾地区"仲裁人伦理规范"专门对仲裁员惩戒制度进行了规定，主要包含以下几个方面的内容：

1. 惩戒的主体

根据"仲裁人伦理规范"第17条之规定，台湾地区仲裁协会设置"仲裁人伦理委员会"，委员人数为13-17人，由台湾地区仲裁协会理事会从社会中名声很好且熟悉仲裁制度的公正人士中聘任，其中1人为主任委员，由委员自由选举，任期为3年，到期后可以续聘一次，其任务如下：（1）仲裁人伦理规范的研议；（2）仲裁人伦理教育的促进；（3）仲裁人违反规范事件的审议；（4）其他维护仲裁人伦理有关事项的研处。

2. 惩戒的方式

根据"仲裁人伦理规范"第26条之规定，仲裁人伦理委员会认为被投诉人有违反职业伦理规范的情事时，按其情节之轻重，可以按照下列方式处理：（1）劝告；（2）停止担任台湾地区仲裁协会仲裁人6个月至3年；（3）禁止担任台湾地区仲裁协会仲裁人，注销其仲裁人登记。

3. 惩戒的程序

根据"仲裁人伦理规范"第19-23条、第25条之规定，仲裁员惩戒程序包括以下内容：（1）投诉。当事人或其代理人认为仲裁人有违反职业伦理规范的情形的，可以书面向伦理委员会投诉。（2）审议。伦理委员会审议投诉事件时，应避免不当损及被申诉人及关系人的名誉与权益。伦理委员会的程序，不对外公开。伦理委员会审议投诉事件，应给予投诉人或被投诉人充分陈述的机会，必要时应调查取证，举行言词辩论，由双方诘问证人，以发现事实，作成决定。投诉人或被投诉人均可以委托代理人出席，但伦理委员会认为必要时，可以要求其亲自出席。（3）决定。伦理委员会审议案件时由7人以上委员会出席，由出席委员公开表决，以过半数同意决定。（4）再审议。投诉人与被投诉人对决定有异议的，应在收到决定书之日起7日内，针对不可归责于再审议申请人未提出的新事实或新证据，可以通过书面形式向伦理委员会申请再审议。

事实上，目前国际上仲裁实务基本上都由各仲裁机构依自治、自律原则，视情节自行处置。但是各国国情不同，法治程度不同，应该制定与自己的国情与法治程度相符的仲裁制度。无论是《商事争议中仲裁员的行为道德规范》还是《国际仲裁员伦理规则》，都没有规定仲裁员的法定资格及仲裁员惩戒制度。本书认为，从目前我国仲裁制度的长远发展来看，由行业自治组织建立一套严谨周密的仲裁员惩戒制度，不但有助于督促仲裁员公正与独立地处理仲裁事务，以建立当事人对仲裁员的信赖，也有助于吸引国际商务双方当事人在仲裁协议中约定以我国为仲裁地。

【思考题】

1. 简单阐述我国建立统一的仲裁员职业伦理规范的可操作性。
2. 试论仲裁员职业伦理和仲裁行业公信力的关系。
3. 结合《仲裁法》以及相应规则中关于仲裁员职业责任的规定，你认为作为仲裁员应当如何做？

第十四章　行政执法人员职业伦理

【本章导读】

2015年，中共中央办公厅、国务院办公厅印发了《关于完善国家统一法律职业资格制度的意见》（以下简称《意见》），引起广泛关注。《意见》将现行司法考试制度调整为国家统一法律职业资格考试制度。这次改革最显著的变化在于，将原"司法职业者"扩展到了"法律职业者"。《意见》明确界定了法律职业人员的范围，除原有的法官、检察官、律师、公证员外，还包括了法律顾问、仲裁员（法律类）及政府部门中从事行政处罚决定审核、行政复议、行政裁决的人员。学界普遍认为，对部分行政执法人员要求更高的准入门槛，无疑有助于提升行政执法人员的整体素质和服务水准，进一步保障公民的权益，便民利民，并力图在职业伦理的层次上，构造法律职业的统一性。从岗位认同到专业认同，再到伦理认同，我国的法律职业制度改革不断拓深法律职业的内涵，不断回归法律职业的内在规律。本章主要就行政执法人员的职业伦理进行阐述，主要包括行政执法的内涵、行政执法人员伦理的具体要求以及行政执法人员的惩戒等内容。

【本章知识结构图】

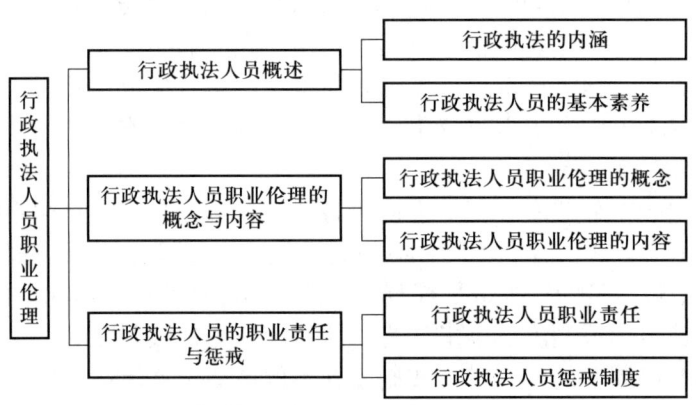

第一节　行政执法人员概述

一、行政执法的内涵

在我们的日常生活中，"行政执法"是一个使用频率非常高的词汇。关于行政执法，目前我国法律实务界和学术界对其内涵和外延有不同的界定。

（一）理论界对行政执法的界定

有的学者从宪法上的立法与执法关系的角度来界定行政执法。许崇德、皮纯协教授主编的《新中国行政法学研究综述》认为，行政执法"是就国家行政机关执行宪法和法律的总体而言的。因此，它包括了全部的执行宪法和法律的行为，既包括中央政府的所有活动，也包括地方政府的所有活动，其中有行政决策行为、行政立法行为以及执行法律和实施国家行政管理的行政执行行为"[1]。

有的学者从行政立法与行政执法的关系角度界定行政执法。罗豪才、应松年教授主编的《行政法学》将"行政执法"界定为"行政机关执行法律的行为，是主管行政机关依法采取的具体的直接影响相对一方权利义务的行为；或者对个人、组织的权利义务行使和履行情况进行监督的行为"[2]。

有的学者从行政立法行为、行政执法行为和行政司法行为的角度对行政执法进行界定。杨慧基博士在其著作《行政执法概论》一书中将"行政执法"界定为"行政机关及其行政执法人员为了实现国家行政管理目的，依照法定职权和法定程序，执行法律法规和规章，直接对特定的行政相对人和特定的行政事务采取措施并影响其权利义务的行为"，认为"行政执法与行政立法、行政司法相对"。[3]

有的学者对行政执法适用的场合进行了类型化，并赋予其相应的含义。姜明安教授在其著作《行政法》一书中总结了"行政执法"主要存在于三种场合：（1）为说明现代行政的性质和功能而使用"行政执法"。这种场合主要突出行政是执法，是执行法律，而不是创制法律，行政从属于法律。（2）为区别行政的不同内容而使用"行政执法"。在这种场合，行政执法只是行政行为之一种。（3）作为行政行为的一种特定方式而使用"行政执法"，一般将监督检查、实施行政处罚和采取行政强制措施这一类行为称为"行政执法"。[4]

（二）实务界对行政执法的界定

《法治政府建设实施纲要（2021–2025 年）》对"完善行政执法程序"作了具体要求，主要包括：全面严格落实行政执法公示、执法全过程记录、重大执法决定法制审核制度；统一行政执法人员资格管理；统一行政执法案卷、文书基本标准；完善行政执法文书送达制度；全面落实行政裁量权基准制度；全面梳理、规范和精简执法事项；规范涉企行政检查，全面严格落实告知制度；行政机关内部会议纪要不得作为行政执法依据。

《湖南省行政程序规定》将"行政执法"界定为"行政机关依据法律、法规和规章，作出的行政许可、行政处罚、行政强制、行政给付、行政征收、行政确认等影响公民、法人或其他组织权利和义务的具体行政行为"。

《山东省行政程序规定》将"行政执法"界定为"行政机关依据法律、法规、规章和规范性文件，作出的行政许可、行政处罚、行政强制、行政确认、行政征收等影响公民、法人和其他组织权利、义务的具体行政行为"。

从理论界与实务界对"行政执法"的界定来看，确实存在很大的不同，但很难去评判谁

①　许崇德、皮纯协主编：《新中国行政法学研究综述（1949 年–1990 年）》，法律出版社 1991 年版，第 293 页。
②　罗豪才主编：《行政法学》，中国政法大学出版社 1989 年版，第 133 页。
③　杨慧基：《行政执法概论》，上海大学出版社 1998 年版，第 2 页。
④　姜明安：《行政法》，北京大学出版社 2017 年版，第 283 页。

对谁错。换言之，我们很难建构一个唯一的"行政执法"概念。本书基本赞同姜明安教授的观点，在不同的场合，针对不同的事物，人们对"行政执法"的内涵和外延有不同的界定。

根据《国家统一法律职业资格考试实施办法》第2条之规定，行政机关中初次从事行政处罚决定审核、行政复议、行政裁决、法律顾问的公务员，应当通过国家统一法律职业资格考试，取得法律职业资格。由此可知，"初次从事行政处罚决定审核、行政复议、行政裁决、法律顾问的公务员"已经被纳入"法律职业人员"的范畴。

本书主要讨论法律职业人员的职业伦理问题，因此，在使用"行政执法"这一概念时更多地倾向于实务界的界定方法，即行政执法是指行政机关依据法律、法规和规章，作出的行政许可、行政处罚、行政强制、行政给付、行政征收、行政确认等影响公民、法人或其他组织权利、义务的行政行为。在此背景下，本书用"行政执法人员"代指"行政机关中初次从事行政处罚决定审核、行政复议、行政裁决的公务员"，主要是一种狭义用法。

二、行政执法人员的基本素养

行政执法的重要功能是建构和维护秩序，这主要依靠行政执法行为，而行政执法行为在一定程度上受行政执法体制、行政执法方式与程序的制约，更受行政执法人员素质的制约。行政执法人员的素质不仅在一定程度上决定行政执法行为，也在一定程度上决定行政执法体制、行政执法方式与程序。姜明安教授认为，行政执法人员的素质主要包括三类：一是政治思想素质；二是文化知识与业务能力素质；三是法律知识、法律意识和法治观念方面的素质。其中，行政执法人员的法律知识、法律意识和法治观念方面的素质对于保证行政执法质量、实现行政执法建构、维护秩序是至关重要的。主要原因有三：（1）法律不是僵死的教条，它是有灵魂的，法律的灵魂即法律的目的、原则、精神，而执法者要正确理解法律的目的、原则、精神，必须依赖于其法律意识和法治观念。（2）法律不是法律条文的堆积，而是一个由各种相互联系、相互依赖的法律规范构成的有机整体。行政执法人员适用某一法律的某一具体条文时，不仅要正确理解该条文的内涵和外延，而且必须同时考虑相应法律的相关条文，甚至要考虑其他法律的相关条文。（3）法律适用不是简单、机械、对号入座地将法条适用于立法者事先设计好的某种确定的情境的活动，而是一种创造性的复杂劳动。[①]

美国司法考试简介

在实践中，不同层级的规范都对行政执法人员的基本素质进行了规定。例如，《法治政府建设实施纲要（2021–2025年）》明确规定："统一行政执法人员资格管理，除中央垂直管理部门外由省级政府统筹本地区行政执法人员资格考试、证件制发、在岗轮训等工作，国务院有关业务主管部门加强对本系统执法人员的专业培训，完善相关规范标准。"《湖南省行政程序规定》第56条第2款规定："行政执法人员应当按照省人民政府规定参加行政执法培训，经考试合格，并取得行政执法证件，持证上岗。"此外，《国家统一法律职业资格考试实施办法》还明确规定，行政机关中初次从事行政处罚决定审核、行政复议、行政裁决、法律顾问的公务员，应当通过国家统一法律职业资格考试，取得法律职业资格。由此可见，初次从事行政处罚决定审核、行政复议、行政裁决的行政执法人员，不仅需要取得法律职业资格，还需要

---

① 姜明安：《行政法》，北京大学出版社2017年版，第307–308页。

具备良好的职业伦理素养。

第二节　行政执法人员职业伦理的概念与内容

一、行政执法人员职业伦理的概念

行政执法人员职业伦理是指行政执法人员在从事行政处罚决定审核、行政复议、行政裁决等行政行为过程中应该遵守的行为准则。由于行政执法人员的职业行为主要是行政处罚决定审核、行政复议、行政裁决等行政行为，因此，行政执法人员的职业伦理包含了行政执法的基本原则。由于行政执法人员的身份是国家公务员，因此，行政执法人员职业伦理也包含了公务员伦理的基本规则。

二、行政执法人员职业伦理的内容

行政执法人员职业伦理的内容主要包括两个部分：一是遵守行政执法的基本原则；二是遵守公务员伦理的基本规则。

（一）遵守行政执法的基本原则

一般认为，行政执法的基本原则是指行政执法人员在从事行政执法过程中必须遵守的，贯穿行政执法全过程，对行政执法活动具有普遍指导意义的根本性准则。本书认为，作为行政执法人员职业伦理的基础，行政执法的基本原则主要包括合法、合理、高效三个原则。

1. 合法原则

合法原则是指行政执法应该有法可依，严格按照法律规范进行，不得与法律相抵触。具体来讲，合法原则主要包括以下三个方面的要求：（1）任何行政执法权都必须基于法律的授权而存在。（2）任何行政执法权的行使应依据法律、遵守法律，不得与法律相抵触。（3）任何行政执法权的授予和委托及运用都必须具有法律依据，符合法律宗旨。根据我国《行政处罚法》第3条规定，公民、法人或者其他组织违反行政管理秩序的行为，应当给予行政处罚的，依照本法由法律、法规或者规章规定，并由行政机关依照本法规定的程序实施。没有法定依据或者不遵守法定程序的，行政处罚无效。

2. 合理原则

合理原则是指行政执法人员在从事行政执法行为时，不仅要符合法律的规定，还要符合法律的意图和精神，符合公平正义等法律理性。具体来讲，合理原则主要包括以下几个方面的要求：（1）行政自由裁量行为的动机符合法律目的，符合社会公共利益。（2）行政自由裁量行为必须建立在正当考虑的基础上。（3）行政裁量行为的内容要符合情理。（4）行政执法程序要正当，要遵循公平、公开、公正原则。我国《行政处罚法》第5条规定，行政处罚遵循公正、公开的原则。设定和实施行政处罚必须以事实为依据，与违法行为的事实、性质、情节以及社会危害程度相当。对违法行为给予行政处罚的规定必须公布；未经公布的，不得作为行政处罚的依据。

3. 高效原则

高效原则是指在行政执法活动中，要做到迅速、准确、有效。具体而言，高效原则主要包括以下几个方面的要求：（1）行政执法人员要依法独立行使行政执法权，把外部环境对行政执法的干扰降低到最低程度。（2）行政执法必须符合最广大人民利益。（3）坚持时效性与及时性，确保行政执法行为的有效性。根据我国《行政复议法》第 3 条的规定，行政复议机关履行行政复议职责，应当遵循合法、公正、公开、高效、便民、为民的原则，坚持有错必纠，保障法律、法规的正确实施。

（二）遵守公务员伦理的基本规则

公务员伦理，也称为行政伦理，是伦理在公共行政关系与公共行政活动中的具体体现。一般认为，公务员伦理研究行政人员作为道德主体的可能性、必要性，探究行政人员的道德品质及其价值选择与伦理责任等问题。它是以"责、权、利"的统一为基础，以协调个人、组织与社会的关系为核心的行政行为准则和规范系统。有观点认为，公务员伦理是一种复合型伦理，包括组织伦理、体制伦理、行为伦理以及政策伦理等。[①] 根据国家公务员局于 2011年发布的《公务员职业道德培训大纲》，公务员伦理的基本规则包括以下内容。

1. 忠于国家

忠于国家是公务员的天职。具体而言，忠于国家主要包括以下三个方面的内容：（1）忠于中国特色社会主义事业，坚决拥护中国共产党的领导，坚定理想信念，在思想上、政治上、行动上与党中央保持高度一致。（2）忠于国家利益，维护党和政府形象、权威，维护国家统一和民族团结，严守国家秘密，同一切危害国家利益的言行作斗争。（3）忠于国家宪法，模范遵守法律法规，按照法定的权限、程序和方式执行公务，知法守法、依法办事，维护法律尊严。

2. 服务人民

服务人民是公务员的根本宗旨。具体而言，服务人民主要包括以下四个方面的内容：（1）树立和坚持马克思主义群众观点，尊重人民群众历史主体地位，坚持以人为本、执政为民，对人民负责，为人民服务，受人民监督，让人民满意，永做人民公仆。（2）增强对人民群众的深厚感情，保持同人民群众的血肉联系，把实现好、维护好、发展好最广大人民根本利益作为工作的出发点和落脚点。（3）坚持群众路线，尊重群众首创精神，深入调查研究，问政于民、问需于民、问计于民，积极回应人民群众要求。（4）提高为人民服务本领，善于做群众工作，努力提供均等、高效、廉价、优质公共服务，促进科学发展和社会和谐。

3. 恪尽职守

恪尽职守是公务员的立身之本。具体而言，恪尽职守主要包括以下四个方面的内容：（1）增强职业使命感和责任意识，树立正确的世界观、权力观、事业观，把个人价值的实现融入为党和人民事业的不懈奋斗之中。（2）弘扬职业精神，勇于创造、敢于担当、顾全大局、甘于奉献，在完成急难险重任务、应对突发事件等考验面前冲锋在前。（3）发扬职业作风，求真务实、勤于任事，艰苦奋斗、淡泊名利，兢兢业业做好本职工作。（4）严守职业纪律，严于律己、谨言慎行，不玩忽职守、敷衍塞责，不滥用职权、徇私枉法。

4. 公正廉洁

公正廉洁是公务员的基本品质。具体而言，公正廉洁主要包括以下三个方面的内容：（1）崇尚公平，履职为公，办事出于公心，努力维护和促进社会公平正义；（2）正气在身，

---

① 谭功荣编著：《公务员制度比较研究》，重庆出版社 2007 年版，第 357 页。

坚持真理、崇尚科学，诚实守信、为人正派，不以私情废公事，不拿原则作交易；（3）为政以廉，坚守信念防线、道德防线、法纪防线，不以权谋私，勇于同腐败现象作斗争，弘扬传统美德，模范遵守社会公德和家庭美德。

第三节　行政执法人员的职业责任与惩戒

一、行政执法人员职业责任

行政执法人员职业责任，也称为行政执法人员法律责任，是指行政执法人员在从事行政执法过程中违反了法律的规定而必须承担的不利的法律后果。这种责任具有如下特点：（1）行政执法人员职业责任是以行政执法人员特定身份为基础的，责任主体特定。（2）行政执法人员职业责任以违法为基本属性，追究责任应以行政执法人员行为违法为前提。（3）行政执法人员职业责任与行政执法人员职务行为有关联，是一种连带责任的体现。（4）行政执法人员职业责任具体形式多样，包括民事责任、行政责任、刑事责任。

（一）民事责任

行政执法人员的民事责任，是指行政执法人员在从事行政执法过程中因违法行为给公民、法人或其他组织造成损害的，依法应承担的民事赔偿责任。根据我国《国家赔偿法》第16条第1款之规定，赔偿义务机关赔偿损失后，应当责令有故意或者重大过失的工作人员或者受委托的组织或者个人承担部分或者全部赔偿费用。

（二）行政责任

行政执法人员的行政责任，也称为对行政执法人员的行政处分，是指行政执法人员在从事行政执法行为过程中违反行政法律、法规，依法应当承担的法律责任。行政执法人员的行政责任在具体制度上主要体现为行政执法人员惩戒制度。我国《行政复议法》第81条规定，行政复议机关工作人员在行政复议活动中，徇私舞弊或者有其他渎职、失职行为的，依法给予警告、记过、记大过的行政处分；情节严重的，依法给予降级、撤职、开除的处分。我国《行政处罚法》第83条规定，行政机关对应当予以制止和处罚的违法行为不予制止、处罚，致使公民、法人或者其他组织的合法权益、公共利益和社会秩序遭受损害的，对直接负责的主管人员和其他直接责任人员依法给予处分。

（三）刑事责任

行政执法人员的刑事责任，是指行政执法人员在从事行政执法过程中违反了刑事法律，依法应当承担的法律责任。我国《行政复议法》第81条规定，行政复议机关工作人员在行政复议活动中，徇私舞弊或者有其他渎职、失职行为的，构成犯罪的，依法追究刑事责任。我国《行政处罚法》第83条规定，行政机关对应当予以制止和处罚的违法行为不予制止、处罚，致使公民、法人或者其他组织的合法权益、公共利益和社会秩序遭受损害，情节严重构成犯罪的，依法追究刑事责任。

二、行政执法人员惩戒制度

我国《公务员法》及《行政机关公务员处分条例》确立了我国公务员惩戒制度。由于行政执法人员本身具有公务员身份，因此也适用公务员惩戒制度的一般性规定。

（一）惩戒的事由

根据我国《公务员法》第 59 条之规定，公务员应当遵纪守法，不得有下列行为：（1）散布有损宪法权威、中国共产党和国家声誉的言论，组织或者参加旨在反对宪法、中国共产党领导和国家的集会、游行、示威等活动；（2）组织或者参加非法组织，组织或者参加罢工；（3）挑拨、破坏民族关系，参加民族分裂活动或者组织、利用宗教活动破坏民族团结和社会稳定；（4）不担当，不作为，玩忽职守，贻误工作；（5）拒绝执行上级依法作出的决定和命令；（6）对批评、申诉、控告、检举进行压制或者打击报复；（7）弄虚作假，误导、欺骗领导和公众；（8）贪污贿赂，利用职务之便为自己或者他人谋取私利；（9）违反财经纪律，浪费国家资财；（10）滥用职权，侵害公民、法人或者其他组织的合法权益；（11）泄露国家秘密或者工作秘密；（12）在对外交往中损害国家荣誉和利益；（13）参与或者支持色情、吸毒、赌博、迷信等活动；（14）违反职业道德、社会公德和家庭美德；（15）违反有关规定参与禁止的网络传播行为或者网络活动；（16）违反有关规定从事或者参与营利性活动，在企业或者其他营利性组织中兼任职务；（17）旷工或者因公外出、请假期满无正当理由逾期不归；（18）违纪违法的其他行为。

（二）惩戒的方式

根据《公务员法》及《行政机关公务员处分条例》的规定，行政机关公务员处分的方式分为警告、记过、记大过、降级、撤职、开除。行政机关公务员受警告处分的期限为 6 个月，受记过处分的期限为 12 个月，受记大过处分的期限为 18 个月，受降级、撤职处分的期限为 24 个月。行政机关公务员在受处分期间不得晋升职务和级别。其中，受记过、记大过、降级、撤职处分的，不得晋升工资档次；受撤职处分的，应当按照规定降低级别。行政机关公务员受开除处分的，自处分决定生效之日起，解除其与单位的人事关系，不得再担任公务员职务。

（三）惩戒适用的标准

1. 关于违反政治纪律的惩戒标准

根据《行政机关公务员处分条例》第 18 条之规定，有下列行为之一的，给予记大过处分；情节较重的，给予降级或者撤职处分；情节严重的，给予开除处分：（1）散布有损国家声誉的言论，组织或者参加旨在反对国家的集会、游行、示威等活动的；（2）组织或者参加非法组织，组织或者参加罢工的；（3）违反国家的民族宗教政策，造成不良后果的；（4）以暴力、威胁、贿赂、欺骗等手段，破坏选举的；（5）在对外交往中损害国家荣誉和利益的；（6）非法出境，或者违反规定滞留境外不归的；（7）未经批准获取境外永久居留资格，或者取得外国国籍的；（8）其他违反政治纪律的行为。

2. 关于违反组织纪律的惩戒标准

根据《行政机关公务员处分条例》第 19 条之规定，有下列行为之一的，给予警告、记过或者记大过处分；情节较重的，给予降级或者撤职处分；情节严重的，给予开除处分：（1）负有领导责任的公务员违反议事规则，个人或者少数人决定重大事项，或者改变集体作出的重大决定的；（2）拒绝执行上级依法作出的决定、命令的；（3）拒不执行机关的交流决定的；（4）拒不执行人民法院对行政案件的判决、裁定或者监察机关、审计机关、行政复议机关作出的决定的；（5）违反规定应当回避而不回避，影响公正执行公务，造成不良后果的；（6）离任、辞职或者被辞退时，拒不办理公务交接手续或者拒不接受审计的；（7）旷工或者因公外出、请假期满无正当理由逾期不归，造成不良影响的；（8）其他违反组织纪律的行为。

3. 关于玩忽职守行为的惩戒标准

根据《行政机关公务员处分条例》第20条之规定，有下列行为之一的，给予记过、记大过处分；情节较重的，给予降级或者撤职处分；情节严重的，给予开除处分：（1）不依法履行职责，致使可以避免的爆炸、火灾、传染病传播流行、严重环境污染、严重人员伤亡等重大事故或者群体性事件发生的；（2）发生重大事故、灾害、事件或者重大刑事案件、治安案件，不按规定报告、处理的；（3）对救灾、抢险、防汛、防疫、优抚、扶贫、移民、救济、社会保险、征地补偿等专项款物疏于管理，致使款物被贪污、挪用，或者毁损、灭失的；（4）其他玩忽职守、贻误工作的行为。

4. 关于违法行政行为的惩戒标准

根据《行政机关公务员处分条例》第21条之规定，有下列行为之一的，给予警告或者记过处分；情节较重的，给予记大过或者降级处分；情节严重的，给予撤职处分：（1）在行政许可工作中违反法定权限、条件和程序设定或者实施行政许可的；（2）违法设定或者实施行政强制措施的；（3）违法设定或者实施行政处罚的；（4）违反法律、法规规定进行行政委托的；（5）对需要政府、政府部门决定的招标投标、征收征用、城市房屋拆迁、拍卖等事项违反规定办理的。

5. 关于违反诚实信用原则的惩戒标准

根据《行政机关公务员处分条例》第22条之规定，弄虚作假，误导、欺骗领导和公众，造成不良后果的，给予警告、记过或者记大过处分；情节较重的，给予降级或者撤职处分；情节严重的，给予开除处分。

6. 关于违反廉洁纪律的惩戒标准

根据《行政机关公务员处分条例》第23条之规定，有贪污、索贿、受贿、行贿、介绍贿赂、挪用公款、利用职务之便为自己或者他人谋取私利、巨额财产来源不明等违反廉政纪律行为的，给予记过或者记大过处分；情节较重的，给予降级或者撤职处分；情节严重的，给予开除处分。

7. 关于违反财经纪律的惩戒标准

根据《行政机关公务员处分条例》第24条之规定，违反财经纪律，挥霍浪费国家资财的，给予警告处分；情节较重的，给予记过或者记大过处分；情节严重的，给予降级或者撤职处分。

8. 关于滥用职权行为的惩戒标准

根据《行政机关公务员处分条例》第25条之规定，有下列行为之一的，给予记过或者记大过处分；情节较重的，给予降级或者撤职处分；情节严重的，给予开除处分：（1）以殴打、体罚、非法拘禁等方式侵犯公民人身权利的；（2）压制批评，打击报复，扣压、销毁举报信件，或者向被举报人透露举报情况的；（3）违反规定向公民、法人或者其他组织摊派或者收取财物的；（4）妨碍执行公务或者违反规定干预执行公务的；（5）其他滥用职权，侵害公民、法人或者其他组织合法权益的行为。

9. 关于违反保密义务的惩戒标准

根据《行政机关公务员处分条例》第26条之规定，泄露国家秘密、工作秘密，或者泄露因履行职责掌握的商业秘密、个人隐私，造成不良后果的，给予警告、记过或者记大过处分；情节较重的，给予降级或者撤职处分；情节严重的，给予开除处分。

10. 关于违反社会公德的惩戒标准

根据《行政机关公务员处分条例》第29条之规定，有下列行为之一的，给予警告、记过或者记大过处分；情节较重的，给予降级或者撤职处分；情节严重的，给予开除处分：（1）拒不承担赡养、抚养、扶养义务的；（2）虐待、遗弃家庭成员的；（3）包养情人的；（4）严重违反社会公德的行为。

（四）惩戒的程序

我国《公务员法》对公务员惩戒程序作了原则性规定。根据《公务员法》第63条之规定，对公务员的处分，应当事实清楚、证据确凿、定性准确、处理恰当、程序合法、手续完备。公务员违纪的，应当由处分决定机关决定对公务员违纪的情况进行调查，并将调查认定的事实及拟给予处分的依据告知公务员本人。公务员有权进行陈述和申辩。处分决定机关认为应当对公务员给予处分的，应当在规定的期限内，按照管理权限和规定的程序作出处分决定。处分决定应当以书面形式通知公务员本人。《行政机关公务员处分条例》在此基础上，对公务员惩戒程序进行了细化。

根据《行政机关公务员处分条例》第39条之规定，任免机关对涉嫌违法违纪的行政机关公务员的调查、处理，按照下列程序办理：（1）经任免机关负责人同意，由任免机关有关部门对需要调查处理的事项进行初步调查。（2）任免机关有关部门经初步调查认为该公务员涉嫌违法违纪，需要进一步查证的，报任免机关负责人批准后立案。（3）任免机关有关部门负责对该公务员违法违纪事实做进一步调查，包括收集、查证有关证据材料，听取被调查的公务员所在单位的领导成员、有关工作人员以及所在单位监察机构的意见，向其他有关单位和人员了解情况，并形成书面调查材料，向任免机关负责人报告。（4）任免机关有关部门将调查认定的事实及拟给予处分的依据告知被调查的公务员本人，听取其陈述和申辩，并对其所提出的事实、理由和证据进行复核，记录在案。被调查的公务员提出的事实、理由和证据成立的，应予采信。（5）经任免机关领导成员集体讨论，作出对该公务员给予处分、免予处分或者撤销案件的决定。（6）任免机关应当将处分决定以书面形式通知受处分的公务员本人，并在一定范围内宣布。（7）任免机关有关部门应当将处分决定归入受处分的公务员本人档案，同时汇集有关材料形成该处分案件的工作档案。

受到处分的行政机关公务员对处分决定不服的，依照《公务员法》和《监察法》的有关规定，可以申请复核或者申诉。复核、申诉期间不停止处分的执行。行政机关公务员不因提出复核、申诉而被加重处分。

【思考题】

1. 行政执法的内涵主要是什么？
2. 结合第二节内容，谈谈行政执法人员职业伦理的具体要求。
3. 行政不作为违反了哪些行政执法人员的职业伦理要求？应该如何进行惩罚？

读者意见反馈

为收集对教材的意见建议，进一步完善教材编写并做好服务工作，读者可将对本教材的意见建议通过如下渠道反馈至我社。

咨询电话　400-810-0598

反馈邮箱　gjdzfwb@pub.hep.cn

通信地址　北京市朝阳区惠新东街 4 号富盛大厦 1 座

　　　　　高等教育出版社总编辑办公室

邮政编码　100029